# 이제도 있고 전에도 있었고
# 장차 올 자 예수 그리스도

서사라 목사의 천국지옥 간증수기 제6편

## 지 · 옥 · 편

서사라 지음

하늘빛출판사

주님은 테이블 위에 지옥편이라고 쓰여져 있는 분홍색 책
이 놓여 있었는데 내가 지옥편을 꼭 써야 한다는 것을 다시
한 번 더 확실히 한다는 의미에서 지옥편 책에다가 주님이
'예수' 라고 바람 글씨로 싸인을 하여 주셨다. (본문에서)

# 예 수

# 이제도 있고 전에도 있었고
# 장차 올 자 예수 그리스도

지 옥 편

# PART 1

## 지옥편 들어가기 전에

# PART 2

## 지옥편

### 제1부

### 서사라 목사의
### 천국과 지옥 간증수기
### 제 1권 – 4권 이후에 본 지옥

### 제2부

## 서사라 목사의
## 천국과 지옥 간증수기
## 제 1권 – 4권에 실린 지옥편

# 제 1권

# 서론

나는 이번에 하나님의 은혜로 천국과 지옥 간증수기 1편, 2편, 3편 (성경편 제 1권-창세기), 4편(성경편 제 2권-모세편), 5편(성경편 제 3권–계시록 이해)을 출판한 이후에 천국과 지옥 간증수기 6편으로 '지옥편'을 내게 되었다.

나는 사실 이 '지옥편'을 별로 그렇게 쓰고 싶지 않았다.
내가 이렇게 말하면 사실 하나님 앞에 매우 불손한 일이 된다. 왜냐하면 그분의 뜻을 거스르는 것이기 때문이다.
그러나 나는 하나님께서 이 점에 대하여 매우 너그러이 나를 용서하여 주시기를 빈다.
하나님께서 나에게 지옥편을 쓰게 하신 것은 지옥에 가는 인생들이 불쌍하여 한 명이라도 지옥가지 않게 하시려고 하신 것이다. 그리하여 하나님은 나를 지옥을 구경시키셔서 그러한 하나님의 뜻을 전달하는 메신저로 나를 쓰신 것밖에 없는 것이기 때문이다.

[롬 8:17]

자녀이면 또한 후사 곧 하나님의 후사요 그리스도와 함께 한 후사니 우리가 그와 함께 영광을 받기 위하여 고난도 함께 받아야 될 것이 니라


사실 나는 이 지옥편을 쓸 때에 이 책을 구실삼아 나를 이단으로 몰 사람들이 많게 될 것이 예상되었다. 왜냐하면 많은 사람들이 '한번 구원은 영원한 구원' 이라고 믿고 있기 때문이다.

그러나 나는 지옥에서 많은 크리스천들을 보았다.

그리고 주님께서는 왜 그들이 지옥에 와 있는지를 가르쳐 주셨다.

이러한 사실을 '한번 구원은 영원한 구원' 으로 알고 있는 자들은 받 아들이기가 쉽지 않을 것이다.

그런데 우리는 성경이 이 모든 사실에 대하여 실제로 말씀하고 있 다는 것을 알아야 한다.

즉 예수를 구세주로 믿고 영원한 불못에서 구원을 받았다 할지라 도 그 구원받은 이후의 삶이 엉망진창이면 아무리 크리스천이 되 었다 할지라도 한번 받았던 구원을 잃어버릴 수 있을 뿐 아니라 또 한 이기는 자의 삶을 살지 못하면 하나님의 영광이 해같이 빛나는 성안으로 못 들어가고 성밖으로 쫓겨나간다는 사실도 알아야 할 것이다.

이 모든 것이 다 성경에 쓰여 있다. 주님께서 이미 다 성경에 말씀 하여 놓으신 것이다. 다만 사람들이 이것을 외면하고 '한번 구원은 영원한 구원' 이라 가르치고 배우고 믿기때문에 그들은 예수를 믿 고 나서 구원받은 후에는 자신들이 어떤 짓을 하고 살아도 하나님

께서는 결코 자신들을 버리지 않는다고 생각한다. 심지어는 그런 하나님이라면 자신은 하나님을 안 믿겠다고 까지 말한다.

그런데 그것이 아니다.

하나님께서 이번에 내게 지옥편을 쓰라고 하신 이유가 여기에 있는지도 모른다.

이 지옥편에는 지옥에 가는 크리스천뿐 아니라 성밖으로 쫓겨나는 크리스천들에 대하여 증거하고 있다.

그리하여 심지어는 평생 주의 종으로 지낸 자들이 지옥에도 와 있을 뿐 아니라 또한 성밖으로 쫓겨난 주의 종들도 많다는 것이다.

나는 주님께서 나에게 보여주신 것을 증거하지 않을 수 없다.

사람들은 이 지옥편을 읽고서는 어찌 그럴 수 있는가 할 것이다.

아마도 고개를 저을 것이다.

그리고 설마 할 것이다.

왜냐하면 '어찌 주의 종이 지옥에 가 있는가?' 하면서 절대로 인정하지 아니하려 할 것이다.

그러나 주님은 내게 지옥에 가 있는 주의 종들을 보여주셨다.

그 경우가 다음의 네 가지 경우라고까지 가르쳐 주셨다.


1. 교회를 팔아먹은 주의 종
2. 교회의 돈을 마음대로 갖다 쓴 주의 종
3. 평생 여자와 불륜의 관계를 가진 주의 종
4. 목회는 잘하나 집에서 아내를 폭행하는 주의 종


이들이 다 지옥에 와 있는 것을 주님이 내게 보여주신 것이다. 그러면 이들은 도대체 성경에 어디에 해당하는 구절에 있는가 하는 것이다.

그들이 예수를 믿고 주의 종으로 하나님을 섬겼는데도 그들은 지옥에 와 있다.

다음의 성경구절이 그들이 왜 지옥에 와 있는지를 설명할 수 있을 것이다.

[히 6:4-8]
(4)한번 비췸을 얻고 하늘의 은사를 맛보고 성령에 참예한 바 되고 (5)하나님의 선한 말씀과 내세의 능력을 맛보고 (6)타락한 자들은 다시 새롭게 하여 회개케 할 수 없나니 이는 자기가 하나님의 아들을 다시 십자가에 못박아 현저히 욕을 보임이라 (7)땅이 그 위에 자주 내리는 비를 흡수하여 밭 가는 자들의 쓰기에 합당한 채소를 내면 하나님께 복을 받고 (8)만일 가시와 엉겅퀴를 내면 버림을 당하고 저주함에 가까와 그 마지막은 불사름이 되리라

이들은 예수를 모르는 자들이 아니다. 은혜도 받고 의의 말씀도 경험하였고 내세의 능력도 맛보았었다. 그런데 이들이 지옥에 와 있는 것이다. 왜냐하면 그들이 한번 비췸을 받았으나 타락하여 다시 회개케 할 수 없는 지경까지 이르렀기 때문이다.
그리하여 그들은 히브리서 6장 7절과 8절에서 말하는 것처럼 그 마지막이 불사름이 될 것이다. 그러므로 이 성경구절이 왜 그들이 지옥에 와 있는지를 설명한다.

그리고 또한 예수를 구세주로 믿었어도 지옥은 아니나 성밖으로 쫓겨나는 경우가 있다. 아니 이런 경우는 너무나 많다.

왜냐하면 크리스천들이 이기지 못하는 자의 삶을 살은 자들이 다 여기로 오기 때문이다. 그러나 이곳은 지옥이 아니다. 새 하늘과 새 땅이다. 이곳에서는 새 예루살렘 성안으로 들어가는 자와 성밖에 남는 자로 구분이 되는 것이다. 성경은 말씀하고 있다. 오직 이기는 자들만 생명나무의 과일을 먹을 수 있다고 한다 (계 2:7). 이 생명나무의 과일을 먹는 자들은 이기는 자의 삶을 살았을 뿐 아니라 정말 예수 보혈의 피에 그들의 두루마기를 철저히 빤 자들인 것이다.

[계 22:14]
**그 두루마기를 빠는 자들은 복이 있으니 이는 저희가 생명 나무에 나아가며 문들을 통하여 성에 들어갈 권세를 얻으려 함이로다**

주님이 나에게 보여주신 지옥을 보고 내가 결론을 내린다고 한다면 다음과 같은 결론을 내릴 것이다.

즉 지옥에서 내가 본 장면들은 예수님께서 이 세상에 살아 계실 때에 우리에게 하신 말씀 그대로 일어나고 있더라는 것이다.

예를 들어서
주님께서 말씀하신 성경구절,

[마 5:22]
**나는 너희에게 이르노니 형제에게 노하는 자마다 심판을 받게 되**

고 형제를 대하여 라가라 하는 자는 공회에 잡히게 되고 미련한 놈이라 하는 자는 지옥 불에 들어가게 되리라

이 말씀이 그대로 지옥에서 일어나고 있었으며

또한 다음의 주님의 말씀도 지옥에서 그대로 일어나고 있음을 보았다.

[막 9:43-49]
(43)만일 네 손이 너를 범죄케 하거든 찍어 버리라 불구자로 영생에 들어가는 것이 두 손을 가지고 지옥 꺼지지 않는 불에 들어가는 것보다 나으니라 (44)(없음) (45)만일 네 발이 너를 범죄케 하거든 찍어 버리라 절뚝발이로 영생에 들어가는 것이 두 발을 가지고 지옥에 던지우는 것보다 나으니라 (46)(없음) (47)만일 네 눈이 너를 범죄케 하거든 빼어 버리라 한 눈으로 하나님의 나라에 들어가는 것이 두 눈을 가지고 지옥에 던지우는 것보다 나으니라 (48)거기는 구더기도 죽지 않고 불도 꺼지지 아니하느니라 (49)사람마다 불로서 소금 치듯 함을 받으리라

즉 회개함이 없이 계속하여 위와 같이 동일한 죄를 계속 짓는 자들이 지옥에 와 있었다.

그러므로 나는 주님께서 나에게 이렇게 말씀하신 것이 생각났다.
주님이 말씀하시기를 '내가 한 말이 진짜이고 다른 사람들의 말은

참고로 하라.' 라고 하신 말씀말이다.

그분은 하나님이시므로 그분의 말씀으로 천지를 창조하신 하나님이시므로 그분의 말씀은 다른 사람들의 말보다 훨씬 우위에 우리가 두어야 할 것이다. 예를 들어서 우리는 예수님이 하신 말씀을 바울이나 베드로 요한이 한 말보다 우위에 두어야 하는 것이다. 얼마나 당연한 일인가?

그러므로 나는 이 '지옥편' 책을 씀으로 말미암아 나에게 돌아올 많은 핍박을 예상한다.
그러나 주님이 나에게 이 지옥편을 쓰기를 원하시므로 나는 오로지 그분께 복종하고 순종할 뿐이다.
왜냐하면 나는 사람의 종이 아니라 주의 종이기 때문이다.
예수님이 나의 주인이시기 때문이다. 그분이 하라고 명령하신 것을 나는 안할 수가 없는 것이다.

그러므로 나는 사도 바울의 말을 기억한다.

[갈 1:10]
**이제 내가 사람들에게 좋게 하랴 하나님께 좋게 하랴 사람들에게 기쁨을 구하랴 내가 지금까지 사람의 기쁨을 구하는 것이었더면 그리스도의 종이 아니니라**

나도 사도 바울처럼 사람들의 종이 아니라 예수 그리스도의 종이 되고 싶다.

그리하여 하나님이신 예수님이 나의 주인이시므로 나는 그분께 순
종하기를 원한다.
할렐루야.

주님께서는 이번에 내가 이 지옥편을 쓰게 되면 많은 핍박이 있게
될 것을 알려 주셨다.

그러나 나는 다음의 말씀으로 위로를 받는다. 주님의 명령으로 이
지옥편을 쓰는 것이므로 내가 이 세상에서 사람들로부터 핍박받은
것보다 훨씬 더 큰 상이 하늘나라에서 나를 기다리고 있을 것을 확
신한다.

[롬 8:18]
**생각건대 현재의 고난은 장차 우리에게 나타날 영광과 족히 비교
할 수 없도다**

그리고 나는 이 지옥편에 성밖의 이야기를 다루었다.
거기는 지옥이 아닌 새 하늘과 새 땅에 있는 새 예루살렘 성밖이다.
나는 이것을 '지옥편'의 Part III에서 다루었다.
나는 지금까지 주님께서 나에게 보여주신 성밖의 장면 장면들을
여기에 다 모았다.
예수를 믿어도 이기는 자의 삶을 산 자는 하나님의 영광이 해같이
빛나는 새 예루살렘 성안으로 들어가겠지만 그러나 이기지 못하는
자의 삶을 산 자들은 결국 새 하늘과 새 땅의 새 예루살렘 성밖에

남게 될 것이다.

나는 이 지옥편을 읽는 모든 사람이

결코 죽어서 영원한 불못에 가지 않고

또한 반드시 이기는 자의 삶을 살아서 하나님의 영광이 해같이 빛

나는 성안으로 들어가기를 두 손모아 기도한다.

주님의 사랑교회 서사라 목사

LA에서 .....

# PART 1

# 지옥편
## 들어가기 전에

## 01

# 다음은 내가 꼭 '지옥편'을 써야 하나를 망설이고 있을 때 하나님께서 여러 가지 방법으로 천상에서 나를 설득하신 내용들이다.

첫째는 하루는 내가 천국에 올라갔더니 내가 늘 천상에서 입고 있는 흰 드레스 대신에 분홍색 드레스를 입고 있는 것이 발견되었고 그리고 그 분홍색 드레스에는 허리 아래로 치마에 크게 까만 붓글씨로 '지옥편'이라고 쓰여져 있었다.

나는 이 모습을 보면서 '아하~ 하나님께서 내가 반드시 지옥편을 쓰기를 원하시는구나!'를 알게 된 것이다 (참조: 지옥편 8. 내가 '지옥편'이라고 쓴 분홍색 드레스를 입고 루시퍼가 앉은 보좌 앞으로 가다. 2015.1.2).

둘째로 그 이후 어느 날 천국에 올라갔는데 주님께서 나를 천국에 있는 내 집으로 데리고 가서서 주님은 테이블 위에 놓여진 '지옥편'이라고 쓰여져 있는 책에다가 손수 '*예수*'라고 싸인을 하여주셨다.

이것은 내가 써야 하는 '지옥편' 의 저자가 내가 아니라 주님 자신이심을 말씀하고 계시는 것이었다.

그러므로 나는 단지 주님이 전하라고 하는 메시지를 전하는 심부름만 하는 것임을 확신시켜 주신 것이다 (참조: 지옥편 29. 내가 쓸 지옥편 책에 '*예수*' 라고 싸인하여 주시는 주님).

셋째로 그 후에 주님께서는 나를 또 천국에 있는 내 집으로 데리고 가셨는데 거기에 주님께서 믿음의 선진들을 부르셨고 그런 중에 나는 '정말 내가 지옥편을 써야 하는지' 를 물었을 때에 내 집에 와 있던 믿음의 선진들이 박수를 치는 것을 보았다. 이것은 믿음의 선진들이 내가 꼭 '지옥편' 을 써야 한다는 것을 다시 한 번 말하고 있는 것이었다. 할렐루야 (참조: 지옥편 14. 천국에서 큰 금고열쇠를 받다. 지옥편을 성경편 5권외에 따로 써야 함을 알게 되다. 부모를 살아생전 저주하고 때린 자들이 가는 지옥을 보다. 지옥편 68. 주님이 내가 지옥편을 써야 한다는 것을 다시 믿음의 선진들 앞에서 공포하시다).

넷째로 주님께서는 나를 주님의 보좌로 데리고 가셔서 천사들이 다 보고 있는 자리에서 두루마리에다가 '너는 지옥편을 쓸 것이다.' 라고 써 주셨다. 이렇게 주님께서 주님의 보좌 앞에서 두루마리에 무언가를 써 주신다는 것은 그것은 반드시 일어날 것임을 말씀하고 있는 것이었다 (참조: 지옥편 20. 주님께서는 내가 지옥편을 꼭 써야 하는 것을 두루마리에 써 주셔서 더 확실하게 말씀하셨다. 2015.2.19).

다섯째로 주님은 내가 한참 지옥편을 쓰고 있을 때 나를 흰 돌들이 많은 바닷가로 나를 데리고 가셨다. 그리고 거기서 이렇게 나에게 말씀하셨다. "네가 지옥편을 쓰고 나면 사람들로부터 핍박이 있을 것인데 그것을 이겨내면 내가 이 흰 돌을 너에게 줄 것이야" 라고 말씀하셨다 (참조: 지옥편 61. 주님께서 내가 지옥편을 쓰면 핍박이 있을 것을 말씀하시고 이 핍박을 이겨내면 이기는 자들에게 주어지는 흰 돌을 주실 것을 말씀하시다).

여섯째로 주님은 내가 이 지옥편을 거의 다 써 갈 무렵에 나를 성부 하나님이 계신 궁으로 데리고 가셨다. 그리고 거기서 내가 이 지옥편을 쓸 때에 불편하고 안타까운 마음을 가지고 쓸 것이 아니라 한 영혼이라도 지옥가지 않게 하기 원하시는 하나님의 마음을 가지고 이 지옥편을 쓰기를 원하신다는 것을 알려 주신 것이다. 그러므로 나는 이 지옥편을 쓰는 것에 대하여 마음이 많이 불편하고 슬프고 편치 아니하였었는데 이 말씀을 듣고 나서는 내 마음이 매우 많이 편하여졌다. 그렇다. 남이 뭐라하던 나는 한 영혼이라도 지옥가지 않기 위하여 (그것이 주님이 원하시는 것이니까) 주님께서 나에게 보여주신 지옥을 증거하여야 하는 것이다 (참조 : 지옥편 69. 성부 하나님께서 내가 '하나님의 마음' 을 가지고 지옥편을 써야 할 것을 알게 하시다).

# 02

## 지옥은 반드시 존재하며 그곳으로 가는 여러 가지 방편이 있다는 것을 알게 되었다.

지옥으로 가는 여러 가지 방법이 있었다.

첫 번째의 경우는 내가 천국과 지옥 간증수기 제 1편과 제 2편을 쓸 때였는데 그 때에 주님께서 나를 지옥으로 안내하실 때에는 주님께서 날쌘 갑옷으로 무장한 여러 명의 천사들로 하여금 나를 수호하게 하셨다.

그들 무장한 천사들은 날개가 없었고 그리고 모두 칼과 창을 들고 있었다.

그리고 이들은 나와 함께 지옥으로 내려가기 위하여서 천국 레벨에서 그 아래로 깊은 터널을 엘리베이터를 타고 한없이 내려가듯이 내려간 것이다.

그리고서 지옥에 도착하였다.


두 번째의 경우는 주님께서 나에게 지옥편을 쓰라고 하시면서 주님께서는 나에게 꼭 마귀 부하같이 생긴 키가 크고 얼굴이 험상궂게 생긴 천사 한 명을 내게 붙여주셨다.

이 천사는 근육질의 키가 약 8-9피트 정도는 되어 보이는 천사로서 갑옷을 입지 않았고 밝은 살색의 짧은 소매에 몸에 달라붙은 셔츠 형식의 옷을 입고 있었다. 그의 얼굴은 꼭 마귀 부하같이 생겼으며 얼굴 모양은 달 모양으로 둥글고 커 보였으며 그 얼굴 전체색깔은 갈색으로 깊은 주름이 온 얼굴에 패여 있는 정말 험상궂게 생긴 천사였다. 내가 이 천사와 함께 지옥으로 갈 때에는 천국의 레벨에서 터널로 엘리베이터를 타듯이 밑으로 한없이 내려가는 것이 아니라 천국 레벨에서 그냥 우주 공간 아래로 뒤로 나자빠지듯이 넘어지는 것이었다.

그리하면 그 천사와 나는 벌써 우주로 내려와 날고 있었고 '어머나 여기가 어디야?' 하는 순간에 한없이 넓은 우주 공간으로 내려갔다. 그리고 급기야는 우주공간에 나있는 터널로 들어가서 마침내 지옥으로 도달하는 것이었다. 즉 우주공간에는 사람의 눈으로는 보이지 않는 지옥의 입구가 있었다.

세 번째의 경우는 이러한 터널들을 통과함이 없이 그냥 즉시에 지옥에 와 있는 경우였다. 이런 경우는 대개 주님과 함께 내가 지옥을 갈 때에 일어났으며 나 혼자 즉시 먼저 가 있는 경우도 있었다. 그런 후에 내 옆에 주님이 나타나시기도 하고 아니면 나를 지옥으로 인도하는 천사가 나타나기도 하였다.

나는 아직 이 차이가 왜 나는지 모른다. 즉 천사들이 나를 수호할 때에는 즉시 지옥에 가있지 않았고 반드시 어떤 터널을 지났으나 그러나 주님께서 나와 함께 동행하시거나 아니면 내가 혼자 지옥에 갈 때에는 무슨 이유인지 모르지만 즉시 내가 지옥에 와 있었다는 것이다.

나는 이 모든 경우를 지옥을 방문할 때마다 자세히 기록하였다.

# 주님께서는 내가 '지옥편'을 쓰면 반드시 핍박이 있을 것을 말씀하신 것에 대하여 조금 자세히 기술하고자 한다.

(참조 : 이 지옥편의 61. 주님께서 내가 지옥편을 쓰면 핍박이 있을 것을 말씀하시고 이 핍박을 이겨내면 이기는 자들에게 주어지는 흰 돌을 주실 것을 말씀하시다. 4/18/16)

천국에 올라갔다.

그런데 이번에 온 수레는 꼭 신부가 신랑을 위하여 단장한 것 같은 수레가 왔다. 꼭 신부의 모습 같았다. 수레 안도 꼭 신부가 단장한 것 같은 느낌이 났다. 무슨 일일까? 궁금하였다.

그리고 천국에서 주님을 만났는데 주님도 오늘은 아름다운 보석 면류관을 쓰고 계셨다.

그리고 나를 업어서 공중에 매달은 것 같은 천으로 된 것 안에 눕혀 주셨는데 나는 그 안에서 그 천이 그네 같이 달랑달랑 나의 누워있는 몸을 흔들어서 한참을 즐겁게 하여 주신 후에.....

주님은 나를 흰 돌들이 많은 바닷가로 나를 인도하셨다.

거기에서 주님은 내가 지상에서 지옥편을 내게 되면 사람들이 나를 핍박할 것에 대하여 고민하고 있는 것을 아시고 이렇게 말씀하셨다.

"고난을 당하는 것이 정상이다."

나는 대답했다.

"주님, 사람들의 매는 무서워요."

그러자 주님이 또 말씀하신다.

"네가 그것을 이기게 되면 이 흰 돌을 너에게 줄 것이다."

즉 내가 지옥편을 쓰게 되면 사람들로부터 핍박이 있을 터인데 내가 그것을 이겨내면 이 흰 돌을 내게 주시겠다는 것이었다.

나는 그 때에 계시록에서 이기는 자들에게 주어지는 흰 돌이 생각났다.

[계 2:12-17]

(12)버가모 교회의 사자에게 편지하기를 좌우에 날선 검을 가진 이가 가라사대 (13)네가 어디 사는 것을 내가 아노니 거기는 사단의 위가 있는 데라 네가 내 이름을 굳게 잡아서 내 충성된 증인 안디바가 너희 가운데 곧 사단의 거하는 곳에서 죽임을 당할 때에도 나를 믿는 믿음을 저버리지 아니하였도다 (14)그러나 네게 두어가지 책망할 것이 있나니 거기 네게 발람의 교훈을 지키는 자들이 있도다 발람이 발락을 가르쳐 이스라엘 앞에 올무를 놓아 우상의 제물을 먹게 하였고 또 행음하게 하였느니라 (15)이와 같이 네게도 니골라당의 교훈을 지키는 자들이 있도다 (16)그러므로 회개하라 그리하지 아니하면 내가 네게 속히 임하여 내 입의 검으로 그들과 싸우리라 (17)귀 있는 자는 성령이 교회들에게 하시는 말씀을 들

을지어다 이기는 그에게는 내가 감추었던 만나를 주고 또 흰 돌을 줄 터인데 그 돌 위에 새 이름을 기록한 것이 있나니 받는 자 밖에는 그 이름을 알 사람이 없느니라

그러므로 지금 예수님은 나에게 그 핍박을 이겨내어야만 이 흰 돌을 내게 주시겠다는 것이었다.

그래서 나는 그곳에 있는 흰 돌들이 바로 이기는 자들에게 주어지는 흰 돌들이라는 것을 알 수 있었다.

주님은 버가모 교회에 하신 말씀 중에서

두어 가지를 책망하시면서 그것을 돌이켜 회개하여 이기는 자가 되면 흰 돌을 주실 것이라고 하신 것이다. 할렐루야.

위의 성경구절 계시록 2장 14절에서 17절을 보면
주님께서는 버가모 교회 교인들이 버려야 할 두어 가지를 말씀하고 있다.

첫째는 발람의 교훈을 버리라는 것이다.
발람의 교훈은 이스라엘로 하여금 우상의 제물을 먹게 하는 것이었다.

그러므로 나는 버가모 교회 교인들처럼 이 일을 하고 있는가를 보

고 회개하고 돌이켜야 하는 것이었다.

이것이 내가 지옥편을 쓰면 사람들에게 핍박을 당하는 것과 무슨 상관이 있는가 하는 것이다.

내가 사람들에게 핍박당하는 것을 두려워하는 것이 우상의 제물을 먹는 것과 무슨 관계가 있는가 말이다.

그렇다. 주님을 따르는 것은 언제나 세상이 미워하게 되어 있다.

[요 15:18-19]
(18)세상이 너희를 미워하면 너희보다 먼저 나를 미워한 줄을 알라 (19)너희가 세상에 속하였으면 세상이 자기의 것을 사랑할 터이나 너희는 세상에 속한 자가 아니요 도리어 세상에서 나의 택함을 입은 자인 고로 세상이 너희를 미워하느니라

그러므로 핍박을 두려워하는 것은 아직도 나는 주님을 따르는 진리 안에 있다기보다 세상에 매여 있음을 말하고 있는 것이다. 이것이 우상의 제물을 먹는 것과 다름이 없다는 것을 알게 하여 주셨다. 그러므로 주님은 내게 이것을 회개하라는 것이었다.

할렐루야.

두 번째로 주님은 버가모 교회 교인들에게 책망하고 계신 것은 그들이 니골라당의 교훈을 지키는 것이었다. 니골라당은 교회 안에서 권력을 추구하는 자들이다.

즉 이것이 내가 지옥편을 쓰므로 말미암아 받아야 하는 핍박을 두려워하는 것과 무슨 상관이 있는가 하는 것이다.

나는 이 지옥편을 쓰게 되면 나는 이제 이단이라고 하는 말을 듣게 되는 것을 두려워하고 있었다. 왜냐하면 주님이 보여주시는 지옥은 바울이 말하는 이신칭의와 칼빈이 말하는 한 번 구원은 영원한 구원이라는 구원론하고는 맞지 않는 것이기 때문이다.
그러므로 나는 교회 안에서 권력을 추구하는 니골라당의 교훈을 지키려 하고 있었던 것이다. 즉 지옥편을 냄으로써 이단이라는 소리를 듣게 될까 보아 두려워하고 있었다는 사실이다. 즉 주님은 나에게 이것을 회개하고 돌이키라고 말씀하고 있는 것이었다.

그러면 주님은 내게 이 흰 돌을 너에게 줄 것이라고 말씀하시는 것이었다. 할렐루야.

'할렐루야. 주님 알겠습니다. 제가 지옥편을 냄으로써 핍박당하고 이단소리 들을까 보아 두려워하고 걱정하였던 저를 용서하여 주십시오. 그래서 지옥편 쓰는 것을 계속 조금씩이라도 미루고 쓰고 싶지 않다고 생각하였던 저를 용서하여 주십시오. 저는 이것에서 돌이켜서 반드시 그 핍박을 이겨내어 흰 돌을 주님으로부터 받겠습니다.' 라고 하였다. 할렐루야.

주님, 깨우쳐 주셔서 감사합니다.
이 부족한 자를 사용하여 주심을 감사하나이다.

# 하나님의 마음을 가지고 내가 이 지옥편을
# 써야 할 것을 말씀하여 주셨다.

(참조: 성부 하나님께서 내가 '하나님의 마음'을 가지고 지옥편을 써야할 것을 알게 하시다. 2016.6.1)


이 날은 나를 데리러 온 천사들, 말들, 수레 등이 모두가 다 황금색으로 장식을 하고 있었다. 나는 수레 안으로 탔고 수레 안에는 내가 쓴 책들이 책상에 꽂혀 있었고 아직 쓰지 않은 책들은 수레 중앙의 테이블 위에 놓여 있었다.

수레는 즉시 천국에 도착하였고 나는 중앙 테이블 위에 놓여 있는 지옥편을 가지고 내렸다.

주님이 마중을 나오셨는데 흰 옷이 매끄럽게 길게 주님에게서 흘러내리고 있었다.

주님께서는 손을 들어 나를 마중하시는데 그 손에는 못자국 구멍이 뚜렷이 보였다.

그리고 주님은 나를 맞이하신 후에 나를 어디론가 멀리 데리고 가셨다.

그곳은 성부 하나님이 계신 궁이었다.

그리고서는 주님과 나는 그 궁에 가면 늘 서는 장소 즉 저 앞의 보좌에서 약 100m 정도 떨어진 곳에 서 있었다.

주님은 항상 내 오른편에 서신다.

그리고 저 앞의 보좌에는 성부 하나님이 계신다.

나는 내가 어디에 와 있는지 알게 되면서 나는 그 성부 하나님앞에서 주체할 수 없을 정도로 떨고 있었다. 지옥편을 가슴에 꼭 안은 채로....

그 이유는 내가 이 지옥편을 쓴다는 것이 너무 두려웠기 때문이다. 지옥에 갈 인생들에 대하여 쓴다는 것이 나에게는 부담이었고 또한 성부 하나님 앞에서 그들이 너무나 불쌍한 생각이 들었기 때문이다.

그래서 나는 성부 하나님 앞에서 후들후들 떨고 있었다.

그러다가 내 온몸이 너무 떨려서 결국 나는 앞으로 엎어지듯이 주저앉아버렸다. 도저히 서 있을 수가 없어서였다.

그러자 내 자세가 성부 하나님 앞에서 고꾸라져 엎드려 있는 자세가 되었다.

나는 이 순간 성부 하나님 앞에서 내가 취하여야 할 자세가 이 자세가 아닌가 하는 생각이 들었다. 서 있는 것보다...

그리고 지옥편 책은 엎드러져 있는 내 가슴과 바닥사이에 있었다.


이 때 나는 마음으로 성부 하나님께 물었다.

"성부 하나님, 제가 이 지옥편을 꼭 써야 하나요?"

나의 이 질문은 계획하고 올라온 것이 아니다.

다만 항상 내 심령 깊은 곳에서 하고 있던 질문이 나온 것이다.

그리하였더니 저 앞에서 성부 하나님의 음성이 들렸다.

'사라야' 하고 크게 부르신다.

이 음성은 천둥과 같은 소리를 넘어서서 내 몸 바깥 뿐 아니라 내

온 전존재 안으로 울려 퍼지는 소리 같았다.

그리고 그 다음 이렇게 말씀하시는 것이었다.

"내가 너로라."

나는 이 말씀은 이전부터 주님으로부터 여러 번 들은 말씀이었다. 그런데 나는 이 말씀을 듣는 순간 나에게는 이와 같이 깨달아졌다.

'아하~ 내가 성부 하나님의 마음을 가지고 지옥에 가는 인생들이 불쌍하여 한 영혼이라도 지옥에 가지 않게 하기 위하여 이 지옥편을 써야 하는 것이구나!' 할렐루야.

이전에는 이 말씀의 뜻이 처음에는 성화 (그리스도와의 연합) 의 의미로, 그 다음은 집회 때에 풀어지는 하나님의 능력이 전하여지는 도구의 의미로 그 뜻이 해석되어졌었다.

그런데 오늘 이 말씀은 내게 그렇게 와 닿은 것이다.

그러자 나는 갑자기 내 마음이 평강해졌다.

그리고서는 그 분 앞에서 한없이 떨리던 몸이 평안하여진 것이다.

오, 할렐루야.

이 말씀 한마디에 나는 온 몸에 평강이 임하여 나는 더 이상 떨 필요도 없었고 또한 떨지 않았다. 나는 갑자기 이상할 정도로 차분하고 평화스러워졌다.

'그렇구나! 그렇게 하면 되겠네.....'

'하나님의 마음을 가지고 이 지옥편을 쓰면 되겠네' 하면서 나는 지옥편 책을 들고 그 분 앞에서 우뚝 일어서게 된 것이다. 그리고 나는 더 이상 후들거리며 떨고 있지 않았다.

그 후에 주님은 다시 나를 데리시고 흰 돌들이 많은 바닷가로 가셨다.

그 흰 돌들이 많이 있는 곳에 황금으로 정교히 만들어진 벤치가 놓여 있었고 주님과 나는 거기에 앉았다.

주님이 말씀하셨다.

"사라야!"

"네"

"저 바다 위를 보아라."

나는 순간 저 바다를 쳐다보는데 끝이 없이 넓어 보였다.

'오호라~' 그 순간 나에게 또 깨달음이 온 것이다.

'아하~ 하나님의 마음이 저렇게 넓으신 것이구나.'

'나에게 주님이 지옥편을 쓰라고 하시는 것은 바로 저 하나님의 넓으신 사랑의 마음이시구나!' 깨달아진 것이다.

즉 주님은 내게 지옥편을 쓰게 하시는 것이 한 영혼이라도 지옥가지 않게 하시기 위한 저 바다처럼 넓은 하나님의 사랑의 마음이라는 것을 알게 하여 주신 것이었다. 할렐루야.

"오~ 주님 알겠습니다. 제가 꼭 지옥편을 쓰겠습니다."

그리고 주님이 나를 이 흰 돌이 있는 바닷가에 데리고 오신 또 다른 이유가 있는 것이 알아졌다. 이 바닷가에 있는 흰 돌은 주를 위한 고난을 당한 자들에게 주어진다고 하셨기 때문에 내가 이 지옥편을 쓰면 반드시 나를 핍박하는 자들이 있을 것이고 그리고 내가 그 핍박을 잘 견디어 내면 이 흰 돌을 내게 주신다는 사실을 다시 한번 알려주시기 위하여 오신 것이 알아졌다.

오~ 주여! 감사합니다.

다시 한 번 제가 꼭 지옥편을 써야 하는 이유, 즉 하나님의 넓고 크신 사랑의 마음으로 한 영혼이라도 지옥에 보내지 않기 위하여 써야 함을 알게 하여주신 주님을 찬양합니다.

이 '지옥편' 을 통하여 주님 홀로 모든 영광 받아 주시옵소서!

# 이 '지옥편' 의 내용의 구성

먼저는 '서론' 이고 그 다음 Part I (들어가기 전) 으로 지옥편에 들어가기 전에 꼭 읽는 이들로 하여금 알았으면 하는 내용을 넣었다.

그 다음은 실제로 지옥에 대하여서는 Part II 에서 열거하였다.

그리고 Part II 는 제 1부와 제 2부로 나뉜다.

먼저 1부는 서사라 목사의 천국 지옥 간증수기 제 1권과 제 2권에서 열거된 지옥의 장면들 이후에 본 것을 기술하였고 그리고 제 2부는 서사라 목사의 천국과 지옥 간증수기 제 1권과 제 2권에서 열거된 지옥을 다시 여기에 넣었다.

왜냐하면 지옥편에 지옥에 대하여 본 것을 다 모으기 위하여서이다.

그리고 Part III 에서는 모든 그리스도인들이 알아야 하는 아주 중요한 성밖편을 다루고 있다. 이곳은 지옥이 아니다. 그렇다고 연옥도 아니다.

이곳은 영원천국의 새 하늘과 새 땅의 새 예루살렘 성밖을 의미한다. 그러므로 그리스도인들도 하나님의 뜻대로 살아서 이기는 자에 속한 자들만 문들을 통하여 이 성안으로 들어간다(이 새 예루살렘 성안에만 하나님의 영광이 해같이 빛나고 있다).

그러나 이기지 못하는 자의 삶을 살은 자들은 열 처녀 비유에서처럼 미련한 다섯 처녀에 속하게 되어 문밖 즉 성밖에 남게 될 것이다.


[계 20:15]
**누구든지 생명책에 기록되지 못한 자는 불못에 던지우더라**

위는 지옥에 가는 자들을 말하고 있다.

그러나 아래는 지옥이 아니라 새 예루살렘 성밖에 가는 자들을 말하고 있는 것이다.


[계 22:14-15]
**(14)그 두루마기를 빠는 자들은 복이 있으니 이는 저희가 생명 나무에 나아가며 문들을 통하여 성에 들어갈 권세를 얻으려 함이로다 (15)개들과 술객들과 행음자들과 살인자들과 우상 숭배자들과 및 거짓말을 좋아하며 지어내는 자마다 성밖에 있으리라**

(계시록 21장 8절과 계시록 22장 15절의 차이점은 이 책의 마지막 부위 Part III, (VI) 그러면 마지막으로 계시록 21장 8절과 계시록 22장 15절이 어떻게 다른가? 하는 것이다. 라는 제목으로 다루고 있다.)

# PART 2

지옥편

제1부

# 서사라 목사의
# 천국과 지옥 간증수기
# 제 1권 – 4권 이후에 본 지옥

**01**

## 지옥에서 마이클 잭슨과 같은
## 뒷걸음질 춤을 추는 마귀 부하들

(2014.12.7)

천국에 올라간다고 올라갔는데

나는 내가 천사의 도움 없이 그냥 내가 즉시 지옥에 와 있다는 사실을 알 수 있었다.

천국에서 금방 내려온 것이다.

마귀 부하의 얼굴이 보이는데 울퉁불퉁 참으로 얼굴이 험악하게 생겼다. 그런데 이 마귀 부하가 꼭 마이클 잭슨의 뒷걸음질 치는 춤을 추듯이 뒷걸음질하면서 기분 나쁜 웃음소리로 킬킬 거리는 모습이 보였다.

그리고 이 마귀 부하가 걷고 있는 곳은 널판과 같은 나무 위로 이 나무는 이쪽의 절벽과 저쪽의 절벽을 잇는 널판대기로 된 다리였다. 그리고 이 널판대기 밑으로는 계곡이 있었고 그 계곡에서는 불이 타고 있었다.

그리고 그곳에서는 많은 사람들이 벌거벗은 채로 불속에서 고통당하고 있는 것을 알 수 있었다.

그런데 이 마귀 부하는 그렇게 그 계곡 위의 이쪽 절벽과 저쪽 절벽을 연결하는 널판대기 같은 곳 위에서 꼭 마이클 잭슨과 같이 뒷걸음질 치는 춤을 추듯이 재빠르게 뒷걸음질하면서 킬킬거리고 있었다. 그리고 보니 마이클 잭슨의 뒷걸음질 춤이 바로 이 마귀 부하들의 뒤로 걷는 걸음걸이였던 것이다.

오 마이 갓!

마이클 잭슨이 살아 있을 때 그렇게 인기를 누렸던 그 뒷걸음질 춤이 바로 지옥의 마귀 부하들의 뒷걸음 걸이였다니!........

나의 놀라움은 아주 컸다.

## 02

# '이 년을 찢어라'

(2014.12.7)

또 한 번 천국에 올라가는데

나를 데리러오는 수레 바깥의 천사가 무슨 하얀 가루 같은 것을 숟가락에 가득 담아서 그것을 나에게 먹였다.

나는 이것이 무엇인지를 몰랐다.

그런데 내가 수레를 탔는데 수레가 올라가면서부터 수레에 불이 붙어서 수레가 이지러지고 있는 것이 보였다.

그리고 수레는 나를 천국에 내려놓았는데 나는 바깥에 서 계신 주님을 보면서 수레에서 내렸는데 내리자마자 나는 그만 쭉 아래로 떨어져서 지옥으로 간 것이었다.

나는 분명 수레에서 내렸는데 그 순간 까만 터널 같은 곳으로 깊이 깊이 순식간에 떨어지고 있었던 것이다.

그리고는 드디어 내 발이 지옥의 바닥에 닿았다.

그 때에 우락부락하게 생긴 마귀 부하가 벌거벗고 있는 나를 보고 이렇게 말했다.

'이 년을 찢어라' 라고 말했다. 나는 이 말에 놀라 혼비백산하였다.

그랬더니 옆에 있는 큰 왕눈을 얼굴 중앙에 하나 가진 외눈인 한 마귀 부하가 나를 잡아 찢으려고 나에게 다가왔다.

나는 순간 '으악~' 하고 소리를 질렀다.

주여!

그러자 나는 즉시 지옥을 떠나 벌써 지상으로 올라와 있는 것을 발견하였다.

오~ 나는 얼마나 놀랐는지 모른다.

주님이 오늘 왜 이렇게 자꾸 나에게 지옥을 보여주시는지 궁금하였다.

혹 내가 주님께 잘못한 일이 있어서 그런가 하고 마음이 편치 않았다.

나를 수레 바깥에서 수호하는 천사가 내가 이렇게 놀랄줄 알고 내가 천국 올라갈 때 하얀 가루를 숟가락에 가득 담아 나에게 먹인 것으로 추정이 되었다.

그런데 나는 아직 그 하얀 가루가 무엇인지 잘 모른다.

**03**

# 무저갱과 지옥은 다른 장소이다.

(2014.12.15)

저녁에 사람들과 간증집회하고 기도한 후에 천국에 올라갔다.

수레 바깥에서 나를 수호하는 천사가 말없이 마음으로 내게 말을 한다.

'주인님 자랑스러워요.' 즉 이 말은 내가 천국과 지옥에 대하여 간증

집회하는 것을 기뻐한다는 것이다.

나는 두 천사가 가져온 수레를 타고 즉시 천국에 들어갔다.

수레 안에 있는 내 아이가 흰 치마를 입고 손에 바구니에 꽃잎을 들고 있었다. 그리고 내게로 왔다. 아이도 내가 그 일을 하는 것을 기뻐하는 것 같았다.

수레가 천국에 도착하자 아이와 보모는 내려서 가고 나는 주님앞에 즉시 엎드렸다.

나는 내 두 손에 구멍이 난 것을 숨기려고 두 손을 바닥에 대었다. 왜냐하면 내 손에 구멍이 뚫린 것이 부끄러웠기 때문이다. 나는 그런 자격이 없는 자라 생각이 들었기 때문이다.

주님은 '내 딸아 일어서라' 말씀하시면서 나를 데리고 저어기 빛이 아주 비취는 그곳으로 데려 가려하셨다. 그 곳은 성부 하나님이 계신 곳이었다.

우리 옆에는 흰 옷 입은 무리가 나를 격려하듯이 바라보고 있었다. 이 흰 옷 입은 무리는 내가 천국에 올라가면 늘 나를 격려하여 주는 무리이다. 이들은 늘 주님과 내가 만나는 곳에서 조금 떨어져서 약 10m 정도 서 있었다.

주님과 나는 그 빛이 나는 곳 그 환한 빛 속으로 들어갔다.

그리고 그 빛 속으로 들어가자마자 주님과 나는 성부 하나님이 계신 궁 안에 서 있었다.

성부 하나님께서 계신 앞쪽에서 약 100m 떨어져서 주님과 내가 서 있었고 주님은 늘 내 오른편 옆에 서신다. 이 궁의 천정은 한없이 높아서 보이지 아니한다.

내가 서는 왼편 앞쪽으로는 항상 계시록을 풀이한 책이 든 갈색 상자가 작고 둥근 흰 테이블 위에 놓여 있었다.

저 앞 보좌에서 성부 하나님께서 말씀하셨다.

"내가 그 책을 너에게 주노라."

나는 이 말씀을 벌써 여러 번 들었다.

주님과 나는 그 말씀을 들은 후에 어떤 보라색 공간을 통과하는 것이었다.

이 보라색 공간은 특별한 의미를 가지는 것 같았다.

왜냐하면 갈색상자 안에 들어 있는 계시록을 풀이한 책의 껍질이 보라색이었기 때문이다.

이것이 무엇을 의미할까? 하는 의문이 생겼다.

나는 성부 하나님이 계신 궁에서 나올 때에 그 계시록을 풀이한 책이 들어 있는 상자를 갖고 나왔는데 나는 그 보라색 공간을 통과하면서 주님께 다음과 같은 질문을 하는 것이었다.

"주님, 무저갱과 음부 즉 지옥이 어떻게 다른가요? 아니면 같은 장소인가요?"

그리하였더니 즉시 나에게 이러한 통찰력이 그냥 오는 것이었다.

무저갱은 영어로 보면 bottomless pit 이다.

즉 말 그대로 바닥이 없는 그러한 끝이 없는 구덩이라는 뜻이다. 그런데 내가 본 지옥은 분명히 바닥이 있었다.

늘 내 발이 바닥에 닿았다.

그러므로 무저갱은 지옥이 아님이 분명해졌다.

그리고 나중에 사단을 무저갱에 1000년간 감금하고 못 나오게 뚜껑을 닫아 놓는데 지옥은 불이 있는 곳이다.

이 사단은 나중에 영원한 불못에 던져질 것이다.

그런데 무저갱에서는 불이 있다는 말이 없다. 그러므로 분명 다른 장소이다. 주님은 이것을 알게 하여 주셨다.

[계 20:1-3]
(1)또 내가 보매 천사가 무저갱 열쇠와 큰 쇠사슬을 그 손에 가지고 하늘로서 내려와서 (2)용을 잡으니 곧 옛 뱀이요 마귀요 사단이라 잡아 일천년 동안 결박하여 (3)무저갱에 던져 잠그고 그 위에 인봉하여 천년이 차도록 다시는 만국을 미혹하지 못하게 하였다가 그 후에는 반드시 잠간 놓이리라 경배하지도 아니하고 이마와 손에 그의 표를 받지도 아니한 자들이 살아서 그리스도로 더불어 천년 동안 왕 노릇하니

[계 20:15]
누구든지 생명책에 기록되지 못한 자는 불못에 던지우더라

[막 9:47-49]
(47)만일 네 눈이 너를 범죄케 하거든 빼어 버리라 한 눈으로 하나님의 나라에 들어가는 것이 두 눈을 가지고 지옥에 던지우는 것보다 나으니라 (48)거기는 구더기도 죽지 않고 불도 꺼지지 아니하느니라 (49)사람마다 불로서 소금 치듯 함을 받으리라

즉 지옥에는 구더기도 있고 꺼지지 않는 불이 있다. 그런데 무저갱에는 그러한 것이 없다. 그러므로 다른 장소임에 틀림이 없는 것이다.

## 04

# 돈을 따라간 자들이 가는 지옥을 보다.

(2014.12.16)

천국에 올라가자마자 지옥이 보였다.

즉 저쪽에 호수 같은 물이 보이는 것이었다.

그러나 주님과 함께 다가가니 진흙 늪이었고 그 안에서 사람의 손 같은 것들과 몸들이 꿈틀거리고 있는 것이 보였는데 그곳은 돈으로 된 진흙 연못이었다. 이 세상에서 돈을 좋아하며 따라갔던 자들이 이러한 돈 진흙 속에서 헤어 나오지 못하고 고통 속에 있었다.

수많은 사람들이 그 진흙으로 된 늪에서 요동치고 있었다.

그들은 온통 회색 진흙으로 얼굴이고 몸통이고 손이고 발이고 다 묻혀져서 사람의 얼굴이 거의 보이지 않았다. 주여! 또 저쪽에는 불구덩이가 보였다. 그 속에는 역시 벌거벗은 사람들이 불로 고통을 받고 있는 것이 보였다. 그리고 그 중의 한 명의 여자가 '나를 좀 꺼내 달라'고 하는 소리가 들렸다.

[딤전 6:10-12]

(10)돈을 사랑함이 일만 악의 뿌리가 되나니 이것을 사모하는 자들이 미혹을 받아 믿음에서 떠나 많은 근심으로써 자기를 찔렀도다 (11)오직 너 하나님의 사람아 이것들을 피하고 의와 경건과 믿음과 사랑과 인내와 온유를 좇으며 (12)믿음의 선한 싸움을 싸우라 영생을 취하라 이를 위하여 네가 부르심을 입었고 많은 증인 앞

에서 선한 증거를 증거하였도다

[약 5:1-9]
(1)들으라 부한 자들아 너희에게 임할 고생을 인하여 울고 통곡하라 (2)너희 재물은 썩었고 너희 옷은 좀먹었으며 (3)너희 금과 은은 녹이 슬었으니 이 녹이 너희에게 증거가 되며 불같이 너희 살을 먹으리라 너희가 말세에 재물을 쌓았도다 (4)보라 너희 밭에 추수한 품군에게 주지 아니한 삯이 소리 지르며 추수한 자의 우는 소리가 만군의 주의 귀에 들렸느니라 (5)너희가 땅에서 사치하고 연락하여 도살의 날에 너희 마음을 살지게 하였도다 (6)너희가 옳은 자를 정죄하였도다 또 죽였도다 그는 너희에게 대항하지 아니하였느니라 (7)그러므로 형제들아 주의 강림하시기까지 길이 참으라 보라 농부가 땅에서 나는 귀한 열매를 바라고 길이 참아 이른 비와 늦은 비를 기다리나니 (8)너희도 길이 참고 마음을 굳게 하라 주의 강림이 가까우니라 (9)형제들아 서로 원망하지 말라 그리하여야 심판을 면하리라 보라 심판자가 문밖에서 계시니라

# 05

# 주일을 지키지 않은 자들이
# 지옥에 와 있다.

(2014.12.17)

천국에 올라가는데 어찌 나를 데리러 온 수레가
뒤에 까만 구멍이 크게 뚫린 것처럼 황량하고 무시무시한 느낌이
났다.
나는 그러한 분위기에서 그 수레를 타고 올라갔는데
아니나 다를까 올라가자마자 주님을 만나자마자 주님과 나는 벌써
큰 아주 어둡고 수 천년 동안 꼭 귀신이 나올 것 같은 장소에 와 있
었는데 거기에 한 영혼이 자세히 보였다.

나는 처음에 그 영혼이 너무 괴물 같아 보여서 사단의 부하인가 하
고 생각하였는데 그것이 아니라 사람이었다. 뼈만 남아 있는 몸이
지만 나는 그 사람이 여자인 것과 그리고 나이가 많은 할머니라는
사실을 알 수 있었다.
그녀의 몸은 너무나 삐쩍 말라서 도저히 막대기가 움직이는 것 같
았고 뼈만 앙상하게 남아 있었다. 그리고 머리는 꼭 머리에 쇠똥 같
은 것이 붙어 있는 것 같은 모양이었는데 그 말라빠진 영혼이 내게
말한다.
이빨은 앞에 조금 있고 뒤에 송곳니부터는 다 빠져 있었다.
그녀는 여기 온 이유가 있다고 말한다. 그래서 왜 여기에 왔냐고 물

었다. 물론 마음으로 통한다.

그녀는 말한다.

자기는 주일을 지키지 않았다고 말했다. 주일마다 자기는 노름장에 갔다고 한다.

즉 노름에 자기의 영혼이 팔렸었다고 말했다. 그러다가 죽게 되었는데 죽어서 여기 왔다는 것이다.

그러고 나서 또 다른 한 영혼이 보였다. 그 영혼은 남자였는데 이 남자도 뼈만 앙상하게 남아 있었다. 눈도 제대로 없었다.

그 남자는 말한다.

자기가 여기에 와 있는 이유를.......

자기는 이혼하였는데 그러고 나서 새로 결혼을 하였는데 안 믿는 여자를 만나서 그 다음부터는 교회에 나가지 않게 되었다고 말했다. 즉 주일을 지키지 않았다는 것이다.

오 마이 갓! 여기 있는 영혼들은 예수는 믿었으나 주일을 지키지 않은 자들이 여기 와 있다는 사실을 알게 되었다.

정말 무시무시하다. 그들은 뼈만 남아 있다.

이 장소는 정말 캄캄하고 꼭 공포 영화에나 나오는 그러한 곳이었다. 사람이 살지 않은지 매우 오래된 성과 같은 넓은 곳에 그리고 천정도 높은 곳에 이들이 있다는 것을 알 수 있었다.

나는 이들이 벌거벗고 뼈만 앙상하게 남은 것으로 보아 얼굴도 보이지 않고 다 없어졌다고밖에 볼 수 없다. 얼굴도 거의 뼈만 남았다. 그리고 나는 지금 성밖이 아니라 지옥을 보고 있다는 사실을 알 수 있었다.

[출 20:8-11]

(8)안식일을 기억하여 거룩히 지키라 (9)엿새 동안은 힘써 네 모든 일을 행할 것이나 (10)제 칠일은 너의 하나님 여호와의 안식일인 즉 너나 네 아들이나 네 딸이나 네 남종이나 네 여종이나 네 육축 이나 네 문안에 유하는 객이라도 아무 일도 하지 말라 (11)이는 엿 새 동안에 나 여호와가 하늘과 땅과 바다와 그 가운데 모든 것을 만들고 제 칠일에 쉬었음이라 그러므로 나 여호와가 안식일을 복 되게 하여 그 날을 거룩하게 하였느니라

**06**

# 공금을 횡령한 자들이 가는 지옥을 보다.

(2014.12.20)

천국에 올라갔다.

수레 바깥의 수호천사가 나에게 '주인님, 침착하세요.' 라고 말을 했다. 그런데 어찌 수레 안이 으스스한 느낌이 났다. 아이가 있는 쪽의 벽 이 까만 천으로 되어 있었고 아이가 무서워서 보모에게 달려갔다

가 나에게로 왔다.

그래서 나는 이것이 혹 내가 천국을 올라가면 지옥을 구경하는 것이 아닌가 생각이 들었다. 왜냐하면 올라갈 때부터 내가 그 다음에 지옥을 갈 것 같으면 이러한 분위기 즉 무섭고 으스스하고 뭔가 기분이 이상한 이러한 느낌이 포착이 된다.

오늘 나를 데리러 온 수레부터 다르게 보이는 것이었다.

아니나 다를까 나는 천국에 도착한 수레에서 내렸는데 주님은 순간적으로 보이셨다가 갑자기 사라지셨고 나는 벌써 지옥의 바닥에 와 있었던 것이다. 순식간에 일어난 일이었다. 주여!

그리고 내 눈에는 벌써 정말로 그 얼굴이 징그럽게 생긴 사단의 부하가 보이는 것이었다. 그의 얼굴은 우락부락하고 눈이 크면서 야유하는 듯한 눈길에 양쪽 볼이 징그럽게 아래로 늘어져 보였다.

이 때에 벌거벗은 한 남자가 힘껏 도망을 가다가 이 징그럽게 생긴 사단의 부하에게 잡혔다.

이 사단의 부하는 그 사람을 잡아서 바닥에 엎드려 눕힌 채로 등을 밟고 서서 그 사람의 팔을 하나 어깨부위에서 돌려서 빼내는 것이 보였다. 오 마이 갓!

아니 저 사람은 어찌 저러한 고통을 여기서 당하고 있을까 하고 생각할 때에 그 사단의 부하는 그 사람의 팔을 빼어서 저쪽에 활활 타오르고 있는 불속으로 던져 넣는다.

그리고 나머지 팔다리도 다 뽑아서 불속으로 던져 넣었다.

이 징그럽게 생긴 마귀 부하는 계속 날 쳐다보면서 그렇게 하고 있었다.

그러면서 그는 마음으로 나에게 이러한 말을 전달하고 있었다.

'너도 잘못하면 이렇게 돼' 하는 말을 하고 있었던 것이다.

그런데 그 사람은 어떤 사람이었는가 하면 공금을 횡령한 자인 것이 그냥 알아졌다.

즉 나보고도 너도 이렇게 공금을 횡령하면 이렇게 지옥에서 고통을 받게 될 것이야 하는 메시지를 그 마귀 부하가 나에게 보내고 있었던 것이다. 주여!

나는 교회의 목사이므로 하나님의 돈을 횡령하면 이렇게 된다는 것이다.

그리고 그 마귀 부하는 그 사람의 마지막 남은 머리와 몸뚱아리를 불로 던져 넣었다. 그리하였더니 그 사람의 몸에서 떨어져 나간 팔과 다리들이 다시 그 몸에 붙어서 온전한 사람이 되어 그 불속에서 이제는 불로 고통을 당하는 모습이 보였다.


그리고 아까 그 벌거벗은 사람을 잡아서 엎드리게 하고 팔과 다리를 뽑아내던 그 자리 옆에는 하나의 관이 놓여 있었다.

그 관 안에는 사람이 벌거벗은 채로 누워있는 것이 보였고 그리고 그의 머리에는 대못이 박혀 있었고 또 손과 발에도 대못을 박아 놓았다. 즉 벌거벗은 사람을 머리와 손과 발에 대못으로 관에 고정시켜 놓았던 것이다. 주여! 그렇게 누워있는 자를 이 마귀 부하가 한쪽 손으로 그 몸을 들어내려 하였으나 그냥 그 몸이 조금 들어 올려졌다가 다시 관으로 내려앉았다.

왜냐하면 대못이 머리에 박혀 있고 손에도 발에도 박혀 있는 지라 사람이 쉽게 그 관에서 뜯겨 나오지 못했다.

나는 또한 이 사람은 어떤 죄를 저질렀는가를 생각하니 그 순간 알아지는 것이 이 사람 역시 공금을 횡령한 자였다. 주여!

나는 오늘 왜 나에게 이렇게 공금을 횡령한 자들을 주님이 보여주시는가를 생각하여 보았다.

이것은 내가 주의 종으로 주의 일을 감당할 때에 다른 사람들이 헌금한 돈을 마음대로 갖다 쓰지 못하게 하시려는 하나님의 경고인 것을 알 수 있었다.

하나님의 돈을 마음대로 갖다 쓰는 것은 공금 횡령죄인 것을 알려 주신 것이다.

이전에도 목사님들이 지옥에 가는 죄목이 4가지가 있었는데 공금 횡령죄가 그중의 하나였다.

할렐루야. 주님은 다시 우리에게 이것을 경고하여 주심을 참으로 감사 감사 찬양을 올려 드리는 바이다. 할렐루야.

주님, 감사합니다.

그러므로 헌금으로 들어온 하나님의 돈을 절대로 사사로이 쓰지 아니할 것을 경고하고 계신 것이다. 할렐루야.


[출 20:15]
도적질하지 말지니라


[딤전 6:10]
돈을 사랑함이 일만 악의 뿌리가 되나니 이것을 사모하는 자들이 미혹을 받아 믿음에서 떠나 많은 근심으로써 자기를 찔렀도다

[레 5:15-19]

(15)누구든지 여호와의 성물에 대하여 그릇 범과하였거든 여호와께 속건제를 드리되 너의 지정한 가치를 따라 성소의 세겔로 몇 세겔 은에 상당한 흠 없는 수양을 떼 중에서 끌어다가 속건제로 드려서 (16)성물에 대한 범과를 갚되 그것에 오분 일을 더하여 제사장에게 줄 것이요 제사장은 그 속건제의 수양으로 그를 위하여 속한즉 그가 사함을 얻으리라 (17)만일 누구든지 여호와의 금령중 하나를 부지중에 범하여도 허물이라 벌을 당할 것이니 (18)그는 너의 지정한 가치대로 떼 중 흠 없는 수양을 속건 제물로 제사장에게로 가져올 것이요 제사장은 그의 부지중에 그릇 범한 허물을 위하여 속한즉 그가 사함을 얻으리라 (19)이는 속건제니 그가 실로 여호와 앞에 범과함이니라

그러므로 우리 주의 종들은 결코 하나님의 물건에 손을 대어서는 아니 될 것이다. 할렐루야.
사도 바울이 말한 대로 우리는 그를 본받아 종말에 참으로 경건한 삶을 살아야 할 것이다.

[빌 4:8]
종말로 형제들아 무엇에든지 참되며 무엇에든지 경건하며 무엇에든지 옳으며 무엇에든지 정결하며 무엇에든지 사랑할만하며 무엇에든지 칭찬할만하며 무슨 덕이 있든지 무슨 기림이 있든지 이것들을 생각하라

# 07

# 지옥에서 느껴지는 절망감을 경험하다.

(2014.12.22)

천국에 올라갔다.

올라갈 때부터 수레가 왔는데 수레 자체가 보이는 것이 희미하고 어쩐지 기분이 음산하더니 천국에 올라가자마자 나는 벌써 지옥을 보고 있었다. 주여!

물속에 아니 늪 같은 곳에 그 속에서 사람들의 해골과 뼈들이 보였다. 그리고 그 해골과 뼈들이 움직이고 있었다.

이곳은 골짜기에 있는 물로서 그 위에 다리 같은 널판대기 같은 것이 놓여 있었고 거기에 마귀 부하가 킬킬거리며 오고 가고 있었다.

그러다가 꼭 마귀할멈 같은 것이 하나 나타나서 나보고 '따라오라' 하였다.

나는 그 순간 무서워서 주님께 물었다.

주님은 안 보이시나 나와 대화가 가능하였다.

그랬더니 주님께서 따라 가보라고 말씀하셨다.

그래서 그 마귀할멈 같은 이를 따라갔더니 갑자기 큰 불구덩이가 보이는데 그곳은 불신자들이 오는 곳이었다.

사람들이 불구덩이에 마귀 부하들이 밀어 넣는 대로 떨어지고 있었다. 주여!

나는 사람들이 많이 그 불구덩이로 떨어지고 있는 것을 보고 있는데 갑자기 다른 마귀할멈 같은 이가 하늘로부터 날아와서 나를 낚아채는 것이었다.

그리고서는 나를 낚아챈 마귀할멈이 내게 말을 하였다.

"이제부터는 내가 너를 괴롭힐 것이다."

그 말을 듣는 순간 소름이 쫙 끼쳤다.

나는 그 말을 들었을 때에 '네가 나를 왜 괴롭혀? 나를 놓아줘'하면서 그 마귀할멈에게서 떨어져 나오려고 온갖 힘을 썼으나 도저히 떨어지지 않았다.

나는 어떤 불가항력적인 힘으로 내가 그 마귀할멈에게 붙어있는 것처럼 느껴졌다. 이때 느껴지는 절망감은 내가 여태껏 느껴보지 못한 정말 어찌할 수 없는 절망감이었다.

그러고 있는데 갑자기 저어기 저쪽 위에서 갑자기 강한 흰 빛이 우리 쪽으로 비추어지는 것이었다. 그 빛은 아주 거룩하였고 그 빛 속에는 한 큰 건장한 남자가 서있는 것이 보였다.

그는 천사인 것 같았다.

그 빛을 보더니 나를 잡고 있던 이 마귀할멈은 갑자기 나를 놓아주고 가버렸다.

그리고 나는 그 빛으로 나왔던 것이다.


나는 내려와서 생각해 보았다.

주님은 왜 나를 오늘 이렇게 마귀할멈에게 붙들려서 꼼짝도 못하는 경험을 하게 하셨을까 하는 의문이 생겼다.

그것은 내가 생각하기로는 지옥에서는 마귀 부하들에게 붙들리면 즉 지옥에 간 영혼들은 아무런 저항할 힘이 전혀 없다는 사실을 알게 된 것이다.

그들이 고통을 주는 대로 고통을 당하여야 한다는 사실을 알게 된 것이다.

주님께서는 오늘 내게 지옥에서 느껴지는 그 절망감을 내게 알게 하여 주신 것이다.

# 08

# 내가 '지옥편' 이라고 쓴
# 분홍색 드레스를 입고 루시퍼가 앉은
# 보좌 앞으로 가다.
(2015.1.2)

천국에 올라갔다.

수레에서 내리자마자 나는 내 옷이 지금 세 번째 책, 즉 '성경편 1권 –창세기' 라고 하여 나오는 책의 표지 색깔 즉 분홍색과 살색의 중간 색깔의 옷을 입고 있다는 것을 알았다.

그런데 분명 이 옷은 연분홍색인데 거기에는 까만 색깔의 글자가 쓰여 있었다.

거기는 '지옥편' 이라고 크게 적혀 있었다. 와우~ 즉 내 드레스 치마에 말이다.

'아니 왜 내 옷에 지옥편이라고 쓰여 있지?'

'혹시 이것 잘못 쓰여진 것 아니야?' 하면서 나는 그 옷을 벗어 버리려 하였다.

그런데 내가 아무리 손으로 벗어버리려 해도 벗겨지지 아니하였고 그 옷을 입은 채로 나는 어느새 어느 보좌 앞 같은 곳으로 갔다.

아니 그런데 그 보좌 옆에는 칼과 창을 든 흉악한 몸들을 가진 그리고 아주 뼈만 남은 것 같은 몸을 가진 마귀 부하들이 엄청 모여 있는 것이 보였다.

나는 순간 너무 놀라서 '아니 여기가 도대체 어디야? 그럼, 저 보좌에 앉은 자는 누구?'라고 질문하면서 보좌를 보는데....오 마이 갓! 이전에 보았던 루시퍼가 보좌에 앉아 있는 것이었다.

그는 올빼미 얼굴을 하고 있는 녹색깔의 얼굴을 하고 있었다.

그는 나를 보고 웃는다.

"으하하하, 으하하하"

그러자 그 옆에서 칼과 창을 든 부하들이 모두 소리를 높여서 '저 X 을 어떻게 하자' 하면서 소리를 지르고 있었다.

동시에 벌써 수십 명이 칼과 창으로 나를 공격하려고 내 옆으로 다 가섰다.

내가 두려워하는 그 순간 위에서 투명한 박스 같은 것이 내려와서 나를 씌우는 것이 보였다. 즉 그들이 나를 칼과 창으로 찌르려 하였으나 그 투명한 박스 때문에 그러지를 못했다.

나는 그 자리에서 깨달아 알아졌다.

아하~, 내가 여기 있는 것으로 보아 그리고 내 옷에 지옥편이라고 쓰여 있는 것으로 보아 주님께서 나를 보고 '지옥편'을 쓰라고 하시는구나! 알아진 것이었다.

'그렇다면 내가 지옥을 많이 봐야 할 텐데........' 하는 마음이 스쳐 지나갔다.

그것은 '주님 만일 그러시다면 저에게 지옥을 많이 보여 주셔야 합니다.' 라고 하는 말과 같았다. 왜냐하면 주님은 내 마음을 다 읽고 계시기 때문이다.

그런데 나는 '지옥편' 책을 쓴다는 사실이 별로 내키지 않았다. 왜냐하면 지옥을 많이 본다는 것은 그렇게 즐거운 일이 아니기 때문이다. 아니 사실은 괴롭기 때문이다.

그리고 지금 나는 내가 이렇게 루시퍼 앞에 그리고 그 많은 마귀의 부하들이 있는 이러한 장소에 와 있다는 사실도 믿겨지지가 않았다.

나는 오늘 처음 다음의 사실을 알게 되었다.

'아하 이들도 이렇게 그들의 대장 루시퍼가 앉는 보좌가 있고 그리고 그들도 꼭 주님의 보좌 양옆에 천사들이 서 있듯이 똑같이 이렇게 그들의 대장 루시퍼의 보좌 양옆으로 서있는 것이구나!' 알아진 것이다.

그리고 그들은 여기서 무언가를 서로 의논하고 그리고 그들은 여기서 루시퍼의 명령을 받아 행하는구나! 알아진 것이다.

어찌하였든 나는 내가 이 '지옥편'을 써야 한다는 것이 아직 잘 받아들여지지 않고 있었다. 전혀 생각도 하지 않았던 일이다.

나는 성경편 첫 1권은 창세기, 제 2권은 모세편, 제 3권은 요한과 함께 계시록을 써야 한다는 것까지는 내가 알고 있었지만 말이다. 그리고 주님께서는 아직 제 4권과 제 5권의 내용에 대하여서는 가르쳐 주시지 아니하셨다.

그런데 오늘 똑같은 성경편 책들의 색깔과 똑같은 연분홍 색깔의 드레스를 나에게 입히시고 거기에다가 너무나 정확히 큰 글씨로 '지옥편'이라고 써서 나를 루시퍼가 앉은 보좌 앞으로 가게 하신 것은 나에게 꼭 지옥편을 써야 함을 알게 하신 것으로 받아들여졌다. 그러나 나는 아직도 정말 이것이 나에게 무엇을 의미하는지에 대하여 명확하지 않았다. 다만 주님께서 정말 내가 '지옥편'을 쓰기를 원하신다면 이것에 대하여 더 명확히 알려 주실 것이다.

그리고 요즘 어떻게 보면 주님이 자꾸 내가 원하지도 아니하였는데 지옥으로 데리고 가시는 것으로 보아서 '아하 그래서 그런 것인가?' 하는 생각이 들어왔다.

나는 한참 그렇게 루시퍼 앞에 있다가 다시 주님의 보좌 앞으로 잠깐 옮겨진 것을 보았는데 어느새 지상으로 내려와 있었다. 나는 아직 이러한 것이 어찌 이렇게 빨리빨리 일어나는지 잘 모른다.

그러나 어찌하였든 나는 내가 본 것을 하나도 빠짐없이 여기에 적어놓기를 바랄 뿐이다.

주님이 '지옥편'을 쓰기를 원하신다면 써야 하겠지만

내가 '지옥편'을 쓴다는 것이 조금 무섭고 떨리는 것은 할 수 없다.

그러나 해야 한다면.................해야 할 것이다.


성경은 루시퍼(원래는 이름이 '루시엘'로서 하나님을 찬양하는 천사장으로 지음을 받았었다. 타락하면서 이름이 '루시퍼'로 바뀌었다)에 대하여 다음과 같이 말하고 있는 것을 본다.


[겔 28:13-17]

(13)네가 옛적에 하나님의 동산 에덴에 있어서 각종 보석 곧 홍보석과 황보석과 금강석과 황옥과 홍마노와 창옥과 청보석과 남보석과 홍옥과 황금으로 단장하였음이여 네가 지음을 받던 날에 너를

위하여 소고와 비파가 예비되었었도다 (14)너는 기름 부음을 받은 덮는 그룹임이여 내가 너를 세우매 네가 하나님의 성산에 있어서 화광석 사이에 왕래하였었도다 (15)네가 지음을 받던 날로부터 네 모든 길에 완전하더니 마침내 불의가 드러났도다 (16)네 무역이 성하므로 네 가운데 강포가 가득하여 네가 범죄하였도다 너 덮는 그룹아 그러므로 내가 너를 더럽게 여겨 하나님의 산에서 쫓아 내었고 화광석 사이에서 멸하였도다 (17)네가 아름다우므로 마음이 교만하였으며 네가 영화로우므로 네 지혜를 더럽혔음이여 내가 너를 땅에 던져 열왕 앞에 두어 그들의 구경거리가 되게 하였도다

[사 14:13-15]
(13)네가 네 마음에 이르기를 내가 하늘에 올라 하나님의 뭇별 위에 나의 보좌를 높이리라 내가 북극 집회의 산 위에 좌정하리라 (14)가장 높은 구름에 올라 지극히 높은 자와 비기리라 하도다 (15)그러나 이제 네가 음부 곧 구덩이의 맨 밑에 빠치우리로다

그리고 루시퍼는 그의 부하로 천사들의 1/3 (소위 타락한 천사들)을 거느리고 있는 것이다.

[계 12:3-4]
(3)하늘에 또 다른 이적이 보이니 보라 한 큰 붉은 용이 있어 머리가 일곱이요 뿔이 열이라 그 여러 머리에 일곱 면류관이 있는데 (4)그 꼬리가 하늘 별 삼분의 일을 끌어다가 땅에 던지더라 용이 해산하려는 여자 앞에서 그가 해산하면 그 아이를 삼키고자 하더니

# 09

# 남편과 아이를 두고 간음한 여인이
# 지옥에 와 있다.

(2015.1.3)

[출 20:14]

**간음하지 말지니라**

천국에 올라갔다.

수레도 아기도 다 흰 눈 같은 털옷을 입고 있었다.

아이는 털이 수북한 빵모자 같은 흰 모자도 쓰고 있었다.

천국에서 주님이 나를 맞이하신 후 주님은 나를 지옥으로 보내시기를 원하셨다.

그러자 벌써 눈만 빼 놓고 얼굴까지 덮은 완전 갑옷으로 무장한 천사가 두 명이 서 있는 것이 보였다. 그들이 입은 갑옷은 은색과 금색 중간 색깔이었다.

그리고 그 두 천사의 얼굴은 이 세상에서 어떤 미남보다도 더 잘 생긴 얼굴이었다.

나는 그 두 천사와 함께 분명히 한 두 사람이 떨어질 수 있는 굵기의 터널로 들어선 것 같았는데 벌써 우리는 큰 구덩이 속을 계속 내려가고 있었다.

그리고 우리는 그 깊은 지옥의 바닥에 도달하였다.

거기에는 한 여자가 바닥에 벌거벗고 있었고

거기에 큰 바퀴벌레보다도 더 큰 갈색의 갑각류 종류의 벌레들이 그녀를 물어뜯고 있었다. 그리고 또 저쪽에서는 어디서 그렇게 많은 동일하게 생긴 벌레들이 모여오는지 그 수많은 벌레들이 그녀의 몸을 덮쳤다. 그들이 그녀의 몸을 물어뜯는 그 고통은 이루 말할 수 없었다.

"주여! 저 여자는 어찌하여 이러한 고통을 지옥에서 받고 있나이까?" 하는 질문을 내가 가졌더니

주님은 내 생각으로 그것을 알게 하여 주셨다.

그녀는 남편과 아이들을 두고 다른 남자와 간음한 여인이었다.

즉 가정이 있는 유부녀가 이 세상사는 날 동안 다른 남자와 간음을 저질렀다가 죽어서 이렇게 지옥에 와서 이러한 고통을 받고 있는 것이었다. 주여!

가정이 있는 여인이 다른 남자와 간음을 하면 죽어서 지옥에 간다. 그 반대도 마찬가지이다. 가정이 있는 남자가 다른 여자와 간음을 하여도 지옥을 간다.

여기에 대하여 나는 여러 번 많은 것을 보았다. 지옥에서는 간음의 문제에 대하여 철저히 다룬다.

성경은 말한다. 간음하지 말지니라.

# 10

# 여자들을 납치하여 강간하고
# 성매매를 시킨 자들이 가는 지옥을 보다.
(2015.1.3)

나는 오늘 두 번째 천국에 올라갔다.

수레 바깥의 천사가 내게 이렇게 말했다.

"마음을 단단히 먹으세요."

나는 내 생각에 '또 지옥을 가겠구나!' 하고 올라갔다.

수레를 끄는 말들도 부분적으로는 검정색으로 치장이 되어 있었다. 이러한 싸인이 보일 때는 영락없이 내가 천국을 올라가면 지옥으로 간다.

천국에서 흰 옷을 입으신 주님을 만났다.

주님이 말씀하셨다.

"나와 함께 지옥으로 가자꾸나!"

"아니, 주님이 같이 가시겠다고요?"

"그렇단다."

그러자 주님과 나는 어느새 순간적으로 지옥의 바닥 어딘가에 와 있었다.

거기는 아주 캄캄한 곳이었고 주님과 내가 선 옆쪽으로 도랑 같은 곳에 제법 많은 물들이 흐르고 있었다.

캄캄해서 그 물의 색깔을 알 수 없었으나 그러나 나는 그 물이 피라는 사실을 알 수 있었다.

순간 나는 겁이 나서 '어찌 내가 이런 곳에?' 하면서 무서워하고 있었다.

지옥에 와 있는 나의 모습은 나의 머리를 한 가닥으로 뒤로 묶어서 단정하고 당차게 보였고 또한 하얀 승마복을 아래위로 입은 것같이 발랄한 모습을 하고 있었다.

주님과 나는 조금 더 안으로 들어갔는데
오 마이 갓!
나는 그 곳에서 꼭 한 두 사람이 들어갈 수 있는 큰 통에 마귀의 부하들이 사람들을 그 통속에 밀어 넣고 있는 것이 보였다. 그리고 통 바깥에서 마귀의 부하가 그 통의 손잡이를 돌리니까 통속에 들어간 자들이 통속중간의 칼날들에 의하여 산산조각이 나는 것이 보였다. 그런 다음 그 산산조각 난 몸의 조각들이 그 다음 레벨, 즉 통속의 더 아래로 내려가는 것이 보였다.
그 산산조각 난 몸들이 그 다음 레벨로 통속에서 떨어지면
그 밑에서는 무거운 돌이 떨어져서 그들을 맷돌 갈듯이 갈아 버리는 것이 보였다. 주여! 어찌 이런 일이.........
그런 후에 피가 짜여져서 통속에서 흘러나와 도랑으로 흐르고 있었던 것이다. Oh No!
즉 그 긴 통은 사람들을 즙을 짜듯이 조각내어서 짜고 있었다. 주여!

그리고 피를 그렇게 걸러낸 후에 그 나머지 육체의 찌꺼기는 옆에다가 버려서 쌓아두었다.

그리고 마귀 부하들은 저기 저쪽에 벌거벗고 서 있는 자들을 계속 그 통속에 밀어 넣어서 이렇게 즙을 짜듯이 짜고 있었다. 사람들은 뒤에 손이 묶인 채로 줄을 서 있었다.

그들은 마귀 부하들에게 발악을 하면서 욕을 하고 있었다.

"주님, 저자들은 어떤 자들이기에 이러한 형벌을 받나이까?"

그러자 이들은 젊은 여자 남자들을 납치하여 자신의 성노리개로 삼아서 아이도 갖게 하고 평생을 그렇게 그들의 인생을 망친 자들 이라는 것을 알게 하여 주셨다.

그리고 또한 어린아이들을 납치하거나 유혹하여 팔아서 성노리개 로 판 포주들이 이러한 고통을 받는다는 것이었다.

전 세계적으로 이러한 자들이 얼마나 많은지 줄에 줄을 서고 있었다.

이들이 세상의 잠시 동안의 쾌락과 돈 때문에 저지른 큰 사악한 죄 때문에 이곳 영원한 곳에서 이러한 끔찍한 형벌을 영원히 받고 있 었던 것이다.

오 주여! 우리 이리 못된 인간들을 어찌 하오리이까?

[출 21:16]

**사람을 후린 자가 그 사람을 팔았든지 자기 수하에 두었든지 그를 반드시 죽일지니라**

"Anyone who kidnaps another and either sells him or still has him when he is caught must be put to death.

# 11

## 돈을 꾸어서 평생 떼어먹고
## 갚지 아니한 자들이 가는 지옥을 보다.

(2015.1.4)


천국에 올라가려 할 때에 수레에 달린 말들이 보였는데
큰 검은 점들이 있는 말 네 마리가 달려 있었다.

바깥에 나를 수호하는 천사는 나를 그대로 맞이하는데
마차를 모는 천사는 그 이전의 아름다운 천사가 아니다.

꼭 얼굴이 늑대의 모습을 한 것 같고 얼굴에는 선글라스를 끼고 그
리고 머리는 흰 천으로 가렸다. 아니 나를 꼭 지옥 데리고 가려 하
는 사자 같았다.

그리고 수레는 이전의 수레가 아니었다. 수레가 한 사람정도 탈 수
있는 수레이다. 그 안에는 불이 있는 것 같아 보였다.

그래서 나는 이 모든 것이 이상하여 '아니 왜 나를 저기에다가 태우
려 하는 것이야?' 하면서 나는 타기를 거부하며 타지 않았다. 그러
자 늘 나를 수레 바깥에서 수호하는 천사가 갑자기 사라졌다.

그러더니 갑자기 그 네 마리의 말이 끄는 수레와 내가 갑자기 큰 공
중으로 함께 떨어지는 것이었다. 오 마이 갓!

그리고서는 이 수레와 내가 꼭 천상에서 우주로 한없이 한없이 아
래로 내려오는 것이었다. 그렇게 한참동안 진공과 같은 그 넓은 곳
으로 계속 떨어져 내려왔는데 주여!

어느새 나는 지옥의 바닥에 도착하여 있었고 내 눈에는 벌써 징그

러운 마귀 부하들이 몇 명이 보였다. 이들 중 한 명은 삽으로 위에 있는 흙을 밑으로 아주 깊은 고랑에다가 퍼 넣으면서 킬킬 거리는 것이 보였다.

그런데 이 고랑에서는 김이 무럭무럭 솟아나고 있었고 그곳에서는 짓이겨진 사람의 부위들이 그곳에 쌓여 있었고 그곳에다가 한 마귀가 위에서 흙을 퍼서 그곳에 부어 넣으면서 킬킬 거리고 있었던 것이다. 그리고 절벽 같은 위에서는 마귀의 부하들이 사람들의 팔 다리를 뽑아서 그 고랑 속에 집어 던지고 있었다. 나는 생각했다. '이러한 고통을 받는 자들은 도대체 어떤 자들이었는가?' 하고 생각 하였더니 이들은 돈을 남한테 꾸어서 평생 떼어먹고 갚지 아니한 자들인 것이 알아졌다.

오 마이 갓! 돈을 빌려서 갚지 않고 고의로 떼어 먹은 자들이 여기 오는 것이다.

나는 너무 놀라하며 한탄하며 내려왔다.


[시 37:21]
**악인은 꾸고 갚지 아니하나 의인은 은혜를 베풀고 주는도다**

## 12

## 나에게 지옥편을 써야 한다고
## 말씀하시는 주님

(2015.1.5)

천국에 올라갔다. 바깥에 있는 천사가 나를 반갑게 맞아주었다.

그리고 수레를 모는 천사도 나를 반가이 맞아주었다.

수레 안에는 여전히 내가 앉아 있는 자리 앞에 다이닝 테이블이 생겨났다.

그 조그만 다이닝 테이블 위에는 먹을 것이 놓여 있었다.

이번에는 오렌지가 놓여 있다. 아이가 와서 내게 안기면서 나와 함께 오렌지를 먹었다.

그리고 수레를 타고 가는데 바깥에 있는 천사가 천국 대문 앞에서 '문을 여시오'하니 천국대문이 활짝 열리고 수레는 천국에 도착하였고 나는 천국 수레에서 내렸다.

그리고 아이는 보모와 함께 같이 어디론가 가 버렸다.

나는 황금대로 건너편에 서 계신 주님을 맞으러 가는데 수레에서 내리자마자 내 옷이 연분홍색으로 바꾸어져 입혀져 있었고 그 분홍색 치마에는 또 저번처럼 '지옥편'이라고 까맣게 쓰여져 있었다.

그리고 주님을 만났는데 주님과 내가 함께 서 있는 그곳에 마귀의 부하 같은 놈 한 명이 서 있었다.

그는 키가 크고 얼굴이 갈색이며 온 얼굴이 큰 주름들로 쭈글쭈글한 마귀 부하 같은 모습을 하고 있었다.

나는 '이가 왜 나타났을까?' 하고 궁금해 하고 있는데

나는 갑자기 내가 입고 있는 연분홍 치마를 쳐다보면서 주님께 물었다.

"주님 제가 '지옥편'을 써야 하나요?"

"그래, 네가 '지옥편'을 써야 한단다."

"그러면 주님 제게 지옥을 더 깊이 있게 그리고 더 넓게 많이 보여주세요." 라고 했다. 왜냐하면 지옥편을 쓰려면 내가 지옥을 많이 경험하여야 할 것이라고 생각했기 때문이다.

아하~, 그래서 오늘 저 마귀 부하 같은 자가 여기에 와 있구나! 깨달아졌다. 그리고서는 나는 내려왔다.

그리고 나는 내가 지옥편을 써야 하는 이유를 다음에서 어느 정도 발견할 수 있었다.


[겔 33:8-9]

(8)가령 내가 악인에게 이르기를 악인아 너는 정녕 죽으리라 하였다 하자 네가 그 악인에게 말로 경고하여 그 길에서 떠나게 아니하면 그 악인은 자기 죄악 중에서 죽으려니와 내가 그 피를 네 손에서 찾으리라 (9)그러나 너는 악인에게 경고하여 돌이켜 그 길에서 떠나라고 하되 그가 돌이켜 그 길에서 떠나지 아니하면 그는 자기 죄악 중에서 죽으려니와 너는 네 생명을 보전하리라

## 13

## 주님은 나에게 지옥편을 쓰게 하기 위하여 나를 지옥으로 안내할 천사를 붙여 주시다.

(2015.1.6)


그 다음 천국에 올라갔다.

흰 말 네 마리가 끄는 수레가 왔다. 우와! 예쁘다.

수레도 흰 옥색에 다이아몬드 보석으로 장식되어 있었고 수레는 아주 컸으며 대개 내게 오는 수레의 크기로 보였다.

이 수레 안에는 내가 앉는 좌석이 주황색 좌석이었고 그 앞에 흰 옥 색깔의 아담한 사이즈의 다이닝 테이블이 놓였고 그 위에 바나나 가 담긴 보석 그릇이 놓여 있었다.


아이가 내게 와서 안기고 내가 바나나 껍질을 벗겨서 그의 입에 조 그맣게 떼어서 넣어주고 나도 한입을 먹었다. 그러는 중에 수레 바 깥에서 나를 수호하는 천사가 황금진주 대문에 이르러 천사들에게 '문을 여시오' 라고 나지막이 말한다.

그리하였더니 천국문이 활짝 열리고 수레가 황금대로 왼편에 도착 하였다.

내가 수레에서 내리는데 나는 내 드레스 색깔이 다시 분홍색 같이 되려고 하고 있는 것을 느꼈다. 그러나 나는 이번에는 흰 드레스를 입고 싶어 했다.

왜냐하면 내가 또 연분홍색의 드레스를 입으면 지옥을 보낼 것 같아서이다(요즈음에 수레에서 내릴 때에 내 옷의 색깔을 보면 내가 지옥을 가는지 알 수 있게 하셨는데 주님은 내게 지옥편을 쓰게 하기 위하여 나에게 분홍색 드레스를 입히시고 그 분홍색 드레스에 '지옥편'이라고 쓰기도 하셨다. 이 이야기는 지옥편에서 상세히 나오게 될 것이다).

그랬더니 옷이 분홍색으로 변하려 하다가 내가 원하는 흰 옷에 다이아몬드 장식들이 작게 장식된 아름다운 흰 드레스가 내게 입혀져 있었다. 할렐루야.

그리고 나서 나는 주님을 맞이하였다. 주님은 오히려 흰 옷에 회색의 조끼 같은 것을 걸치신 모습이시다.

오늘따라 구멍이 뚫린 발에 샌달 같은 것을 신고 계신다. 주여!


주님이 나를 주님의 보좌 앞으로 인도하셨는데 거기서 주님은 주님의 복장이 다시 바뀌셨다. 우윳빛이 나는 긴 흰 옷에 금장색 무늬가 있는 옷을 입으시고 보좌에 앉으신 것이다.

천국에서 이러한 복장 변화는 순식간에 일어난다.

그리고 주님 보좌 앞쪽으로 양옆에는 천사들이 쭉 늘어서 있었다.


나는 주님의 보좌 앞에서 무릎을 꿇고 엎드려 울고 있었다.

'주님, 이 부족한 종에게 지옥을 보게 하시고 또 지옥편을 쓰게 하시려고 계시다니요.' 하면서 나는 감격하여 엉엉 울었다.

내가 아무리 봐도 미자격자인 나를 쓰시고자 하시니 부족한 나의 모습에 민망하여 나는 주님 앞에서 엉엉 울었다.

옆에 서 있는 천사들이 나의 이 모습을 보고 미소를 짓고 웃고 있었다. 그러는데 주님이 말씀하신다.

"내가 너의 전부이니라."

'아, 그래 그렇지. 주님이 나의 전부이시지.' 나는 여기에 대하여 마음으로 진정으로 동의가 되었다. 그런데 그 순간 내게 깨달아지는 것이 '그래 맞아, 그러면 주님이 다 하실 것이야.'

'그러므로 나의 부족은 문제가 되지 않아' 할렐루야.

'그러므로 내가 이렇게 울 필요가 없는 것이야' 하고 결론이 내려지자 나는 금방 울던 것을 뚝 그치고 고개를 들고 빙그레 미소를 지었다. 참으로 남이 봐도 우스운 장면이었다.

그랬더니 옆에 서 있는 천사들이 나의 이러한 모습을 보고 또 우습다고 미소를 짓는 것이었다. 할렐루야.

**** 나는 여기서 이 천사들의 미소 짓는 모습을 조금 설명하고 싶다. 처음에 내가 지옥편을 쓰기에 많이 부족하게 느껴져서 주님 앞에 울고 있을 때에 이들이 미소를 지은 이유는 그 뒤에 내가 깨달을 것 (즉 나는 부족하지만 주님이 다 하실 것을 깨닫게 될 것을 알고서 그들이 미소를 지었다는 것이다) 을 알고 울고 있는 내 모습이 우스워서 미소를 지었다. 이것이 그냥 내게 지식으로 알아졌다. 그리고 그 다음 내가 깨닫고 나서 울던 내가 머리를 들고 빙그레 미소를 지을 때에 그들이 웃은 것은 나에게 동의하여 주는 웃음이었다. 이제야 '사라님, 아시겠어요?' 하는 의미의 웃음인 것이다. 할렐루야. 나는 이렇게 천사들이 내가 천상에서 겪을 일을 미리 알고 있다

는 사실을 여러 번 아니 반복하여 경험하고 있다. 그리고 그들은 내게 그것을 웃음으로 미리 암시하였던 것이다.

그렇다. 내가 하는 것이 아니다.

주님은 단지 나를 선택하여 주님이 하시는 것이다.

주님은 내게 그렇게 깨닫게 하시고 나를 보고 내 자리에 들어가서 앉으라고 말씀하셨다.

그래서 나는 내 자리에 와서 앉았다.

내 자리는 항상 주님의 보좌 앞에 왼쪽편의 맨 앞줄의 천사들이 서 있는 곳에 앞쪽으로 내 의자가 놓여 있었다.

주님 쪽에 가까운 쪽으로 천사들이 서너 명이 서있고 그 다음 내 자리 즉 의자가 놓여 있다.


내가 내 자리에 와서 앉았더니 저 입구에서 저번에 주님과 같이 보았던 그 마귀 부하같이 생긴 키가 크고 (9피트는 능히 되어 보였다) 얼굴이 해처럼 크고 둥글며 그 얼굴은 납작하고 전체적인 얼굴의 모습은 마귀 부하처럼 흉악하게 보였고 얼굴색은 갈색으로 온통 얼굴이 깊은 주름으로 쭈글쭈글한 남성이 들어와서 주님 앞에 와서 한쪽 무릎을 꿇고 인사를 했다.

꼭 신하가 왕 앞에 와서 무릎 한쪽을 바닥에 대고 한쪽은 세우고 정중히 인사를 하는 것 같이 하였다.

그리고 이 천사가 주님 앞에서 인사를 할 때에 그 마음속으로 말하는 것이 알아졌는데 그는 '주님, 제가 사라님을 지옥으로 잘 인도하겠습니다.' 라고 말하는 것이었다.

그래서 나는 이때에 이는 마귀의 부하가 아니고 나를 지옥으로 수호할 천사인 것이 알아진 것이다.

'아하, 저 천사가 이제부터는 지옥편을 쓸 때에 나를 지옥으로 인도하는 천사이구나!'

주여!

너무 흉악하게 생겨서 잠시 나는 멈칫하였다.

그러나 어쨌든 할렐루야였다.

그가 무섭게 생겼건 말건 그 천사는 내가 지옥으로 갈 때 나를 수호할 천사인 것이다. 지옥편을 쓰기 위하여 나를 지옥으로 안내할 천사 말이다. 할렐루야.

나는 주님께 감사를 드렸다.

'주님 감사합니다. 혼자 보내지 않으셔서요.' 할렐루야.


그리고서는 주님은 내게 베리칩이 666이라는 것을 외쳐야 함을 알게 하여 주셨다.

그리고 저 입구에서 베리칩이 666이라고 외치는 자들이 입장하는 것이 보였다.

그리고서는 나는 내려왔다.

# 14

# 천국에서 큰 금고열쇠를 받다. 지옥편을 성경편 5권 외에 따로 써야 함을 알게 되다. 부모를 살아생전 저주하고 때린 자들이 가는 지옥을 보다.

(2015.1.7)

천국에 올라가는데 수레 바깥에서 나를 수호하는 천사가 나에게 이렇게 말한다.

'주인님, 나는 주인님을 만난 것이 너무 감사해요' 하면서 울먹이려 했다.

그때 내 생각에 '아니 천사들도 우는가?' 하는 의문이 생겼는데 그러나 그들은 눈물까지는 흘리지 아니하였지만 그들도 감정이 있구나! 알게 된 것이다.

그 수호천사는 나에게 거의 울먹이듯이 즉 나를 수호하게 된 것이 너무 감사한 것에 대하여 말이다.

그리고 말을 모는 천사도 거의 울먹이면서 수레 바깥에서 나를 수호하는 천사와 같이 나에게 감사하다는 마음을 표현하였다. 그것이 다 마음으로 전달되었다.

그러고 나서 나는 수레에 올라타는데 오늘따라 수레가 참으로 멋있었다.

벌써 나는 수레 바깥에서부터 다이아몬드로 된 면류관을 쓰고 아름다운 흰 드레스를 입고 있고 조심스럽게 수레를 올라타고 있었다.

수레 안에는 내가 앉는 좌석 앞에 다이닝 테이블이 있는데 그 위에 청색포도가 아름다운 보석 그릇에 담겨져 있었다.

수레는 곧 황금진주 대문 앞에 왔는데 수레 바깥에서 나를 수호하는 천사가 황금진주 대문을 지키는 천사들에게 나지막이 이렇게 말한다.

'문을 여시오' 라고 하니 그 천사들이 문을 활짝 열었다.

이전에는 바깥 수호천사가 '문을 여시오' 하고 호통치듯이 명령하듯이 말하였는데 이제는 나지막이 말하여도 그 천사들은 문을 활짝 순식간에 열어준다.

그리고 나는 천국대로 옆에 도착하여 내려서 나를 저쪽 황금대로 오른편에서 기다리고 계시는 주님께로 이동하였다.

주님은 오늘따라 흰 긴 옷을 입고 계셨고 나는 그냥 그분 밑에 엎드려 고개를 들지 못하고 통곡하고 울고 있었다.

나는 주님만 보면 통곡하는 경우가 많다.

'왜 통곡하는가?' 하는 것은 그분에 대한 감사함, 그분을 찬양함, 또 아주 부족하기 짝이 없는 나를 주님의 도구로 써 주시는 것에 대하여 감사와 함께, 물밀듯이 몰려오는 그분에 대하여 그분의 뜻대로 살지 못한 것에 대한 민망함, 그리고 그분에 대한 것 등등, 이러한 모든 것들이 복합적으로 표현되어 나는 어쩔 줄을 몰라하면서 한참이나 그분의 발밑에서 울고 있었다.

보통 때 같으면 나는 그분의 구멍 뚫린 발 때문에 마음이 많이 아플 텐데 오늘은 주님의 발에 구멍이 있는 사실이 느껴지지 않았다.
또한 내가 이렇게 통곡하며 우는 것은 주로 주님의 보좌 앞에서 이런 일이 일어나는데 오늘은 특별히 내가 천국에 올라오자마자 천국 바닥이건 뭐건 나는 그분을 보자마자 그냥 일어날 줄을 모르고 꿇어 엎드려서 그냥 엉엉 울었다.

저쪽에 보니 흰 옷 입은 무리가 나를 지켜보고 있었다.
나는 그들이 지켜 보건 말건 주님 앞에서 오열했다.
이유인즉슨 나의 천국과 지옥간증을 듣고 저번 한국집회에서
어떤 분들이 많은 액수를 헌금하겠다고 한 것이다.
그들은 내가 마음껏 선교할 수 있도록 물질을 공급하겠다고 했다.
그래서 나는 그분 앞에서 오열하고 있었다.

그러자 주님이 마음으로 이렇게 말씀하신다.
'이제야 너는 내가 어떤 자인지 알겠느냐?' 라고 말씀하시는 것이 내게 전달되었다.
할렐루야. 주님은 내게 마음으로 이런 말을 전달하고 계셨다.
말로 하지 아니하여도 천국에서는 이렇게 소통이 가능하다.
그래서 나는 대답하였다. 마음으로.
"네 주님......"

그렇게 한참을 말없이 주님 밑에서 오열하며 울고 있는데
주님께서 나를 끌어 올리셔서 저 절벽 위에 폭포수가 흐르는 곳으
로 나를 데리고 가셨다.
그리고서는 그 폭포수에서 흐르는 생명수로 내 얼굴을 씻게 하시
고 즉 내 얼굴의 모든 눈물 자국을 씻게 하시고 또 거기 있는 생명
수로 나를 먹이시는 것이었다.

그리고 나서 주님과 나는 벌써 성부 하나님이 계신 궁에 도착하였다.
성부 하나님의 보좌는 저어기 앞쪽에 있었고 그리고 주님과 나는
그 넓은 궁에 서 있었다.
주님과 내가 가면 늘 서는 그곳에 말이다.
여기서 주님은 항상 내 오른편 옆에 서신다.

그리고 내 왼쪽 앞으로는 역시 하얀 작은 둥근 테이블이 놓였고 거
기 위에는 계시록을 풀이한 갈색상자가 놓여 있었다.

나는 그 상자를 가져다가 가슴에 꼭 안았다.
그 두꺼운 갈색 책이 들어있는 상자를 품에 안고 성부 하나님 앞에
서 있었던 것이다. 주여!

그리하였더니 저 앞에서 성부 하나님이 말씀하신다.
"사라야 그 책을 그 테이블에 내려놓아라."
그래서 나는 그 책을 그 테이블 위에 도로 내려놓고 성부 하나님 앞
에 섰다.

그리고 성부 하나님은 내게 아무런 말씀을 안 하시는데 그분의 마음이 내 마음 안으로 들어와 물결치듯이 내 마음과 교통이 되고 있었다.

'와우~ 이럴 수도 있구나!' 하면서 나는 놀랍기만 하였다.

그렇게 나는 말없이 성부 하나님과 물결치듯이 마음으로 교통하고 있었다. 주여!

나는 너무 좋았다.

이것은 정말 말로는 표현할 수 없는 기쁘고 좋은 교통이었다.

그분의 마음이 내 마음으로 들어와서 물결치듯이 내 마음과 하나가 되는 느낌.

그분의 마음과 내 마음이 물결 안에서 하나로 일치되는 것과 같은....

이것은 나를 엄청 기분 좋게 하여 주었다. 주여!


그 분의 마음이 내게 들어와서 물결치는 그 순간.

이 때의 나의 기분 좋은 것은 정말로 말로 표현이 불가능하다.

나는 한참을 그러고 있었다.

그러는 중에 옆에 계신 성자 예수님이 갑자기

내 두 손을 펴라고 하시면서 내 손에 길고 큰 금고 열쇠를 '탁' 하고 놓아주시는 것이었다. 할렐루야.

'아니 이것이 무엇이지? 왜 내게 이러한 크고 긴 금고 열쇠 같은 것을 주시나?' 하고 생각하니 '아하, 그렇구나! 하늘의 금고 열쇠를 내게 주신 것이구나!' 알아진 것이다. 할렐루야.

즉 주님께서 나에게 필요한 물질을 주셔서 반드시 하나님의 일을 감당하게 될 것을 지금 천국에서 성부 하나님 앞에서 이 하늘 금고 열쇠를 내게 주심으로 말미암아 확증하여 주시는 것이었다.
할렐루야.

나는 이제 이 일로 인하여 정말 내가 그렇게 소원하고 소원하였던
선교를 시작할 수 있음을 알게 된 것이다.
아멘 아멘 아멘! 할렐루야! 주님을 찬양합니다!.

주여! 감사합니다!. 하나님 감사합니다!.
어찌하였든 오늘 나는 성부 하나님 궁에서
성자 하나님으로부터 크고 긴 하늘의 금고 열쇠를 받았다.

[단 12:3]
지혜 있는 자는 궁창의 빛과 같이 빛날 것이요 많은 사람을 옳은
데로 돌아오게 한 자는 별과 같이 영원토록 비춰리라

[마 28:18-20]
(18)예수께서 나아와 일러 가라사대 하늘과 땅의 모든 권세를 내
게 주셨으니 (19)그러므로 너희는 가서 모든 족속으로 제자를 삼
아 아버지와 아들과 성령의 이름으로 세례를 주고 (20)내가 너희
에게 분부한 모든 것을 가르쳐 지키게 하라 볼지어다 내가 세상 끝
날까지 너희와 항상 함께 있으리라 하시니라

[눅 10:2]
이르시되 추수할 것은 많되 일군이 적으니 그러므로 추수하는 주

인에게 청하여 추수할 일군들을 보내어 주소서 하라

그리고 나는 그 큰 금고 황금열쇠를 주님으로부터 받아서 이제 어디에다가 보관하여야 하나 고민하는데 '아하, 내 집에다가 해야 하는구나!' 생각이 들고 있는 중에 주님과 나는 벌써 그 금고 열쇠를 가지고 내 집 거실에 와 있는 것이었다. 할렐루야.

주님과 나는 우선 큰 궁처럼 넓어진 내 집으로 왔다.
집에 들어서면 현관에 방처럼 생긴 곳이 있는데 거기에 생명수가 흐르는 분수대가 있다. 그곳에서 생명수를 한 컵씩 마시고 궁 안쪽으로 들어가서 테이블에 주님과 나는 마주보고 앉았는데 저기에 놓여 있던 모세의 황금지팡이를 가져와서 테이블에 놓고 거기에다가 내가 조금 전에 받은 금고 열쇠도 놓았다.
그리고 또 그 테이블 위에는 순식간에 내가 써야 할 연분홍색 책 다섯 권이 놓여졌다.

나는 주님께 질문하였다.
첫 번째 것은 주님이 가르쳐 주신대로 창세기에 대한 것이고 두 번째는 모세와 이야기한 것이고 그렇게 말하고 있을 때에 모세가 어느새 와서 내 왼편 의자에 앉는 것이었다.
보통 모세는 주님 옆에 가서 앉는데 오늘은 바로 내 옆에 왼쪽의자에 앉은 것이다.
모세는 엷은 하늘색 옷을 입고 있었다.

그리고 세 번째 내가 써야 할 책은 계시록에 대한 책인데 나는 그것을 집어서 이쪽으로 옮겨놓고 있었다.

바로 그 때에 사도 요한이 와서 또 내 오른편에 앉았다.

오 마이 갓!

모세가 내 왼편에 요한이 와서 내 오른편에

순식간에 와서 앉은 것이다.

나는 순간에 '아니, 내가 도대체 무엇이길래 이러한 훌륭한 믿음의 선진들이 내 옆에 와서 앉지?' 즉 나는 아무 것도 아닌데 믿음의 선진들이 내 왼편과 오른편에 앉는 것이 송구스럽다는 생각이 스쳐 지나갔다.

그런데 사도 요한이 내 옆에 와서 앉은 바로 그 이후에 갑자기 내 집안에 우리가 앉은 뒤쪽으로 많은 사람들이 나타나서 벌써 웅성웅성하고 있었다.

거기에는 베드로, 삭개오, 아브라함, 이삭, 에스더 등등 즉 내 책에 등장하는 믿음의 선진들이 내 집안에 와 있다는 것이 그냥 알아졌다.

주여!

그리고 나서 나는 나머지 제 4권과 5권을 가져다가 테이블 위에 펴면서 나는 주님께 물었다.

'주님, 이중에 어느 것이 지옥편입니까?' 하고.

'제 4권입니까? 아니면 제 5권입니까?' 하였더니 아무런 말씀이 없으시다.

원래 주님은 내가 물은 것이 답이 아니면 침묵하신다.

그러다가 침묵이 한참 흘렀다.

그런 후에 주님은 집안에서 수종하는 천사에게 말씀하셨다.

"가져 오너라"

그리하였더니 천사가 상자 곽을 하나 가져오는데 거기에는 책이 들어 있었다.

그리고 그 책에는 '지옥편' 이라고 쓰여져 있었다.

오 마이 갓!

나는 놀라지 아니할 수 없었다.

즉 내가 써야 하는 '지옥편' 이 성경편 다섯 권 안에 들어가지 아니하는 것을 의미하였다. 오 마이 갓!

그래서 나는 주님께 이렇게 질문하였다.

'아니 주님! 그러면 제가 이 성경편 다섯 권 말고 따로 이 지옥편을 써야 한다는 것입니까?' 하고 물은 것이다.

그랬더니 우리 뒤에서 웅성웅성하던 믿음의 선진들이 박수를 치는 것이었다.

즉 나의 질문에 '그렇다' 는 것을 표현하는 것이었다.

'아니, 지옥편을 따로 쓰다니요?'

아직 나는 이해가 안 되었지만 내가 받은 계시는 여기까지였다. 주님은 내가 성경편 다섯 권을 써야 함을 알게 하여 주셨는데 지옥편이 여기에 속하지 않음을 말씀하여 주신 것이다.

나는 앞으로 이것을 다시 주님과 확인을 해야 할 것이다.

지옥편을 내가 써야 하는 것은 알겠는데 이 다섯 권 안에 안 들어간다는 것은 나에게는 조금 부담스러웠다.

'지옥편을 또 따로 한 권을 더 써야 한다니.....'

그렇다. 성경편은 제 1권부터 5권까지이다.

그런데 '지옥편' 이라고 하는 것은 '성경편' 이라고 하는 말과 맞지 않다.

그래서 주님이 따로 써라 하시는 것 같다.

그래도 나는 다시 한 번 확인을 하기 원한다.

정말 그러한 말씀이신지.....

그런 후에 나는 이렇게 생각하고 있었다.

'아니, 내가 지옥편을 써야 한다면 지옥을 더 많이 자주 봐야하는 데.......' 하면서 고민을 하고 있는 순간이었는데 나는 벌써 지옥의 장면을 보고 있었다.

즉 내 눈에 큰 구렁이가 벌거벗은 사람들을 하나씩 집어 삼키고 있는 것이 보였다. 뱀의 몸에 들어간 사람들은 그 뱀의 길이대로 계속 안으로 밀려들어갔는데 뱀 속에 사람이 들어간 곳은 불룩불룩 튀어나와 보였다.

나는 생각했다.

'아~ 저기에 들어간 사람들은 저 안에서 얼마나 괴로울까?'

나는 나를 수호하러 온 천사에게 물었다.

이 천사는 마귀 부하같이 생긴 얼굴을 하고 있었다.

키는 크고 얼굴은 마귀 부하같이 쭈글쭈글하고 큰 둥근 얼굴을 하고 있었다.

'도대체 어떤 자들이 지옥에서 저런 벌을 받고 있는지?'

그리하였더니 그 천사가 나에게 알게 하여 주는 것이 아니라 주님이 나에게 알게 하여 주셨다.

그들은 살아생전 부모를 저주하고 부모를 때린 자들이었다.

그러한 자들이 죽어서 이러한 지옥에 와서 형벌을 받고 있는 것이었다. 주여!

'아하, 주님 저도 이제 알겠습니다. 저도 이제부터는 양쪽 부모님들에 대한 말을 아주 조심하도록 하며 늘 부모님들에게는 감사하고 감사하다는 말만 하도록 하겠습니다.

할렐루야! 저도 회개합니다. 주여! 용서하여 주시옵소서.....' 라고 마음을 먹고 그렇게 기도하였다. 할렐루야.

권고하여 주시고 경계하여 주시는 주님을 찬양합니다.


[신 27:16]

**그 부모를 경홀히 여기는 자는 저주를 받을 것이라 할 것이요 모든 백성은 아멘 할지니라**


**** 내가 천국에 올라갈 때에 천사들이 보여준 반응 :

천국에 올라가는데 수레 바깥에서 나를 수호하는 천사가 나에게 이렇게 말한다.

'주인님, 나는 주인님을 만난 것이 너무 감사해요' 하면서 울먹이려 했다.

그때 내 생각에 '아니 천사들도 우는가?' 하는 의문이 생겼는데 그러나 그들은 눈물까지는 흘리지 아니하였지만 그들도 감정이 있구나! 알게 된 것이다.

그 수호천사는 나에게 거의 울먹이듯이 말했다. 즉 나를 수호하게 된 것이 너무 감사한 것에 대하여 말이다. 그리고 말을 모는 천사도 거의 울먹이면서 수레 바깥에서 나를 수호하는 천사와 같이 나에게 감사하다는 마음을 표현하였다. 이런 것들이 다 마음으로 전달되었다.

## ⑮ 평생 돈을 따라가면서 예수 믿지 않았던 영혼이 지옥에 와 있다.

(2015.1.9)

천국에 올라갈 때부터 바깥에서 나를 수호하는 천사가 '조심하세요. 주인님' 하고 말했다.

그리고 나를 데리러 온 네 말이 눈에 복면을 하고 있었다.

또한 말을 모는 천사가 이마에 띠를 띠고 있었다.

나는 얼른 수레 안에 들어갔다.

수레 안에 있던 아이가 나를 피하여 보모에게로 달려갔다.

나는 분위기가 심상치 않음을 느꼈다.

나는 천국에 도착한 수레에서 내려서 주님을 맞이하러 갔다. 그 사이에 아이와 보모는 수레에서 내려서 갔다.

천사가 나에게 와서 내 머리에서 다이아몬드 면류관을 내리고 내 머리를 뒤로 한 가닥으로 묶었다.

그리고 나는 하얀 드레스를 입고 있었는데 옷이 순식간에 아래위로 하얀 승마복으로 변하였다. 그리고 내 두 손에는 구멍이 뚫려져 있었다.

그리고 나서 나는 저기에 서 계신 흰 긴 옷을 입고 계신 주님앞에 섰다.

나는 그분 앞에 무릎을 꿇고 그분의 구멍 뚫린 발을 쳐다보면서 나는 울었다.

"주님, 저 같은 자를 이렇게 써 주시다니요?"

"지옥을 보게 하셔서 사람들에게 알리는 메신저로 써 주시다니요?"

'저는 그럴만한 자격이 안 되는데....'

하면서 울었다.

주님과 나의 왼쪽 옆으로 흰 옷 입은 무리가 주님과 나를 지켜보고 있었다.

이 흰 옷 입은 무리들은 보통 요즘에 내가 천국에 올라가면 자주 나타난다.

그리고 나를 지옥으로 인도할 천사 그 얼굴이 쭈글쭈글하고 얼굴 색깔이 갈색인 크고 동그란 납작한 얼굴을 가진 꼭 마귀 같이 생긴 천사가 내 옆에 와서 서는 것이었다. 그는 키가 아주 크다. 정말 9피트는 될 것 같았다. 나는 그 앞에 아주 작았다.

주님이 말씀하신다.

"잘 다녀오너라."

즉 지옥에 잘 다녀오라는 말씀이다.

그리고 저기에 흰 무리의 사람들이 나보고 잘 다녀오라고 손을 흔

들어주었다.

그리고서는 나를 지옥으로 인도할 그 천사, 즉 험악하게 생긴 그 천사와 나는 즉시 수레가 처음 나를 천국에 데려다가 내렸던 장소, 거기로 다시 와서 공중으로 내려갔다.

즉 그 천사와 나는 우주공간으로 즉 공중으로 떨어진 것이다.

이전에는 터널로 내려갔는데 내려가는 방식이 좀 틀려졌다.

공중에서 쭉 날면서 내려오다가 우리는 공중에 보이지 않은 깔때기 터널 속으로 쑥 빠져 들어갔다. 인간의 눈으로는 안 보이는 터널이다. 영적인 세계에서만 보이는 터널이다. 이 터널은 지옥으로 연결되고 있었다.

쭉 내려가서 거의 바닥에 이르렀다.

그리고 이 바닥을 걸으면서 꼭 키가 낮은 동굴을 지나가는 느낌이 었는데 앞에서 큰 구렁이가 날쌔게 혓바닥을 내밀면서 나를 공격하려 하고 있었다. 그때에 나를 수호하는 천사가 그 뱀의 목을 손으로 잡아서 힘을 못쓰게 해버렸다. 그리고 가지고 있던 칼로 그 목을 베어 버렸다.

그리고 그 천사와 함께 도달한 곳은 저번에 비슷하게 본 적이 있는 이쪽저쪽 긴 널판대기로 양쪽 절벽 위를 걸쳐 있는 곳으로 그 절벽 아래 골짜기에는 그 곳에서 고통당하고 있는 영혼들이 보였다.

많은 사람들이 벌거벗고 고통을 당하고 있었다.

그중에 하나가 여자인데 나를 보더니 '살려 달라' 고 한다.

양쪽 절벽 위를 연결하는 그 널판대기 위에서는 저번에도 본 징그럽고 험악하게 생긴 마귀 부하들이 마이클 잭슨처럼 발걸음을 뒷걸음질 하면서 킬킬 거리고 있었다.

이들은 저쪽 건너편의 절벽 위로 가더니 나를 수호하러 온 천사를 보고서 서로 눈치를 보더니 우리를 피하고 있었다.

즉 이들은 우리가 누구인지 아는 것 같았다. 이들은 나와 함께한 이 천사가 주님이 보낸 천사인 것을 아는 것 같았다.

그리고 그 널판대기 이쪽 끝에는 저번에도 본 것같이 불신자들이 불속에서 고통 받는 큰 구덩이와 연결되고 있었다.

나를 수호하는 천사가 말했다.

'골짜기로 내려가서 저들을 좀 자세히 보자' 고 말했다.

나는 별로 그렇게 하고 싶지는 아니하였으나

그 골짜기가 많이 깊어서 내려가지 않고는 자세히 보이지 않으니 그렇게 하자고 했더니 우리는 벌써 그 골짜기 깊은 곳의 바위 위에서 있었다.

그 밑에는 아까 살려달라고 소리치던 그 여자가 보였는데 큰 구렁이가 그 여자를 감아서 불에다가 던지고 있었다.

이 골짜기에는 마귀 부하들도 있었고 불도 있었고 또한 구렁이들도 많았다. 구렁이들이 벌거벗은 영혼들을 괴롭혔다.

마귀 부하는 지옥에 온 영혼들을 두들겨 패기 위한 몽둥이를 들고 있었다.

그 여자는 자기가 여기 오게 된 이유를 내게 말했다.

그 여자는 돈을 따라가다가 여기 왔다고 했다.

자기는 평생 돈돈돈 하면서 살았고 돈 버는데 정신이 팔려서 누가 와서 하나님 이야기하고 예수님 이야기하여도 믿지 않았다고 했다. 오직 돈을 따라갔다고 말했다.

그래서 그녀가 여기 와 있다고 말하는 것이었다.

즉 이 여자는 평생 돈 따라가다가 예수 믿는 것을 거부하고 지옥에 온 여자였다. 주여!

그런 후에 이 천사는 저 널판대기 저편으로 가보자고 말하였다. 나는 그러자고 하여 갔는데 거기에도 불구덩이가 곳곳에 있었고 영혼들이 그 불속에서 타면서 고통을 받고 있는 모습이 보였다.

그리고는 내려왔다.

[딤전 6:10]
**돈을 사랑함이 일만 악의 뿌리가 되나니 이것을 사모하는 자들이 미혹을 받아 믿음에서 떠나 많은 근심으로써 자기를 찔렀도다**

[출 20:1-3]
**(1)하나님이 이 모든 말씀으로 일러 가라사대 (2)나는 너를 애굽 땅, 종 되었던 집에서 인도하여 낸 너의 하나님 여호와로라 (3)너는 나 외에는 다른 신들을 네게 있게 말지니라**

# 내 아이가 커졌다. 지옥을 보고
# 싶지 아니하니 곧 천국에 와 있었다.

(2015.2.9)

천국에 올라갔다.

이번에는 나를 데리러 온 수레가 너무 크고 높다.

그리고 수레가 안이 훨씬 넓어졌다.

수레 안에 아이가 커졌다. 성장하여 보였다.

그리고 아이가 있는 쪽에도 테이블이 생겼다.

꼭 그 아이가 그 테이블에서 공부하는 것과 같은 테이블이 생겼다.

내가 앉는 자리 앞에도 테이블이 있다.

보모가 아이의 건너편에 앉아 있었다.

이 보모가 말은 안하는데 이제 아이가 커서 자신이 이렇게 따라다
닐 필요가 별로 없음을 나에게 마음으로 전하고 있었다. 아이는 자
기 자리에 앉아 있다가 내게로 건너왔다.

이제는 아이가 지상의 일곱 살 정도의 나이로 커진 것 같았다.그리
고 그 아이가 내 쪽으로 왔다.

그리고 나에게 안겼다. 아이가 정말 커졌다.

나는 기뻤다. '이것도 하나님의 선물인가?' 하는 생각이 들었다. 내
아이가 커진 것에 대하여 주님께 감사하는 마음이 생겼다.

어느새 수레는 천국 대문을 거쳐서 천국 안에 도착하였다.

아이는 보모와 내려서 가면서 나에게 전달되는 것이 이제 자주 오

지 못할 수도 있음이 전달되었다.

왜냐하면 아이가 커져서 이제는 공동 교육을 받는 곳에 가야 한다는 것이었다.

그래서 내가 천국 올라올 시간에 그가 교육을 받고 있으면 못온다는 것이 전달되었다.

'아하~ 그렇구나. 자주 못 올 수도 있겠구나!'

할렐루야. 감사했다.

천국에는 아이들을 공동 교육하는 곳이 있다 (참조: 천국과 지옥 간증수기 2, 68. 7세 이전에 죽은 아이들이 가는 천국과 7세 이후 예수 믿지 않고 죽은 아이들이 가는 지옥을 보다).


그리고 나는 수레에서 내려서 주님께로 인도함을 받았다.

주님이 나를 맞이하셨다.

그리고 나의 왼편 옆에는 흰 무리들이 나를 환영하여 주었는데

오늘은 그 무리의 수가 확 줄어 보였다.

보통 약 50-100명 정도 되어 보이는데 오늘은 그 수가 확 줄어서 열 명 정도 밖에 안 되어 보였고 또 그들이 서 있는 것이 좀 질서 없이 여기 저기 서 있다는 느낌을 받았다.

'나는 왜 숫자가 저렇게 줄었을까?' 하고 생각하고 있는데

벌써 나는 주님과 함께 어느 불꽃이 환하게 타고 있는 동굴에 와 있다는 것을 알 수 있었다.

즉 지옥에 온 것이다.

그런데 그 속에 사람은 확실히 보이지 않았다.

나는 이것이 별로 탐탁치 않았다.

천국을 보고 싶었는데 또 지옥이라니....하면서 한탄하여 하는 순간에 장면은 다시 바뀌어서 천국으로 와 있는 것이었다.

어느 한 방안인데 거기 테이블 위에는 내가 써야 할 책 분홍색 1, 2, 3, 4, 5권이 쌓여 있었고 맨 아래에 '지옥편' 하고 쓰여 있었다.

즉 내가 이 여섯 권의 책을 확실히 써야 함을 주님이 지금 나에게 보여주시는 것이었다. 지옥편까지 말이다.

그러고 나서 나는 지상에서 나는 어떤 소리에 의하여 내려오고 말았다.

**17**

# 지옥에서 나의 할아버지, 작은 삼촌, 그리고 큰 아버지와 큰 어머니를 보다.

(2015.2.9)

천국에 올라가려 하는데

나를 데리러 온 수레 바깥에서 나를 수호하는 천사 옆에 자전거를 탄 아이가 있었다.

내 아이였다. 즉 아이가 커서 이제는 자신이 자전거를 탈 정도가 된 것이라는 것을 내게 보여주는 것 같았다.

네 마리의 말들이 끄는 수레에 내 아이가 자신이 자전거를 들고서
올라탔다.

그것도 주님께서 내게 그렇게 의도적으로 내 아이가 커졌다는 것
을 보여주시는 것 같았다. 그리고 나도 수레를 탔는데 그 수레는 즉
시 천국 안에 도착하였다.

수레가 천국에 도착하니 아이가 자신의 자전거를 가지고 수레에서
내리더니 그 자전거를 타고 사라졌다. 보모도 그 옆에 있었다. 같이
안 올 줄 알았는데 오늘 같이 왔다. 그리고 아이와 같이 사라졌다.


그러고 나서 나는 수레에서 내려서 주님을 만났는데 주님과 나는
즉시 지옥에 와 있었다. 주여!

와우~ 놀랍다. 이렇게 즉시 지옥에 오다니!

주님과 함께 지옥에 갈 때에는 어디를 거쳐서 지옥을 가거나 아니
면 긴 터널을 통과하여 가거나 그러지 않는다.

요즘에 나를 따라 붙은 얼굴이 주름으로 쭈글쭈글하게 험악하게
생긴 천사하고 지옥에 갈 때에는 우주공간으로 뒤로 나자빠져서
날다가 어느 공중에 있는 통로로 들어가는 느낌을 받는다. 그리하
여 지옥에 도달하는데 어느 정도 시간이 걸린다.

그런데 주님과 함께 지옥에 갈 때에는 이렇게 순식간에 거의 항상
지옥에 와 있는 것이었다. 그런데 나는 오늘 처음 이것이 깨달아졌
다. 그 차이가 말이다.


주님과 나는 지옥의 불구덩이 위의 어느 벼랑 끝에 서 있었다.

그 밑에는 엄청나게 큰 환한 불구덩이가 있었는데 이곳은 전에 내

가 본 불신자들이 오는 지옥이었다.

나는 수많은 사람들이 그 불속에 있는 것이 보였다.

그중에 내 살아생전에 내 어린 시절에 같이 살았던 나의 친 할아버지가 보였다.

그는 늙었고 불에 타고 있었고 목 뒤에 살아생전 혹이 달려 있었는데 그 혹도 보였다.

할아버지는 지상에 계실 때에 목 뒤에 큰 혹이 있었다.

약 지름이 20cm는 된다. 그것을 한번 수술을 하셨으나 그 혹은 다시 자라났다.

나는 할아버지가 불속에서 고통당하고 있는 것을 본 후에 또 아버지의 동생 작은 삼촌이 그 불속에 있음을 보았다. 그 삼촌은 예수를 믿지 않았고 55살의 젊은 나이에 간암으로 돌아가셨다. 그도 할아버지 그러니까 그의 아버지와 함께 불속에서 고통을 당하고 있었다. 주여!


그리고 나는 미국에서 만난 큰 아버지 그러니까 할아버지의 큰 아들, 그는 하와이 호놀룰루 대학교 교수였다. 그는 살아계셨을 때에 UCLA에서 당시에 연구원을 하고 있던 나를 보고 '너는 어찌 과학자이면서 예수를 믿나?' 하고 어이없어 하던 큰 아버지였다. 그가 불꽃가운데 고통당하고 있는 것이 보였다.

거기에 큰 어머니도 있었다. 오 마이 갓!

이 두 분은 다 예수 믿지 않고 돌아가셨다.

나는 오늘 예수 믿지 않고 죽은 친척들을 불꽃 속에서 본 것이다. 주여!

그리고 나서 주님은 나를 데리고 불구덩이 오른편 끝으로 가셨다. 이 오른편 끝에는 이 절벽과 저쪽의 절벽을 연결하는 널판대기가 놓여 있었고 그 아래에는 전에 내가 몇 번 가 보았던 지옥의 골짜기가 있었다.

나는 이전에 여기 널판대기 위에서 마귀 부하들이 킬킬 거리며 마이클 잭슨이 하는 뒷발걸음질 하면서 춤을 추듯이 하며 다니는 것을 보았었는데 오늘도 이 마귀 부하들이 그렇게 뒷발걸음질 하고 있다가 주님을 보더니 갑자기 피하여 없어져 버렸다.

그리고 주님은 나를 거의 안듯이 하여 이쪽 불신자들이 가는 불구덩이가 있는 곳으로부터 저쪽의 절벽이 있는 곳으로 널판대기를 건너가시는 것이었다.

오늘따라 그 널판대기 아래의 골짜기에도 환한 불들이 잘 보였다. 그리고 그 불속에는 사람들이 타고 있었다.

주님과 나는 그 널판대기를 지나 저쪽의 절벽 위로 이동하였다. 거기에는 흙으로 되어 있었고 곳곳에는 큰 웅덩이 같은 것이 파여져 있으면서 그 웅덩이 안에는 불이 타고 있었다.

이 각각의 웅덩이 속에서도 불속에서 고통당하는 영혼들이 있었는데 그중 한 명이 주님과 내가 지나갈 때에 손을 들고 '주님, 제게 물을 좀 주세요. 너무 목이 말라요' 라고 말을 하는 것이 보였다.

그러나 주님은 아무 말도 아니하시고 그냥 그 영혼을 지나치시는 것이었다.

그리고 주님과 나는 여러 개의 그러한 불구덩이 등을 지나서 그 다음 간 곳이 팔과 다리들이 쌓여 있는 곳이었는데 주님께서 그 팔다리들을 발로 차시면서 '일어서라' 라고 말씀하시니까 그 팔다리들이 일어나서 다시 붙었다.

이곳이 어디였냐면 저번에 주님과 함께 와 보았었는데 토막살인한 자들이 고통당하는 장소였다.

그리고 그 옆쪽 방은 토막살인 한 자들이 아니라 보통 살인한 자들이 고통당하는 곳이었다. 그곳에는 살아생전에 남의 목을 졸라 죽인 자들이 고통을 당하고 있었는데 지옥에서 그들의 목을 마귀 부하들이 계속 빙빙 돌려서 고통당하게 하고 있었다.

나는 오늘 주님은 내가 지옥편을 써야 하므로 이렇게 지옥을 구경시켜 주시는 것이구나! 알아졌다.


[계 20:15]

**누구든지 생명책에 기록되지 못한 자는 불못에 던지우더라**


[요 3:17-18]

(17)하나님이 그 아들을 세상에 보내신 것은 세상을 심판하려 하심이 아니요 저로 말미암아 세상이 구원을 받게 하려 하심이라 (18)저를 믿는 자는 심판을 받지 아니하는 것이요 믿지 아니하는 자는 하나님의 독생자의 이름을 믿지 아니하므로 벌써 심판을 받은 것이니라


나는 오늘 이것을 기록하지 않을 수 없다.

오늘 내가 본 혈육 즉 친척들은 모두가 다 예수를 믿지 않고 돌아가셨다.

그런데 참으로 이상한 것은 나의 친 할아버지가 지옥에서 고통을

당하고 있는 것을 보는데도 나는 슬퍼하지도 않고 아무렇지도 않게 그를 보고 있었다는 것이다.

그냥 그가 예수를 믿지 않았으니 당연하다는 생각으로……

나는 나의 아주 어린 시절 즉 여섯 살에서 열 살이 되기까지는 할아버지 밑에서 자랐다. 그럼에도 불구하고 그 할아버지가 지옥에 와 있는데도 나는 아무렇지도 않게 그를 보고 있었다는 것이다. 왜 나에게는 그들이 지옥에서 고통당하는 것에 대한 슬픔이 그렇게 느껴지지 않을까 하는 것이 나에게는 이상한 것이었다.

나의 삼촌 즉 작은 아버지와 큰 아버지와 큰 어머니가 불꽃 속에서 고통을 당하고 있는 것을 봄에도 불구하고 나는 그들이 그렇게 불쌍하게 느껴지지가 않았다. 그들이 예수를 믿지 않았으니 당연하지 하면서 그렇게 느끼고 있었다는 것이다.

별로 슬퍼하지 않았다.


왜 그럴까? 나는 생각하여 본다.

그것은 때로는 주님이 내가 지옥을 봄에도 불구하고 전혀 슬퍼하는 감정이 안 일어나게 하시는 때가 있는데 이 모든 것이 하나님께 달린 것 같다.

혹 내가 그들이 지옥에 있는 것을 보고 너무 괴로워하면 지옥편을 쓰지 않을까 보아 그러시는 것일까? 하는 생각도 해보고 또 아니면 내가 이상할 정도로 냉철한 인간인가? 하는 생각도 해본다. 그러나 나는 오늘 내 친척들이 지옥에 있는 것을 보고도 그렇게 슬퍼하지 않았다는 것이다. 그들이 예수 믿지 않았으니까 그냥 당연하다는 생각이 들었다는 것이다. 주여!

## 18

# 사기치고 도적질하는 자들이 가는
# 지옥과 간음하는 자들이 가는 지옥을 보다.

(2015.2.17)

기도를 한 후에 나는 천국에 올라가려 하였다.

그런데 나를 데리러 온 말들과 수레가 이상하게 보였다.

그래서 나는 즉시 주님께서 오늘은 나를 지옥으로 보내려고 하시는구나! 벌써 느껴지고 있었다.

나는 찌그러진 수레를 타고 천국 안에 도착하였다.

수레에서 내릴 때에 나의 모습은 벌써 하얀 승마복을 아래위로 입고 있었고 머리는 뒤로 한 갈래로 발랄하게 묶고 있었다.

그리고 천국에는 벌써 나를 지옥으로 수호하기 위하여 얼굴이 깊은 주름들로 쭈글쭈글하고 못생긴 꼭 마귀 부하같이 험악하게 생긴 키가 크고 덩치가 큰 천사가 나를 기다리고 있었다.

주님이 나와 그 천사를 보시고 하시는 말씀이 '잘 다녀오라'고 하셨다.

그러자 나는 그 우락부락하고 얼굴이 납작하면서 주름이 꼭 마귀 부하같이 생긴 그 천사와 함께 우주공간으로 떨어졌다.

그리고 그 천사와 나는 날듯이 공중에 떠서 한참을 내려왔는데 그러다가 어느 순간에 공중에 있는 어떤 터널의 뚜껑을 열고 그 터널 안으로 들어갔다.

그러자 우리는 벌써 지옥의 골짜기 바닥 근처의 바위 위에 서 있었다.

그 위치는 바로 불신자들이 가는 불구덩이가 있는 오른쪽 벽의 바깥쪽으로 이쪽과 저쪽의 절벽 위를 연결하는 널판대기가 있고 그 아래로 골짜기가 있다 하였는데 오늘은 이 골짜기에 무엇이 있는지 조금 더 자세히 보이는 것이었다.

저번에 주님과 내가 그 널판대기를 건너면서 이 골짜기 밑을 보았을 때에는 불이 타고 있었다. 그런데 지금 이 천사와 내가 와 있는 곳은 분명히 그 불이 보였던 골짜기의 연속인데 무슨 급격한 물살이 바위사이로 지나가고 있는 것이 보였다.

그러한 가운데 벌거벗은 한 영혼이 얼굴이 많이 상하여 있었고 그의 얼굴은 꼭 공포영화에 나오는 얼굴 같은 것을 하고서는 그 두 팔을 물살 가운데서 절벽 바위 쪽으로 올라오려고 하고 있었다.

그 때에 한 마귀 부하가 그 두 손을 뭉개버리듯이 발로 짓밟아 버렸다. 그러자 그 영혼은 너무 아파서 그 늪으로 다시 떨어지는 것이 보였다. 주여!

나는 이 늪이 무슨 늪인지 아직 잘 몰랐다. 그런데 그 때 그 영혼이 말하는 것이 알아졌다.

그는 자기가 여기 온 이유를 말하였는데 자기는 지상에 살 때에 늘 도둑질하고 사기치고 살았다는 것이다.

그래서 자신이 여기 와 있다고 했다.

주여!

그리고 나서는 나는 나를 지옥으로 인도하는 그 천사와 함께 그 골짜기의 바위들을 팔짝팔짝 건너뛰듯이 뛰어서 저쪽으로 이동하였다. 골짜기 더 안쪽으로 말이다. 거기에도 이곳은 골짜기의 연속으로서 또 다른 형벌이 거기에서 가하여지고 있는 것이 보였다.

즉 거기에는 사람의 몸통만한 두꺼운 뱀들이 사람들을 감고서 고통을 주고 있었다.

이곳에서 고통당하는 자들은 어떤 자들이었냐면

이 땅 위에서 살 때에 간음한 자들이라는 것이 알아졌다. 주여!

오늘은 주님이 이 마귀 부하같이 생긴 천사를 나에게 붙여서 이 골짜기의 여러 곳에서 여러 다른 형태의 지옥의 형벌들이 가해지고 있는 것을 보여주신 것이다.

할렐루야. 주님 감사합니다.

하나님의 말씀은 십계명에서

[출 20:15] **도적질하지 말지니라**

[출 20:14] **간음하지 말지니라**

라고 말씀하신다.

주여!

# 19

# 살인자들이 가는 지옥을 보다.

(2015.2.18)

천국에 올라갔다.

수레 바깥에서 나를 수호하는 천사가 말했다.

주님이 기다리고 계신다고.

나는 오늘 수레가 참으로 상아색에다가 황금색 장식으로 예쁘다고
생각했다.

수레 안에는 내 아이와 보모가 있었다.

내가 앉은 자리 앞에 있는 다이닝 테이블 위에 스시와 장어요리가
놓여 있었다. 나는 그것을 집어 먹으면서 보모에게 먹으라고 하였
으나 나중에 먹겠다 하였다.

수레에서 내려 내가 주님께로 인도함을 받을 때 나의 모습을 보니
참으로 아름다운 금색 드레스를 입고 있었다.

주님은 나를 어디로 인도하셨는가 하면
먼저 많은 사람들이 계단에 양쪽으로 서 있었고 그리고 계단 밑으
로도 서 있었는데 주님이 그들 앞에서 계단 위에서 그들에게 설교
하듯이 설파하는 장면이 내게 보였다.

나는 분명히 그들 중에 한 명으로 있었는데 그 말씀을 전혀 알아듣
지 못했다. 그러나 거기 있는 군중들은 주님의 말씀에 환호도 하고
응답도 하였다.

한참을 그렇게 하시다가 주님이 내게로 날아 오셨다.

그리고서는 나를 데리고 정원에 있는 벤치로 가신다.

늘 주님과 내가 오는 장소였다. 거기서는 주로 내가 질문을 하고 주님은 대답하여 주시곤 하는 장소였다. 오늘 주님께서는 내 안에 질문이 있다는 것을 아셨다. 주여!

나는 어제 돌아가신 도OO 권사님에 대하여 궁금하여 질문을 가지고 있었다.

'주님, 도OO 권사님 좀 보여주세요?' 하였더니

주님이 말씀하신다.

"아직 아니다 기다려라."

즉 이 말씀은 아직 내가 그분을 볼 수 있는 상태가 아니라고 하시는 것이었다.

이틀정도 더 기다려야 함이 그냥 알아졌다.

나는 내 안에서 내가 더 기다려야 한다는 것은 '그 권사님이 천국에 와서 정결함을 입는 과정을 거치는 것인가? 그래서 혹 생명수 강가에서 씻음을 받으시는 과정인가?'

여기에 대하여 나는 아직 잘 모르겠다.

분명 어제 돌아가셨건만 왜 내가 볼 수 없는지를 말이다.

주님은 '아직 아니다.' 라고만 말씀하셨다.

그런 후에 그 정원의 벤치 앞에 주님과 내가 있는 상태에서

이전에 돌아가신 이OO 목사님의 사모님과 또 얼마 전에 돌아가신 오OO 목사님이 나타났다. 두 분 다 단발머리에 흰 옷을 입고 계셨다. 이들이 나타난 것은 이들은 이미 준비가 다 끝나고 천국에서 사시

는 그 모습대로 나타나신 것을 나에게 알려주시는 의미였다. 그런데 어제 돌아가신 도OO 권사님은 아직 준비가 안 된 것을 다시 한번 이들이 나에게 이 순간에 나타남으로 알려지고 있었다. 그런데 이들은 두 분 다 짧은 단발머리를 하고 계셨는데 내 머리는 긴 머리였다. 나는 아직 이것에 대하여서도 잘 모른다. 왜 그들은 짧은 머리를 하고 있는지.....

그러나 내가 아는 것은 단지 긴 머리가 짧은 머리보다 좋다는 것만 안다. 이들의 얼굴은 다 젊다.


그리고는 두 번째 천국에 올라간다고 올라갔는데 나는 이미 주님과 함께 지옥에 즉시 와 있었다. 사람의 머리가 털복숭이인 중동사람이 보였다.

어느 좁은 공간에서 머리부터 나오고 그 다음 다른 몸의 부위가 다 부셔져서 나오는데 그런데 머리는 깨지지 않았고 목은 잘려 있는 모습이었다.

다 그 좁은 공간을 나오더니 다시 정상적인 사람이 되었다.

이 사람은 어느 좁은 공간에 들어가서 창자는 창자대로 팔은 팔대로 다 끊겨서 거기서 나오면 다시 사람이 만들어지고 다시 잘리는 그 곳으로 들어간다.

그리고 저쪽에는 보이는 천정에는 벌거벗은 두 사람이 매달려 있었다. 줄이 목에 칭칭 감긴 채로 매달려 있는데 꼭 힘없이 죽은 자와 같다.

이들은 살아생전 사람들을 목을 매달아 죽인 자들인 것이 그냥 알아졌다.

'나는 이곳이 어디일까?' 하고 생각하니 이곳은 바로 저번에 주님과 함께 간 토막 살인한 자들의 옆방으로 이곳은 남을 살인한 자들이 고통당하는 곳임이 알아졌다. 주여!

성경은 우리에게 이렇게 말하고 있다.

[출 20:13]
살인하지 말지니라

## 20

# 주님께서는 내가 지옥편을 꼭 써야 하는 것을 두루마리에 써 주셔서 더 확실하게 말씀하셨다.

(2015.2.19)

저녁 시간에 세 시간 정도를 기도하였다.
주님께 기도하였다. 지옥을 잘 보여 달라고....
'주님이 내게 지옥편을 쓰게 하시려면 저에게 지옥을 잘 보여 주셔야 하지 않습니까?' 하는 기도를 한참 올려드렸다.

그런데 방언으로 기도하는데 기도 속에서 이전에 보았던 지옥의 장면들이 보이기 시작했다. 주여!

특히 불신자들이 가는 지옥이 생생히 보여지고 느껴졌는데 지옥 속에 있는 그 사람들이 불쌍하여 기도속에서도 나에게서 신음이 흘러나왔다. 그리고 또 지옥의 여러 장면들이 보였다.

이것은 주님께서 나에게 지옥이 실제라는 것을 다시 기도 속에서 성경의 말씀까지 생각나게 하여 주시면서 이전에 보았던 지옥을 생생하게 재현시키신 것이었다.

즉 기도를 하고 있는 중에 지옥이 보이고 그 고통이 실제로 느껴진 것이다. 영적세계인 지옥은 실제로 존재한다.

이 지옥에 대하여 성경은 이렇게 말하고 있다.

[막 9:47-49]
(47)만일 네 눈이 너를 범죄케 하거든 **빼어 버리라** 한 눈으로 하나님의 나라에 들어가는 것이 두 눈을 가지고 지옥에 던지우는 것보다 나으니라 (48)거기는 구더기도 죽지 않고 불도 꺼지지 아니하느니라 (49)사람마다 불로서 소금 치듯 함을 받으리라

[계 20:15]
**누구든지 생명책에 기록되지 못한 자는 불못에 던지우더라**

[계 19:19-20]
(19)또 내가 보매 그 짐승과 땅의 임금들과 그 군대들이 모여 그 말

탄 자와 그의 군대로 더불어 전쟁을 일으키다가 (20)짐승이 잡히고 그 앞에서 이적을 행하던 거짓 선지자도 함께 잡혔으니 이는 짐승의 표를 받고 그의 우상에게 경배하던 자들을 이적으로 미혹하던 자라 이 둘이 산채로 유황불 붙는 못에 던지우고

[계 20:7-10]
(7)천년이 차매 사단이 그 옥에서 놓여 (8)나와서 땅의 사방 백성 곧 곡과 마곡을 미혹하고 모아 싸움을 붙이리니 그 수가 바다 모래 같으리라 (9)저희가 지면에 널리 퍼져 성도들의 진과 사랑하시는 성을 두르매 하늘에서 불이 내려와 저희를 소멸하고 (10)또 저희를 미혹하는 마귀가 불과 유황 못에 던지우니 거기는 그 짐승과 거짓 선지자도 있어 세세토록 밤낮 괴로움을 받으리라

원래 이 지옥은 마귀와 그 부하들을 위하여 하나님께서 만드신 곳이다. 그런데 예수께 붙지 않고 사단에게 붙은 자들도 이 지옥에 떨어진다. 이것이 하나님의 공의이신 것이다.
윗 성경구절에서 말하는 영원한 불못이 바로 지옥이다.

그런데 성경에서 보면 이 세상에서 누릴 것 다 누리고 하나님 믿지 않고 회개치 아니한 부자가 간 곳이 음부였다.

[눅 16:23-24]
(23)저가 음부에서 고통 중에 눈을 들어 멀리 아브라함과 그의 품에 있는 나사로를 보고 (24)불러 가로되 아버지 아브라함이여 나

를 긍휼히 여기사 나사로를 보내어 그 손가락 끝에 물을 찍어 내 혀를 서늘하게 하소서 내가 이 불꽃 가운데서 고민하나이다

이 음부가 나중에는 사망과 함께 불못에 던져진다.
그러므로 현재 음부에 있는 자들이 다 불못에 들어가는 것이다.

[계 20:14]
**사망과 음부도 불못에 던지우니 이것은 둘째 사망 곧 불못이라**

부자가 죽어서 간 곳이 음부이다. 지금 여기에 불신자들이 가 있다.
주님께서는 이들이 줄줄이 불속으로 떨어지는 것을 보여 주셨고
그리고 그들은 불꽃가운데서 괴로워하고 있었다.
나는 기도 속에서 불꽃가운데 있어서 괴로워하는 그들을 보면서
내 눈에는 눈물이 고이지 아니할 수가 없었다.

그렇게 한참 기도를 하면서 지옥을 본 후에 천국에 올라갔다.
흰 말 네 마리가 끄는 수레가 나를 데리러 와서 벌써 저 멀리 서 있었다.
그리고 나를 데리러 온 수레 바깥에서 나를 수호하는 그 천사가 말했다.
"주인님 오세요."
즉 저 멀리에 있는 수레로 오라는 것이다.
나를 데리러 올 때에 늘 내 옆에 가까이 서던 마차가 오늘은 저 멀리서 보인다.

그래서 내게 어떤 생각이 드냐면 바다에 밀물과 썰물이 있듯이 이러한 영적 세계에서도 그러한 밀물과 썰물 같은 것이 있음을 알게 하였다.

그래서 나는 저 멀리에 서 있는 수레에 가서 탔다.

수레의 뚜껑은 군청색이었고 옆과 앞 등 색깔은 하얀 옥색 보석으로 장식된 아름다운 수레였다.

수레를 탔는데 늘 있던 내 아이가 수레 안에 없었다.

그리고 당분간 아이가 나를 데리러 오는 수레에 오지 않을 것을 알게 하여 주셨다.

내가 올라탄 수레는 즉시 천국에 도착하였고 주님이 나를 마중나오셨다.

그 분은 흰 옷에 붉은 가운 같은 겉옷을 걸치고 계셨고 그리고 그분의 긴 옷의 밑은 말려들어가듯이 둥그스럼하게 보였다.

그리고서 주님은 나를 어디로 데리고 가시는데 내 발밑에 천 같은 것이 길에 길게 깔려 있다는 것이 느껴졌다.

주님과 나는 미색의 천이 깔려 있는 길을 따라 걸었다.

자주 보이던 흰 옷 입은 무리는 보이지 아니하였다.

그런데 이 길이 어떤 동굴 같은 곳의 입구로 들어가는 것이었다.

그런데 그것은 동굴이 아니었고 터널 같은 곳이었는데 주님과 나는 그곳을 지나 다른 곳으로 나왔다.

그러면서 그 천은 터널 속으로 해서 터널 바깥쪽으로 계속 위로 지속되고 있었고 결국 그 천은 위로 비스듬히 놓인 많은 계단으로 연결되고 있었다.

그런데 그 계단 옆으로 천사가 한 명 보이는데 이 천사는 너무 아름다운 천사로서 그 기상이 놀라왔고 희지만 꼭 반투명한 그릇을 보듯이 색깔이 그러한 색깔인데 그의 얼굴은 청년같이 머리가 거의 단발에 가깝고 머리에는 링 같은 장식으로 쓰고 있는데 아주 아름다운 얼굴이었다. 누군가 하였더니 미가엘 천사장이라는 것이 알아졌다. 그 날개와 그 옷은 다 반투명한데 거기서 나오는 빛이 엄청났다.

어찌 반투명 같은 옷과 얼굴과 날개들인데 거기서 그렇게 빛이 날 수 있는지 나는 모른다. 아무튼 미가엘 천사장이라는 것이 알아졌다.

그리고 이 미가엘은 주님과 내가 올라가는 계단의 왼편에 서 있었다. 그리고 계단의 오른편에는 바로 미가엘 천사장의 건너편에 가브리엘 천사장이 나타났는데 그도 반투명 색깔의 놀라운 기상을 품어내는 날개를 가졌고 그에게서 나오는 빛도 미가엘의 빛과 같았는데 그의 얼굴은 미가엘과는 전혀 달라 보였다.

가브리엘은 오히려 예수님과 같은 머리와 인상을 가지고 있었다. 얼굴이 조금 긴듯하고 머리는 약간 곱슬한 젊은 청년 같았다. 머리도 약간 길이가 어깨에 닿은 것처럼 보였고 얼굴이 아름답고 인자하게 보였다.

이 가브리엘 천사장은 미가엘 천사장이 서 있는 계단의 맞은편, 즉 주님과 내가 올라가는 계단의 오른편에 서 있었던 것이다.


주님의 얼굴이 자세히 보였다.

갈색의 머리에 흰 색의 옷을 입으셨다.

어느새 주님의 모습이 조금 바뀌어져 있었다.

즉 주님께서는 옷을 순간적으로 바꾸어 입으신 것이다.

천국에서는 이러한 일들이 자주 일어난다.

나는 미가엘과 가브리엘이 주님과 내가 이 궁으로 올라가는데 주님과 나를 마중 나왔다는 사실을 알 수 있었다.

어쨌든 나는 이렇게 미가엘과 가브리엘을 자세히 보기는 처음이었다.

주님과 나는 위쪽으로 뻗어 있는 그 긴 계단을 올라가서 주님은 주님의 보좌에 앉으셨다. 주님의 손과 발에는 못자국이 있었던 구멍들이 보였다.

미가엘 천사장은 주님의 오른편 뒤쪽으로 섰고 그리고 가브리엘 천사장은 주님의 왼편 뒷쪽으로 섰다. 그들의 기상은 참으로 놀라와 보였다.

그리고 주님의 보좌 앞으로는 양쪽으로 흰 옷 입은 흰 날개달린 천사들이 쭉 서 있었는데 그들의 얼굴들이 보였다. 다 젊었다.

내가 앉는 자리는 주님의 왼편쪽에 서 있는 천사들이 있는 자리에 내 의자가 놓여 있는데 오늘따라 그 의자가 황금으로 되어 있는 것이 위에서 내려보듯이 자세히 보이는 것이었다.

그리고 천사들의 옷과 날개와 얼굴들이 보였다. 양쪽에 많이도 서 있었다.

그리고 미가엘과 가브리엘은 이 주님의 보좌 양옆에 서 있는 천사들보다 훨씬 키가 큰 것이 알아졌다. 주님의 보좌 양옆의 천사들은 우리 사람들의 키만 한데 미가엘과 가브리엘은 훨씬 커보였다.

그리고 그들에게서 나는 빛과 색깔이 주님의 보좌 양옆에 쭉 서있는 천사들과는 달라 보였다.

그리고 나는 주님 보좌 앞에서 엎드려서 이러한 생각을 하고 있었다.

'주님, 저는 여기 올 자격마저 없는데 저를 이곳에 데려 오시다니요?' 하는 마음으로 엎드려 있었다.

그러자 내 눈에 주님의 손에 두루마리 종이가 들려져 있는 것이 보였다.

그리고 주님이 그 두루마리를 펴시다가 오른편에 서 있는 천사 한 명에게 나에게 이것을 가져다주게 하셨다.

나는 그 천사가 가져다주는 두루마리를 펴보았다.

그 두루마리 양옆에는 황토색 가장자리로 장식되어 있었고 전체 너비는 약 30cm 정도 되는 긴 흰 두루마리였다.

거기는 이렇게 적혀 있었다.

'너는 지옥편을 쓰게 될 것이다.'

주여!

즉 이것이 주님께서 내게 하고 싶은 말씀이셨다.

그냥 말씀으로 하셔도 되지만 이렇게 두루마리에 써서 주시는 것은 반드시 그것이 이루어질 것을 말하고 있는 것으로 나에게 전달되었다.

그리고 주님은 마음으로 말씀하신다.

'이제야 네가 알겠느냐?' 하고 물으신다. 할렐루야.

"알겠습니다. 주님"

그리고 내 드레스가 그 자리에서 갑자기 변하였다.

즉 모든 천사들이 있는 자리에서 그것도 주님의 보좌 앞에서 변하였는데 즉 저번에 내게 입혀졌던 분홍색과 살색의 중간색의 드레스에 그 드레스 치마에는 붓글씨체로 까만 글씨로 크게 '지옥편' 이라고 써져 있던 그 드레스를 내가 입고 있었다.

즉 내 드레스가 이 지옥편이라 쓴 분홍색과 살색의 중간색을 가진 드레스로 순식간에 주님의 보좌 앞에서 변하였던 것이다.

그리고서는 한 천사가 책을 가져왔다. 즉 그 책의 껍질도 분홍색과 살색의 중간색으로 책 옆으로는 '지옥편' 이렇게 쓰여져 있었고 그 안에는 거의 다 백지라는 사실을 알 수 있었다.

즉 나는 주님의 보좌 앞에서 이것이 어떻게 가능한가하고 생각하고 기이히 여겼다.

왜냐하면 이 전능하시고 거룩하신 주님 앞에서 '지옥편'이라고 쓰여 있는 드레스를 입고 있는 것이 합당치 않게 내게 느껴졌기 때문이다. 그럼에도 불구하고 나는 주님의 보좌 앞에서 천사들이 다 보는 가운데 나는 '지옥편'이라고 쓰여져 있는 드레스를 입고 있었고 그리고 '지옥편'이라고 쓰여 있는 그 책을 들고 서 있었다.

그리하였더니 양쪽 옆에 서 있는 모든 천사들이 박수를 쳤다. 즉 내가 '지옥편'을 쓰는 것이 매우 잘하는 것이라는 뜻이었다.


그리고 나서 나는 갑자기 홀로 책을 들고 서 있는 것이 보이더니 갑자기 내 손에서 그 책이 떨어지면서 나는 어느새 그 얼굴이 흉악하게 생긴 얼굴이 쭈글쭈글하고 꼭 마귀 부하같이 생긴 천사와 함께 어디론가 떨어지고 있었다.

아니 내가 분명 주님의 보좌 앞에 있었는데 그런데 갑자기 이제 지옥으로 떨어지게 된 것이다.

그리고 천국에서 주님을 비롯하여 그 보좌 뒤 미가엘과 가브리엘 그리고 주님 보좌 앞에 있는 모든 천사가 내가 지옥으로 가고 있는 것을 보고 있다는 것을 알았다.

그 천사와 나는 큰 깔때기 즉 집채만 한 크기의 큰 깔때기 속으로 밑으로 밑으로 떨어졌는데 땅인지 바닥인지 바닥에 발이 닿았다.

내 옷은 이미 하얀 승마복으로 변하여 있었고 내 머리는 뒤로 한 가닥으로 묶고 있었다. 이 모습은 내가 늘 지옥 갈 때의 모습이다.

바닥에 신발이 닿자 푸른 물 같은 색깔이 신발 위로 올라오고 있는 것이 느껴졌다. 그리고서는 갑자기 꼭 큰 바닷게 같은 손이 나를 공격하고 있었는데 나와 함께 온 그 험악한 천사가 손을 갑자기 내밀어 그 손을 꺾어서 분질러 버렸다.

그리고 나서 그 천사와 나는 함께 더 걸어 들어갔는데 거기서는 벌거벗은 여자를 한 마귀 부하가 그 옆에 있는 불에 달군 인두로 사람의 앞뒤 몸통을 지지고 있었다.

그 여자는 괴로워서 말도 못하고 있었다.

살려달라고 하고 있었고 말은 못하나 '왜 나를 이렇게 괴롭히냐?'고 따지고 있다는 것이 알아졌다.

그 여자는 어떤 여자였냐면 순간 살아생전 남편을 속여서 있는 재산을 몽땅 노름에다가 갖다 바친 여자인 것이 알아졌다.

그 순간 나에게는 이러한 질문이 생겼다.

'저 여자는 예수는 믿었을까?' 하는 것이었는데 그런데 그것이 아니었다. 왜냐하면 예수를 진짜로 믿은 여자는 그럴 수 없음이 알아졌다.

그러므로 이 여자는 예수를 안 믿는 여자였으며 살아생전 그렇게 남편을 속이고 재산을 노름에다가 탕진한 여자였다.

예수를 믿지 아니한 여자니 회개라는 것도 없었다.

주님은 오늘 여기까지 지옥을 보여주셨다.

그리고 더 이상 지옥은 진행되지 않아서 지상으로 와야 했다.

****** 오늘 미가엘 천사장과 가브리엘 천사장이 나타난 이유를 생각하여 본다 :

오늘 주님께서 나를 주님의 보좌로 데리고 가신 것은 두루마리에다가 내가 지옥편을 반드시 쓰게 될 것이라고 쓴 것을 나에게 주시기 위함이었다. 즉 이것은 내가 꼭 지옥편을 써야 한다는 것을 의미하였다. 그러므로 이 미가엘 천사장과 가브리엘 천사장이 오늘 주님과 나를 계단에서부터 마중 나온 것은 그렇다. 나는 이렇게 생각한다. 내가 지옥편을 쓰는 것이 하나님의 뜻이라는 것을 알게 해주기 위하여 나타났다고 밖에 할 수 없다. 그들도 꼭 내가 지옥편을 써야 한다는 것에 동의한다는 뜻이다. 할렐루야.

**21**

# 교회를 다녔으나 십일조를 한 번도 하지 않은 자들이 지옥에 와 있다.

(2015.2.20)

아침에 7시부터 10시 30분까지 기도하고 천국에 올라갔다.
그런데 오늘 아침 기도 시간에 주님은 내게 지옥편을 써야 하므로 지옥에 갈 사람들이 불쌍하여 눈물을 빼게 하셨다.

'왜 지옥편을 쓰라 하시나?' 를 다시 생각하여보니 내가 이것에 대하여 쓰면 한 사람이라도 지옥 가는 것을 면하게 하시기 위함이라는 것이 깨달아졌다.

오~ 주여! 제발 그렇게 되기를 원하나이다.

내가 지옥편을 써서 한 사람이라도 지옥가지 않게 된다면 나는 지옥편을 써야 하는 것이다. 그것이 맞다.


지옥은 너무 무서운 곳이다. 영원토록 고통이 가해지는 곳이다. 이곳 지상에서 일백 년도 안 되는 삶에서 잘못 살면 영원한 지옥에 가서 고통을 당하는 것이다.

그러므로 그곳은 정말 무서운 곳이다.


수레 바깥에서 늘 나를 수호하는 천사가 흰 옷을 입고 나를 데리러 왔다.

항상 나에게는 이 천사부터 보인다.

이 천사는 내게 '주인님' 하고 부른다.

오늘도 그 천사는 '주인님 어서 오세요' 라고 했다.

그리고 흰 말들이 건강하게 보였고 수레를 모는 천사도 여성천사인데 아름답게 흰 옷을 입고 있었다.

그리고 오늘 수레가 황금장식을 하고 있는 하얀색 진주로 된 수레가 왔다.

참으로 아름다웠다.

그런데 오늘 이상한 것은 내 수레 뒤에 엄청난 길이의 끝이 안보이는 나를 데리러 온 수레와 똑같이 생긴 즉 네 마리의 흰 말들이 끄는 많은 수레들이 줄줄이 행렬을 하고 있었다.

'아니 이것이 무슨 일이지?'

그들의 수레와 내 수레가 다른 것은 그들의 수레의 지붕에는 내 수레에 없는 빨간 천들을 덮고 있었다.

나는 얼른 생각하기를 저것은 '예수님의 피를 의미하는 것인가?' 하는 생각이 들었다.

그런데 오늘 왜 이렇게 많은 수레들이 내 수레 뒤에 행렬을 하고 서 있는지 궁금하였다.

나는 나를 데리러 온 수레만 타고 올라가면 된다.

'그런데 저 수레들은 도대체 누구를 위한 수레들이란 말인가?'

어찌하였든지 나는 내 수레를 타고 천국에 도착하였다.

그런데 내 수레 뒤에 줄줄이 섰던 모든 수레가 같이 천국에 도착한 것이다.

오 마이 갓!

즉 그 수레들이 다 따라 올라왔다.

그리고 내가 수레에서 내리니 내 수레 뒤에 있던 모든 수레에서 흰 옷 입은 자들이 한사람씩 자신이 타고 온 수레에서 내리는 것이 아닌가.

'아니 이들이 다 나와 함께 천국에 올라왔다는 말인가?'

나는 너무 놀라워했고 또한 저들이 도대체 누구인지 궁금하였다.


천국에서 주님이 나를 맞아주셨다.

나는 마음으로 주님께 물었다.

'주님 저들은 누구입니까?'

주님이 마음으로 알게 하여 주셨다.

'저들은 너와 함께 주의 일을 할 사람들이란다.'

와우!

할렐루야!

아니 저 많은 사람들이 나와 함께 주의 일을 감당함으로써 저렇게 훌륭한 수레들을 타고 천국에 나와 같이 올라온다는 말인가?

할렐루야!

그들은 나와 똑같이 네 마리의 말이 끄는 수레들을 타고 있었다.

나는 순간 주님께 물었다.

'주님, 저 중에 제 남편도 끼게 될 것입니까?' 하고 물었다.

그리하였더니 주님이 한쪽 눈을 찡긋하여 보이셨다.

나는 그것이 아마도 그렇다는 것으로 받아들여졌다.

할렐루야.


나와 함께 각 자신의 수레에서 내린 그들은 주님께로 가까이 오지 않고 저 멀리 서 있었다.

천국에 올라가면 주님과 조금 떨어져서 나를 항상 맞아주는 흰 무리 들이 한쪽 옆에서 나를 보자 환호를 보냈다.


하나의 넓은 구름이 왔고 주님과 내가 탔다.

그런데 내 수레를 따라서 올라온 그 자들도 흰 옷을 입고 있는데 그 들도 구름에 같이 타는 것이었다.

그들은 아무래도 100명 정도는 되는 것 같았다.

주님과 나 그리고 그들은 어디로 갔느냐면 주님의 보좌 앞으로 갔다. 우리가 들어갈 때에 주님의 보좌 양옆에 선 천사들이 환호를 엄청 보냈다.

그리고 보좌 가까이에 서 있는 양쪽의 천사들은 금나팔을 불어대었다. 그들은 우리 모두를 극진히 환영하는 것이었다.

오 주여!

주님이 주님의 보좌에 앉으셨고 어저께 보았던 기상이 놀라운 미가엘 천사장과 가브리엘 천사장이 각각 주님의 오른편과 왼편 뒤쪽으로 서 있는 것이 보였다.

나는 주님 보좌 앞에 엎드렸고 나를 따라 들어온 그 무리들은 내 뒤쪽으로 약 열 걸음 정도 떨어져서 다 엎드리고 있었다. 할렐루야.

놀랍다. 이들이 나와 함께 일할 자들이라는 것이.

주님은 보좌 앞에서 나에게 큰 금고 열쇠를 주셨다.

이것은 성부 하나님이 계신 궁에서 내가 이미 받았던 금고 열쇠였다. 그 황금 금고 열쇠는 두 손에 받쳐 들어야 할 정도로 컸다.

나는 세계 선교계획을 세우고 있었다. 지금 내 뒤쪽에 엎드리고 있는 자들이 이 세계 선교의 일을 위하여 같이 일을 할 자들이라는 것을 알게 하여 주셨다. 할렐루야.

그리고서는 주님이 이렇게 내게 말씀하셨다.

"이제야 네 집이 왜 궁같이 변하였는지 알겠느냐?"

"저들이 네 집에 모일 것이다."

순간 나의 집이 보이는데 흰 옷 입은 무리들이 궁처럼 생긴 내 집에 모여 있고 그 앞에서 주님과 내가 서 있는데 주님이 그들에게 말씀을 하고 있는 모습이 보였다.

'아하, 그렇구나!'

저들의 집이 천국에 다 따로 있겠지만 가끔 내 집에 모여서
저렇게 모임을 갖는다는 것이 알아졌다.


그리고 나니 에스더가 주님의 오른편에 나타났다.

그리고 나에게 금홀을 준다.

이 금홀을 주는 의미는 이전에는 항상 죽으면 죽으리랏다 하라고 주곤하였는데 오늘은 주는 의미가 달랐다.

즉 이 금홀을 가지고 저 뒤에 있는 자들을 잘 리더하라는 것이었다.

에스더가 오늘 내게 금홀을 주는 의미는 내가 리더자인 것을 알려주는 것이었다.


그리고 주님의 왼편에 모세가 나타났다.

모세가 자신의 황금지팡이를 또 내게 준다.

내 눈에는 눈물이 찔끔하였다. 모세가 주는 의미도 마찬가지였다.


그래서 나는 이 금홀과 금고 열쇠 그리고 황금지팡이를 내 집의 황금 테이블에 갖다놓고 나는 지옥에 갈 준비를 하고 있었다. 지옥 간다고 생각하니 벌써 내 드레스가 '지옥편' 이라고 쓰여 있는 분홍색 드레스로 변하였다. 오 주여!

나를 지옥으로 수호하는 얼굴이 쭈글쭈글하고 꼭 얼굴이 마귀부하

같이 생긴 키가 큰 천사가 나를 따라 붙었다. 그리고는 나는 내가 입고 있던 드레스가 벗겨지고 하얀 승마복 같은 것이 아래위로 입혀져 있었고 또한 내 머리는 뒤로 한 가닥으로 묶여져 있었다. 천국에서는 이렇게 즉시즉시 변한다.

그리고 나는 그 얼굴이 쭈글쭈글한 천사와 함께 우주로 떨어졌다. 그런데 이번에 가는 곳은 이전의 항상 우리의 왼편에 있던 터널이 아니라 이번에는 우리 오른편의 터널이었는데 이 터널은 좁은 깔때기처럼 생긴 터널이었고 우리가 그 뚜껑을 열고 들어가니 그 터널의 크기는 겨우 한 사람이 들어갈 정도의 좁고 긴 터널이었으며 나를 지옥으로 인도하는 그 천사와 나는 이 좁은 터널을 한없이 한없이 내려가야만 했다.

그리고 결국은 바닥에 닿아서 걸어갔는데 컴컴한 곳에 연못 같은 곳이 나타났는데 거기에는 사람들이 힘이 없이 떠 있는 것이 보였다. 이들을 자세히 보니 그들의 온 몸을 검은 딱정벌레 같은 것들이 달라붙어서 살을 파먹고 있었다. 그러므로 이 연못 같은 곳에 떠 있는 이 사람들은 이 수많은 딱정벌레 같은 것들이 온 몸에 붙어서 살을 파먹고 있었기 때문에 그들은 아예 그들의 몸들을 그 벌레들에게 맡기고 있었다. 왜냐하면 너무 괴로워서 발버둥치다가 포기한 자들처럼 보였다. 그리하여 그들은 신음소리조차 낼 수 없을 정도로 괴로워하고 있었고 그 모양은 아주 처절하여 보였다.

이러한 그들을 마귀 부하들이 막대기로 이리 저리 건드리고 있었고 그 막대기로 이리로 저리로 옮기고 있었다. 오 주여!

나는 주님께 물었다.

'주님, 도대체 이들은 어떤 자들이었기에 이렇게 심한 고통을 당하고 있나이까?'

하는 질문을 내 마음속에 가졌을 때, 나는 그냥 그 답이 알아졌다. 그들은 교회를 다니면서 한 번도 십일조를 하지 아니한 사람들이었다. 그러므로 평생 하나님의 돈을 도적질한 자들이었던 것이다.

오 마이 갓!

[말 3:8-10]

(8)사람이 어찌 하나님의 것을 도적질하겠느냐 그러나 너희는 나의 것을 도적질하고도 말하기를 우리가 어떻게 주의 것을 도적질하였나이까 하도다 이는 곧 십일조와 헌물이라 (9)너희 곧 온 나라가 나의 것을 도적질하였으므로 너희가 저주를 받았느니라 (10)만군의 여호와가 이르노라 너희의 온전한 십일조를 창고에 들여 나의 집에 양식이 있게 하고 그것으로 나를 시험하여 내가 하늘 문을 열고 너희에게 복을 쌓을 곳이 없도록 붓지 아니하나 보라

나는 나를 수호하는 천사에게 이들이 정말 십일조를 안 해서 이렇게 고통당하고 있느냐고 물었더니 그 수호하는 천사가 맞다는 신호를 내게 보내왔다.

주여!

십일조를 안 하였다고 하는 것은 이들도 교회를 다닌 자들이었다는 것이다.

그런데 평생 주의 돈을 도적질하면 이렇게 지옥을 온다는 것을 오늘 주님은 나에게 보여 주신 것이다. 나는 놀랍기만 하였다.

그리고 지옥은 더 이상 진행되지 않았다.

주님은 꼭 이렇게 지옥의 한 장면씩만 보여주신다.

그 이유를 나는 아직 모른다.

그리고 나는 지상으로 와야 했다.

## 평생 갱단에 속하여 있었던 남자가
## 지옥에 와 있다.

(2015.2.24)

기도한 후에 천국에 올라가는데

나를 수호하는 천사도 눈이 이상하게 보였고 말도 이상하고 말을 모르는 천사도 이상하게 보였다.

아니나 다를까 나를 지옥으로 데리고 가기 위하여 마귀 부하같이 생긴 얼굴이 보름달 같이 둥글고 갈색의 얼굴에 주름이 크게 쭈글쭈글하게 있는 덩치와 키가 큰 천사가 나를 데리고 벌써 우주공간으로 떨어졌다.

그 천사와 나는 우주공간에서 가벼이 날고 있었다.

왜냐하면 공중에서 무게가 전혀 느껴지지 아니하였기 때문이다.

이 천사와 이렇게 공중으로 떨어질 때에는 보통 우리 왼편에 있는 터널에 들어갔었는데 오늘은 어저께 가 보았던 오른편 터널로 들어갔다.

우주 공간의 우리 오른편에 있는 터널은 매우 좁았다.
그래서 내가 먼저 들어가고 그 천사가 나를 뒤따라 내려와야 했다.
좁아서 한 사람만 통과할 수 있을 정도였다.
나와 그 천사는 그 터널 밑으로 계속하여 내려갔는데 며칠 전에 이곳을 한 번 와 본적이 있는 곳이었다.

즉 내려가다가 오른편으로 미끄러지듯이 내려가면 며칠 전 가본 곳인데 골짜기 바닥이 나타나고 그리고 그곳을 좀 걸어 들어가면 연못이 나타나는데 그 연못에는 사람들이 죽은 것처럼 떠다니는 곳이었고 여기서는 꼭 풍뎅이 같은 벌레들이 온 몸을 덮어서 뜯어먹고 있는 곳이었다.
주님께서 이들은 지상에서 살면서 교회를 다니면서도 십일조를 한 번도 안 한 자들이라고 가르쳐 주셨다. 주여!

그런데 이번에는 이 오른편 터널을 쭉 내려가서 이제는 왼편으로 미끄러지듯이 내려가면 이곳은 오른편 쪽으로 미끄러져 내려가는 것보다 훨씬 더 깊은 곳으로 내려가지는데 거기에는 불 연못이 있었고 여기에는 한 건강하게 보이는 장년 남자가 불에 고통을 당하고 있었다.

나는 그 남자가 이렇게 말하는 것이 알아졌다.

"아이구~ 나는 이러한 지옥이 있는 줄도 몰랐어."

"너무 뜨거워. 너무 뜨거워 못살겠어."

"할아버지 잘못했어요. 예수님 잘못했어요." 라고 말하고 있었다.

그리고 그 다음 이 남자가 지상에 살 때에 어떠한 남자였는지가 그냥 그 지식이 내게 오는데 이 남자는 평생 갱단에 있었고 예수를 믿지 않았으며 자신을 낳아준 부모를 저주하였고 그리고 갱단에 있으면서 많은 좋지 않은 일을 평생 하였던 남자로서 자신은 사람을 죽인 일이 없지만 그러나 본인은 다른 갱단에 의하여 살인을 당했던 것이다.

그런 후 그는 죽어서 여기 온 것이다.

[행 16:31]

**가로되 주 예수를 믿으라 그리하면 너와 네 집이 구원을 얻으리라**

**하고**

즉 예수를 믿지 않고 평생 갱단에 몸을 담았던 남자가 죽어서 지옥에 와 있다.

## ㉓ 내 배만 채운 자들이 가는 지옥을 보다.

(2015.2.24)

천국에 올라갔다.

수레 바깥에서 나를 수호하는 천사가 노트와 필기도구를 갖고 있는 것이 보였다.

그리고 나에게 이렇게 말했다.

'주인님, 쓰실 것이 많아요.' 라고. (이것은 즉 내가 지옥을 구경하고 나서 쓸 것이 많다는 의미였다는 것을 나중에야 알게 되었다.)

그런데 나를 데리러 온 수레가 벌써 이상하게 보였다.

색깔이 흰데도 있고 검은데도 있는데 창문이 없고 검정색이 많았고 아예 수레문은 열려 있었다.

나는 수레를 탔다.

이렇게 수레가 처음부터 이상하게 보일 때에는 나를 데리러 온 천사가 아예 나에게 '오늘은 지옥 구경할 거예요' 하는 말과 같은 것이다.

아니나 다를까 내가 천국에 도착하자마자 얼굴이 쭈글쭈글하고 꼭 마귀 부하같이 생긴 천사가 벌써 와 있었고 나를 마중 나오신 주님 이 이렇게 말씀하셨다.

"잘 다녀오너라."

그 말씀이 마쳐지자마자 그 순간 그 천사와 나는 뒤로 자빠지듯이 넘어갔는데 우리는 벌써 한없이 넓은 우주공간으로 떨어졌다.

이렇게 하여 그 천사와 나는 지옥을 가는 것이었다.

간 곳은 보통 우리가 갔던 왼편 터널이 아니라 오른편 터널이었다.

여기는 내가 어제 갱단에 평생 몸을 담고 있다가 살해당한 한 남자가 지옥의 불구덩이에서 고통당하는 것을 보았었다.

그곳을 쭉 내려가는데 이번에는 다른 장소에 도착하였다.

여기는 많은 사람들의 뼈가 큰 웅덩이 같은 곳에 쌓여 있었다.

나는 참으로 이상하였다.

'왜 사람 살갗은 안 보이고 이렇게 뼈만 모여 있을까?' 하고 몹시 궁금해 하고 있었는데 나를 수호하는 천사가 말했다.

"주인님, 조금 이쪽으로 와 보세요."

그곳은 그 웅덩이 옆쪽 더 안쪽으로 거기는 한 두 사람이 걸어갈 정도의 넓이의 길이 나 있었는데 그쪽으로 걸어서 가보니 거기도 하나의 웅덩이가 있었다. 그런데 이 웅덩이는 너무나 큰 가마솥이었는데 이 가마솥에 마귀 부하들이 사람들을 삶고 있었다. 오 마이 갓! 그 액체 표면에는 어떤 이의 눈알이 떨어져 나와 둥둥 떠 있었다.

즉 사람을 가마솥에 넣고 삶으니까 신체의 부위가 여기 저기 떨어져 나온 것이다.

마귀 부하들은 거기서 사람들을 삶아서 그 신체부위를 건져서 먹고 뼈는 옆에 있는 구덩이에다가 쌓고 있었던 것이었다. 아하, 그래서 아까 그 웅덩이에는 사람들의 뼈만 쌓여져 있었구나! 이해가 되어졌다. 오 마이 갓!

그런데 이 사람들은 도대체 지상에서 어떠한 죄를 저질렀길래 이러한 고통을 받고 있나? 생각하였더니 그냥 마음으로 그 답이 알아졌다. 이들은 지상에 살 때에 불쌍한 자들을 도우지 않고 자기들 배만 채운 자들이었다. 주여!

나는 이전에 이런 자들을 가마솥에 한 사람씩 삶는 것을 본적이 있는데 이번에는 웅덩이에 단체로 삶고 있는 것을 본 것이었다. 주여!

나는 이것을 보는 순간 나 스스로 다짐에 다짐을 하게 되었다.
'아이구 주님, 저는 제 배만 채우지 않고 제 것을 불쌍한 자들과 나누어서 쓰겠습니다...'
'내 배만 채우지 않겠습니다....'
'다 구제하고 나누어 쓸 것입니다.....'
라고 다짐을 한 것이다. 그리고 나는 그 곳을 나왔다.

[마 25:31-46]

(31)인자가 자기 영광으로 모든 천사와 함께 올 때에 자기 영광의 보좌에 앉으리니 (32)모든 민족을 그 앞에 모으고 각각 분별하기를 목자가 양과 염소를 분별하는 것같이 하여 (33)양은 그 오른편에, 염소는 왼편에 두리라 (34)그 때에 임금이 그 오른편에 있는 자들에게 이르시되 내 아버지께 복 받을 자들이여 나아와 창세로부터 너희를 위하여 예비된 나라를 상속하라

(35)내가 주릴 때에 너희가 먹을 것을 주었고 목마를 때에 마시게 하였고 나그네 되었을 때에 영접하였고 (36)벗었을 때에 옷을 입혔고 병들었을 때에 돌아보았고 옥에 갇혔을 때에 와서 보았느니라 (37)이에 의인들이 대답하여 가로되 주여 우리가 어느 때에 주의 주리신 것을 보고 공궤하였으며 목마르신 것을 보고 마시게 하였나이까 (38)어느 때에 나그네 되신 것을 보고 영접하였으며 벗으신 것을 보고 옷 입혔나이까 (39)어느 때에 병드신 것이나 옥에 갇히신 것을 보고 가서 뵈었나이까 하리니 (40)임금이 대답하여 가라사대 내가 진실로 너희에게 이르노니 너희가 여기 내 형제 중에 지극히작은 자 하나에게 한 것이 곧 내게 한 것이니라 하시고 (41)또 왼편에 있는 자들에게 이르시되 저주를 받은 자들아 나를 떠나 마귀와 그 사자들을 위하여 예비된 영영한 불에 들어가라 (42)내가 주릴 때에 너희가 먹을 것을 주지 아니하였고 목마를 때에 마시게 하지 아니하였고

(43)나그네 되었을 때에 영접하지 아니하였고 벗었을 때에 옷 입히지 아니하였고 병들었을 때와 옥에 갇혔을 때에 돌아보지 아니하였느니라 하시니 (44)저희도 대답하여 가로되 주여 우리가 어느 때

에 주의 주리신 것이나 목마르신 것이나 나그네 되신 것이나 벗으신 것이나 병드신 것이나 옥에 갇히신 것을 보고 공양치 아니하더이까 (45)이에 임금이 대답하여 가라사대 내가 진실로 너희에게 이르노니 이 지극히 작은 자 하나에게 하지 아니한 것이 곧 내게 하지 아니한 것이니라 하시리니 (46)저희는 영벌에, 의인들은 영생에 들어가리라 하시니라

할렐루야. 아멘.

## 살아생전 창녀로 산 자들이 지옥에 와 있다.

(2015.2.24)

천국에 올라갈 때에 마차 바깥에 있는 천사가 나에게 말했다.
이 천사는 이미 내 마음을 다 읽고 있었다.
"주인님, 괜찮아요. 보여주실 거예요"
나는 그 천사 앞에서 눈물을 보이고 있었는데 왜냐하면 주님께서 내게 '지옥편'을 쓰라 하시면서 지옥을 많이 보여주시지 않는다는 느

껌을 받았기 때문이다.

그래서 나는 나에게 지옥이 잘 열리지 않는 것 같은 느낌을 받고 있었고 또한 주님은 꼭 나에게 지옥을 보여주셔도 한 번에 여러 장소가 아니라 한 장소씩만 보여주셨기 때문이었다.

그래서 나는 지상에서 천국에 올라오기 전에 이것을 놓고 하나님 앞에 울면서 기도했다. '지옥을 더 많이 보여달라고.'
그래야 내가 지옥편을 쓸 수 있지 않냐고 말씀드리면서 말이다. 이것을 수레 바깥의 수호천사가 다 알고 있는 것이다.

나는 수레를 타고 천국에 올라갔다.
수레에서 내리는 나는 보통 때처럼 다이아몬드 면류관을 머리에 쓰고 있었고 또한 흰 드레스를 입고 있었다.
그리고 수레에서 내려서 주님이 나를 마중 나오신 자리까지 갔다.
나는 주님 발밑에서 엎드려 울고 있었다.
주님! 하면서....
저어기 저쪽에서 흰 옷 입은 무리들이 나와 주님의 눈치를 보고 있었다.
그들은 '과연 어떻게 될 것인가?' 하는 눈초리들이었다.
주님이 나를 보시더니
'그래....' 하시면서
'가자' 라고 하시면서 벌써 지옥의 장면을 보여주기 시작하셨다.
갑자기 내 눈에 얼굴이 꼭 마귀할멈 같이 생기고 이빨은 뾰족뾰족하게 나 있으며 손가락들은 아주 가늘고 길었고 긴 손톱에다가 피부껍

질은 꼭 도마뱀 같았고 그리고 전체적인 모양이 아주 흉악하고 매섭게 생긴 마귀 부하가 보이는 것이었다.

이 마귀할멈 같은 마귀 부하가 나에게 말했다.

"내가 저 년들을 잡아먹을 거야" 라고 말하는 것이 알아졌다.

그리고는 그 다음에는 '저 년들' 이라고 하는 여자들이 보였는데 그들은 벌거벗은 채로 줄줄이 뱀들에 의하여 손이 묶인 채로 줄줄이 서서 어디론가 들어가고 있었다.

그 속으로 들어가면 이 여자들은 하나씩 아래쪽 아주 깊은 바닥으로 떨어지고 있었는데 그 바닥에는 쇠창살들이 위로 약 60cm 정도씩 솟아 올라와 있었다. 이렇게 쇠창살이 솟아나 있는 바닥은 큰 광장처럼 아주 넓게 쫙 깔려 있었다.

그리고 여기로 하나씩 여자들이 던져지는데 그들의 몸이 높은 곳에서 아래의 바닥으로 떨어지면 그 쇠창살들이 그들의 몸을 뚫고 나오는 것이었다. 오 마이 갓!

나는 이것을 보는 자체가 너무나 끔찍하였다.

'어쩌면 이러한 형벌이 있을 수가……'

그리고 나는 이러한 형벌을 받는 여자들이 어떤 여자들인지 궁금하였다. 그런데 그것이 그냥 마음으로 알아지는데 그 여자들은 지상에서 창녀짓을 하고 산 자들이었다. 살아생전에 몸을 팔아 돈을 벌어먹고 산 여자들이었다.

그리하여 남의 가정들이 해쳐지고 그들은 평생 이 남자 저 남자하면서 매춘으로 인생을 살아갔던 여자들이었다. 이들은 죽어서 이렇게 뱀에게 손들이 묶여서 줄줄이 그 창살이 올라와 있는 바닥으로 떨어지고 있었다. 주여!

이 장면이 얼마나 끔찍하였는지 지옥에 이렇게 끔찍한 형벌이 있을까 하는 정도였다.
그런데 주님은 내가 기도할 때에 더 많이 보여 달라고 울고 기도하였건만......
오늘도 주님은 이 지옥의 이 한 장면만 보여 주시는 것이었다.

성경은 우리에게 이렇게 말한다.

[신 23:18]
**창기의 번 돈과 개 같은 자의 소득은 아무 서원하는 일로든지 네 하나님 여호와의 전에 가져오지 말라 이 둘은 다 네 하나님 여호와께 가증한 것임이니라**

[신 5:18]
**간음하지도 말지니라**

# 평생 술에 그 영혼을 판 자들이 가는 지옥을 보다.

(2015.2.25)

천국에 올라갔는데 주님이 나를 모세의 궁에 데리고 가셨다.
나는 '지옥편' 이라고 쓰여져 있는 분홍색 드레스를 입고 있었고 모세의 궁에 있는 광장 안에 있는 테이블에 주님이 테이블 머리 쪽에 앉으시고 그 테이블 오른편 쪽에 모세가 앉았고 그리고 내가 테이블 왼편에 앉았다.

나는 모세에게 말했다. 주님이 지옥을 한꺼번에 많이 안 보여주시고 조금 조금씩만 보여주신다고 원망 불평하듯이 말했다.
그랬더니 그 순간 주님께서 나에게 갑자기 원망 불평하는 자들이 가는 지옥이 생각나게 하시는 것이었다. 그러면서 모세는 내게 마음으로 이렇게 말을 했다.
'주님이 하시는 대로 순종하세요.' 라고
나는 주님께서 왜 나를 모세의 궁에 데리고 오셨는지를 알겠다. 즉 내가 모세를 만나 모세가 나에게 주님이 보여주시는 대로 순종하라는 말을 듣게 하기 위하여 나를 여기에 데리고 오셨다는 것이 알아졌다.
주님은 이미 내 마음 안에 주님을 원망 불평하는 마음이 있는 것을 알고 계셨다.

즉 모세의 말은 주님께서 지옥을 하나씩 보여주더라도 원망 불평하지 말고 순종하라는 것이었다.

주님은 내게 원망 불평하는 자들이 가는 지옥을 보여 주신 적이 있다. 주님은 내게 주님께 원망 불평하는 자들이 가는 지옥을 생각나게 하시면서 더 이상 원망 불평하지 말라는 것이다.

할렐루야.

그리고서는 어느새 주님과 나는 벌써 지옥에 와 있는 것이었다.

주님과 같이 지옥으로 올 때에는 어떤 터널을 통과하지 않고 즉시에 지옥에 온다. 나는 왜 그런지 아직 그 이유를 모른다. 내가 다른 천사들과 지옥으로 올 때에는 반드시 어디를 거쳐서 지옥에 도달하는데 주님과 같이 지옥에 올 때에는 언제나 이렇게 순식간에 와 있는 것을 발견하는 것이다.

왜 이런 차이가 날까? 잘 모르겠다. 그분은 전능자시라 순식간에 공간을 이동하시는 것일까? 어쨌든 주님과 나는 즉시 지옥에 와 있었는데 주님께서는 불신자들이 오는 지옥의 오른편에 서셨다. 그런데 오늘 그분의 옷이 너무나 희게 보였다.

그러나 내 옷은 그렇게 희지 않았고 나는 승마복 같은 흰 옷을 위아래로 입고 있었다.

그리고 그 불신자들이 가는 지옥의 오른편 바깥쪽으로는 이쪽과 저 건너편을 연결하는 널판이 길게 걸쳐져 있었는데 그 널판 밑으로는 골짜기가 있었고 이 골짜기를 이전에 조금 구경한 때가 있었다. 주님과 나는 그 널판을 지나 불신자들이 가는 지옥이 있는 쪽에서 건너편 쪽으로 이동하였다.

거기에는 흙과 같은 바닥에 작은 웅덩이들이 있는데 그 각각의 웅덩이들 안에는 불들이 있었고 거기서 나오는 사람의 손들이 보였다. 그 손들은 주님을 보고 휘젓고 있었으며 그들은 '주님! 주님!' 하고 애타게 부르기도 하였으며 또 '예수님' 하고 부르는 소리도 들렸다. 그리고 '살려 주세요' 하며 울부짖는 소리도 들렸다. 주님은 그들을 지나 토막 살인한 자들이 고통 받는 곳으로 왔는데 그곳도 지났다. 그리고서는 그 바로 옆방으로 갔는데 그 옆방은 그냥 보통으로 남을 살인한 자들이 가는 지옥이었다.

주님과 나는 그곳도 지나서 그 다음에는 연못 같은 곳에 도달하였다. 그곳에는 살색의 진득진득한 액체가 연못 안에 있었고 영혼들이 거기에 빠졌다가 올라오는 영혼들이 보였다. 이들은 살색의 진득진득한 액체로 둘러싸여 있었고 그 액체 속에서 괴로워하고 있었다.

'나는 이들이 어떤 자들인가?' 하고 궁금해 하고 있었는데 그러자 그 답이 그냥 알아졌다. 이들은 평생 술에다가 자신의 영혼을 판 자들이었다.


나는 이전에 지옥에서 온통 그 몸들이 흰 구더기로 덮인 자들을 본 적이 있다.

그들은 구더기 연못에 빠져 있어서 괴로워하는데 너무 괴로워서 그 연못에서 올라오는데 눈만 빼놓고 몸 전체가 다 흰 구더기로 덮여 있는 것을 보았던 것이다.

그들도 지상에서 술에 중독되어 살았던 자들이었는데 오늘 주님과 내가 온 이 장소도 술에 자신들의 영혼들을 판 자들이었던 것이다.

이들은 이 연못 같은 곳에서 질질 흐르는 누런 액체 속에 몸이 담가져 온 몸과 눈, 귀, 코, 입 할 것 없이 그 액체들이 구멍이 있는 곳마다 흘러 나왔고 그 고통은 참으로 대단해 보였다.

주여!

[엡 5:16-18]
(16)세월을 아끼라 때가 악하니라 (17)그러므로 어리석은 자가 되지 말고 오직 주의 뜻이 무엇인가 이해하라 (18)술 취하지 말라 이는 방탕한 것이니 오직 성령의 충만을 받으라

# 자살한 자들이 가는 지옥을 보다.
(2015.2.27)

천국에 올라갔다.

수레 바깥에 있는 수호천사가 천국 대문 앞에서 단호히 외친다. "문을 여시오"

수레는 천국에 도착하였고 나는 수레에서 내려서 주님께로 가는데 벌써 나와 같이 지옥에 같이 갈 얼굴이 쭈글쭈글한 천사가 옆에 보였다.

주님이 나에게 말씀하신다.

"준비되었느냐?"

그러자 나의 모습이 어느새 바뀌어져서 위아래로 하얀 승마복같은 것을 입고 주님 앞에 꿇어 앉아 있었다.

"네, 주님!"

그리고서는 나와 그 천사는 벌써 우주공간으로 낙하하듯이 떨어지고 있었다.

나와 그 천사는 날면서 낙하하였다.

그리고 어느새 오른편에 있는 터널 뚜껑을 열고 밑으로 밑으로 내려갔다.

나를 수호하는 천사가 먼저 내려가고 그 다음 내가 내려갔다.

이 터널은 좁아서 같이 함께 못 내려간다.

하나씩 내려가야 할 정도로 좁다.

우리는 바닥에 도착하였는가 하였는데 이곳은 저번에 뼈들이 모여 있었고 또 그 옆쪽으로는 마귀 부하들이 지상에서 살 때에 자신의 배만 채우면서 살았던 사람들을 단체로 삶아서 먹고 뼈는 이 웅덩이에 버리는 장소였는데 우리는 그 옆으로 계곡을 내려가듯이 한참 더 밑으로 내려갔다.

그리하였더니 더 깊은 곳에 있는 바닥이 나타났는데 그 바닥에 물이 조금 흐르는듯 하더니 그 위에 두 녹청색의 큰 구렁이가 보였다.

'나는 도대체 이 장소가 어떤 장소인가?' 하고 궁금하여 하는데 저기 저쪽으로 아주 높은 장대들이 서 있었고 거기 각 장대에 한 사람씩 매달려 있었다. 그리고 이들 각각은 큰 구렁이들에 의하여 감겨 있는 것이 보였다.

그 때에 나는 '아하, 여기는 자살한 자들이 오는 지옥이구나!' 깨달 아졌다.

저번에도 이런 장소를 보았었기 때문이다.

그런데 오늘 내가 온 여기는 여러 많은 장대들이 나선형으로 쭉 서 있었는데 수십 개는 되는 것 같았다. 이들은 일렬로 뻗어 있었고 이 렇게 일렬로 뻗어 있는 것이 셀 수 없이 평행으로 계속되고 있었다.

그리고 이 장소는 한없이 넓다는 것을 알 수 있었다.

즉 여기에는 수없이 많은 자살한 자들이 와 있는 지옥이었다.

그들은 이렇게 높은 장대에 하나씩 매달려 녹청색 구렁이들이 이 장 대들을 타고 올라와 그들을 심하게 압박하여 살이 터지게 하고 창자 들도 나오는 것을 알 수 있었다.

이들은 지상에서 살 때에 자살한 자들이었다. 주여!

주님은 오늘 나에게 자살한 자들이 가는 지옥을 보여주신 것이다.


오늘도 주님은 지옥의 한 장소만 보여 주셨다.

이전에 내가 자살한 자들이 가는 지옥을 보았을 때에는

남매와 어떤 목사만 보았다.

그런데 오늘은 더 많은 다른 사람들을 본 것이다.


[출 20:13]

**살인하지 말지니라**


그렇다. 자신의 목숨을 끊는 것도 살인인 것이다.

## 27

# 혀로 남을 훼방하고 예수님을
# 조롱한 자가 지옥에 와 있다.

(2015.3.3)

천국에 올라갔다.

오늘은 자세히 보이는데 분명히 말이 다섯 마리이다.

하나 분명히 더 늘었다. 그들은 옆으로 일렬로 정렬하고 있었다.

누가 새로 들어왔는지는 숨겨져 있었다.

왜냐하면 내가 다섯 마리를 원하지 않았기 때문이다.

그들이 내가 모르게 서 있었다.

왜냐하면 나는 그럴만한 자격이 없다 생각하여 네 마리를 고집하였기 때문이다.

그래서 말들이 누가 새로 들어왔는지 나에게 모르게 하고 있었다.

말의 수가 늘어남에 따라서 수레도 훨씬 높고 커진 느낌이다. 왜냐하면 내가 주를 위하여 핍박을 받고 있기 때문에 그 상으로 말이 한 마리 더 늘어난 것이 알아졌다. 이 하나 늘어난 것이 상이었다. 할렐루야.

나는 수레를 타고 천국에 도착하였는데 주님이 마중을 나와 계셨고 또한 주님 옆에 나를 지옥으로 인도하는 얼굴이 쭈글쭈글한 천사가 보였다.

주님이 나에게 물으셨다.

"사라야, 누구하고 지옥에 가고 싶으냐?"

즉 주님과 같이 가고 싶은지 아니면 그 천사와 같이 가고 싶은지를 물으시는 것이었다. 나는 망설임 없이 대답했다.

"주님과 함께요." 라고 했더니

그 순간 주님과 나는 벌써 불신자들이 가는 지옥의 저 건너편, 널판 대기를 지나 저쪽에 있는 술중독자들이 가는 지옥 바로 그 옆에 와 있었다.

그런데 여기는 검은 골짜기 같이 보였고 갈색으로 온통 주위가 물들어 있었고 그리고 너무 역겨운 냄새가 나는 것이었다.

그런데 이 냄새는 꼭 피가 오래되어 썩어서 나는 냄새 같았다. 이곳은 그렇게 온통 갈색으로 되어 있었고 또한 구역질이 날 것 같은 역겨운 냄새가 나는 곳이었다.

그렇게 처음에는 그러한 갈색의 벽만 보였는데 자세히 보니 저 아래에 한 남자가 벌거벗은 채로 쪼그리고 앉아 있으면서 그 두 손이 뒤로 묶여 있는 것이 보였다. 그리고 그 남자의 혀는 입 밖으로 쑥 빠져 있었다.

즉 마귀 부하가 그의 혀를 힘을 다하여 빼내었다는 것이 알아졌다. 이 남자는 어떤 사람이었는가 하면 지상에 살 때에 그는 자신의 혀로 남을 훼방한 자였다. 그러한 남자를 마귀 부하가 칼을 들고 와서 힘 있게 빼어내어져서 길게 늘어진 그 혀를 잡고서는 세로로 가늘고 길게 꼭 칼국수 가락을 만들듯이 혀를 칼로 길게 조각조각을 내는 것이었다.

오 마이 갓! '아니 어찌 이런 일이?'

나는 놀라고 놀라워하면서 말문이 막혀 버렸다.

'아니 이 남자가 왜 이런 고통을 당하나?' 하고 놀라워하고 있는데 옆에 서 계시던 주님이 그 남자에게 말씀하셨다.

"네가 나를 조롱하였느냐?"

그 남자는 혀가 다 잘려져서 말을 못하였지만 그랬었다고 수긍을 하는 것을 알 수 있었다. 즉 이 남자는 살아생전 혀로 남을 많이 훼방하였을 뿐 아니라 주님에 대하여서도 혀를 놀려 많이 조롱하였던 것이다. 주여!

그래서 그는 지금 죽어서 지옥에 와서 이렇게 마귀 부하에게 혀가 길게 빼 늘어뜨려져서 그 혀를 다시 칼로 세로로 조각조각 칼국수 가닥이 만들어지듯이 잘려지고 있었던 것이다.

그리고 거기서 나오는 피가 얼굴로 그리고 벽의 양옆으로 튀고 있었다.

아하~ 이제야 왜 그 벽이 갈색으로 되어 있으며 피가 오래되어 썩은 냄새 같이 역겨웠는지 이제 이해가 가는 것이었다.

즉 오늘 주님은 나를 살아생전 혀로 남을 훼방하고 저주하며 그리고 예수님까지 조롱하며 저주하였던 자가 오는 지옥을 보여 주셨다.

[약 3:5-9]

(5)이와 같이 혀도 작은 지체로되 큰 것을 자랑하도다 보라 어떻게 작은 불이 어떻게 많은 나무를 태우는가 (6)혀는 곧 불이요 불의의

세계라 혀는 우리 지체 중에서 온 몸을 더럽히고 생의 바퀴를 불사르나니 그 사르는 것이 지옥불에서 나느니라 (7)여러 종류의 짐승과 새며 벌레와 동물은 다 길들므로 사람에게 길들었거니와 (8)혀는 능히 길들일 사람이 없나니 쉬지 아니하는 악이요 죽이는 독이 가득한 것이라 (9)이것으로 우리가 주 아버지를 찬송하고 또 이것으로 하나님의 형상대로 지음을 받은 사람을 저주하나니

여기서
'혀는 곧 불이요 불의의 세계라 혀는 우리 지체 중에서 온 몸을 더럽히고 생의 바퀴를 불사르나니 그 사르는 것이 지옥불에서 나느니라' 하는 이 말이 중요한 것이다.

즉 이 말씀은 혀를 잘못 쓰면 지옥 간다는 말과 같은 것이다.

[출 20:16]
네 이웃에 대하여 거짓 증거하지 말지니라

[마 5:22]
나는 너희에게 이르노니 형제에게 노하는 자마다 심판을 받게 되고 형제를 대하여 라가라 하는 자는 공회에 잡히게 되고 미련한 놈이라 하는 자는 지옥 불에 들어가게 되리라

주님은 분명 우리의 혀를 잘못 써서 형제더러 미련한 놈이라 하는 자마다 지옥불에 들어간다고 말씀하고 있는 것이다!

[마 12:36-37]

(36)내가 너희에게 이르노니 사람이 무슨 무익한 말을 하든지 심판 날에 이에 대하여 심문을 받으리니 (37)네 말로 의롭다 함을 받고 네 말로 정죄함을 받으리라

# 돈을 따라 간 자들이 가는 지옥

(2015.3.5)

지옥으로 가게 되었다.

천국에 올라갈 때부터 이상하였다.

내가 이상한 면류관을 쓰고 있었고 내 얼굴이 까맣게 보였고

또한 내 머리가 흰 색으로 보였다.

이러한 모습을 한 적이 없었는데.........

이렇게 이상하게 보일 때에는 여지없이 나는 지옥으로 간다.

올라가자마자 얼굴이 쭈글쭈글한 천사가 나를 기다리고 있었고 주님과 대화하기도 전에 그 천사와 나는 우주 공간속으로 나가 떨어졌다. 그리고 오른편의 좁은 터널로 들어갔다.

그리고서는 지난번에 자살한 자들이 가는 넓은 지옥을 거쳐서 그 옆쪽으로 비스듬히 내려가는 길이 있었는데 그러나 여기는 자살한 자들이 가는 곳보다 그렇게 깊이 있는 곳은 아니었다.

비스듬히 길이 내려가는데 길이 두 갈래로 갈라지면서 양쪽으로 웅덩이가 보였고 또 그 좁은 길이 두 갈래로 갈라진 사이에 또 하나의 웅덩이가 있었다. 즉 세 웅덩이가 보인 것이다.

그 중에서도 가장 왼쪽의 웅덩이가 자세히 보였다.

여기에는 벌거벗은 한 사람이 진흙과 같은 속으로 빠져 들어가고 있었는데 그 웅덩이는 너무나 깊이 안으로 빠져 들어가는 곳이었고 어떻게 보면 꼭 사막에서 모래가 깊은 곳으로 한없이 내려가는 듯한 모습을 보이고 있었다.

주여!

그런데 그곳에 떨어지는 것이 모래가 아니라 돈으로 된 지폐들이었다. 즉 이 웅덩이는 돈을 좋아하는 자들이 가는 지옥이었고 웅덩이였다. 그리고 저기에 오른편으로 놓인 그 두 곳의 웅덩이도 마찬가지였다.


성경은 우리에게 이렇게 말하고 있다.


[마 6:24]

한 사람이 두 주인을 섬기지 못할 것이니 혹 이를 미워하며 저를 사랑하거나 혹 이를 중히 여기며 저를 경히 여김이라 너희가 하나님과 재물을 겸하여 섬기지 못하느니라

[딤전 6:10-12]

(10)돈을 사랑함이 일만 악의 뿌리가 되나니 이것을 사모하는 자들이 미혹을 받아 믿음에서 떠나 많은 근심으로써 자기를 찔렀도다 (11)오직 너 하나님의 사람아 이것들을 피하고 의와 경건과 믿음과 사랑과 인내와 온유를 좇으며 (12)믿음의 선한 싸움을 싸우라 영생을 취하라 이를 위하여 네가 부르심을 입었고 많은 증인 앞에서 선한 증거를 증거하였도다

얼굴이 쭈글쭈글한 천사는 나에게 말했다.

이제는 자신이 가야 한다고...

오늘은 주님께서 여기까지만 보여 주라고 하셨다는 것이다.

그렇다. 나는 알고 있었다.

늘 주님은 항상 나에게 지옥의 한 장면만 보여주신다.

어쨌든 할렐루야이다.

한꺼번에 너무 많이 보아도 지옥에 대한 경각심이 떨어질 수 있다.

그러므로 한 번에 한 가지씩 보는 것도 좋은 것이다.

아니 하나님께서는 나에게 무슨 이유이신지 몰라도 한 번에 한 가지 죄목의 지옥을 보여주신다.

**29**

# 내가 쓸 지옥편 책에 '*예수*' 라고
# 싸인하여 주시는 주님

(2015.3.5)


바깥에서 나를 수호하는 천사가 딸기를 먹고 있었다.

내가 수레 안에 타자 내 앞에 놓인 다이닝 테이블 앞에 딸기가 긴 쟁반 안에 놓여 있었다.

보기가 좋았다. 나는 딸기를 먹었다.

그리고 나는 천국에 올라갔는데 올라가자마자 나는 주님 앞에 엎드렸다. 나는 무조건 주님 앞에서 용서하여 달라고 빌었다. 잘못했다고 했다.

나는 뭔지는 모르나 나는 주님 앞에서 계속 용서를 빌었다.

원래 죄인인 우리가 주님 앞에 가면 무한한 죄인으로 느껴진다. 무엇인지 모르지만 용서받을 수 없는 죄인으로 느껴지는 것이다. 그 밀려오는 마음에 그냥 엎드려서 잘못했다고 비는 것이다. 할렐루야.


주님은 나를 일으켜 세우시더니 나를 유리바다에 떠 있는 배로 인도하셨다.

주님이 배의 저쪽 끝에 앉으시고 내가 이쪽 끝에 앉았다.

나는 주님께 말했다.

"주님, 제가 요즘에 괴로워요. 누가 유튜브에 저를 저주하는 영상을 올렸어요. 저는 지금 핍박받고 있어요..."

하였더니 갑자기 배 안이 아름다운 보석돌들로 가득 채워지는 것이었다.

그리고 즉시 내가 알아지는 것이 이 보석돌들이 그 어떤 사람이 나를 핍박하는 그 핍박 때문에 나에게 주어지는 보석들이라는 것이 알아졌다. 할렐루야.

그런데 그렇게 많은 보석이 배 안에 쌓였건만 배는 가라앉지 않았다.

'나는 저 보석돌들을 다 어디에 두지?' 하고 고민하는데

'아하, 내 집에 두면 되겠구나.' 하고 생각하자 나는 벌써 내 집에 와 있었다.

천국은 이런 곳이다. 생각만 해도 순간적으로 이동한다.

오 주여!


주님과 함께 구름다리를 건너 내 집의 현관이 있는 쪽으로 가려고 구름다리 위를 걸어가는데 다리 양쪽 옆에서 연못의 물 위로 잉어들이 뛰어올라 나를 반겨주는데 그들은 주님과 내 앞에서 반원을 그리듯이 다리 이쪽에서 뛰어올라 다리 저쪽으로 떨어지는 것이었다. 또한 주님과 내 앞에서 다리 이쪽저쪽 양쪽에서 뛰어오른 두 잉어가 서로 입을 앞으로 내밀고 서로 뽀뽀를 했다. 잉어들이 아주 기교를 부렸다.

주님과 나는 그들의 환영하는 모습을 보면서 내 집 현관문 쪽으로 걸어가는데 벌써 저쪽에 두 흰 날개 달린 흰 옷 입은 천사들이 양쪽에 세 명씩 총 여섯 명이 서서 주님과 나를 환영하여 주었다. 그리고 그들의 앞쪽 옆으로 청색의 옷을 입고 있는 한 천사가 있었는데 이

천사는 내 집을 관리하고 있는 천사들을 관리하는 천사였다.

주님과 나는 내 집 안으로 들어갔다.
들어가자마자 거실 안에는 생명수를 퍼 올리는 분수대가 놓여 있었다.
어린 천사들의 조각으로 그 천사들의 입에서 생명수 물이 뿜어져 나오게 되어 있었다.
그리고 주님과 나는 이 분수대를 지나서 더 안쪽으로 들어가니 궁과 같은 거실이 나왔다.
그 거실 안에는 큰 직사각형 테이블이 놓여져 있고 그 테이블 위에는 꼭 회를 떠서 장식하여 놓은 것처럼 딸기들을 그렇게 썰어서 퍼 놓았다.
주님과 나는 그릇에다가 그것들을 떠서 먹었다.
수레를 탈 때에도 딸기가 있더니 오늘은 천국에서 딸기 잔치를 하는 것 같았다.

그리고 아까 배 안에서 받았던 보석돌들을 담은 상자가 뚜껑이 열린 채로 그 궁 안의 저편에 놓여 있었다.
할렐루야. 벌써 내 집으로 옮겨져 있었다. 와우~

그리고 주님은 테이블 위에 지옥편이라고 쓰여져 있는 분홍색 책이 놓여 있었는데 내가 지옥편을 꼭 써야 한다는 것을 다시 한 번 더 확실히 한다는 의미에서 지옥편 책에다가(분홍색 껍질의 책) 주님이 '*예수*' 라고 바람 글씨로 싸인을 하여 주셨다. 나는 이것이 약간 우습다는 생각이 들었다.

주님께서 소위 그분의 싸인이나 인을 찍어주시는 것은

아주 근엄하고 어떤 왕의 옥새 같은 것으로 찍어 주시는 것이 아닐

까 하고 생각했는데 그것이 아니라 주님은 아주 쉽게 펜을 드셔서

책에다가 '예수' 라고 간단히 싸인을 하시는 것이었다. 할렐루야.

나는 이러한 것이 주님의 유머라는 생각이 들었다.

그렇다. 때로는 주님이 아주 유머스러우시다.

그럼에도 불구하고 나는 그분이 내 지옥편의 책에 싸인을 하여 주셨

다는 것은 아주 중요한 의미를 갖고 있었다.

즉 원래 책에는 저자가 싸인을 한다.

예수님이 싸인을 하셨다는 것은 그분이 저자인 것을 말씀하시는 것

이었다. 할렐루야.


그래서 나는 말씀드렸다.

"주님, 알겠습니다. 제가 지옥편을 꼭 쓰겠습니다."

"주님께서 이렇게 싸인까지 하여 주셨는데요........."

할렐루야! 아멘.

그러고서는 나는 내려왔다.


주여! 감사합니다.

이 못난 것을 이렇게 사용하여 주시다니요....

# 30

## 부모를 훼방하고
## 저주하는 자들이 가는 지옥

(2015.3.7)


천국에 올라가는데

수레 바깥에서 나를 수호하는 천사가 나를 보고 '주인님 웃으세요.'

라고 말한다.

그러고 보니까 말들이 이상한 장식을 하고 있었고 수레자체가 그 안

이 떨어진 검정 천들로 둘러져 있었고 안은 텅~ 비어 있었다.

아니나 다를까 내가 그 안에 탄다고 탔는데

벌써 나는 지옥에 갈 때의 옷차림인 아래위로 흰 승마복 같은 것을

입고 있었고 주님이 하얀 옷을 입으시고 내 옆에 서 계셨고 잠시 후

곧 주님과 나는 어떤 깊은 골짜기 바닥에 와 있었던 것이다.


거기는 사방이 바위로 되어 있었고 그 벽들은 이슬로 인하여 초록색

빛이 나는 습기가 있는 골짜기였다.

발밑 쪽으로 보니 녹청색의 3-4cm 정도의 두께, 60cm 길이의 뱀들

이 줄줄이 기어가고 있었고 그들은 저 골짜기 안으로 이동하고 있었

다. 그 뱀들은 징그럽고 무서웠다.


주님과 나는 그 골짜기 안으로 걸어 들어갔다.

그랬더니 오른편에 연못 같은 웅덩이가 나타났는데 그곳에는 벌거
벗은 사람들이 꼭 뱀탕에 들어있는 것 같이 수많은 뱀들이 사람들
주위에 있었고 또한 그 뱀들은 사람들을 물어뜯고 있었으며 그들의
살갗을 뜯어먹고 있었다. 그러면 사람들이 소리를 지르다가도 너
무 아파서 더 큰 소리도 내지 못하고 그냥 그 고통을 당하고 있었다.

내가 보고 있는 웅덩이 옆쪽으로 칸막이 같은 벽이 있고 다시 그 다
음에 똑같은 웅덩이가 있었고 또 그 다음 칸에도 그러한 똑같은 뱀

이 들어 있는 그리고 거기에는 벌거벗은 자들이 뱀들에 의하여 고통을 당하는 웅덩이가 계속되는 골짜기였다.

나는 이곳에는 처음 와 보았다.
내가 이 사람들이 지상에서 도대체 어떠한 삶을 살았기에 이러한 고통을 당하는지 궁금하여 하였더니 그것이 그냥 알아졌다.
이들은 살아생전 자신을 낳아준 부모에게 감사하지 못하고
오히려 자신을 낳아준 부모를 훼방하고 저주한 자들이었다.

성경은 네 부모를 공경하라고 말씀한다. 그런데 이들은 부모를 공경하지 못하고 그들을 낳아주고 길러준 부모를 말로 훼방하고 저주한 자들이었던 것이다.
주여!
그래서 그들은 이 지옥에 와서 온갖 살이 뱀들에 물어뜯기는 고통을 당하고 있는 것이다.

주여! 우리 모두를 용서하시고 혹이라도 말로라도 부모를 저주하거나 훼방한 것이 있으면 용서하여 주옵소서!..........

부모에게 우리가 해야 할 것은 오직 감사밖에 없는 것이다.
할렐루야.

[마 15:4]
**하나님이 이르셨으되 네 부모를 공경하라 하시고 또 아비나 어미를**

훼방하는 자는 반드시 죽으리라 하셨거늘

[신 27:16]
그 부모를 경홀히 여기는 자는 저주를 받을 것이라 할 것이요 모든
백성은 아멘 할지니라

[골 4:2]
기도를 항상 힘쓰고 기도에 감사함으로 깨어 있으라

주여! 우리 모두가 부모를 통하여 이 세상에 오게 하심을 감사하나
이다!

## 31

# 거짓말로 사기쳐 정부로부터
# 돈을 갈취하는 자들이 가는 지옥

(2015.3.7)

두 번째로 올라갔는데 또 지옥이 보였다.

나를 데리러 온 말들이, 말들이 아니라 수탉 다섯 마리로 보이더니 갑자기 그 수탉 다섯 마리 뒤쪽으로 환한 불이 보이더니 그것은 불덩이들이었다.

그런 후에 나는 즉시 지옥에 와 있다는 것을 알았다.

주님은 내 옆에 흰 옷을 입고 서 계셨다.

갑자기 내 눈에 불이 보이고 그 가장자리에서 한 사람이 불에 붙은 채로 확 옆으로 튀어나오듯이 그 불구덩이에서 떨어져 나오는 것이 보였는데 그에게 붙은 불은 꺼지지 않았고 계속 그 사람 몸에서 타고 있었다. 불에 타고 있는 그 사람은 괴로워서 소리를 지르고 있었다. 이러한 사람들이 몇 명씩 보였다.

즉 큰 불에서 떨어져 나오긴 하였는데 몸에는 아직 불이 꺼지지 않고 계속 붙어서 타고 있었다.

나는 도대체 이 자들이 어떤 자들인지 궁금하여 하였더니 나에게 즉시 알아지는데 그렇구나! 이 사람들은 양로 병원 같은 곳에서 나라에 돈을 타기 위하여 환자들에게 꼭 주지 않아도 될 주사라든지 약을 계속 주어서 그들을 낫게 하기는 커녕 오히려 환자들에게 해가 되더라도 계속 그런 것들을 투입하여 돈을 정부로부터 속여서 갈취한 자들이라는 것이 알아졌다.

오 마이 갓!

사기를 쳐도 이렇게 사람들을 이용하여 거짓말로 돈을 정부로부터 갈취한 자들이었다. 오~ 하나님!

미국에는 이러한 양로병원들이 얼마나 많을 것인가를 한번 생각하여 보았다.

대단히 많을 것이다. 그뿐 아니다. 많은 병원에서 노인들이 정부로부터 의료혜택을 받는 분들에게 병원에서 하지도 않은 검사 등을 했다고 하여 그 의료비를 정부에서 많이 갈취한다는 이야기를 많이 들었다. 나중에 영수증이 오는데 보면 자신은 하지도 않은 검사들을 했다고 기록이 되어 있고 그리고 그것에 대한 의료비를 정부에 청구한다는 것이다. 그런데 이런 자들은 결국 지옥에 오게 된다.

이를테면 보험사기와 의료사기를 치는 자들.

성경은 정직한 자가 하나님을 본다 하였다.

평생 정직하게 살지 못하는 자들의 말로가 바로 이런 것이다.

그 알량한 돈 때문에 지옥을 간다.

그래서 성경은 우리에게 이렇게 말하고 있다.

[딤전 6:10]
돈을 사랑함이 일만 악의 뿌리가 되나니 이것을 사모하는 자들이
미혹을 받아 믿음에서 떠나 많은 근심으로써 자기를 찔렀도다

그들은 그렇게 세상에 살 때에 사기 쳐서 조금 좋은 집, 조금 좋은 음
식, 조금 좋은 차를 굴리고 살았는지 모르나 죽어서는 영원히 불에
타는 지옥에 오게 되는 것이다.

오 주여!

# 원망 불평하는 자들이 가는
# 지옥을 얼핏보다.

(2015.3.11)

천국에 올라가려 하였는데 벌써 수레와 말들이 이상하게 보였다. 아
하, 오늘은 내가 지옥을 가는구나! 알아졌다.

수레에서 내리자마자 나는 하얀 승마복을 입고 있었고 머리는 뒤로 한 가닥으로 야무지게 묶여 있었다.

천국에는 얼굴이 쭈글쭈글한 천사가 나를 기다리고 있었고 그 옆에 주님도 계셨는데 주님이 말씀하신다.

"잘 다녀오너라."

그러는 순간에 그 천사와 나는 우주공간으로 뒤로 나자빠지듯이 던져졌다.

이 천사는 주님이 내게 '지옥편'을 쓰라고 하시면서 그 때부터 나에게 붙여주신 천사이다. 이 천사는 얼굴이 해 같이 둥근데 색깔은 갈색으로 얼굴 전체가 쭈글쭈글하게 주름이 있고 키가 크고 덩치가 큰 꼭 생김새는 마귀 부하같이 생겼다.

그런데 이 천사와 지옥을 가는 경로는 거의 항상 이러하였다.

갑자기 천국의 레벨에서 우주공간으로 뒤로 나자빠지듯이 넘어진다. 그러면 그 천사와 나는 이미 우주공간에 떠서 날고 있는 것이었다. 그리고 우주공간에 있는 터널로 들어가는데 터널들은 우리가 날고 있는 쪽의 왼편에 있거나 오른편에 있었다.

그리고 이 터널들은 뚜껑이 닫혀 있었는데 우리는 그 뚜껑을 열고 들어가야 했다.

오늘은 그 천사와 나는 오른편 터널로 내려갔다.

거기에서 우리는 저번에 자살한 자들이 가는 지옥이 있었는데 이 자살한 자들이 가는 지옥은 깊고 깊은 곳에 있었고 아주 넓었다.

그리고 그 다음 그 깊은 곳에서 위쪽으로 조금 올라와서는 돈을 사랑하여 평생 돈을 따라간 자들이 가는 지옥이 있었다.

그런데 오늘은 그 옆에 있는 지옥이 보이는 것이었다.
그곳은 원망 불평하는 자들이 오는 지옥이었다.
이 원망 불평하는 자들이 오는 지옥은 전에 주님께서 회의실에서 내가 모세에 대하여 주님께 원망 불평하는 마음을 가지고 있었을 때에 나에게 보여주신 바로 그 장소였다. 주여!
그러나 오늘 이 장소가 나에게 자세히 보이지가 않았다.
단지 그 장소라는 것만 알아진다. 그리고 이후에 즉 약 열흘 후에 주님이 이 장소를 더욱 자세히 보여 주셨다 (참조: 지옥편 33. 하나님께 감사하지 못하고 원망 불평하는 자들이 가는 지옥).

어찌하였든 우리는 주님이 하시는 일에 절대 원망 불평함이 없어야 할 것이다.
우리는 우리의 삶에서 그분께 범사에 감사만 하여야 한다.
할렐루야.


[살전 5:16-18]
(16)항상 기뻐하라 (17)쉬지 말고 기도하라 (18)범사에 감사하라 이는 그리스도 예수 안에서 너희를 향하신 하나님의 뜻이니라

# 하나님께 감사하지 못하고
# 원망 불평하는 자들이 가는 지옥

(2015.3.21)

이스라엘 민족은 광야에서 하나님의 은혜를 잊어버렸는데
하나님은 그들을 430년간 애굽에서 종살이하던 그들을 10가지 기
적을 행하시고 또한 홍해를 가르시면서까지 그들을 애굽에서 영원
히 해방하여 광야로 인도하시고 거기서 하늘에서 내리는 만나를 먹
이셨다. 그들은 그 은혜를 잊어버리고 광야에서 맛없는 만나만 먹는
다고 하나님과 모세에게 원망하고 불평하였다.

그들은 정력이 쇠한다 하면서 고기를 먹게 해달라고 원망하고 불평
하였던 것이다.

그래서 하나님은 이들에게 원하는 대로 실컷 메추라기 고기를 한 달
동안 코에서 싫어하게 되기까지 먹이셨지만 그러나 원망불평하는
그들에게 진노하여 탐욕을 부렸던 자들이 그 메추라기 고기를 씹어
서 삼키기도 전에 그들을 쳐 죽여 버리셨다.

즉 하나님은 하나님께 원망 불평하는 것을 너무 싫어하시는 것이다.
성경에 나타나 있는 이스라엘의 역사는 바로 세상에서 제 멋대로 살
다가 주님의 은혜로 구원받은 우리에 대한 말씀인 것이다. 그러므로
현재 이 시대에 살고 있는 우리에게 너무나 경계가 되는 말씀인 것
을 알아야 한다.

왜냐하면 하나님은 어제나 오늘이나 영원토록 동일하신 분이시기 때문이다.

[히 13:8]
**예수 그리스도는 어제나 오늘이나 영원토록 동일하시니라**

하나님은 오늘 나에게 하나님께 늘 감사하지 못하고 원망 불평하는 자들이 가는 지옥을 보여 주셨다.

천국에 올라가는데 올라갈 때부터 나를 수레 바깥에서 수호하는 천사의 눈이 이상했다.
즉 눈이 초록색 눈이었다.
말도 그랬고 말을 모는 천사도 그랬다.
초록색 눈은 보기가 좋지 않았다. 어쩐지 섬짓한 느낌이 들었다. 그래서 나는 알았다.
'아하~, 오늘 나는 지옥에 가겠구나!' 하고 생각하고 있었다.

천국에 도달하자마자
주님과 내가 어느새 어느 아주 넓고 큰 웅덩이 옆에 도달하여 있었다.
그 연못 주위에는 크고 넓은 바위들이 있었고 주님과 나는 그 바위 위에 걸터앉아 있었다.
'나는 도대체 여기가 어딘가?' 하고 궁금해 하고 있는데 주님이 말씀하신다.
"네가 여기 오고 싶어 하지 아니하였니?"

나는 머리가 약간 갸우뚱하여졌다. 내가 궁금해 했던 곳이라니?

그 웅덩이는 굉장히 넓고 꼭 백두산의 천지를 보는 것 같은 느낌이 들었고 또한 거기에서는 뜨거운 거품이 올라오고 있었다.

오 주여!

그 연못 안에는 액체가 고여 있었고 그 액체는 꼭 횟가루를 연하게 반죽하여 놓은 것 같았으며 그 액체는 밑에서부터 펄펄 끓어오르면서 거품을 위로 품어내고 있었다.

나는 보기만 해도 무서웠다.

아니 도대체 여기가 어디인데 주님께서 나보고 '네가 여기 오고 싶어 하지 아니하였니?' 라고 하셨을까 하고 궁금하여 하였더니 그 답이 그냥 알아지는 것이었다.

아하~ 여기는 바로 그 원망 불평하는 자들이 가는 지옥이라는 것이 알아진 것이다.  알아진다고 하는 것은 그냥 그러한 지식이 내게 생기는 것이다.

오 마이 갓!

나는 그제서야 주님이 하신 말씀이 이해가 되었다.

내가 궁금해 오던 장소라는 것이......

이전에 내가 '모세편' 을 쓰고자 했을 때에 모세가 나에게 대화를 잘 열지 않는 것에 대하여 나는 주님께 원망하고 불평했었다. 그 때의 나의 생각은 주님께서 그러한 모세를 꾸짖으시거나 아니면 '사라와 대화하라' 하고 명령만 하시면 될 텐데 그렇게 안 하시는 주님을 보고 얼마나 서운한 마음이 들었던지 그래서 주님께 정말 원망 불평하

는 마음으로 2시간 동안 '왜 주님이 그렇게 안 하십니까?' 하면서 주
님을 원망하고 불평하는 기도를 한 적이 있다.

그리고 나서 내가 천국을 올라갔을 때에 주님은 회의실에서 모세
와 나를 앉혀 놓고 회의실 테이블 위의 천을 가위로 쭉 찢으시면서
그 천 아래에 저 깊은 곳에서 벌거벗은 사람들이 아우성치며 괴로
워하는 모습을 보여 주신 때가 있었는데 나는 테이블 아래 저 멀리
에서 그들이 보였으므로 자세히 보지 못한 그것을 그 후에 나는 항
상 '그 장소를 좀 더 자세히 보았으면....' 하는 바램이 내 속에 있었
던 것이다.

그런데 오늘 주님께서 나를 그 장소로 데리고 오신 것이다.

할렐루야.


오늘은 이 장소가 자세히 보였다. 왜냐하면 주님이 나를 직접 이 장
소로 데리고 오신 것이다. 할렐루야.

그러나 이 뜨거운 액체가 부글부글 끓어오르는 속에서 벌거벗고 고
통당하는 그들을 보는 것은 쉽지가 않았다.

사람들이 그 액체가 너무 뜨거워서 팔다리를 이렇게 저렇게 휘젓고
있었으나 피할 방법이 없어 보였다.

아~ 그들은 너무 고통스러워하였다.

주여!


주님께서는 오늘 나를 천국에 올라오자마자 바로 이곳으로 데리고
오시더니 그 연못 근처의 바위에 나보고 앉자고 하셨다.

그리고 그 뜨거운 연못 안에서 주님께 원망 불평한 자들이 받는 고

통을 지켜보게 하셨다. 나는 그것을 보면서 '우리는 어떠한 일이 있어도 주님께 원망 불평하지 말아야 한다.' 는 것을 알게 되었고 그렇게 하지 아니할 것을 다짐하게 되었다.

아멘. 아멘.

할렐루야.


주님, 범사에 감사치 못하는 우리 모두를 용서하여 주시옵소서!……


성경은 우리에게 미리 이렇게 말하고 있다.


[살전 5:16-18]

(16) **항상 기뻐하라**

(17) **쉬지 말고 기도하라**

(18) **범사에 감사하라 이는 그리스도 예수 안에서 너희를 향하신 하나님의 뜻이니라**


그러므로 우리가 아무리 궂은 일을 만나든 나쁜 일이 터지든, 또한 무슨 일로 아무리 속이 상하든 주님은 우리를 영원한 불못에서 구원하신(이스라엘 민족을 애굽의 종살이에서 영원히 구원하신 것처럼) 그분께 감사를 올려드려야 한다는 것을 다시 한 번 깨닫게 하여 주신 것이다. 할렐루야.


그러므로 어떤 일이 있어도 '범사에 감사하라' 범사에 감사하는 것이 그리스도 예수 안에서 우리를 향하신 하나님의 뜻인 것이다.

할렐루야.

[요 14:1-3]
(1)너희는 마음에 근심하지 말라 하나님을 믿으니 또 나를 믿으라
(2)내 아버지 집에 거할 곳이 많도다 그렇지 않으면 너희에게 일렀
으리라 내가 너희를 위하여 처소를 예비하러 가노니 (3)가서 너희
를 위하여 처소를 예비하면 내가 다시 와서 너희를 내게로 영접하
여 나 있는 곳에 너희도 있게 하리라

하나님이 하시는 일에 원망 불평하지 말지어다.

# 주의 종들을 비난하는 자들이 가는 지옥

(2015.4.11)

아침에 기도한 후에 천국에 올라갔다.
나를 데리러 온 수레 바깥의 수호천사가 바이올린을 켜는 시늉을
했다.
즉 나를 반갑게 맞이한다는 의미였다.

수레를 모는 천사도 나를 아주 반갑게 맞이하고 있었다.

수레를 모는 말들이 다섯 마리인데 다 흰 말이었고 그들도 크고 둥근 눈들로 나를 맞이하고 있었다. 나는 수레를 타고 재빨리 천국에 도착하였다. 물론 두 천사가 천국 문을 열어주었다.

천국 안에 도착하여 나는 주님 앞으로 인도함을 받았고 주님을 보자마자 나는 엎드려서 울었다.

이 울음은 그냥 모든 것이 다 쏟아내어지는 것 같은 울음이었다.

그동안 많이 집회 때문에 못 뵈었던 그리움, 그리고 서운함, 그리고 나의 잘못된 행동들에 대하여 주님께 사함을 받고 용서함을 받아야하는 그러한 마음들 등등의 복합적인 마음이 어우러져서 주님 앞에서 그분을 보자마자 울음이 터져 나왔다.

이 모습을 보시고 주님은 말없는 말을 하신다.

'이 길에서 그러지 말고 나의 보좌로 가자'

그러자 주님과 나는 어느새 주님의 보좌 앞에 와 있었고 할렐루야 나는 주님의 보좌 앞에서 여전히 엎드려 울고 있었다.

주님은 주님의 보좌에 앉으셨는데 주님 뒤쪽으로 흰 날개가 달린 두 천사가 양쪽으로 서 있었다.

그리고 주님 보좌 앞으로 양옆에 쭉 나열된 천사들은 나를 무척이나 환영하고 있었다.

그리고 주님 뒤 쪽으로 '환영합니다.' 라고 쓰여진 배너를 천사들이 들고 서 있는 것이 보였다. 할렐루야.

그리고서는 주님 앞에서 내가 쓴 초록색과 빨간색 표지를 가진 두 권의 책들과 분홍색 책 6권이 놓여져 있었다.

주님이 말씀하신다.

처음 두 책은 인간창조역사관에 보관될 것이라고. 그 말씀을 마치자 천사가 그 두 권을 가져가 버렸다.

그리고서는 6권의 분홍색 책들만이 남아 있었다.

즉 나에게 내가 꼭 이 책들을 다 써야한다는 메시지가 나에게 전달되고 있었다.

그러고 있었는데 갑자기 주님과 나는 어느 뻥 뚫린 사막과 같은 곳에 와 있는 것을 발견하였다. 정말 이 이동은 순식간에 일어났다. 바닥에는 언덕과 같이 생긴 큰 바위들이 깔려 있었고 모래들이 보였다. 그런데 이전에 보았던 그 큰 벌레 즉 사람의 크기보다 분명히 더 큰 갈색의 갑각류처럼 생긴 전체적인 모양이 꼭 강에서 보는 가재처럼 생겼는데 그 크기가 무척 크고 그리고 갈색인 것이 달라 보였다. 그 큰 갑각류 같은 벌레가 보였다.

이 벌레를 나는 3월 달(2015년)에 한국과 일본 집회가기 전에 한번 보았었다. 주님이 나를 어떤 장소 허허 벌판 같은 곳에 데리고 가셨는데 나는 거기서 이러한 큰 벌레를 본 적이 있었다. 그런데 그 벌레만 보았지 그 벌레가 무엇을 하는지 그 장소가 어떤 장소인지는 못 보았던 것이다.

그런데 그 이후에 나는 그 장소가 어떤 장소인지 매우 궁금해하고 있었는데 오늘 주님이 나를 이곳에 다시 데리고 오신 것이었다.

나는 그 큰 갑각류 같은 진한 자주색의 벌레를 보자마자 무서움이 확 닥쳤다. 꼭 나에게 달려들 것 같은 무서움과 공포감이 오는 것이었다 (나는 나중에 이 사실을 알게 되었는데 나에게 그 벌레가 그렇게 무섭게 느껴진 것은 이유가 있었다. 즉 내가 여기에 오는 이유인 그 죄, 즉 그 죄에 대하여 자유하다면 나는 그 벌레가 무섭지 않았을 것이다. 그러나 내가 이 벌레가 나를 공격할 수 있는 죄에 대하여 완전히 자유하지 못하므로 나는 그 벌레가 나를 공격할 것 같은 순간적인 무서움이 내게 왔다라고 생각한다.).

내가 무서워서 공포를 느끼고 있는 그 순간에 나는 아하, 주님이 내 옆에 계시는구나! 깨달아지면서 그분 앞에서 그 벌레로 인하여 무서워하는 내가 참으로 순간적으로 무색하게 느껴지는 것이었다. 왜냐하면 그분은 하나님이시기 때문이다.

하나님이 내 옆에 계신데 내가 무서워하다니 겁을 먹고 있는 내가 그분 앞에서 부끄럽게 느껴졌다. 그래서 무서워하지 않기로 했다.

그렇지만 나는 계속해서 그 큰 벌레가 왜 여기 있으며 무슨 짓을 할 것인지 그 다음 보기가 무서워졌다. 차라리 내게 안 보여 주셨으면 하고 있는데.......

(이 마음도 중요하다. 내가 왜 이런 마음이 들었었는지......

즉 내가 그 죄에 대하여 100% 자유하지 못하고 있었으므로 그러하였다. 왜냐하면 내가 다음에 당할 수도 있으니까)

그런데 그 큰 벌레가 그 다음 무엇을 하는지가 내 눈에 보이기 시작하는 것이었다.

벌레의 앞쪽으로는 연못 같은 곳이 있었는데 그곳의 연못은 가장자리들이 꼭 시멘트로 빙 둘러서 그 가장자리가 만들어져 있었고 그 안에는 벌거벗은 사람들이 너무 많이 서로 엉켜 있으면서 어떤 진득한 액체 속에서 요동치고 있는 모습들이 보였다. 이 벌레는 그 연못 속에 머리를 갖다 대더니 한 사람을 물고 나왔다. 주여!

그리고서는 그 큰 갑각류 같은 벌레가 그 사람을 손부터 그리고 팔, 그 다음에는 몸과 머리를 어적어적 씹어 먹었다.

오 마이 갓!

그 때 또 알아지는 것이 지옥에서는 이 떨어져 나간 신체부위들이 그대로 고통이 살아 있음을 알게 되었다. 즉 지상에서는 우리가 예를 들어 머리가 몸에서 떨어져 나가면 그 사람은 죽었으므로 더 이상 고통을 모른다. 그 머리와 몸이 말이다.

그런데 지옥에서는 그렇지 않다. 떨어져 나간 머리가 고통을 다 느끼고 떨어져 나간 몸도 그 고통이 살아 있는 것이었다.

이 사실이 알아지자 얼마나 안타까운 마음이 드는지.........

어찌 이럴 수가?........

이 벌레는 한 사람을 다 씹어 먹고 난 다음에는 또 다시 그 웅덩이로 가서 다른 한 사람을 입으로 물고 나와서 또 먹어 치우는 것이 알아졌다.

이러한 웅덩이가 저쪽으로 쭉 한 줄로 띄엄띄엄 구역처럼 나열되어 있었고 웅덩이마다 사람들이 가득차 있었으며 그리고 그 웅덩이 하나하나에 이 갑각류처럼 생긴 벌레가 한 마리씩 배당되어 있음이 알아졌다.

이 장소는 엄청나게 끝이 안보이게 넓었다.

나는 도대체 어떤 자들이 여기에 오는가를 궁금하여 하는 순간에 갑자기 주님이 내게 성경의 한 사건을 생각나게 하여 주심으로 그 대답이 알아졌다.

그것은 엘리사가 대머리였는데 아이들이 엘리사를 보고 '대머리야 대머리야 너도 올라가라' 하면서 하나님이 보내신 종을 놀리고 조롱하였던 아이들이 생각났다.

그때 하나님께서는 숲에서 암콤 두 마리를 내어 보내어 거기에 있는 42명의 아이들을 찢어발긴 사건이 생각이 나는 것이었다.

오 마이 갓!

[왕하 2: 23-24]

(23)엘리사가 거기서 벧엘로 올라가더니 길에 행할 때에 젊은 아이들이 성에서 나와서 저를 조롱하여 가로되 대머리여 올라가라 대머리여 올라가라 하는지라 (24)엘리사가 돌이켜 저희를 보고 여호와의 이름으로 저주하매 곧 수풀에서 암콤 둘이 나와서 아이들 중에 사십 이명을 찢었더라

아하, 이곳에 오는 자들은 바로 하나님이 보내신 주의 종을 자기의 마음대로 욕하고 놀리고 저주하고 조롱한 자들이라는 것을 알 수 있었다.

나는 이 사실을 알고 나서 나의 놀라움은 더하였다.

아니 어떻게 이럴 수가.......

주의 종들을 비판하고 비난하고 모욕한 자들이 오는 지옥이라니.........

그들이 지옥에 와서 이러한 고통을 당하고 있었던 것이다.

나는 이 사실을 알게 되자 약간의 절망이 왔다.

'아 내가 어찌 이러한 사실을 사람들에게 알릴 수 있단 말인가?'

왜냐하면 사람들은 내가 주의 종이므로 나더러 비방하지 말라고 이러한 것을 말하여 자기들에게 겁을 준다고 오히려 나를 비방할 것이기 때문이다. 주여!

그런데 그것이 아니다.

나는 주님이 내게 보여주신 사실을 알리지 아니할 수 없는 것이다.


그러자 나는 이 모든 것을 주님이 계획하셔서 보여주셨다는 것을 알게 되었다.

그것은 이러하였다. 나는 이번에 3월 달에 한국과 일본에 집회를 가기 전에 딱 한번 이곳에 주님이 나를 데리고 오셔서 이 갑각류 같은 큰 벌레만 보여주셨다. 나는 집회를 가면서도 그곳이 뭐하는 곳일까 하는 궁금증이 있었다.

그런데 그 모든 집회를 마치고 돌아왔는데 내가 기도의 자리에 앉기만 하면 주님은 내게 주의 종들을 비판하고 비난한 죄를 생각나게 하시고 회개케 하셨다.

그리고 나는 정말 심각하게 나도 왜 그러는지 잘 모르면서 그 죄에 대하여 눈물을 흘리면서 회개하였다. 눈물이 쉽게 나왔다. 아니 회개가 잘 되었다라고 하는 편이 맞다. 그리고 나는 이 회개가 주님으로부터 나온다는 사실도 알고 있었다.

아니 주님이 나를 그 죄에 대하여 회개시키시고 있다는 것을 알았다. 나는 자꾸 내가 과거에 살면서 다른 주의 종들을 비판하고 비난한 것에 대하여 회개하면서 눈물이 났다.

왜 그런지 모르게....

주님께서 그 모든 것이 성령을 훼방하는 죄였다는 사실을 깨닫게 하여 주신 것이다.

나도 주의 종이면서 다른 주의 종들을 비난하고 비판한 사실이 사실은 하나님의 나라를 훼방한 것이라는 사실을 알게 하여 주셨다.

사실 그렇다. 주님은 이 종은 이렇게 저 종은 저렇게 사용하는데 설사 그 종이 육신으로 행한 일들 때문에 그것이 죄이지만 다른 사람들에게 비난의 소리를 듣는다 할지라도 그들이 주님께 붙들려 주의 일을 감당할 때에는 주님께서 그들을 사용하시는 것인데 우리는 다만 그들의 단점만 보고 그들을 비판하고 판단하고 있는 것이다. 그러므로 이 모든 일들이 하나님의 나라를 해치는 것이었다.

사실 말로는 소위 분별한다 하면서 다른 주의 종들을 비난하고 판단하였던 나를 주님이 회개시키셨던 것이다.

그렇게 회개시킨 후에 주님은 나를 이곳에 데리고 온 것이었다. 나는 이것이 우연의 일치라고는 생각지 아니한다.

내가 이번 집회를 가기 전에 주님은 나를 이곳에 한번 데리고 오신 적이 있는데 그 때에는 이 큰 갑각류 벌레가 무엇을 하는지 그리고 이 장소가 어떤 장소인지를 가르쳐 주시지도 아니하시고 다만 그 벌레만 보여 주셨다. 그리고 나에게 궁금증만 일으키시다가 집회를 다 마치고 온 후에 나를 그렇게 주의 종들을 비난하고 비판한 죄를 다 눈물로 회개시킨 후 나를 이곳에 다시 데리고 오신 것이다.

이것이 우연일까? 나는 아니라고 생각한다.

그리고 내가 그 갑각류를 보자마자 꼭 나를 잡아먹을 것과 같은 공포가 생겼었다. 이제야 이것도 이해가 되었다.

나도 그런 죄를 지었으니까.

회개한다고 눈물로 했지만 주님이 보시기에 아직 덜된 부분이 남아 있을 수도 있을 것이었다. 그래서 그 벌레가 나를 공격할 것 같은 무서움이 내게 생겼다라고 말할 수 있는 것이다.

내가 완전히 100% 그 죄에 대하여 자유하였더라면 그 벌레가 보였더라도 나는 무섭지 않았을 것이다.

그러므로 우리는 어떠한 일이 있더라도 주의 종들을 함부로 판단하고 비난하고 비판하지 말아야 할 것이다. 이것에 대하여 성경은 여러 구절에서 우리에게 경고하고 있다.

고린도전서에서는 우리에게 주님이 오시기까지 아무도 판단하지 말라 한다.

[고전 4:5]
**그러므로 때가 이르기 전 곧 주께서 오시기까지 아무 것도 판단치 말라 그가 어두움에 감추인 것들을 드러내고 마음의 뜻을 나타내시리니 그 때에 각 사람에게 하나님께로부터 칭찬이 있으리라**

아멘이다.

그리고 주님은 우리에게 그분의 종이 넘어지는 것에 대해서도 말하지 말라 하신다.

왜냐하면 그 넘어진 종을 다시 세우는 권능이 그분께 있기 때문이다.

[롬 14:4]
남의 하인을 판단하는 너는 누구뇨 그 섰는 것이나 넘어지는 것이 제 주인에게 있으매 저가 세움을 받으리니 이는 저를 세우시는 권능이 주께 있음이니라

그리고 주님은 우리가 재판장의 입장에 서서 이웃을 판단하지 말라고 경고하신다.

[약 4:12]
입법자와 재판자는 오직 하나이시니 능히 구원하기도 하시며 멸하기도 하시느니라 너는 누구관대 이웃을 판단하느냐

할렐루야!

그뿐 아니라 또한 주님은 마태복음 산상수훈에서 우리가 형제더러 미련한 놈이라 욕을 하면 지옥불에 던져질 것을 경고하고 계신다.

[마 5:22]
나는 너희에게 이르노니 형제에게 노하는 자마다 심판을 받게 되고 형제를 대하여 라가라 하는 자는 공회에 잡히게 되고 미련한 놈이라 하는 자는 지옥 불에 들어가게 되리라

주여!

즉 우리가 형제더러 '라가' (거짓말쟁이라는 뜻) 라 하면 공회에 잡히게 되고 (그것에 대하여 심판을 받는다는 말이다) 또한 형제더러 '미련한 놈' 이라 욕을 하면 지옥 불에 던져질 것이라 말씀하고 있다.

우리는 이 주님의 말씀을 결코 경홀히 여겨서는 아니 될 것이다. 왜냐하면 주님의 말씀은 곧 하나님의 말씀으로 결단코 일점일획도 땅에 떨어지지 않을 것이기 때문이다. 그러므로 우리는 이러한 말씀을 우리는 결코 그냥 넘겨서는 안 된다.
할렐루야.

일깨워주시는 주님을 찬양합니다.

그리고 나를 다른 주의 종들을 비난한 죄에 대하여 철저히 회개케 하신 하나님께 무한한 감사를 올려 드립니다.
할렐루야.

주여! 감사하고 또 감사하나이다.

**③⑤**

# 다른 사람들에 대하여 거짓증거
# 하는 자들이 가는 지옥

(2015.4.28)


천국에 갔는데 내가 천국에 도착하자마자 내가 수레에서 내릴 때에 수레에서 나와 함께 큰 바윗돌이 하나가 나와서 천국바닥으로 굴러 떨어지는 것이었다. 나는 순간 너무나 놀라왔다.

그 바윗돌은 크기가 길이가 약 60cm 정도 높이가 30cm 정도 넓이가 40cm 정도 되어 보이는 상당히 크고 무겁게 보이는 돌이었다.

나는 이 돌을 수레 안에서는 보지 못하였었는데 언제 이것이 생겨나서 이곳에 떨어지지? 하면서 놀라고만 있었다.


그러더니 연이어서 내 눈에는 갑자기 그 바위가 절벽 위로부터 저 아래에 누워 있는 벌거벗은 사람들 위로 떨어지는 것이 보였다.

오 마이 갓!

즉 나는 내가 수레에서 내리자마자 이미 지옥에 와 있는 것을 발견한 것이다.

절벽 아래 한 벌거벗은 사람의 머리로 그 큰 돌이 떨어지더니 그 머리가 완전히 박살이 나 버렸다. 오 마이 갓!


그 곳에는 한 두 사람만 있는 것이 아니었다.

절벽 아래에는 사람들이 엎드려 누워있었고 절벽 위에서는 마귀부하들이 벌거벗은 사람들 위로 돌을 던져 내렸다 (그 돌들의 크기는 대개 60cm, 30cm, 40cm 였다).

그러면 절벽 아래 있는 사람들의 머리와 몸이 그 돌의 무게와 떨어지는 속도로 인하여 완전히 부서져 나갔다.

오~ 얼마나 보기가 끔찍스러운지 모른다.

나는 도대체 이 자들이 어떤 자들이기에 지옥에서 이러한 고통을 당하는가에 대한 의문이 일어났다.

그러자 이들은 지구상에서 살 때에 다른 사람들에 대하여 고의적으로 거짓 증거하고 다른 사람들을 중상모략한 자들이라는 것이 알아졌다. 주여!

그런 죄를 지은 자들이 소위 지옥에서 이렇게 절벽에서 떨어지는 바위로 인하여 완전히 박살나고 있었다.

머리와 몸이 완전히 박살났다.

지옥에서는 떨어져 나간 신체부위도 고통을 느낀다.

그러므로 이 떨어져 나간 몸들이 얼마나 고통스러울 것인지는 가히 상상이 간다.


성경은 이렇게 우리에게 말하고 있다.

십계명에서 그 제 9계명이


[출 20:16]

네 이웃에 대하여 거짓 증거 하지 말지니라

라는 것이다.

그리고 주님은 오늘 내게 그렇게 이웃에 대하여 거짓 증거한 자들이 오는 지옥을 나에게 보여주셨다. 주여!

이웃에 대하여 조금이라도 거짓된 증언을 하지 말아야 하는 것이다. 이웃에 대하여 거짓 증거하고 중상모략하면 이렇게 지옥에 온다는 것이다.

주여!

[마 5:22]
나는 너희에게 이르노니 형제에게 노하는 자마다 심판을 받게 되고 형제를 대하여 라가라 하는 자는 공회에 잡히게 되고 미련한 놈이라 하는 자는 지옥 불에 들어가게 되리라

그러므로 우리는 어떠한 일이 있더라도 이웃에 대하여 거짓 증거하거나 중상 모략하는 일이 없어야 할 것이다.

주님! 우리 모두가 우리의 혀를 조심하게 하옵소서!

[약 3:5-6]
(5)이와 같이 혀도 작은 지체로되 큰 것을 자랑하도다 보라 어떻게 작은 불이 어떻게 많은 나무를 태우는가 (6)혀는 곧 불이요 불의의 세계라 혀는 우리 지체 중에서 온 몸을 더럽히고 생의 바퀴를 불사르나니 그 사르는 것이 지옥불에서 나느니라

[약 3:9-10]

(9)이것으로 우리가 주 아버지를 찬송하고 또 이것으로 하나님의 형상대로 지음을 받은 사람을 저주하나니 (10)한 입으로 찬송과 저주가 나는도다 내 형제들아 이것이 마땅치 아니하니라

우리는 우리가 한 말로 정죄함을 받게 될 것이다!

# 36

# 남의 이름을 도용하여 사기 친
# 자들이 가는 지옥

(2015.4.30)

나는 이것을 기록하지 않을 수가 없다.

나를 데리러 온 수레 바깥에서 나를 수호하는 천사와 말들과 수레
를 모는 천사가 왔다.

그런데 내 눈에 녹청색의 뱀이 하나 보였다. 딱히 이 뱀이 어디에 있
다고 말을 할 수 없고 그냥 동시에 내 눈에는 나를 데리러 온 천사들
이 보였고 수레도 보였고 말도 보였는데 뱀도 하나 보였다.

그리고 내가 수레에 타자 내가 앉는 자리 앞에는 작은 다이닝 테이
블이 놓여 있는데 그 위에는 보통 보석 그릇에 과일이나 먹는 것이
놓이는데 오늘은 길게 생긴 그릇 위에 녹청색의 뱀이 놓여 있었다.

아니 어찌 이럴 수가?

나는 천국에 올라간다고 올라갔는데 내가 앉은 좌석 앞 테이블 위에
놓인 그릇 안에 녹청색의 뱀이 놓이다니........

나는 당황하고 있었다.

그러나 그 수레가 천국에 도착하여 내가 내리자마자

그 녹청색 뱀이 또 수레에서 바깥으로 툭~ 튀어 나오는 것이었다.

오 마이 갓!

그러더니 나는 즉시에 내가 지옥에 와 있다는 사실을 또 알게 된 것이다. 이러한 경우는 천국에 도달하자마자 주님께서 나를 지옥으로 보내시는 경우라 생각된다.

내 눈에는 벌써 벌거벗은 사람들이 이 녹청색 뱀에 의하여 고통당하는 모습들이 보이기 시작하였다. 주여!
벌거벗은 사람이 벽에 사지가 묶여진 상태에서 녹청색의 뱀이 그의 눈을 파고 들어가는 것이 보였다. 아니 그 녹청색 뱀이 그 사람의 눈을 먹었다라고 할 수 있다. 그리고 귀에서도 녹청색 뱀이 나오고 있었다.
녹청색 뱀은 한 마리뿐 아니라 여러 마리가 입으로도 나오고

항문으로도 나오고 있었는데 사람의 몸에 구멍이 있는 곳마다 들어가고 나오고 있었다.
그리고 한 마귀 부하가 창으로 그 사람의 배를 찌르니 거기서도 녹청색의 뱀이 기어 나왔다. 오 마이 갓!
그리고서는 마귀 부하들은 이 녹청색의 뱀이 온 사람의 구멍마다 나오는 그러한 고통을 받는 자들을 구르마 같은 곳에 담아서 이들을 골짜기에 가서 버리고 거기다가 쌓고 있는 것이 보였다. 그러므로 그 골짜기에는 녹청색 뱀으로 고통을 받는 자들이 서로 쌓여 있었다.
이들은 도대체 지상에서 살 때에 어떠한 죄를 저질렀기에 이러한 고

통을 당하는가를 생각하고 있었더니 이들은 남의 이름을 가지고 사기를 친 자들이라는 것이 알아졌다.

즉 남의 이름을 도용하여 사기를 친 자들이었던 것이다.

하나님은 이러한 자들을 지옥에서 온갖 몸의 구멍을 통하여 녹청색 뱀들이 들어가고 나가며 고통을 받게 하는 벌을 주고 있었다. 그리고 그 뱀들은 신체의 일부를 먹어치우는 것이 보였다. 주여!

이 세상에 살 때에 정직하지 못하고 남의 이름을 도용하여 사기를 친 자들이 이렇게 지옥에 와서 고통을 당하고 있었다. 얼마나 가련한가?

주님께서는 어제는 내가 탄 수레에서 바위가 튀어나오게 하시더니 그러한 바위로 고통당하는 지옥으로 나를 보내시더니 오늘은 천국에 올라갈 때부터 녹청색 뱀을 보여주시더니 이렇게 녹청색 뱀으로 고통을 당하는 지옥으로 나를 보내신 것이다.

나는 주님께서 여러 가지로 지옥을 보여주신다.

나는 전혀 불평할 수 없는 것이 주님이 하시는 일을 나는 불평할 수 없는 것이다.

단지 나는 나를 주님께 드릴 뿐이다.

통로가 될 수 있게끔 말이다. 할렐루야.

나는 이러한 지옥간증을 듣고 지상에서 이러한 죄를 저지르고 사는 사람들이 회개하고 주님께 돌아오기만을 바랄 뿐이다.

할렐루야.

## 37

# 복음을 듣지 못하여
# 예수 믿지 않은 자들이 가는 지옥과
# 남의 돈을 도둑질한 자들이 가는 지옥

(2015.5.2)

아침에 기도하고 천국에 올라갔다.

나를 데리러 온 수레 바깥의 천사가 나보고 '입을 다무세요.' 라고
한다.

그리고 다섯 마리의 말과 그리고 수레를 모는 천사가 나를 데리러
왔는데 내가 마차에 올라탔다.

그런데 그 마차 전체가 구리로 된 동철처럼 느껴지더니 아니나 다를
까 수레 안의 뒤쪽 편으로 환한 지옥불이 보였다.

그 지옥불은 참으로 그 높이가 높았고 사람의 높이보다 약 다섯 배
는 높이 솟아오르는 것으로 보였다. 그 속에는 벌거벗고 그 불에 고
통당하는 한 남자가 보였다.

그는 무척 괴로워했다.

할 수 있는 한 그는 괴성을 지르면서 그 불이 뜨거워 발버둥을 치고
있었다.

그리고 그가 이렇게 말하는 것이 알아졌다.

자기 할아버지, 자기 아버지, 어머니가 다 예수 안 믿었다 하였다. 그리고 자기도 안 믿었는데 누구도 자기에게 와서 '예수 믿으라.' 소리를 하지 않아서 자기가 여기에 와 있다는 것이다.

오 마이 갓!

이 세상에 살면서 한 번도 복음을 들어보지 못한 남성이 여기서 불에 타고 있었던 것이다. 주여!

나는 너무 안타까웠다.

아니 그럴 수가........

한 번도 복음을 들어보지 못하였다니......

아무도 전하는 자가 없었다니......

나는 참으로 그의 상황을 안타까워하고 있었는데

흰 옷 입은 예수님이 언제 나타나셨는지 내 옆에 나타나셔서 나에게 이렇게 말씀하셨다.

"보거라 알겠느냐? 그래도 너는 복음을 전하지 않을래?" 라고 말씀 하셨다.

'아, 그렇구나! 그래! 나는 복음을 전해야 한다. 때를 얻든지 못 얻든지.....

[딤후 4:2]
**너는 말씀을 전파하라 때를 얻든지 못 얻든지 항상 힘쓰라 범사에 오래 참음과 가르침으로 경책하며 경계하며 권하라**

복음을 한 번도 듣지 못한 자들이 여기 와있는 것이다.
주여! 주여! 복음 전하지 않는 우리 모두를 용서하여 주시옵소서!
성경은 말한다.

[행 1:8]
**오직 성령이 너희에게 임하시면 너희가 권능을 받고 예루살렘과 온 유대와 사마리아와 땅 끝까지 이르러 내 증인이 되리라 하시니라**

[롬 10:14]
**그런즉 저희가 믿지 아니하는 이를 어찌 부르리요 듣지도 못한 이 를 어찌 믿으리요 전파하는 자가 없이 어찌 들으리요**

그래서 우리는 때를 얻거나 못 얻거나 복음을 전파하여야 하는 것 이다.

주여! 우리의 게으름을 용서하여 주시고 제발 우리를 써 주시옵소서.....

[마 28:18-20]
(18)예수께서 나아와 일러 가라사대 하늘과 땅의 모든 권세를 내게 주셨으니 (19)그러므로 너희는 가서 모든 족속으로 제자를 삼아 아버지와 아들과 성령의 이름으로 세례를 주고 (20)내가 너희에게 분부한 모든 것을 가르쳐 지키게 하라 볼지어다 내가 세상 끝날까지 너희와 항상 함께 있으리라 하시니라

나의 복음전파로 한 영혼이라도 이 지옥불에 오지 않게 된다면! 우리는 복음을 전할 때를 얻거나 못 얻거나 열심히 전파하여야 할 것이다! 할렐루야.

그리고서는 광경이 바뀌었다.
즉 여기는 불이 있는 곳이 아니라 큰 검정색의 거미가 있었는데 그 거미의 몸은 아주 크고 동그랗게 생겼고 다리들은 아주 가늘고 길어 보였다.
그 동그란 몸집이 사람의 몸집보다 컸다.
그리고 벌거벗은 남자가 흰 거미줄에 등이 붙어서 안 떨어지는 것이 보였다.
그리고 흰 거미줄이 그 남자를 칭칭 감고 있었다.
그리고서는 그 거미는 그 남자에게 다가가서 입에 있는 이빨 같이 생긴 침으로 그를 찌르고 그를 괴롭혔다. 그리고 그 거미는 남자를 놀이삼아 그 몸을 찌르고 있었고 그 남자는 거미가 그의 몸을 찌를

때마다 그 거미의 진액이 그 몸에 퍼져 들어감으로 말미암아 그 남자는 더 괴로워하였다.

저기에는 또 한 남자가 보이고 그 남자를 괴롭히는 거미가 한 마리 보였다.

나는 의문을 가졌다. 도대체 지상에서 어떠한 죄를 저지른 자들이 이곳에 오는지에 대하여. 그랬더니 나에게 알아지는 것이 이들은 남의 돈을 도둑질한 자들이라는 것이 알아졌다. 이들은 지상에서 살 때에 남의 돈을 도둑질한 자들이었던 것이다.

그러자 예수님이 말씀하신 성경구절이 하나 생각이 났다.

'네 손이 범죄하거든 찍어 내어 버리라.' 하는 구절이다.

'두 손을 가지고 살다가 지옥에 가는 것보다 한 손을 가지고 살다가 천국으로 들어가는 것이 나으니라.' 라고 한 성경구절말이다.

주님은 우리에게 말씀하신다.

[막 9:43]

**만일 네 손이 너를 범죄케 하거든 찍어 버리라 불구자로 영생에 들어가는 것이 두 손을 가지고 지옥 꺼지지 않는 불에 들어가는 것보다 나으니라**

이 자들은 그렇게 남의 돈을 도둑질하고도 회개하지 않아서 이렇게 지옥에 온 것이다.

주님은 오늘 아침 이렇게 지옥의 두 군데를 보여주셨다.

복음을 듣지 못하여 지옥에 온 자와 그리고 남의 돈을 도둑질한 자들이 가는 지옥을 보여주신 것이다. 할렐루야.

## 38

## 자신은 돌아보지 않고 항상 남만 손가락질하며 비난한 자들이 지옥에 와 있다.

(2015.5.2)

두 번째 천국에 올라갔다.
나를 데리러 온 말들의 이름을 지어주어야 했다.
그래, 오른쪽에서부터 말의 이름을
사랑, 지혜, 인내, 승리, 소망, 믿음 이렇게 지었다.
마지막 말의 이름이 믿음이다.
그랬더니 이번에는 말들이 다 자신의 이름을 좋아하는 눈치였다.
할렐루야.
이전에는 나는 말들이라 가볍게 생각하고 가벼운 이름을 붙여주었더니 말들이 좋아하지 않았다. 그래서 수레 바깥의 천사가 말들도 자기들의 이름이 자기들 마음에 들기를 원한다 하여 조금 심각하게 받아 들여서 내가 이렇게 이름을 지어준 것이다.

그랬더니 말들이 이제야 자신들의 이름에 만족하여 보였다.

즉 말들도 이제 자신들의 이름을 가지게 된 것이다.

할렐루야.


나는 수레에 타고 즉시 천국에 올라갔다.

수레에서 내릴 때에 두 천사가 나를 주님께로 인도하였다.

그런데 느낌이 조금 이상했다.

저기에 흰 옷 입은 무리들이 나를 걱정스런 듯이 바라보고 있었고 그리고 보통 때에는 그들과 교통이 잘되었었는데 오늘은 그들과 교감이 잘 되지 않은 것처럼 보였다.


내가 주님께로 인도되니 주님이 나를 보시고 내 발밑을 보라고 하셨다.

오 마이 갓!

내 발 밑에는 뱀의 껍질이 보였다. 즉 내가 뱀의 껍질 같은데 위에 서 있었던 것이다.

그러더니 갑자기 내 눈에 지옥이 보이는 것이었다.


큰 뱀이 벌거벗은 사람을 먹고 있었다.

즉 더 정확히 말하면 마귀 부하가 한 사람을 큰 뱀이 입을 벌리고 있는 곳에 던져 넣으면 뱀은 그 사람을 으적으적 씹어 먹었다. 지옥에 있는 뱀들은 이빨이 강하다.

나는 이런 자들은 지상에서 살았을 때에 어떤 죄를 지었길래 여기에 오는가? 하고 의문을 가졌더니 그 대답이 그냥 알아지는데 이들은 항상 남을 손가락질하며 정죄하고 비난하고 비판한 자들이었다는 것을 알 수 있었다.

[갈 6:1]
**형제들아 사람이 만일 무슨 범죄한 일이 드러나거든 신령한 너희는 온유한 심령으로 그러한 자를 바로잡고 네 자신을 돌아보아 너도 시험을 받을까 두려워하라**

우리는 남의 잘못을 보아도 그것을 정죄하고 비난하고 손가락질하는 것이 아니라 우리가 그것을 거울삼아 나도 그 죄에 떨어지지 않도록 교훈을 삼아야 할 것이다.

그리하여 항상 자신은 돌아보지 않고 남의 잘못에 대하여 손가락질하고 정죄하고 비난하고 비판한 자들이 지옥에 와 있는 것을 주님이 나에게 보여주셨다.

우리 모두는 항상 자신을 돌아보아 하나님 앞에 바로 서는 훈련을 해야 할 것이다.
할렐루야.

# 39

# 주님은 다시 내게 한국 집회시에 한국전쟁-휴거-표의 순서로 전하라고 말씀하신다.

(2015.6.6)

한참 기도 후 천국에 올라갔다.

수레 바깥에서 나를 수호하는 천사가 나에게 쌀죽 같은 것을 먹인다. 숟가락으로 그릇에서 떠서, 그러면서 하는 이야기가 "주인님 기운을 좀 차리세요."

나는 항상 기도하다가 우리나라 전쟁이야기 놓고 기도하고 또한 이세상에 지옥 갈 수많은 인생들 놓고 기도하면 기운이 쫙~ 빠진다. 그것을 알고 이 천사가 나에게 이러한 기운을 차리라고 쌀죽 같은 스프를 먹였다.

수레를 모는 천사는 여성천사인데 머리에 깃털 같은 장식을 하고 있어 더 아름다워 보였다. 이 수레를 모는 천사가 오늘은 날개를 달고 나타났다.

내 생각에 천사들이 날개를 붙였다 떼었다 할 수 있는 것 같았다. 말들도 건강하고 건장하게 보였고 나를 환영하였고 수레는 멋있고 컸다. 나는 즐겁게 수레를 탔다.

그런데 수레는 옥색으로 된 하얀 색인데 거기에 황금색 장식을 하고 있는 아주 큰 수레였다. 탈 때 보니까 뒤에 똑 같이 생긴 수레들이 끝이 없이 달린 것이 보였다.

어머나...

이전에도 이러한 것을 한번 본적이 있는데 똑같은 수레들이 뒤로 엄청 달렸네... 하면서 올라갔다.

그런데 수레는 천국의 연못가에 도착하였는데 내 수레 뒤에 달린 모든 수레들이 그곳에 같이 도달한 것이다. 꼭 그 연못가에 길이 길게 나있는 것 같았다. 왜냐하면 그 많은 수레들이 서야할 길이 나 있어야 했기 때문이다.


나는 수레에서 내려서 거기 와 계신 주님을 만나는데 내가 내릴 때에 내 마차 뒤에 달려 있던 각 마차에서 흰 옷 입은 자들이 내렸다.

그들이 주님과 내가 있는 곳으로 오더니 다 무릎을 꿇는 것이었다. 주님 앞에.


나는 주님 옆에 서 있다가 이들이 무릎을 다 꿇고 앉는 바람에 당황하여 나도 그들과 함께 주님 앞에 같이 무릎을 꿇었다.

나는 면류관을 쓰고 있었고 또한 하얀 드레스를 입고 있었으나 그들은 흰 옷 바지저고리를 입고 있었다.

주님은 나에게 말씀하신다.

"사라야 너와 함께 일할 자들이다."

"네, 주님 감사해요."

그러면서 내가 가만히 생각하니 이들이 다 나와 함께 일을 한다면 지금 6월인데 9월-10월에 휴거가 있다고 하는 박OO 권사의 말이 맞지가 않는다는 생각이 들어왔다. 주님이 이렇게 알려 주시는 것이다. 그 말을 믿지 말라고..

그리고 그들에게도 주님은 말씀하신다.
"너희는 사라와 일을 같이 하게 될 것이다." 라고.
그랬을 때에 그들 모두는 "네" 하면서 반가와 했다.
이러는 것이 진행될 때에 내 눈에는 우리 위로 황금색 날개를 가진 아기 천사들이 날아다니고 있었다. 그리고 그들은 주님을 찬양하였다.
할렐루야!

그리고서는 이 흰 옷 입은 무리들이 일어나서 각자 자기 마차에 올라탔다. 그러더니 나를 늘 수레 바깥에서 수호하는 천사가 나에게 말하기를 '저는 그만 가보겠습니다.' 하고 갔다.
그리고 그 마차들도 다 갔다.

주님과 나는 벤치에 앉았다.
주님이 말씀하신다.
나는 그러기 전에 '주님, 이번에 제가 한국 가서 한국전쟁, 휴거, 표를 이야기하면 그 박OO 권사가 이야기한 것 하고는 마찰이 일어날 텐데 어떻게 하지요?' 하고 마음으로 묻고 있었다.
그러자 주님이 말씀하시기를 '네 손을 좀 보자' 하신다.
이것은 정말 며칠째 주님은 자꾸만 내 손을 보자 하셔서 그곳에 있는 구멍을 내게 상기시키신다. 즉 너는 네가 할 일만 하고 모든 핍박을 견뎌내라는 말씀이시다.
그리고 하시는 말씀이

'너는 박OO 권사가 하는 일과는 상관없이 너는 내가 하라고 하는 일만 하라.' 고 하신다.

나는 은근히 걱정이 되었었다. 박OO 권사님이 휴거가 9월 10월 있을 것이라 했는데 안 일어나면 이제 사람들이 휴거 자체에도 관심이 없어질까 봐 걱정이 되었다.

어쨌든 주님은 내가 그분과 상관없이 일하기를 원하시는 것을 알게 되었다.

할렐루야. 주님, 감사합니다.

그리고 내려왔다.


그리고 갑자가 달빛이 핏빛으로 변하는 것을 성경에서 찾아보아야겠다고 생각이 들었다.


[계 6:12-17]

(12)내가 보니 여섯째 인을 떼실 때에 큰 지진이 나며 해가 총담 같이 검어지고 온 달이 피 같이 되며 (13)하늘의 별들이 무화과나무가 대풍에 흔들려 선 과실이 떨어지는 것같이 땅에 떨어지며 (14)하늘은 종이 축이 말리는 것같이 떠나가고 각 산과 섬이 제 자리에서 옮기우매 (15)땅의 임금들과 왕족들과 장군들과 부자들과 강한 자들과 각 종과 자주자가 굴과 산 바위틈에 숨어 (16)산과 바위에게 이르되 우리 위에 떨어져 보좌에 앉으신 이의 낯에서와 어린 양의 진노에서 우리를 가리우라 (17)그들의 진노의 큰 날이 이르렀으니 누가 능히 서리요 하더라

[욜 2:31]

**여호와의 크고 두려운 날이 이르기 전에 해가 어두워지고 달이 핏빛 같이 변하려니와**

즉 달이 핏빛 같이 되는 것은 여호와의 크고 두려운 날을 의미. 휴거 하고는 상관이 없다.

그런데 이번 수장절 9월이 테트라드 즉 달이 붉은색으로 변하는 것 과 관련하여 휴거 영적인 휴거 추수가 있을 것이라 한다.

그런데 이것이 왜 핏빛하고 관련이 있는가? 하는 것이다.

갖다 붙이는 것이 억지처럼 여겨진다.

왜냐하면 해가 어두워지고 달이 핏빛처럼 변하는 것은 아마겟돈전 쟁 시에 여호와의 크고 두려운 한 날을 말하고 있기 때문이다.

# 미국이 공격받을 것을 말 안 하겠다고 결정하자 나에게 매를 드신 주님

(2015.6.16)

천국에 올라가는데 나를 수레 바깥에서 수호하는 천사가 나를 반갑게 맞이한다. 그리고 여섯 마리의 말들이 오늘따라 목에 메달을 매고 있는데 이들은 다 이들의 이름표다.

사랑, 지혜, 인내, 승리, 소망, 믿음, 이렇게 이름이 적혀 있다. 이들은 자신들의 이름에 대하여 뿌듯해하고 무척 기뻐하는 것 같았다.

나는 수레를 타고 올라가는데 수레 바깥의 천사가 천국 대문에 있는 천사들에게 '문을 여시오' 하고 큰 소리로 말한다.

문이 활짝 열리고 나는 평상시와 같이 천국에 도착하였다.

그리고 하늘에서 흰 날개가 달린 두 천사가 와서 나를 주님께로 인도하였다.


그런데 주님께서 나를 향하여 매를 들고 계신다는 것이 느껴졌다.

오 마이 갓! 주님이 내게 매를 들고 계시다니....

그리고 주님의 마음이 내게 전하여졌다.

"내가 너를 싫어한다."

"네?"

이런 적이 없었다. 정말 없었다. '아니 이게 무슨 일이지?' 하고 나는 너무 당황하여 하고 있는데 주님이 없어져 버리셨다. 그리고 나서 나는 허공에 대고 이야기하여야 했다.

"주님, 주님, 어디 계세요?"

그러자 나는 그냥 알아지는 것이 주님이 내가 마음에 안 들어 모습을 감추신 것이 알아졌다. 즉 나를 안 만나주시겠다는 것이고 더 이상 나에게 말씀하지 않겠다는 말씀이시다.

나는 정말 허망하였다. 어떻게 이런 일이?.......

그래서 나는 무조건 빌었다. 허공을 대고 말하지만 나는 그분이 들고 있을 것이라 생각했다. 당연히.

"주님 제가 잘못했어요. 주님 제가 잘못했어요." 하고 무조건 잘못하였다 하고 나서보니 '아하, 그렇구나!' 주님께서 어제 내가 주님께서 보여주신 미국의 국회 의사당과 자유의 여신상이 전쟁으로 공격을 당하는 것을 이번 한국집회에 가서 전하지 않으려고 마음을 먹었더니 주님께서 화가 나신 것이었다.

나는 이것을 즉시 깨닫고 '주님, 제가 잘못했어요. 말할게요. 말할게요. 그 결과는 주님이 알아서 하시구요. 제가 말할게요. 보여주신 것 그대로 전할게요.' 라고 하였더니

주님이 다시 내 앞에 나타나셨다. 주여!

그리고 주님이 말씀하신다.

"내 보좌로 가자."

그리고서는 주님의 보좌로 도착하였는데 오늘따라 주님의 보좌 바로 뒤에 큰 흰 날개를 가진 천사들이 바로 주님의 보좌 뒤로 서 있는 것이 보였다.

그들은 꼭 칼을 가지고 있는 것처럼 보였는데 마귀의 공격이 조금이라도 있으면 그것을 자르려고 하는 것 같았다.

천국에서도 마귀의 공격이 있다. 예를 들어서 내가 천국을 보고 있는데 자꾸만 마귀와 그 부하들이 다른 생각을 집어넣는다는 둥 하는 것이다.

이것을 자르려고 큰 칼을 들고 서 있었다.

주님께 나는 물었다.

'주님, 제가 이번에 분당에 있는 안OO 목사님 교회에 가서 주일부터 집회를 하여야 하는데 어떤 내용을 해야 합니까?' 하고 물었다.

그러자 주님이 말씀하셨다.

"지옥에 대하여 네가 본 것을 많이 이야기하라."

그렇다. 그들은 담임목사의 설교는 많이 들었다.

주님께서는 대예배 때에도 지옥에 대하여 말하라고 하신다.

주여!

그렇다. 나는 천국 지옥 간증집회를 해야 하는 것이다.

설교가 아니라.

주님 가르쳐 주시니 정말 감사드립니다. 할렐루야.

그러고서는 나는 내려왔다.


나는 참으로 궁금하였다. 내가 미국이 공격을 받는 것을 말해야 하는지 말아야 하는지........주님은 화가 극에 달하신 것이다. 그런 때가 없었는데 매까지 마련하시고 나에 대하여 화가 나셔서 내 앞에서 자취를 감추시고.....

할렐루야. 주님의 뜻을 이렇게 확실히 가르쳐 주시니 정말 감사드립니다. 주님!

할렐루야.


[마 3:2]

**회개하라 천국이 가까왔느니라 하였으니**


[막 1:15]

**가라사대 때가 찼고 하나님 나라가 가까왔으니 회개하고 복음을 믿으라 하시더라**

# 41

# 하나님께 서원한 것을 지키지
# 아니할 때 가는 지옥

(2015.6.10)

기도 후에 천국에 올라가려 했다.

수레가 왔다. 바깥에서 나를 수호하는 천사가 북을 갖고 있다.

이것은 나보고 잘한다는 격려처럼 보였다.

그런데 수레를 자세히 보니 흰 말들은 그대로인데 수레를 모는 천사가 까만 옷을 입었다.

그리고 나는 '왜 저 천사가 까만 옷을 입었을까?' 하면서 수레를 탔는데 수레 안이 까맣다.

나는 당황하는 순간 즉시 지옥으로 떨어졌다.

그리고 나는 한 장면을 보고 있었다.

그것은 어떤 깊은 바닥에 사람들이 엄청 벌거벗고 서 있었는데이것은 어떤 콘크리이트 사각형 벽 안에 사람들이 서 있는 것이 보였다.

서로 서로 얼굴과 몸이 맞닿을 정도로 사람들이 빽빽이 들어서 있었다.

그리고 그 벽은 아주 길고 그 위로 저 위가 보였다.

그러니까 이들은 아주 깊은 곳 벽 안에 갇혀 있었다.

그리고 내 눈에는 지렁이 덩어리들이 보였다.

이들이 위에서 계속 뭉텅이들로 비 오듯이 떨어졌고 이들은 그 지렁이 같은 속에서 괴로워하였다. 지렁이들이 그들의 몸을 온전히 덮었고 그것들은 사람들의 콧구멍 등으로 구멍 있는 곳으로 들어갔다. 아무리 뜯어내고 뜯어내도 엄청 많은 그 지렁이들을 어쩔 수 없었다. 이 지렁이들은 우리가 지상에서 보는 지렁이들하고는 달라 보였다. 몸에 붙으면 떨어지지 않았고 힘 있게 구멍 안으로 들어가는 것이 보였다. 사람들은 너무나 괴로워했다. 나는 이들이 도대체 어떤 자들인지 궁금하였다.

그랬더니 위에서 음성이 들린다.

'그들은 내 돈을 떼어먹은 자들이다.'

나는 처음에 이것이 누구의 음성인가 하였더니 주님의 음성이었다. 즉 하나님의 돈을 떼어 먹은 자들이라는 것이다.

이것은 십일조를 떼어 먹은 것 그리고 주님께 드린다 하여놓고 안 드린 것 등을 포함하고 있었다.

오 마이 갓!


그러자 나도 최근의 내 생활에서 생각나는 것이 있었다.

2-3주 전에 수요설교 때에 내가 성도들에게 가난한 자들에게 우리의 가진 것을 베풀어야 하는 것이 하나님의 뜻이라고 설교하던 그날에 나도 세계 아동을 도우는 기구인 compassion.com 에 들어가서 불우한 아이들을 우리 가정이 다섯 명 그리고 교회가 다섯 명 할 것이라고 말하였었는데 그중에 두 명만 내가 사인하고 불우한 아이들을 고르는데 있어서도 시간이 많이 걸려 '아이구, 다음에 시간이 날 때에 해야겠다.' 하고 나머지 여덟 명은 '해야지 해야지' 하면서 시간

을 못 내고 있었다. 그런데 이것이 생각난 것이다.

만일 내가 이것을 완전히 잊어버리면 이제는 나도 하나님의 것을 떼어먹는 것이 되는 것이었다.

주여! 이것에 대하여 다시 기억나게 하여 주심을 감사하나이다.

그러므로 나는 이 지옥을 봄으로써 하나님께 약속한 이것을 빨리 해야 한다는 것을 알게 되었다.


그리고 그것뿐만이 아니라 나는 주님께 또 다른 서원한 것 혹은 떼어먹은 것이 있는가를 살펴야 했다.

즉 감사헌금이라든지.......주님께 드린다고 해놓고 안 해놓은 것이 있는지....

그런데 생각이 안 났다. 일단은 없는 것 같았다.

그리고서는 나는 내려와야 했는데 나는 그 지옥을 보면서

아하, 왜 하나님께서 네 서원한 것을 꼭 지키라고 했는지가 이해가 되었다. 주여!


[욘 2:9]

**나는 감사하는 목소리로 주께 제사를 드리며 나의 서원을 주께 갚겠나이다 구원은 여호와께로서 말미암나이다 하니라**


[시 76:11]

**너희는 여호와 너희 하나님께 서원하고 갚으라 사방에 있는 모든 자도 마땅히 경외할 이에게 예물을 드릴지로다**

[시 50:14]

감사로 하나님께 제사를 드리며 지극히 높으신 자에게 네 서원을
갚으며

[마 23:22]
또 하늘로 맹세하는 자는 하나님의 보좌와 그 위에 앉으신 이로 맹
세함이니라

[딤전 1:9-10]
(9)알 것은 이것이니 법은 옳은 사람을 위하여 세운 것이 아니요 오
직 불법한 자와 복종치 아니하는 자며 경건치 아니한 자와 죄인이
며 거룩하지 아니한 자와 망령된 자며 아비를 치는 자와 어미를 치
는 자며 살인하는 자며 (10)음행하는 자며 남색하는 자며 사람을 탈
취하는 자며 거짓말 하는 자며 거짓 맹세하는 자와 기타 바른 교훈
을 거스리는 자를 위함이니

[약 5:12]
내 형제들아 무엇보다도 맹세하지 말지니 하늘로나 땅으로나 아무
다른 것으로도 맹세하지 말고 오직 너희의 그렇다 하는 것은 그렇
다 하고 아니라 하는 것은 아니라 하여 죄 정함을 면하라

그리하여 나는 하나님께 서원한 것은 꼭 지켜야 함을 알게 하셨다.

주님은 나중에 나에게 사람들에게도 주겠다 하여 놓고 그것을 지키
지 못한 것에 대하여도 책망하시는 것이 느껴졌다.

그래서 하나님뿐만 아니라 내가 사람에게 약속한 것도 반드시 지켜야 함을 알게 되었다. 할렐루야. 주님, 참으로 감사하나이다. 깨우치게 하여 주셔서.

## 42

# 부모를 죽인 자들이 가는 지옥

(2015.6.17)

천국에 올라갔는데

주님 옆쪽으로 벌써 나를 지옥으로 데리고 가는 천사 한 명 즉 키가 커서 8내지 9피트 되고 얼굴이 둥글면서 갈색에 쭈글쭈글한 천사가 나를 기다리고 있었다.

주님이 나를 보시고 말씀하신다. "사라도 준비해야지"

그러는 순간에 내 드레스가 흰 승마복처럼 변하고 내 머리는 뒤로 한 갈래로 묶여졌다. 순식간의 변형이다. 할렐루야.

그리고서는 그 천사와 나는 공중으로 떨어졌다.

그리고 어느 순간에 바닥에 도달하였는데 이곳은 며칠 전에 내가 온 지옥이었는데 다만 기록을 하지 않았었다. 그런데 여기에 또 온 것이다.

이곳은 사람의 머리들이 땅바닥에 여기저기 납작하게 눌려져 있었는데 거기서는 피가 나오고 있었다. 즉 이들의 머리만 마귀 부하들이 꼭 큰 맷돌 같은 곳에 집어넣어서 납작하게 만들었는데 그러면서 그 머리가 몸에서 떨어져 나와서 바닥에 내동댕이쳐진 것처럼 보였는데 납작하게 된 그 얼굴이 살아 있는 것이었다. 즉 그 눈도 입도 죽지 않고 살아 있었다.

얼굴이 납작하게 맷돌 같은 곳에 넣어져서 다 뭉개진 것 같은데도 살아 있는 것이다. 그러므로 그 머리가 몸에서 떨어져 나왔는데도 끊겨지고 납작하여진 그 고통을 다 느끼고 있는 것이었다.

나는 오늘 이 사실이 확실히 알아졌다. 즉 지옥에서 몸이 끊겨져 나와도 그 고통이 살아 있다는 것이다. 주여!

지상에서는 사람의 몸에서 그 몸의 일부가 떨어져 나오면 그 떨어져 나온 신체의 부위는 더 이상 고통을 느끼지 않는다. 왜냐하면 신경이 절단되었기 때문이다. 그런데…

지옥에서는 몸에서 떨어져 나온 신체의 일부가 그 당하는 고통을 다 느낀다는 것이다. 아니 그 떨어져 나온 몸이 살아있듯이 고통이 계속 느껴진다는 것이다. 이것은 엄청난 고통이 아닐 수 없는 것이다. 오~ 마이 갓!

그러므로 지옥에서는 그 고통이 엄청 심해서 죽고 싶어도 죽을 수가 없다.

이것은 너무나 끔찍한 일이다. 그 고통은 지속되는 것이었다.

"주여! 이들이 어찌하여 이러한 형벌을 받고 있나이까?"

나는 궁금하여 주께 물어 보았다. 그리하였더니 그 이유가 그냥 알아지는데 그들은 자신을 육체로 낳아준 부모를 죽인 자들이었던 것이다.

즉 칼로 죽이든 총으로 죽이든 불에 태워 죽이던 이들은 자신을 낳은 부모를 죽인 자들로서 지옥에서 이러한 고통을 받고 있었던 것이다.

주여!

[출 20:12]
네 부모를 공경하라 그리하면 너의 하나님 나 여호와가 네게 준 땅에서 네 생명이 길리라

[출 21:15]
자기 아비나 어미를 치는 자는 반드시 죽일지니라

[신 27:16]
그 부모를 경홀히 여기는 자는 저주를 받을 것이라 할 것이요 모든 백성은 아멘 할지니라

[마 15:4]
하나님이 이르셨으되 네 부모를 공경하라 하시고 또 아비나 어미를 훼방하는 자는 반드시 죽으리라 하셨거늘

[딤후 3:1-5]
(1)네가 이것을 알라 말세에 고통하는 때가 이르리니 (2)사람들은

자기를 사랑하며 돈을 사랑하며 자긍하며 교만하며 훼방하며 부모를 거역하며 감사치 아니하며 거룩하지 아니하며 (3)무정하며 원통함을 풀지 아니하며 참소하며 절제하지 못하며 사나우며 선한 것을 좋아 아니하며 (4)배반하여 팔며 조급하며 자고하며 쾌락을 사랑하기를 하나님 사랑하는 것보다 더하며 (5)경건의 모양은 있으나 경건의 능력은 부인하는 자니 이 같은 자들에게서 네가 돌아서라

주여! 감사하나이다. 다시 한 번 경고하여 주심을......

# 몰몬교인이 지옥에 와 있다.

(2015.10.3)

천국에 올라갔다.
수레 바깥의 천사가 이렇게 말했다.
"이제 조금 나아지셨어요?" 그 말은 내가 지상에서 조금 힘든 일이 있었는데 그것을 천국에서 주님이 나를 위로하여 주셨다. 그것을 알고서 이 천사가 내게 묻는 것이었다.
나는 그 말에 미소를 지었다.

그리고 나는 수레에 탔다.

오 마이 갓!

그런데 수레 안이 불구덩이 속이었다. 즉 수레 안에서부터 지옥이 그냥 보이는 것이었다. 그 곳에는 얼굴이 없는 해골만 남은 한 여자의 뼈만 보이는데 이 뼈만 남은 해골이 울었다.

얼굴뼈에 눈구멍은 뻥 뚫려 있었고 그녀는 내게 이렇게 말했다. 그 곳이 너무 뜨겁다는 것이다.

그리고 몸은 약 골반쪽에 살이 조금 붙어 있었다.

그리고서는 온 몸이 다 뼈다. 다리도 살점 하나 없었다.

오랜 시간동안 불에 다 타버린 것일까? 라고 생각하면서

나는 마음으로 물었다.

'어찌하여 이 영혼이 여기에 와 있는지를....'

그랬더니 이 뼈만 남은 사람이 말을 했다.

자기 아버지와 어머니가 다 몰몬교였다고 한다.

그래서 자기도 태어나면서부터 몰몬교를 믿었다 했다.

그래서 자기가 여기에 와 있다는 것이다.

그리고 그녀는 내게 이렇게 부탁하였다. 제발 세상에 나가거든 몰몬교 믿는 자들에게 몰몬교를 믿으면 이렇게 지옥에 온다는 것을 전하여 달라고 했다.

오 마이 갓! 그렇지 몰몬교인들은 예수를 인정하는 것 같으나 사실 그렇지 않다. 그래서 그들은 평생 몰몬교를 믿다가 이러한 지옥에 오게 되는 것이다.

몰몬교는 삼위일체를 부인한다. 그러므로 그들은 예수 그리스도를 신으로 생각하지 않고 사람으로 생각한다. 그래서 몰몬교를 믿는 자

들이 이 불속에 와 있는 것이다.

나는 그녀가 너무나 불쌍하여 보였다.

그러나 나는 지상으로 와야 했는데 그녀가 다시 불속에서 고통을 받으며 소리를 지르는 것이 들렸다.

주님은 아직 내게 지옥에 대하여 더 보여주실 것들이 있는 것 같다.

착실히 기록하여 사람들에게 보여주시는 대로 알려야겠다.

그들이 이러한 지옥에 오지 않도록 말이다. 할렐루야.

지옥을 보여 주시는 주님을 찬양합니다.


[요 14:6]

예수께서 가라사대 내가 곧 길이요 진리요 생명이니 나로 말미암지 않고는 아버지께로 올 자가 없느니라


[갈 1:6-9]

(6)그리스도의 은혜로 너희를 부르신 이를 이같이 속히 떠나 다른 복음 좇는 것을 내가 이상히 여기노라 (7)다른 복음은 없나니 다만 어떤 사람들이 너희를 요란케 하여 그리스도의 복음을 변하려 함이라 (8)그러나 우리나 혹 하늘로부터 온 천사라도 우리가 너희에게 전한 복음 외에 다른 복음을 전하면 저주를 받을지어다 (9)우리가 전에 말하였거니와 내가 지금 다시 말하노니 만일 누구든지 너희의 받은 것 외에 다른 복음을 전하면 저주를 받을지어다


몰몬교가 이단인 이유를 한 번 살펴본다.

1. 첫째, 몰몬교는 성경만으로는 부족하며, 성경 이외에 '몰몬경'을 성경과 동등한 권위를 가진 하나님의 말씀으로 믿는다 (몰몬교 신조 제8조).

2. 둘째, 몰몬교는 하나님에 관하여 삼위일체를 부정하고 있다. 성부 하나님도 육체를 가지고 있다고 하며 예수님이 성부 하나님과 본질적으로 같은 분이신 것을 부인하고 성령은 육체를 가지지 않은 유일한 하나님이며, '물질 속의 가장 순수한 것, 일종의 에테르와 같은 것'이라고 주장하고 있으므로, 몰몬교는 삼위일체를 전적으로 부인하고 있는 이단이다.

3. 셋째, 죄에 관해서도 아담의 범죄로 인한 인류의 원죄를 인정하지 않고, 단지 각 사람의 자범죄만을 인정하고 있다.

4. 넷째, 몰몬교는 그리스도가 미국에 재림할 것이라고 주장한다. 새 예루살렘, 곧 시온이 이 대륙(미국)에 건설되며, 그리스도는 친히 지상에 왕으로 오시어 다스리시고, 땅은 새로워져서 낙원의 영광을 받게 될 것을 믿는다(신앙개조 제10조).
몰몬교 창시자, 스미스는 그리스도가 1891년 2월 14일 재림한다고 예언한 바 있지만 불발탄이 되고 말았다.

5. 다섯째 몰몬교는 세 종류의 천국을 주장한다. 해의 왕국, 달의 왕국, 별의 왕국이 그것이다. 몰몬교인으로 모든 계명과 의식을 잘 지킨 사람이 들어갈 수 있으나 독신자나 신전 성례 불참자는 들어갈

수 없다고 한다. 즉 노총각은 이 천국에 못 들어간다고 한다.

6. 여섯째, 그 외에도 일부다처제, 계속적인 계시, 제사장 제도, 다신론적 신관 등이 몰몬교의 주요 교리 특징이다.

그러므로 몰몬교는 완전히 이단이다.

이단에 대하여 성경은 우리에게 이렇게 말씀하고 있다.

[딛 3:10]
**이단에 속한 사람을 한 두번 훈계한 후에 멀리 하라**

[벧후 2:1]
**그러나 민간에 또한 거짓 선지자들이 일어났었나니 이와 같이 너희 중에도 거짓 선생들이 있으리라 저희는 멸망케 할 이단을 가만히 끌어들여 자기들을 사신 주를 부인하고 임박한 멸망을 스스로 취하는 자들이라**

# 44

# 동성연애자들이 가는 지옥을 보다.

(2015.10.5)

아침에 기도하고 천국에 올라갔다.

올라가자마자 수레 안이 온통 불이었다. 즉 불구덩이였다.

오~ 지옥이구나!

하는 순간에 킬킬거리는 마귀 부하들의 웃음소리들이 들렸다. 이들은 꼭 마귀할망구처럼 얼굴이 그렇게 생겼는데 머리카락이 하나도 없었다. 몸도 벌거숭이들인데 색깔은 쥐색이다.

그리고 키가 작다. 아마 1m 20cm정도 될까 하는 것들인데 이들은 벌거벗은 사람들을 쇠꼬챙이에 꿰어서 불에다가 꼭 바비큐 하듯이 사람들을 꿴 꼬챙이를 이리 돌리고 저리 돌리고 하고 있었다.

사람들이 벌거벗은 채로 쇠꼬챙이에 아주 여러 명이 꿰어져 있었다. 그것도 쇠꼬챙이가 사람들의 입으로 들어가서 항문으로 나오게 줄줄이 꿰어져 있었고 마귀 부하들이 그 쇠꼬챙이의 끝을 양쪽에서 돌리면서 불에다가 굽고 있었다.

오~ 마이 갓!

거기에 꿰어져 있는 자들은 말을 못하였다.

왜냐하면 쇠꼬챙이가 입으로 들어가 있기 때문이다.

그리고 그 고통은 이루 말할 수가 없다. 주여!

그들은 쇠꼬챙이에 입에서부터 항문으로 꿴 채로 그것도 엄청난 고통인데 거기다가 그들은 불에 바비큐를 당하고 있었다.

나는 도대체 이들이 어떤 죄를 지었길래 이렇게 쇠꼬챙이에 꿰어져서 불에 고통을 받고 있는지를 보았더니 이들은 살아생전에 동성연애를 한 남성들이라는 것이 알아졌다.

그 동성연애자들은 그들의 항문을 이용하였으므로 이에 그들은 지옥에서 그들의 항문이 쇠꼬챙이로 꿰어져서 벌을 받고 있는 것이었다. 주여!

나는 이전에도 이러한 남자 동성연애자들이 가는 지옥을 본 적이 있다. 그 때에도 나는 마귀 부하들이 한 사람을 쇠꼬챙이로 꿴 것을 본 적이 있는데 그 때에도 그들은 쇠꼬챙이를 그 사람의 입을 통해서 항문으로 나오게 하여 고통을 주는 장면을 본 적이 있다. 그런데 오늘은 여러 명을 쇠꼬챙이에 그렇게 꿰어서 불에다가 고통을 주고 있는 장면을 본 것이다.

이것은 너무나 끔찍한 장면이었다. 주여!

나는 지상에서 동성연애를 하는 남자들이 이 지옥의 장면을 보아야 한다고 생각하였다.

오~ 주여!

[레 20:13]
누구든지 여인과 교합하듯 남자와 교합하면 둘 다 가증한 일을 행함인즉 반드시 죽일지니 그 피가 자기에게로 돌아가리라

[롬 1:27]
이와 같이 남자들도 순리대로 여인 쓰기를 버리고 서로 향하여 음

욕이 불일듯 하매 남자가 남자로 더불어 부끄러운 일을 행하여 저희의 그릇됨에 상당한 보응을 그 자신에 받았느니라

[롬 1:32]
저희가 이같은 일을 행하는 자는 사형에 해당하다고 하나님의 정하심을 알고도 자기들만 행할 뿐 아니라 또한 그 일을 행하는 자를 옳다 하느니라

요즘에 동성연애자들이 자신의 인권을 주장하고 있다.
세계적으로....
지옥 갈 것을 자청하고 있는 것이다.
목사들 중에도 동성연애자들이 있다. 그들은 그들이 옳다고 한다.
그러나 성경은 그들이 틀렸다고 말한다. 오히려 그들을 죽이라고 말씀하고 있다.
그들은 지상에서 살 때에 하나님이 싫어하시는 동성연애를 하다가 죽으면 그들은 이렇게 지옥에 오게 될 것이다.
오 주여!

동성연애를 하면 지옥 간다는 사실을 알게 하여 주소서!

# 45

## 딸을 포주에게 판 여자가 지옥에 와 있다.

(2015.11.21)

천국에 올라간다고 갔는데

나를 데리러 온 수레 바깥의 천사가 입은 옷이 꼭 모기 날개 같은 청색깔이 나는 기분 나쁜 옷을 입고 있었다.

'웬일일까?' 하고 생각하며 수레를 탔는데

수레 안에서부터 자갈들이 있었고 거기에는 갈색의 피 같은 것이 흐르고 있는 땅이 보였다. 주여!

나는 즉시 '아하, 나는 지금 지옥을 보고 있구나!' 알아졌다.

그 갈색의 피가 흐르는 곳에는 길이 약 60cm 그리고 넓이가 약 4-5cm 되는 갈색의 지네 같은 벌레가 움직이고 있었다.

그런데 이 벌레들은 갈색 같은 피가 흐르는 반대편으로 거슬러서 이들이 올라오고 있었다. 갈색의 피는 오른편에서 왼편으로 흐르고 있었고 거슬러 올라온 벌레들은 오른편의 한 여자에게 붙어서 그녀를 물어뜯고 있었다.

이 여자는 약 중년이 지난 여자로서 눈은 눈알이 없이 벌써 다 움푹 파여 있었다. 아마도 이 벌레들이 다 파먹은 것 같았다. 얼굴도 거의 뼈만 남았는데 얼굴의 턱 쪽이 살이 좀 남아 있는 듯하였다.

그 여인의 벌거벗은 몸에 이러한 벌레들이 여러 마리가 붙어서 그녀를 물어뜯고 있었다. 그녀는 몹시 괴로워하였다.

나는 무척 궁금하였다.

이 여자가 어떤 죄를 지었길래 여기에 와 있는지...

그러자 그 지식이 그냥 알아지는데 이 여자는 자신의 딸을 포주에게 판 여자였다.

즉 생활이 가난하여 딸을 창녀로 팔아서 그 돈으로 먹고 살았던 여자였다. 딸은 팔려가서 강제로 매춘을 하여야 했다.

나는 참으로 안타까웠다. '어찌 딸을 포주에게 판다는 말인가?' 그러나 그러한 부모도 있다는 말이다.

나는 그 여자에게 물었다.

'당신은 하나님을 믿었습니까?' 하고 물었다.

그랬더니 그 여자가 말했다. '내가 하나님을 알았으면 어찌 내 딸을 팔 수가 있었겠느냐'며 그러는 답을 하는 중에 그녀는 크고 날카로운 비명의 아픈 소리를 질렀다. 왜냐하면 벌레들이 그녀의 몸에 붙어서 계속 그녀를 물어뜯고 있었기 때문이다.

오 마이 갓! 생활이 가난하여 딸을 포주에게 팔아서 그 돈을 받아서 가난을 면하고자 하였던 여자가 이 지옥에 와 있다.

그 딸은 속아서 팔려갔을 것이다. 아마도 부모는 너에게 좋은 신랑감이 있을 거야 하고 포주에게 팔았을 것이고 그 딸은 가서 매춘을 강요받았을 것이다. 생각만 하여도 끔찍하다.

하여튼 주님은 영락이 없다.

이렇게 딸을 팔아서 매춘을 시킨 여자가 지옥에 와 있다.

# 46

# 사소한 거짓말한 자들이
# 지옥에 와서 뱀에게 먹히고 있었다.

(2015.12.4)

저녁에 기도한 후에 천국에 올라갔다.

그런데 나를 데리러 온 천사들의 옷과 말들의 장식이 어쩐지 연두색과 녹색이 여기저기 섞여 있는 비늘과 같은 옷들을 입고 장식을 하고 있었다. 어쩐지 섬뜩하다는 생각이 들었다.

아니나 다를까 내 눈에는 큰 징그러운 눈을 한 뱀 머리가 보여지기 시작하였는데 그가 나를 쳐다보는 눈이 매우 의미심장한 눈이었다. '내가 너를 잡아먹을 수도 있어' 하는 눈초리 같았다.

그리고 이 큰 뱀 머리에서 아주 징그러운 혓바닥이 나오고 있었는데 이 혀는 둥근 큰 파이프같이 생겼고 색깔은 불그스럼한 근육질처럼 보였고 그 혀는 굉장히 힘이 있었고 컸으며 끝이 길게 두 갈래로 갈라져 있었다.

그런데 이 큰 혀가 갑자기 벌거벗고 도망치는 사람의 허리를 획~ 감더니 자기 입으로 가져가려 하였다. 그러자 도망가다가 뱀에게 잡힌 사람은 발버둥을 치면서 '나를 살려 달라'고 고함치고 있었다. '제발 날 살려줘!' 하면서 그 뱀에게 무척이나 애원하는 눈을 보내고 있었다.

그 뱀은 그 애원하는 소리를 아랑곳 하지 않고 그 사람을 입속에 쑥 집어넣고 또 다시 다른 사람을 혀로 휙~ 감아서 또 자기 입으로 넣고 이것을 반복하고 있었다. 그 뱀은 너무나 쉽게 사람을 잡아서 먹고 있었다. 꼭 무엇이 날파리를 계속 잡아서 입에 넣듯이 말이다. 주여!

나는 어떤 자들이 이렇게 지옥에서 고통을 당하고 있는지 궁금하여 할 때에 나에게 그 답이 그냥 마음으로 알아졌다.
'아하~ 이 자들은 세상에서 살 때에 거짓말을 하고 산 자들이구나.'

그러나 나는 그 순간 갑자기 이 지옥에 오는 자들이 하는 거짓말들은 누구나 다 할 수가 있다는 생각이 들어왔다. 하물며 나까지도 말이다.
왜냐하면 우리는 선의의 거짓말도 한다. 우리가 살다보면 꼭 남에게 해가 안 된다 싶을 때에 '이 말은 해도 되겠지...' 하면서 하기도 하고 또한 입장이 곤란할 때에 하는 경우도 있다. 이러한 거짓말들도 이곳에 오는 자들이 하는 거짓말에 속한다는 것을 주님이 알게 하여 주셨다.
그러면 거짓말의 경계가 어디서부터 어디까지인지......
그러나 하나님의 기준으로 볼 때에 우리 모두는 이러한 거짓말에 걸려 들 수 있다는 생각이 들어왔다. 주여!

그래서 처음에 그 큰 뱀 머리가 나를 쳐다보았을 때에 '내가 너도 잡아먹을 수 있어' 하는 이상하고도 야릇한 아주 공포스럽고 심각한 눈초리를 나에게 보내왔던 것이다.

예를 들어서 우리는 본의 아니게 거짓말을 하게 될 수도 있다. 그런 경우가 어떤 경우인가하면 예를 들어 뷔페 집에 가서 실컷 먹다가 도저히 못 먹고 그렇다고는 버리기에는 아까운 음식들이 남을 때 집에 있는 애완용 강아지에게 주려고 먹다 남은 음식부스러기 한 두 개 정도 냅킨에 싸서 가져 올 수도 있다고 생각한다.

그러나 이 모든 것이 다 거짓말이라면 우리는 정말 어느 누구도 이러한 거짓말에 걸려들지 아니하는 사람이 아무도 없을 것이다.

나는 오늘 이 광경을 통하여 그리고 그 연두색의 큰 뱀 머리가 나를 쳐다보는 눈초리를 생각하여 볼 때에 나는 이제 다시는 내 삶에 조그만 거짓말이라도 없애야 할 것이고 선의의 거짓말도 하지 말아야 할 것이며 입장이 곤란하다 할지라도 거짓말을 말하지 말아야 할 것이며 또한 절대로 뷔페 집에 가서 음식이 조금이라도 남았더라도 주인 모르게 냅킨에 싸가지고 와서 강아지에게 주는 것도 삼가야겠다고 다시 마음을 먹은 것이다.

그리고 나는 오늘 이 광경을 통하여 깨달은 것이
내가 지금까지 살면서 알게 모르게 사소한 거짓말들을 한 것을 살펴서 철저히 회개하여야겠다고 생각한 것이다.

오늘 그 뱀 머리가 나를 쳐다보았던 그 눈, 나는 그 눈을 다시는 보기도 생각하기도 싫은 것이다. 할렐루야.

[잠 12:19]
진실한 입술은 영원히 보존되거니와 거짓 혀는 눈 깜짝일 동안만
있을 뿐이니라

[잠 12:22]
거짓 입술은 여호와께 미움을 받아도 진실히 행하는 자는 그의 기
뻐하심을 받느니라

[시 78:36]
그러나 저희가 입으로 그에게 아첨하며 자기 혀로 그에게 거짓을
말하였으니

[시 120:2]
여호와여 거짓된 입술과 궤사한 혀에서 내 생명을 건지소서

[계 14:3-계 14:5]
(3)저희가 보좌와 네 생물과 장로들 앞에서 새 노래를 부르니 땅에
서 구속함을 얻은 십 사만 사천인 밖에는 능히 이 노래를 배울 자가
없더라 (4)이 사람들은 여자로 더불어 더럽히지 아니하고 정절이
있는 자라 어린 양이 어디로 인도하든지 따라가는 자며 사람 가운
데서 구속을 받아 처음 익은 열매로 하나님과 어린 양에게 속한 자
들이니 (5)그 입에 거짓말이 없고 흠이 없는 자들이더라

# 47

## 지옥을 보다

⑴ 남편의 돈을 훔친 자들이 지옥에 와 있다.

⑵ 약속을 지키지 않은 자들 특히 하나님과 약속을 지키지 않은 자들이 지옥에 와 있다.

(2015.12.9)

아침에 기도를 한 후에 천국에 올라가는데

나를 천국으로 데리러 가기 위하여 늘 오는 천사가 잠깐 보이는 듯하더니 그보다도 벌써 내 눈에는 뱀이 보이기 시작하였다. 그 뱀은 크기가 그렇게 크지 않았고 머리와 등이 노란색 비늘을 가졌고 그리고 얼굴과 그 나머지 몸은 은 녹색비늘인 뱀이었다.

이러한 뱀들이 여러 마리가 쏜살같이 어디론가 평지를 달려가고 있었다.

어디로 들어가나 보았더니 그곳은 꼭 벌거벗은 여인들이 목욕탕에 앉아 있는 것 같은 모습으로 앉아 있는 곳이었다.

이 뱀들이 그곳으로 들어가서 그 벌거벗은 여인들을 물고 뜯는 것이 보였다.

이들의 길이는 약 60cm정도 되어 보였다. 그리고 그 뱀들의 두께는 약 6-7cm의 두께인데 이들이 사정없이 그들을 물고 뜯고 있었다. 그리고 그 벌거벗은 여자들은 자신들을 물어뜯는 그 뱀들을 아무리 손으로 뜯어내려고 잡아 당겨도 그들은 떨어지지 아니하는 것이었다.

그리고 이 뱀들은 이 여자들의 눈과 얼굴, 그리고 유방 등 안 물어 뜯는 곳이 없었다.

그 고통은 참으로 고통스러워 보였다. 어떤 여인은 약 20마리 정도의 뱀들이 몸에 붙어서 안 떨어지고 있었다. 이 여인은 너무나 괴로워서 일어나 막 어쩔 줄을 모르고 있었다. 주여!

그렇게 나는 이 끔찍스러운 장면을 보고 있는데 지옥으로 나를 수호하는 천사 즉 얼굴에 쭈글쭈글한 주름이 많은 천사가 나타났다. 이 천사는 가장 최근에 나를 지옥으로 인도하는 천사인데 이렇게 한참 내가 지옥을 보고 있는 중에 갑자기 나타났다.

나는 그 천사에게 물었다. '이들은 어떤 죄를 지었기에 이러한 형벌을 받고 있느냐?' 그랬더니 그 험악하게 생긴 천사가 내게 마음으로 알게 하여 주었다.

"주인님, 이들은 돈을 도둑질한 자들입니다." 라고 말하는 것이었다.

아니 어떤 돈을 어떻게 도둑질하였다는 말인지 나는 궁금하였는데 그러나 그 천사는 내게 이것에 대하여는 알게 하지 않았다.

나는 다시 궁금하였다. '그런데 왜 여기에는 여자들만 있지?' 하는 생각이 들어왔다.

그러자 그 답이 내게 알아지는 것이었다.

즉 이 여인들은 남편의 돈을 도둑질한 자들이라는 것이다.

오 마이 갓!

남편의 돈을 도적질한 자들이 지옥에 와 있는 것이다.

이전에 나는 아버지의 돈을 도적질한 자가 지옥에 와 있는 것을 본 적이 있다 (참조: 서사라 목사의 천국과 지옥 간증수기 1, 34. 도적질한 자들이 가는 지옥을 보다).

[잠 28:24]
**부모의 물건을 도적질하고 죄가 아니라 하는 자는 멸망케 하는 자의 동류니라**

이번에 나는 아버지의 돈이 아니라 남편의 돈을 도적질한 자들이 지옥에 와 있는 것을 본 것이다. 그러므로 남편의 돈을 도적질한 여자들이므로 이 지옥에는 여자들만 벌거벗고 앉아 있어서 나는 꼭 여자 목욕탕에 온 것 같은 기분이 들었다. 오 마이 갓!

부부는 한 몸이라 한다. 그러나 그들 사이에서도 도적질이 존재할 수 있다는 것을 오늘 주님이 내게 알게 하셨다.
그것이 어떤 것들일까? 나는 생각을 하여 본다.
예를 들어서 서로에게 밝히지 않는 돈이 있을 때, 특히 여자들이 남편들 모르게 갖고 있는 돈들이거나 혹은 남자들이 여자들 모르게 갖고 있는 돈들, 우리는 이것으로 남편과 아내를 속이지 않도록 조심하여야 할 것이다. 이 돈들은 주님이 보시기에 도적질이 아니어야 하는 것이다. 주여!

[출 20:15]
**도적질하지 말지니라**

그리고 나서 나를 지옥으로 인도하는 그 천사는
내게 이렇게 말했다.
"주인님, 이제 나가시죠!"
왜냐하면 내가 보고 있는 이 지옥은 꼭 어느 한정된 공간처럼 보였기 때문이다. 여자들만 앉아 있는......

그래서 그 천사와 나는 그 한정된 공간에서 바깥쪽으로 나왔다. 바깥으로 나오자마자 우리가 서 있는 곳은 꼭 안개가 자욱이 끼어 있는 철로같이 보이는 길이었다. 그러므로 이곳은 또 아까 본 그 뱀들이 여자를 괴롭히는 장소와는 완전히 다른 장소라는 것을 알 수 있었다.
그 천사와 나는 철로같이 생긴 길을 걸어가는 있었는데
저 안개가 자욱한 앞쪽에서 큰 지네가 꼭 기차가 철로 길을 달려서 우리 쪽으로 오듯이 오고 있었다. '와우~ 이 길은 기차가 다니는 길이 아니라 아주 큰 지네가 다니는 길 같네' 하면서 있는데 내 눈에는 또한 그 지네의 수없이 많은 발들에 벌거벗은 사람들이 매달려 있는 것이 보였다. 주여!
그리고 이 지네는 자신의 발을 차례로 움직여서 입에서 가장 가까운 자부터 하나씩 입으로 집어넣어 씹어 먹고 있었다.
오 마이 갓! 나는 너무 놀랐다.
이 철로 같이 보이는 길이 지네가 다니는 길이라니!
그리고 사람들이 그 발에 달려서 하나씩 입으로 가져가서 먹혀지고 있다니!
주여!

나는 도대체 어떠한 자들이 이러한 지네로 인한 벌을 받고 있나 하는 의문을 가졌더니 그 천사가 내게 알게 하여 준다.

즉 '이들은 약속을 하고 지키지 아니한 자들'이라고 알려 주었다. 그것도 '특히 하나님과 약속을 하고 그 약속을 지키지 아니한 자들'이라는 것을 알게 하여 준 것이다.

그런데 이러한 자들이 너무나 많았다. 왜냐하면 그 지네의 발에 달린 사람들이 수없이 많아 보였기 때문이다.

그러므로 나는 다시 한 번 약속의 중요성을 깨달았다.

그것도 특히 하나님과의 약속의 중요성 말이다. 그리고 그것을 지키지 아니하면 그들이 죽어 이렇게 지옥에 와서 큰 지네가 그들을 먹어치우는 것이다.


그리고 나서 그 천사와 나에게는 저기 저쪽에 환한 불이 타고 있는 굴 같은 곳이 보였다. 그러자 그 천사가 나에게 그리로 가자고 했다. 그래서 그 굴을 통하여 위쪽으로 나왔는데 그 굴 안에 있는 큰 구덩이에 있는 불은 불신자들이 가는 불구덩이었고 우리가 나온 자리는 늘 주님과 내가 갔던 혹은 이 천사와 왔었던 불신자들이 가는 불구덩이의 오른편 쪽이라는 것을 알 수 있었다.

이 불신자들이 오는 불구덩이 오른쪽 끝에는 골짜기가 있었고 그 골짜기를 이쪽에서 저쪽으로 연결하는 긴 널판이 있었다. 나는 이 널판 위에서 사단의 부하들이 마이클잭슨처럼 발걸음을 뒤로 하는 춤을 추고 있는 것을 보았었다.

그러므로 나는 불신자들이 가는 불구덩이의 오른쪽 밑으로 아까 본 목욕탕에 앉아 있는 것과 같은 벌거벗은 여자들이 앉아 있어 뱀들에 의하여 고통 받는 장소와 큰 지네로 인하여 잡아 먹혀지는 그러한 장소가 있다는 사실을 알게 된 것이다.

[말 3:8]
사람이 어찌 하나님의 것을 도적질하겠느냐 그러나 너희는 나의 것을 도적질하고도 말하기를 우리가 어떻게 주의 것을 도적질하였나이까 하도다 이는 곧 십일조와 헌물이라

[말 3:9]
너희 곧 온 나라가 나의 것을 도적질하였으므로 너희가 저주를 받았느니라

## 48

# 예수님을 십자가에 못 박은 자들이 지옥에 와 있다.

(2015.12.20)

지옥이 보였다. 위에서 십자가처럼 생긴 칼날이 작두가 내려오는 것처럼 아래에 벌거벗고 팔을 벌리고 누워있는 자에게 높은 곳에서 내

려와서 그 사람을 쪼개 버렸다. 위에서 내려온 작두는 정확히 십자가 모양의 날을 가졌다.

그래서 몸이 두 쪽으로 갈라졌는데 작두가 십자가형이므로 수직은 몸을 두 쪽으로 그리고 수평의 칼날은 양팔을 정확히 두 갈래로 잘랐다. 나는 생각했다. 아니 도대체 저 사람은 어떤 사람이었길래 저러한 형벌을 받고 있는지가 궁금하였다.

그 사람의 근처에서 마귀 부하들이 킬킬거리고 재미있다는 듯이 춤추듯 제스쳐를 하면서 그 작두가 내려와 사람을 두 쪽으로 내는 것을 구경하고 있었다.

오 마이 갓! (이것은 내가 정말 못 볼 것을 보았을 때에 한탄하는 감탄사이다.)

그런데 이들이 누구인지 그냥 알아졌다. 즉 이들은 예수님을 십자가에 못 박은 자들이었다. 이들은 지상에서 실제로 예수 그리스도를 십자가에 못을 박은 자들이었다. 주님은 자신의 몸을 못 박고 있는 이들을 위하여 '아버지여 저들을 용서하여 주소서. 저들은 저들이 무슨 짓을 하고 있는지를 모르나이다' 라고 기도하였었다.


[눅 23:33-34]
**(33)해골이라 하는 곳에 이르러 거기서 예수를 십자가에 못박고 두 행악자도 그렇게 하니 하나는 우편에, 하나는 좌편에 있더라 (34) 이에 예수께서 가라사대 아버지여 저희를 사하여 주옵소서 자기의 하는 것을 알지 못함이니이다 하시더라 저희가 그의 옷을 나눠 제비 뽑을새**

그러나 주님은 십자가에서 그들을 위하여서도 죽어주셨다.

[마 20:28]
인자가 온 것은 섬김을 받으려 함이 아니라 도리어 섬기려 하고 자기 목숨을 많은 사람의 대속물로 주려 함이니라

그러나 이들은 예수를 끝까지 믿지 않았고 그리고 죽어서 지옥에 와서 이러한 십자가형의 작두로 두 몸이 쪼개어졌다가 다시 붙고 다시 십자가형의 작두로 두 쪽으로 쪼개어지는 고통을 당하고 있었던 것이다. 오 주여!

# 49

# 가족과 친척을 돌아보지 않은 자가
# 지옥에 와 있다.

(2015.12.28)

천국에 올라가려 하는데
나를 수레 바깥에서 수호하는 천사의 얼굴이 잠깐 보이는가 하더니
벌써 갑자기 큰 입과 썩은 이빨들이 보이면서 그 입안으로 오래된

시시컴컴한 터널이 보였다. 아니 굉장히 오래된 동굴 같았다. 거기서 큰 구렁이가 '쉬익~' 하고 내 쪽으로 나오는 것이 보였다. 그리고 내 눈에는 이 구렁이가 밑으로 절벽같이 생긴 곳으로 내려가는 것이 보였고 그 절벽 같은 곳 아래에는 많은 벌거벗은 사람들이 아우성을 치고 있었다.

절벽 아래로 내려간 구렁이는 거기 있는 한 사람을 그의 갈라진 혓바닥으로 낚아챘다.

그런데 이 사람이 내 이름을 어떻게 알았는지 내 이름을 부르면서 '사라, 날 살려줘요.' 라고 했다.

'아니, 저 사람이 내 이름을 어떻게 알지?' 하는 순간에

그 뱀이 힘 있게 생긴 혓바닥으로 낚아챈 그 사람을 입으로 가져가서 삼키는 것이 보였는데 내 눈에는 그 뱀의 입안이 다 보였다.

오 마이 갓!

그러고 나서 이 뱀은 그 다음은 나를 향하여 그 혓바닥을 힘 있게 날려 보냈다.

바로 그때 나를 수호하는 천사 얼굴이 쭈글쭈글하고 키가 큰 천사가 갑자기 나타나서 그 혓바닥을 어떤 무기 같은 것으로 쳐 버렸다. 그랬더니 그 구렁이가 피하여 가 버린 것이다.

나는 도대체 어떤 자들이 절벽 밑에서 이러한 구렁이에 의한 고통을 당하는가 하는 의문을 가졌더니 이 사람들은 살아생전에 같은 엄마에게서 난 친 형제자매의 어려움을 돌아보지 않은 자들이라는 것이 알아졌다. 오 마이 갓!

아니 친 형제자매의 어려움을 돌아보지 아니하였다 하여 이러한 지

옥에 오다니!

나의 놀라움은 사실 금할 길이 없었다.

할렐루야. 그러나 주님은 늘 우리에게 경고하여 주신다.

이 장면을 나에게 보여주신 이유가 있다.

이러한 지옥에 온 자들은 같은 육체에서 태어난 즉 같은 어머니를 가진 형제자매가 어려울 때에 도와주지 않고 모른척한 자들이라는 것이다.

나는 주님이 혹 내가 여기에 속할까보아 보여주신 것이 아닌가 생각한다.

최근에 나는 내 여동생이 참으로 어려움을 겪고 있는 것을 보고 도와주어야겠다고 생각하고 있었는데 빨리 안 도와주는 것을 아시고 하나님은 미리 경고의 측면에서 이 장면을 보여 주셨다고 할 수 있다. 할렐루야. 주여 감사 감사하나이다.

저는 친 형제자매의 어려움을 돌아보지 않는 그러한 자가 되지 않겠나이다.

그러나 문제는 여기 있었다. 나는 사실 이 광경을 보면서도 참으로 의아하여 하였다. '아니, 과연 자기 가족 친척이 어려운 것을 좀 안 돌아보았다 하여 과연 지옥까지 갈까?' 하는 것이었다. 나의 이 생각은 지옥의 그 광경을 보면서도 이것이 참일까 하는 생각을 가지고 있었다. 그랬더니 주님께서 그 생각을 아시고 내 마음에

'그렇다.' 라고 분명히 알게 하여 주셨다는 것이다.

그러나 나는 과연 이러한 것을 사람들에게 말을 해야 할까 말아야 할까도 고민이 되었다. 왜냐하면 이런 것을 가지고도 지옥을 간다하면 말이 많을 것 같았기 때문이다.

그런데 지상에 내려와서는 나는 다음의 성경구절을 발견하고는 깜짝 놀랐다.
그것은 디모데전서 5장 8절이었다.

[딤전 5:8]
**누구든지 자기 친족 특히 자기 가족을 돌아보지 아니하면**
**믿음을 배반한 자요 불신자보다 더 악한 자니라**

즉 성경은 이 세상에 살 때에 자기 친족 특히 자기 가족을 돌아보지 아니하면 믿음을 배반한 자요 불신자보다 더 악한 자니라고 말하고 있다.
이 말은 이런 자는 반드시 지옥 간다는 말과 같은 것이다.
왜냐하면 누구든지 자기 친족 특히 자기 가족을 돌아보지 아니하면 불신자보다 더 악한 자라 하였으니 불신자들이 지옥에 와 있으므로 이보다 더 악한 자들이 어디를 가겠는가?
당연히 지옥인 것이다. 할렐루야.

와우~ 나는 내가 지옥에서 본 광경에 대하여 성경에 이렇게 정확하게 말씀이 있는 것을 보고 참으로 놀라워했다.
주님! 깨우쳐 주셔서 정말 감사합니다!

## 50

# 예수님의 말씀처럼 손과 발로
# 범죄한 자들이 지옥에 와 있다.

(2016.1.12)


천국에 올라가는데 여덟 마리의 흰 말들이 너무 희었고 그 눈들은
초롱초롱하여 보였다.

나를 수레 바깥에서 수호하는 천사가 나에게 말한다.

"주인님 어서 오세요. 주님이 기다리고 계십니다."

나는 수레 안으로 들어갔는데 수레 안은 참으로 컸다.

수레 안은 다 황금으로 되어 있었다. 가구도 벽도.

내가 앉는 자리 왼편쪽으로 책상이 놓여 있었고 그 책상 위의 책꽂
이에는 내가 쓴 책들이 보였다. 책꽂이 오른편에는 내가 쓴 책 네 권
이 꽂혀져 있었고 수레 중앙에 놓인 긴 황금테이블 위에는 색깔이
노란 계시록 책이 놓여져 있었으며 그리고 책상 위의 책꽂이 왼편에
는 아직 내가 쓰지 않은 세 개의 분홍색 껍질의 책이 꽂혀져 있었다.


수레가 천국에 도착하자

주님과 나는 어느새 구름 위에 타고 있었다.

오늘처럼 내 무릎 위로 구름이 올라오면서 실제로 그 구름 하나하나
가 실제로 잘 보인 적이 없었다고 생각하는 순간에

주님은 어디론가 가시고 사라지셨다. 그리고서는 내 눈에는 검은 계

곡이 보이면서 그 검은 계곡에는 흰 구름이 가득하였다. 그리고 갑자기 내 옆에 한 마귀 부하가 크고 긴 칼을 들고 서 있는 것이 보였다. 이 마귀 부하는 어떻게 보면 눈이 왕 개구리처럼 크고 얼굴은 완두콩처럼 납작하게 생긴데다가 코와 입이 아주 징그럽게 생긴 온통 갈색과 검은색의 몸 피부를 갖고 있었다.

이 마귀 부하는 길고도 큰 칼을 내 옆에서 들고 서 있었다.

"오 마이 갓! 저것이 왜 여기에?"

순간 나는 내가 지금 지옥을 보고 있다는 사실을 알 수 있었다. 어느새 내 왼편 옆 앞쪽으로 나를 지옥으로 안내하는 천사 곧 키가 크고 덩치가 크며 얼굴이 쭈글쭈글한 천사가 이미 와 있었다.

나를 지옥으로 안내하는 천사가 이 마귀 부하에게 말을 했다. 아니 명령을 했다.

"안내하라."

그리하였더니 그 마귀 부하가 우리를 인도하는데 이 계곡 위에 나무토막으로 수백 개가 평행으로 연결된 다리 같은 것이 이쪽에서 저 끝까지 연결되어 있었다. 그 다리의 너비는 약 사람의 세 발걸음 즉 약 1.2m 정도 되어 보였다.

그리고 그 다리 밑과 그 옆의 절벽은 솟아 올라와 있는 하얀 구름들 때문에 아무 것도 보이지 않았다. 이 마귀 부하는 우리 앞서서 먼저 흔들거리는 그 나무토막으로 연결된 다리 위를 걸어갔다. 우리는 그를 뒤따라 갔다.

걸어서 저편 끝 큰 바위 앞에 이르렀는데 그 마귀 부하가 그 바위에 나 있는 문을 활짝 열더니 그 안으로 우리를 인도하였다.

그 안에는 참으로 끔찍한 장면들이 보였다.

그 안에는 돌 위에 벌거벗은 자들이 결박을 당하였는데 마귀 부하들이 이쪽저쪽에서 킬킬 거리면서 그 손과 발을 짤라내고 있었다. 즉 칼로 위에서 아래로 찍으면 손과 발이 끊겨서 나왔다.

나는 이때에 성경의 주님이 하신 말씀이 생각이 났다.

네 손이 범죄하거든 네 손을 찍어 내어 버리라.

네 발이 범죄하거든....

네 눈이 범죄하거든....

정말 끔찍하였다.

주님이 말씀하셨다.

[막 9:43-49]

(43)만일 네 손이 너를 범죄케 하거든 찍어 버리라 불구자로 영생에 들어가는 것이 두 손을 가지고 지옥 꺼지지 않는 불에 들어가는 것보다 나으니라 (44)(없음) (45)만일 네 발이 너를 범죄케 하거든 찍어 버리라 절뚝발이로 영생에 들어가는 것이 두 발을 가지고 지옥에 던지우는 것보다 나으니라 (46)(없음) (47)만일 네 눈이 너를 범죄케 하거든 빼어 버리라 한 눈으로 하나님의 나라에 들어가는 것이 두 눈을 가지고 지옥에 던지우는 것보다 나으니라 (48)거기는 구더기도 죽지 않고 불도 꺼지지 아니하느니라 (49)사람마다 불로서 소금 치듯 함을 받으리라

그중에 '날 살려줘' 하는 소리가 들렸는데 마귀 부하가 그 순간 칼로

그 사람의 손을 끊어 버렸다.

오 마이 갓!

주님은 오늘 내게 이 지옥을 보여주신 것이다.
성경에 있는 그대로 그들이 형벌을 받고 있었다.

한쪽에서는 혀를 손으로 잡아 당겨서 끄집어내어 그 혀도 잘랐다.
'너 혀로도 범죄하였지?' 하면서 그 사람은 이미 손들이 끊겨 나온 상
태였는데 혀까지 잘린 것이다.

오 마이 갓!

나는 무서웠다.
'나도 손으로 죄를 지으면 이곳에 오게 될 것이야!'
하면서 손으로 짓는 죄를 생각하여 보았다.

그것은 폭력이다.
또 다른 것은 도적질이다.

이런 자들은 여기 이 지옥에 보내어 끊임없이 손을 짤라 내는 것이
다. 그 손은 조금 있다가 다시 가서 붙는데 다시 또 끊어 낸다.

오 마이 갓!

지옥에서의 고통은 참으로 엄청나다.

왜냐하면 몸 전체에서 떨어져 나온 즉 잘려 나온 신체의 부위가 고통을 느끼는 곳이 지옥이기 때문이다.

**51**

# 다른 사람을 말로 죽이겠다고 위협한
# 자가 지옥에 와 있다.

(2016.1.15)

천국에 올라가는데 나를 데리러 온 수레 바깥의 천사가 나를 반가이 맞이하였다.

그가 말하기를 '주인님, 주님이 기다리고 계세요.' 라고 하였다. 나는 빨리 수레에 탔다. 수레 안은 잘 꾸며져 있었다.

나는 얼른 내가 앉는 자리 반대편에 놓여 있는 침대 옆에 보석으로 만들어진 세면대에 가서 생명수에 손과 얼굴을 씻었다.

그러고 나서 나는 얼른 내 자리에 와서 앉았다. 그리하였더니 수레 바깥의 천사가 말한다. '주인님, 올라갑니다.' 한다.

수레 바깥의 천사는 수레 안을 훤히 들여다보듯이 다 보고 있었다.

수레는 즉시 천국 안에 도착하였다. 천국에 도착하니 내 눈에서는 눈물이 쏟아지기 시작하였다. 왜냐하면 주님을 만난다 생각하니 눈에 눈물이 흐르기 시작하였다.

너무나 기뻐서였다. 주님은 나를 맞아 주셨는데 순식간에 주님이 사라지시고 나는 벌써 어느 동굴 안으로 들어가고 있었다.

이 동굴은 컴컴하였고 바닥을 보니 엊그저께 평행으로 나무토막들로 연결된 다리가 놓여 있는 그 골짜기가 보였다.

'오호라, 내가 지금 지옥 즉 엊그저께 갔던 곳을 가고 있구나!' 하는 것이 알아졌다.

그런데 나는 다시 생각하기를 '왜 내가 엊그저께 갔던 곳을 갈까?' 하고 궁금해 하였다.

그러나 그 다리 끝에 저 편으로는 큰 바위로 된 곳이 있었고 그 곳으로 들어가는 문이 있다. 그곳으로 들어서니 정말 엊그저께 보았던 바로 그곳 즉 손과 발을 끊어 내는 그 곳이었다. 주여!

'아니 왜 나를 또 여기에 데리고 왔지?' 하는데

나는 그곳을 지나서 더 안으로 들어가서 반대편의 벽에 있는 철문을 통과하여 나왔다. 그랬더니 이곳은 또 다른 장소였는데 오 마이 갓! 여기는 들어서자마자 무엇인가 천정으로 휙~ 휙~ 하면서 날쌔게 날아가는 것이 있었다. 나는 혹시라도 그것에 맞을까 겁이 났다.

그렇게 내가 겁을 먹고 있는 순간에 나를 지옥으로 인도하는 얼굴이 쭈글쭈글한 천사가 내 옆에 나타났다.

그는 나를 수호하기 위하여 나타난 것이다.

그리고서는 말없는 말을 했다.

'주인님, 염려마세요. 제가 해치우겠습니다.' 라고 마음으로 말했다.

그리고 또 '내가 주인님을 보호하겠습니다.' 라고 했다.

그런데 나는 아직도 궁금한 것이 도대체 시키면 천정으로 '휙~ 휙~' 날아다니는 것이 도대체 무엇일까? 하는 것이었다.

그것에 맞으면 아무 것도 남아나지 않을 것 같은 아주 힘이 센 소리였다.

아무래도 회초리 같은 느낌이 들었다.

나를 지옥으로 인도하는 천사는 나와 함께 처음부터 지옥으로 같이 가기도 하지만 때로는 오늘처럼 내가 혼자 지옥에 가기도 하는데 지옥에서 내가 위험한 순간이면 즉시 내 옆에 나타나서 나를 보호하여 준다. 오늘도 그랬다.


이 방은 아주 컴컴하였다. 그런데 벌거벗은 한 사람이 벽에 고정되어 있는 것이 보였고 마귀 부하들이 철로 된 회초리로 그를 내리치는 것이 보였다.

오 마이 갓! 내가 들은 소리가 바로 이 소리였다. 그런데 한번 내리갈길 때마다 살점들이 떨어져 나가는 것이 보였다.

오~ 주여!

그 광경은 참으로 처절하여 보였다.

나는 금방 질문을 가졌다. 저 사람은 도대체 살아생전 무슨 죄를 지었길래 이러한 고통을 받고 있을까? 하는 질문이 생기자 나는 그 대답이 알아졌다.

아하~ 이 사람은 다른 사람들에게 늘 '내가 너를 죽일거야', '내가 너를 가만 안 둘거야' 하면서 위협한 자였다는 것이 알아졌다.

오~ 그렇구나! 이 사람은 다른 사람을 도저히 용서하지 못한 자였다는 것을 알 수 있었다. 그렇구나! 끝까지 사람을 용서하지 못하고 저주하고 미워한 자가 여기에 온다는 사실을 알게 된 것이다.

그는 살점이 떨어져 나가도록 철로 된 회초리로 계속하여 맞고 있었다. 주여!

사람을 용서하지 못하고 이렇게 위협하며 저주한 자가 지옥에 오는 것이다.


주님이 하신 말씀이 생각났다.


[마 5:22]

나는 너희에게 이르노니 형제에게 노하는 자마다 심판을 받게 되고 형제를 대하여 라가라 하는 자는 공회에 잡히게 되고 미련한 놈이라 하는 자는 지옥 불에 들어가게 되리라

# 52

# 동성연애를 한 여자들이 가는 지옥을 보다.

(2016.1.16)

천국에 올라가려는데 벌써 녹색의 징그러운 뱀이 보이기 시작하였다. 한 마리인줄 알았는데 거기는 그러한 녹색의 뱀들이 모여 있는 곳으로 입안의 혀가 날름날름하고 있었다. 배 쪽에는 엷은 노란색이 나는 비늘들로 되어 있었다.

얼굴도 주먹보다 컸다. 그러한 뱀들이 머리를 위쪽으로 하여 엄청 우글거리는데 위에서 여자 나체 한명이 뱀들의 머리 위로 뚝 떨어졌다. 그러자 뱀들은 이 여자를 감기 시작하였다.

목도 감고 몸통도 감고 목은 거의 졸려서 떨어져 나갈 정도였다. 그런데 이 지옥에 있는 뱀들은 이빨이 있다. 이 뱀들이 여자 유방의 젖꼭지를 물어뜯었다. 이 여자는 비명을 질렀다.

"잘못했어. 잘못했어. 살려줘!"

이 여자는 동성연애자였다. 쾌락을 느낀 곳마다 뱀들이 더 물어뜯고 있었다. 여자는 괴로워하였다. 아니 정말 힘들게 보였다. 그리고 또 하나의 나체의 여자가 던져졌다.

이러한 뱀들이 모여 있는 이곳은 어떤 절벽 아래와 같은 곳이었다. 마귀 부하들이 저 절벽 위에서 벌거벗은 여자들을 한 명씩 아래로 던졌다. 이 지옥은 동성연애를 하는 여자들이 오는 지옥이었다. 주여!

[롬 1:26-27]

(26)이를 인하여 하나님께서 저희를 부끄러운 욕심에 내어 버려 두셨으니 곧 저희 여인들도 순리대로 쓸 것을 바꾸어 역리로 쓰며 (27)이와 같이 남자들도 순리대로 여인 쓰기를 버리고 서로 향하여 음욕이 불 일듯하매 남자가 남자로 더불어 부끄러운 일을 행하여 저희의 그릇됨에 상당한 보응을 그 자신에 받았느니라

남자든 여자든 동성연애를 하면 지옥 간다.

그 예가 바로 남색으로 유명하였던 소돔과 고모라에게 하나님께서 불과 유황으로 그들을 멸하신 것을 보면 알 수 있다.

[창 19:24-25]

(24)여호와께서 하늘 곧 여호와에게로서 유황과 불을 비 같이 소돔과 고모라에 내리사 (25)그 성들과 온 들과 성에 거하는 모든 백성과 땅에 난 것을 다 엎어 멸하셨더라

## 53

# 술먹은 후 술주정으로 아내와
# 아이들을 때린 자가 지옥에 와 있다.

(2016.1.21)

천국에 올라가는데

나를 바깥에서 수호하는 천사의 얼굴과 옷 등에 파란 점들이 보였다. '아니 이것은 또 무엇인가?' 벌써 느낌이 수상했다.

그러고 보니 여덟 마리의 말들에게도 그러한 파란 점들이 보였다. 또한 수레를 모는 천사의 얼굴과 옷에도 보인다.

그러더니 수레 위에 큰 악어가 입을 벌리고 큰 이빨들을 드러내고 있는 것이 보였다.

오 마이 갓!

그러자 벌써 큰 텅빈 공간에 꼬불꼬불한 길이 편평하게 닦아놓은 것과 같이 길이 꼬불꼬불 돌아가고 있었고 그 아래 약 수천 피트 밑에는 다 갈색의 어두침침한 절벽 아래였다.

거기에 나를 지옥으로 수호하는 얼굴이 둥글고 갈색인 쭈글쭈글 주름이 깊게 패인 얼굴을 한 천사가 이미 와서 나와 함께 그 절벽 위에 서 있었다.

나는 머리를 뒤로 한 가닥으로 묶고 하얀 승마복을 입은 것 같은 옷을 입고 있었다. 그 천사는 말한다.

"주인님 걱정마세요. 제가 있습니다."

그 천사는 내가 벌써 조금 겁을 먹고 있는 것을 알고 있었다.

왜냐하면 그 절벽 위에는 아까 수레 위에서 보았던 그 갈색의 악어가 이빨을 드러내고 있었기 때문이다.

그랬더니 나를 수호하는 천사가 그 악어에게 말을 한다.

"네 갈 길로 가라"

그리하였더니 그 악어가 절벽 아래로 내려가는 것이었다.

이 악어는 아마도 자기가 있어야 할 자리는 절벽 밑인데 무슨 이유인지 모르지만 이 절벽 위로 올라와 있는 것 같았다.

그러니까 '네 갈 길로 가라' 하니 절벽 위에서 절벽 밑으로 내려가는 것이었다.

잘못 올라온 것인지 아니면 절벽 위에서 나에게 보이기 위하여 올라와 있었는지 둘 중의 하나일 것 같은데 나는 후자가 맞는 것 같았다.


나는 그 악어가 내려간 절벽 밑이 궁금하여졌다.

그러자 나와 나를 수호하는 천사는 즉시 그 절벽 아래로 사뿐히 내려갔다.

그 절벽 아래 바닥은 한참 저 아래였지만 이동은 순식간에 일어났다. 그런데 그 곳에서 일어나는 일을 보는 순간,

오 마이 갓!

거기서는 아까 본 갈색의 악어들이 벌거벗은 사람들을 잘라 먹고 있었다. 주여!

그리고 절벽 위에서는 지옥으로 들어오는 벌거벗은 사람들을 한 사람씩 아래로 던지고 있었다. 그리고 이 절벽 아래에서는 악어들이 사람들을 이빨로 잘라 먹고 있는 것이었다.

내 눈에 벌거벗은 한 사람의 다리를 한 마리의 악어가 잘라 먹었다.

그 사람의 다리 하나가 끊어져 나가자 그 사람은 '내 다리', '내 다리'
하였다.

그리고 그 사람은 도망가고 싶었으나 움직일 수 없는 것이 다리 하
나가 잘려 나가서 도망가지를 못하고 있었다.

그리고 그 악어는 다시 그 사람을 또 잘라 먹으려고 노려보고 있는
것이 보였다. 그 사람이 나에게 이렇게 말했다.

그냥 그것이 마음으로 알아진다.

'저것이 나를 먹고 또 먹고 또 잘라 먹어요' 라고 했다.

'아~ 얼마나 이것이 거듭되었으면 저렇게 얘기할까?' 할 정도였다.

그리고 저 쪽에서는 다른 악어가 다른 사람들을 잘라 먹는 것이 보
였다.

절벽 바닥에는 사람들의 손과 발, 다리, 그리고 머리 등이 악어 이빨
에 잘려져서 너저분하게 흩어져 있었고 그 주위는 갈색의 피들로 범
벅이었다. 사실 그 골짜기의 벽들이 갈색으로 보인 것은 거의 이 사
람들의 갈색의 피로 다 튕겨져서 그 골짜기가 피로 덮여져 있었던
것이다. 주여!

이들은 너무나 아파서 아프다고 말하기조차 잊어 먹은 사람들처럼
보였다.

주여!

아니 이 사람들이 도대체 어떤 사람들이었기에 이런 곳에 와서 이
러한 고통을 당하는가 하는 의문이 내게 생기는 순간 내 눈에는 술
병이 보였다.

아하~ 이들은 술 때문에 여기 온 것이다.

그리고 바로 그 다음 내게 깨달아지는 것이 있었는데 이 사람들은 술을 먹고 술주정하여 폭력으로 아이들과 아내를 마구 때린 자들이었다는 것이 그냥 알아졌다. 내가 지옥에서 의문을 가지면 이러한 지식이 그냥 내게 온다.

나는 놀라워했다.

오 마이 갓!

우리 나라에 이러한 자들이 얼마나 많은데 하면서 나는 이 일을 어쩌지 하면서 어찌할 줄 몰라 했다. 그들이 다 이 지옥에 올 것을 생각하니.......

그런데 아무래도 이 세상에 이러한 자들이 곳곳에 많은 것이 분명하다.

왜냐하면 그 절벽 아래 골짜기 골짜기가 끝이 보이지 않게 꼬불꼬불 돌아가고 있었던 것이다. 아하, 그래서 절벽 위에 그렇게 길이 꼬불꼬불 길게 나 있었구나! 이해가 되었다.

즉 지상에서 술 먹고 이러한 폭행을 저지르는 자들이 많다는 것을 알게 해 주시는 것이었다.


'주님, 이를 어떡해요? 제발 이 지옥 간증을 듣고 즉시 술을 먹고 이렇게 가족을 때리는 자들이 회개하고 돌아오게 하여 주세요' 하고 나는 기도하는 마음으로 내려왔다.

# 조직적으로 남의 돈을 갈취한
# 자들이 지옥에 와 있다.

(2016.1.21)


저녁에 기도하고 천국에 올라가려 하였다.

그런데 벌써 말들에게서 이상한 조짐이 보였다. 즉 말들의 눈까지는 괜찮은데 여덟 마리 모두가 얼굴의 눈 이외의 그 나머지가 꼭 쌀알이 들어 있는 벼 모양을 하고 있었다.

'어머나~ 도대체 이것이 무엇일까? 무엇을 의미할까?' 하고 생각하고 있는데 아니나 다를까 벌써 내 눈에는 지옥이 보이기 시작하였다.

왜 그들의 얼굴이 벼로 보였는지를 이해가 가기 시작하였다.


마귀 부하들의 킬킬 거리는 소리가 먼저 들렸다.

이들은 머리가 하나도 없는 민머리에 눈은 둥글고 크고 얼굴은 징그럽게 생겼으며 보기만 보아도 영락없이 마귀 부하라는 것이 알아진다. 얼굴 피부 색깔은 푸른색이 나는 회색이다.

그들의 손에는 농기구들이 들려져 있었다(이 장면을 보기 전에 처음에 말들이 눈만 빼고 쌀알이 들어 있는 벼 모양을 한 것이 이 농기구들과 연관이 있어 보였다. 그렇게 암시가 되어진다).

그들이 가지고 있는 것은 호미, 갈고리 등 다 철로 된 농기구들이었다.

또 내 눈에는 마귀 부하들 몇 명이 벌거벗은 사람들을 눕혀서 어디론가 데리고 가고 있었다. 그러고서는 그들은 철로 된 농기구로 그 사람들의 몸을 찍고 찌르고 있었는데

그 사람들의 몸이 빵이나 밀가루 반죽인 것처럼 저희들 마음대로 그 몸들을 호미나 갈고리로 찍고 찌르고 있었다.

아니 어쩌면 이렇게 끔찍한 모습이 있는지....

사람들을 농기구로 찌르고 찍고 있다니......

나는 속으로 주님께 물었다(주님은 나와 함께 여기 계시지 아니하시나 내가 물으면 대답하여 주신다).

'주여! 저들이 어찌하여 여기에서 이러한 고통을 당하나이까?' 하고 물었더니 이들은 돈에 관련된 자들이라는 것을 알게 하시고 그 다음은 이들이 지상에서 살 때에 아주 조직적으로 계획적으로 남의 돈을 빼돌린 자들이라는 것을 알게 하여 주셨다(내가 질문을 하면 이러한 지식이 그냥 알아진다).

마귀 부하들이 이렇게 말했다.

'이것들은 그런 짓하면 지옥 올 줄 알면서도 그렇게 했다.' 하는 것이었다.

즉 이들은 지상에서 다른 사람들을 속여서 조직적으로 돈을 갈취한 자들이었다. 그들은 그런 짓을 하면 안 된다는 것을 알면서도 했다는 것이다.

이런 종류의 일에는 예를 들어 보이스피싱 같은 것이 그 한 예이다. 그들은 이것이 죄 인줄 알면서도 조직적으로 돈을 그렇게 갈취한 자들이었던 것이다.

그들은 그렇게 갈취한 돈으로 지상에서 조금 편하게 살았는지 모르지만 죽어서는 영원히 이렇게 지옥에 와서 마귀 부하들에 의하여 철로 된 농기구들에게 찔림과 찍힘을 받고 있는 것이다. 오- 얼마나 어리석은지...........

내가 천국에 올라갈 때에 처음에 말들의 얼굴이 쌀알이 들어 있는 벼로 보인 이유가 바로 이 농기구들과 관련 있는 것이었다. 그렇게 미리 내게 암시되어지는 것이다.
할렐루야.

[출 20:15]
도적질하지 말지니라

[잠 9:17]
도적질한 물이 달고 몰래 먹는 떡이 맛이 있다 하는도다

[레 19:11]
너희는 도적질하지 말며 속이지 말며 서로 거짓말 하지 말며

[출 22:3]
해 돋은 후이면 피 흘린 죄가 있으리라 도적은 반드시 배상할 것이나 배상할 것이 없으면 그 몸을 팔아 그 도적질한 것을 배상할 것이요

[슥 5:3]

그가 내게 이르되 이는 온 지면에 두루 행하는 저주라 무릇 도적질
하는 자는 그 이편 글대로 끊쳐지고 무릇 맹세하는 자는 그 저편 글
대로 끊쳐지리라

## 회개함이 없이 남에게 계속 말로
## 상처 준 자들이 지옥에 와 있다.

(2016.1.25)

천국에 올라가려 하는데 나를 데리러 온 천사가 회초리를 들고 있
었다.
왜 들고 있냐고 물으니 말들 때문에 그렇다 한다.
그래도 좀 이상했다.
내가 말들의 이름을 확인하려 하는데 말들의 눈들이 조금 이상해
보였다.
그래서 이름을 확인하였다. 말은 여덟 마리이다.
사랑, 지혜, 인내, 승리, 소망, 믿음, 겸손, 찬양 이렇게.
그리고 수레를 모는 천사의 머리에는 새장식이 있었다.

오색찬란한 새로 보였지만 무서워 보였다.

그리고 내가 수레 안을 탔더니 수레 안의 벽들이 갈색으로 된 초가집 같았다.

그러자 벌써 내가 어느 동굴인지 갈색으로 된 칙칙한 움막 같은 곳에 와 있는 것이었다.

나는 순간적으로 '아하~ 지옥이구나!' 느껴졌다.

벌거벗은 여인이 보였고 그의 눈에서는 살색의 징그러운 지렁이 덩이가 나오고 있었다. 그리고 그녀의 눈은 온 데 간데없다. 그리고 가슴 옆구리에서도 이 지렁이들이 덩어리로 나오고 있었다. 지렁이가 그 여자의 몸 군데군데에서 나오고 있었고 하물며 허벅지에서도 살을 뚫고 나오는 것이 보였다.

그녀는 너무 괴로워했다.

그녀가 있는 움막 옆에는 또 다른 움막이 있는데 다른 사람이 거기에 또 들어 있었다. 움막과 움막의 사이는 칸으로 굽누이 되어 있었다. 그들이 들어 있는 공간은 작은 공간이었다.

그러한 작은 공간에 한 사람씩 들어 있었고 각 움막의 앞쪽은 트여 있었고 나머지 삼면은 막혀 있었다. 두 움막이 연달아 보였고 그 후에 더 있겠지만 내 눈에는 두 움막만 보였다.

여기서는 지렁이들에 의하여 고통을 받고 있는 장소였다.

이들은 그들의 몸 안에서 기어 다니고 덩어리로 몸 밖으로 나오고 있었다.

그러자 또 내 눈에는 이들을 지키는 마귀 부하 한 명이 보였는데 머리털이 없고 귀가 뾰족하게 머리 위까지 크게 있는 마귀부하로서 큰 도끼를 손에 들고 있었다.

그러자 내가 조금 무서워지려 하니 곧 나를 지옥에서 수호하는 천사 얼굴이 쭈글쭈글하고 얼굴이 크고 갈색이며 키가 큰 천사가 내 옆에 즉시 나타났다.

"주인님, 걱정 마세요. 제가 있습니다." 하고 말했다.

나는 흰색의 옷을 승마복처럼 입고 있었고 머리는 뒤로 하나로 묶고 있었다.

나는 어떤 사람들이 여기 오는지 궁금하였다.

마귀 부하가 여기를 다스리고 있는 것으로 보아 분명히 여기는 지옥이다.

그리고 지렁이들이 살들을 터치고 나오는 것을 보아서도 지옥이다. 이들은 눈이 없다. 지렁이들이 다 먹은 것 같다.

이들은 도대체 어떤 죄를 저질렀길래 여기 와서 이러한 고통을 당하는지 궁금하여 하니 이들은 이웃들에게 잘못한 자들로서 평생 이웃들에게 말로 상처를 입힌 자들이었던 것이다. 그리고 그것에 대하여 철저히 회개하지 않은 자들이라는 것이다.

주여!

그 예로서 이들이 어떤 말들로써 남을 상처 입게 하였는지도 알아지는데 이들은 늘상 혀로 이렇게 범죄하였다.

남이 무슨 이야기를 하면

'지랄하네...'

또는 남은 심각하게 이야기하는데 '헛소리 하지마' 하면서 상처를 입힌 자들이라는 것이 알아졌다. 그리고 말마다 '웃기고 있네'하면서 그들의 말을 단칼에 잘라 버리는 행위를 죽을 때까지 회개함이 없이 한 자들이라는 것이 알아졌다.

나는 속으로 주님께 물었다.

"주님, 이것도 전해야 하나요?" 라고 물었더니

주님은 '전해야 한다.' 고 말씀하셨다.

나는 여기서 궁금하였다.

'예수를 믿어도 이러한 말을 계속할 때에 지옥에 오는가?' 하는 것이었다. 결론은 '그렇다' 하는 것이었다.

왜냐하면

나는 이전에 어떤 분이 지옥을 보았는데 어떤 크리스천 여자가 지옥에 와 있는 것을 본 것이다. 왜 와 있었는가 하면 약국에 자기 친구가 일하고 있었는데 자기가 조금 아플 때마다 비싼 약도 아니고 싼 약이라 얼마하지 아니하여 좀 부탁하여 그냥 가져다 썼다 한다.

그리고 이것이 별 것 아니다 싶어 회개도 아니하였다 한다.

그런데 그녀가 지옥에 와 있다는 것이었다. 주여!

맞다. 이런 여자가 지옥에 와 있다면 평생 남에게 '지랄하네...' '웃기지 마!', '헛소리 하지 마' 등으로 평생 남에게 상처 입히면서 산 자들도 이에 대하여 회개하지 아니하면 지옥에 간다는 것이 맞는 것이다.

왜냐하면 이 죄나 저 죄나 별반 다를 것이 없기 때문이다.

오히려 성경은 이렇게 말한다.

누구든지 말을 하려거든 하나님께서 지으신 입으로 하나님이 말씀하시는 것처럼 하라고 하는 것이 하나님의 명령이다.

그런데 하나님이 주신 입술로 평생 다른 사람들에게 상처 입힌 자들이 지옥에 가지 아니할 수 없는 것이다.

주님은 오히려 성경에서 이렇게 말씀하고 계신다.

[마 5:22]
**나는 너희에게 이르노니 형제에게 노하는 자마다 심판을 받게 되고 형제를 대하여 라가라 하는 자는 공회에 잡히게 되고 미련한 놈이라 하는 자는 지옥 불에 들어가게 되리라**

형제에게 노하는 것이나, 라가라고 하는 것이나 미련한 놈이라고 하는 것이나 지랄하네 라는 말이라든지 웃기고 있네 라는 말이라든지 헛소리 하지 말라고 하는 말이라든지 거기서 거기인 것이다.

하나님께서 지으신 우리의 입에서 찬송과 저주가 나옴이 마땅치 아니한 것이다.

[약 3:10]
**한 입으로 찬송과 저주가 나는도다 내 형제들아 이것이 마땅치 아니하니라**

오히려 성경은 우리에게 이렇게 말한다.
혀를 잘 써야 한다고....
혀는 죽이는 독이며 온 몸을 더럽히고 생의 바퀴를 불사르고 그 불사르는 것이 지옥불에서 난다 하였다.

[약 3:8]

혀는 능히 길들일 사람이 없나니 쉬지 아니하는 악이요 죽이는 독이 가득한 것이라

[약 3:6]

혀는 곧 불이요 불의의 세계라 혀는 우리 지체 중에서 온 몸을 더럽히고 생의 바퀴를 불사르나니 그 사르는 것이 지옥불에서 나느니라

이 말은 혀를 잘못 쓰면 지옥 간다는 말이다.

그러므로 우리는 정말 혀를 쓰는데 조심하지 아니하면 안 되는 것이다.

함부로 말하지 말고 반드시 생각하여 말하여야 하는 것이다.

나오는 대로 생각이 떠오르는 대로 자기감정대로 혀를 쓰다가는 반드시 지옥이다.

주여! 주님 경고하여 주심을 참으로 감사하나이다.

[마 12:35-37]

(35)선한 사람은 그 쌓은 선에서 선한 것을 내고 악한 사람은 그 쌓은 악에서 악한 것을 내느니라 (36)내가 너희에게 이르노니 사람이 무슨 무익한 말을 하든지 심판날에 이에 대하여 심문을 받으리니 (37)네 말로 의롭다 함을 받고 네 말로 정죄함을 받으리라

## 56

# 죽을 때까지 조상에게 제사를 지낸
# 할머니가 지옥에 와 있다.

(2016.2.9)


주님은 오늘 나에게 지옥을 보여주셨다.

꼭 생기기가 마귀할멈 같은 할머니였는데 주름이 깊이 패여 있고 이빨이 다 없다.

그녀는 작은 키에 지팡이까지 들었다.

그는 꼭 감옥 같은 곳에 들어 있었는데 바닥에는 20-30cm 길이의 넓이는 10cm정도 되는 까만 고슴도치 같이 생긴 짐승들이 보였다. 이들이 그녀를 뜯어먹고 있었다.

할머니의 엉덩이 허벅지 등에 구멍이 나있다. 저들이 파먹었다한다.

그녀는 나에게 말했다. 왜 자기가 여기에 와 있는지....

자신은 죽을 때까지 조상에게 제사를 지냈다 한다.

그리고 가족들에게도 조상에게 절하게 만들었다 한다.

그래서 자기가 여기 지옥에 와 있다 하였다.

자신은 조상들이 자기에게 복을 주는 줄 알았다 한다.

그 이야기는 복은 하나님이 주시는 것인데 자기는 조상들이 주는 줄 알았다고 하는 것이다 (이 할머니는 하나님만이 복을 주시는 분이시라는 것을 지옥에 와서 알게 된 것 같았다. 그러나 이미 늦은 것이다).

조금 있으니 벽 쪽에서 환한 불이 붙은 것이 할머니 쪽으로 달려왔다. 그 불에 또 이 할머니는 타야 하는 것이었다.

이 감옥 같은 곳에 있음에도 불구하고 불은 영락없이 할머니 쪽으로 오고 있었다. 주여!

나는 거기까지 보다가 내려왔다.

[출 20:3]

**너는 나 외에는 다른 신들을 네게 있게 말지니라**

**57**

# 아버지의 재산을 상속받아 자기 마음대로 탕진한 자가 지옥에 와 있다.

(2016.3.8)

2월 16일부터 3월 5일까지 한국, 이스라엘, 필리핀을 거쳐서 집회들을 인도하고 왔다.

특히 한국과 필리핀에서 천국과 지옥 간증집회를 하고 왔다.

그러고서 오늘 처음으로 주님은 나에게 지옥을 구경시켜 주신 것이다.

나는 이 지옥을 보기 전에 주님께서 나에게 여러 시간 동안 기도를 시키셨다.

기도 속에서 주님께서는

1. 주님의 영광을 내가 가로채지 않도록 다시 한 번 나에게 주의를 주셨다.

'계시록 이해' 의 책은 내 책이 아니라 주님의 책임을 다시 한 번 주의를 주신 것이다.

할렐루야. 그렇다. 내가 한 것은 아무 것도 없다.

단지 나는 주님이 보여주시고 들려주시고 깨우쳐 주신 것을 글로 옮겼을 뿐이다. 그러므로 그 책은 당연히 내 책이 아니다. 주님의 책인 것이다.

그러므로 당연히 나는 그 영광을 내가 받아서는 안 되는 것이다. 주님께서는 이것을 내가 이번 집회를 가기 전부터 시키셨고 또한 갔다와서도 나에게 주의를 주셨다. 그 책은 내 책이 아니고 주님의 책이라고 말이다. 그리고 그 영광을 내가 받지 않기를 원하셨다.

2. 그리고 주님은 기도 속에서 나에게 더 회개를 시키신 것이 있었는데 그것은 내가 주님이 보여주신 지옥에 대하여 몇 가지는 **빼**려고 했다는 것을 아시고 그것을 나에게 회개시키셨다. 주여!

회개하는데 눈물을 제법 많이 흘리게 하셨다.

나는 지옥편을 쓸 때에 내가 생각하기에 '이런 정도의 죄를 가지고도 지옥을 가나?' 하는 마음이 드는 몇 가지 지옥장면이 있었다. 나는 이러한 것들을 가려서 **빼**려고 하였었다. 왜냐하면 주님께서 보여주신 그대로 쓰면 혹 세상 사람들이 나를 보고 이단이라 할 수 있을 것 같아서였다. 왜냐하면 세상 사람들은 예수만 믿으면 지옥가지 않는 것으로 알고 있기 때문이다.

그런데 지옥에는 목사도 장로도 집사도 사모도 평신도들도 와 있다 (참조: 지옥편 6. 공금을 횡령한 자들이 가는 지옥을 보다., 83. 주의 종들이 가는 지옥을 보다., 84. 마리아의 집을 가다, 사모님들이 가는 지옥을 보다., 85. 교회를 분당시키고 깨는 자들이 지옥에 가 있다).

그런데 주님은 내게 메신저라 하셨다. 메신저란 보고 듣는 것을 그대로 전하는 것이 메신저이다. 그런데 내가 주님의 메신저이면서 내가 골라서 이것은 넣고 저것은 **빼**려고 했던 것이다. 사람들에게 이단소리 들을 수 있는 것들은 **빼**고자 하였다.

이것을 아신 주님은 나를 기도 속에서 철저히 회개시키셨다. 나는 다시는 안 그러겠다고 즉 내가 빼고 넣고 하는 것이 아니라 주님께서 보여주신 것은 다 증거 하겠다고 한 것이다.

세상 사람들로부터 무슨 소리를 듣던 말이다. 할렐루야.

그리고 나서 천국에 올라간다고 갔는데

나를 데리러 오는 수레 바깥에서 나를 수호하는 천사가 나를 반겨 주긴 했는데 얼굴은 그렇게 웃는 얼굴이 아니었다.

'주인님 어서 오세요. 기다리고 있었어요.' 하는데 보니까 말들이 다섯 마리밖에 안 왔다.

요즘에 내게는 여덟 마리까지 늘어났었는데 다섯 마리만 보였다. 그러나 나는 마음으로 말했다. 다섯 마리도 나는 만족한다고. 내가 뭐라고 여덟 마리씩이나 나를 데리러 와야 하냐고...... 괜찮다고 말했다.

그 다음은 말을 모는 천사가 보였다. 그런데 수레가 잘 안 보였다. 아니 수레가 아예 없는 것같이 보였다. '아니 어찌 이런 일이?'

아하~ 처음부터 이렇게 이상하게 나에게 보일 때에는 지옥을 보게 된다. 그런데 나는 오랫동안 주님을 못 보았기 때문에(집회 때문에) 나는 주님을 보아야 한다고 마음속에 외쳤다.

그리하였더니 오른편으로 주님이 나타나셨다.

나는 주님께 말했다.

'주님, 수레가 없어요.' 하였더니 주님이 말씀하셨다.

'그냥 오너라 내게로. 말들을 보았잖니?'

하신다.

그러나 내가 주님 옆으로 올라가기 전에

나는 미리 알아서 지옥에 갈 때 입는 하얀 승마복 같은 것을 입었고 머리는 당차게 뒤로 한 갈래로 묶은 모습이었다.

이것은 이미 내가 지옥을 갈 것을 이미 동의하였더니 벌써 내게 지옥에 갈 때의 옷이 입혀진 것이다.

그러자 어느새 나를 지옥으로 인도하는 얼굴이 해같이 둥근 그러나 갈색의 깊은 주름이 패인 꼭 마귀 부하같이 생긴 키가 큰 천사가 주님 옆에 나타났다.

나와 함께 지옥을 가기 위하여서이다.

주님께서는 자신의 한 손을 주먹을 쥐어서 나에게 내밀었다. 그 손안에는 구멍이 뚫려 있는 것이 보였다. 나는 그 손을 내 두 손으로 꼭 잡아 쥐었다. 그리하였더니 그 상태로 주님은 나를 자신의 둘레로 빙빙 몇 번 돌리신다. 내가 지옥을 가는 것이 자랑스럽고 잘한다고 하시는 표현이셨다. 그것이 그냥 알아진다. 그러시더니 나를 내려 놓으셨다. 옆에 나를 지옥으로 인도하는 천사가 주님께 다녀오겠다고 인사를 드렸다.

그리고 그 천사와 나는 뒤로 나자빠지듯이 우주 속으로 던져졌다.

그리하여 둘은 어느새 아래쪽 깊이에 어떤 하얀 바닥이 보이는 곳에 와서 발이 닿으려 하고 있었는데 발을 디디기전에 나는 순간적으로 너무 놀라 그 흰 곳을 비켜 나갔다.

그 흰 바닥은 다름 아닌 벌거벗은 한 사람을 백색의 구렁이가 그를 칭칭 감고 있었는데 나는 그것이 사람을 감고 있는 구렁이 인줄도 모르고 그냥 바닥이 하얗게 보여서 거기에 발을 디디려 하였었던 것이다. 그런데 내가 흰 바닥으로 본 그것이 사람을 칭칭 감고 있는 백색 구렁이였다.  오 마이 갓!

머리는 살모사 같이 아주 얍삭하게 독사 같이 생겼고 몸은 머리보다 그 두께가 훨씬 큰 백구렁이였던 것이다. 이 구렁이에 의하여 한 사람이 칭칭 감겨서 압력을 받아 그 괴로움은 이루 말할 수가 없게 보였다.

Oh No!

도대체 어떤 일을 한 자들이 여기에 오는가? 하고 궁금하여 하니 거기에 대한 답이 그냥 알아지는데 이 사람은 아버지의 재산을 즉 상속된 재산을 허랑방탕하게 탕진한 남자였다.

오 주여!

그러하다. 모든 돈이 하나님으로부터 오는 것인데

자신만을 위하여 그것도 아버지의 재산을 상속받아 허랑방탕하게 쓴 자들은 지옥에 오는 것이다.

우리에게 미리 보여주시고 경고하시는 주님을 찬양합니다.

우리는 우리에게 들어오는 모든 돈이 하나님의 것임을 알아야 할 것이다. 주님은 말씀하신다.

하나님께서는 금도 내 것이요 은도 내 것이요.
이 세상에 있는 모든 것이 다 내 것이라고 말씀하신다.

[학 2:8]
**은도 내 것이요 금도 내 것이니라 만군의 여호와의 말이니라**

[시 24:1]
**(다윗의 시) 땅과 거기 충만한 것과 세계와 그 중에 거하는 자가 다 여호와의 것이로다**

그러므로 우리가 일하여 벌었다고 하여 내 돈이 아닌 것이다. 나에게 들어온 돈도 그 주인이 하나님이신 것이다.

성경은 우리에게 먹는 것과 입는 것만 있으면 족한 줄로 알라고 했다. 그러므로 자신에게 들어온 돈이라 하여 자기 마음대로 탕진한 자들은 자기 배만 채운 자들로서 하나님께서 지옥으로 보내시는 것이다. 오, 모든 사람들이여 여기에 대하여 깨어날지어다!

염소와 양의 비유를 주님이 괜히 하신 것이 아니다.

주님의 준엄한 경고이신 것이다. 할렐루야.

자기 배만 채운 염소들을 주님은

마귀와 그 사자들을 위하여 마련한 영영한 불에 던져 넣으라고 말

씀하셨다.

[마 25:41-46]

(41)또 왼편에 있는 자들에게 이르시되 저주를 받은 자들아 나를 떠

나 마귀와 그 사자들을 위하여 예비된 영영한 불에 들어가라 (42)내

가 주릴 때에 너희가 먹을 것을 주지 아니하였고 목마를 때에 마시

게 하지 아니하였고 (43)나그네 되었을 때에 영접하지 아니하였고

벗었을 때에 옷 입히지 아니하였고 병들었을 때와 옥에 갇혔을 때

에 돌아보지 아니하였느니라 하시니 (44)저희도 대답하여 가로되

주여 우리가 어느 때에 주의 주리신 것이나 목마르신 것이나 나그

네 되신 것이나 벗으신 것이나 병드신 것이나 옥에 갇히신 것을 보

고 공양치 아니하더이까 (45)이에 임금이 대답하여 가라사대 내가

진실로 너희에게 이르노니 이 지극히 작은 자 하나에게 하지 아니

한 것이 곧 내게 하지 아니한 것이니라 하시리니 (46)저희는 영벌

에, 의인들은 영생에 들어가리라 하시니라

할렐루야.

# 58

# 갓난아이를 삶아 먹은 자가
# 지옥에 와 있다.

(2016.3.28)

기도를 한 후에 천국에 올라갔다.

수레를 탔다. 수레 바깥에서 나를 수호하는 천사가 내가 빨리 수레를 타기를 원했다. 수레 안에 들어서니 수레안 한 가운데 테이블 위에 갓난아이가 포대기에 싸여서 놓여 있는 것이었다.

'웬 갓난아이가?'

'왜 갓난아이가 저 테이블 위에 있지?'

하는데 수레가 벌써 천국에 도착하였다.

수레에서 내리려 하는데 마귀할멈이 보였다. 그녀는 지팡이를 잡고 있었는데 이빨은 다 빠져 있는 것 같은 얼굴이 흉악한 마귀할멈이었다. 이 마귀할멈은 나에게 보기 싫은 웃음으로 '내가 이 아이를 먹게 하였지' 라고 했다. 주여!

그 마귀할멈의 입가에 흘리는 웃음은 너무나 징그러웠다.

그런데 그 후에 나는 이미 하얀 색깔의 승마복 같은 것을 입고 있었다. 지옥을 가기 위하여 이미 준비된 상태였다.

그리고 내 옆에는 벌써 얼굴이 쭈글쭈글한 천사가 나를 지옥으로 인도하기 위하여 내 옆에 서 있었다.

그리고 우리 둘은 순식간에 지옥의 아주 깊은 곳에 와 있었다.

지옥 중에서도 아주 깊은 곳이라는 것이 알아졌다.

마귀 부하가 킬킬거리며 날카로운 횟칼 같은 것으로 어떤 남자의 어깨 부위의 등 부분을 회 뜨듯이 떠서 먹고 있었다.

그리고 여러 번 많이 떠서 먹더니 그 남자의 눈까지도 파먹는 것이 보였다. 주여!

그런데 이 남자는 아까 수레 안에서 본 갓난아이를 삶아 먹은 자라는 것이 알아졌다. 오 마이 갓! 그 사실을 아는 순간 나는 충격이었다. 나는 중국에서 그렇게 여자아이를 낳으면 그 갓난아이를 사서 약으로 먹는다는 이야기를 들었다. 그것이 생각이 나는 것이었다. 왜냐하면 산아제한 때문에 남자아이는 괜찮은데 여자아이는 낳기 전부터 거래되어져서 몸보신용으로 팔려나간다는 것을 읽은 적이 있다. 주여!

이러한 일들이 실제로 일어나고 있는 것이다.

그래서 이 갓난아이를 먹은 자들이 벌써 이 지옥에 와 있는 것이다. 그 마귀 부하는 그렇게 살을 다 회 뜨듯이 떠서 먹은 다음 거의 그 사람의 뼈만 남은 것을 불속에다가 던져 넣었다.

그리하니 그 불속에서는 그 뼈에 살이 다시 붙어서 고통을 당하는 것이었다. 그러다가 다시 마귀 부하가 그 사람을 끄집어내어 다시 그 살을 회 뜨듯이 먹는 것이었다. 오 마이 갓!

주여!

**59**

# 아이들을 자신의 감정대로 학대한
# 부모가 지옥에 와 있다.

(2016.4.1)

기도한 후에 천국에 올라갔다. 그러나 내 눈에는 뱀부터 보인다. 얼굴은 작은데 몸은 큰 뱀들이다. 머리는 3~4cm 직경이라면 몸은 9~10cm의 직경을 가졌고 길이는 약 2m 이상이 되는 긴 뱀들로 황토색 껍질을 하고 있었다. 이러한 뱀들 서너 마리가 굴속으로 쏜살같이 들어가는 것이 보였다.

내가 그 시커먼 굴을 통과하니 한 장소가 나오는데 밑에는 불길이 솟고 있었고 내 눈에는 5-6명이 일렬로 여자들이 두 손이 위에 묶인 채로 벌거벗은 채로 매달려 있었다.

그런데 이 뱀들이 이 여자들을 감기 시작하였다.

그리고 그들의 목도 졸랐다.

그러는 사이에 사단의 부하들이 채찍을 가지고 그들의 등을 내리치고 있었다. 주여!

'나는 왜 여기에 여자들이 많은가?' 하는 의문이 생기고 있는 중에 저 끝에 남자도 한 명 보였다.

그리고 이 여자들은 자신들의 밑에 불이 뜨거워서 다리를 궁둥이 있는 쪽으로 올리고 있었고 그중에 '앗 뜨거워' 하는 소리도 들렸다.

'나는 이 여자들은 왜 여기 왔을까?' 하는 의문이 생기자 그 이유가 그냥 알아졌다. 이 여자들은 아이들을 학대한 여자들이었다. 그러고 보니 이런 일은 여자가 많고 남자가 적은 것 같다. 이 여자들은 아이들이 자신의 것이라 생각하고 자기 마음대로 안 된다하여 아이들을 학대한 자들이다. 우리 한국 엄마들 중에 이런 여자들이 상당히 있는 것으로 알고 있다.

여기에 온 이들은 학대한 아이들의 친엄마이기도 하고 계모이기도 했다.

주님! 용서하여 주소서!

자기감정대로 아이들을 때리고 학대한 여자들은 이렇게 지옥에 온다.

자식은 내 것이 아니고 하나님의 것임을 알아야 하는 것이다.

아이들도 하나님의 형상대로 지음을 받은 존재이다.

그들을 자신이 낳았다하여 자신의 감정대로 다룬다는 것은 형제더러 노하고 미련한 놈이라 하는 것과 다를 바 없는 것이다.

이러한 자는 주님이 말씀하시기를 지옥불에 던져진다 하셨다.

[마 5:22]

**나는 너희에게 이르노니 형제에게 노하는 자마다 심판을 받게 되고 형제를 대하여 라가라 하는 자는 공회에 잡히게 되고 미련한 놈이라 하는 자는 지옥 불에 들어가게 되리라**

자녀들도 어떻게 보면 하나님께서 우리에게 잘 섬기라고 맡겨놓으신 형제자매이다. 천국가면 우리는 한 아버지를 모시고 사는 형제자매일 뿐인 것이다.

성경은 우리에게 이렇게 말한다.

자녀를 하나님의 말씀으로 키우라고. 할렐루야.

[신 11:18-21]
(18)이러므로 너희는 나의 이 말을 너희 마음과 뜻에 두고 또 그것으로 너희 손목에 매어 기호를 삼고 너희 미간에 붙여 표를 삼으며 (19)또 그것을 너희의 자녀에게 가르치며 집에 앉았을 때에든지, 길에 행할 때에든지, 누웠을 때에든지, 일어날 때에든지 이 말씀을 강론 하고 (20)또 네 집 문설주와 바깥 문에 기록하라 (21)그리하면 여호와께서 너희 열조에게 주리라고 맹세하신 땅에서 너희의 날과 너희 자녀의 날이 많아서 하늘이 땅을 덮는 날의 장구함 같으리라

[엡 6:4]
또 아비들아 너희 자녀를 노엽게 하지 말고 오직 주의 교양과 훈계로 양육하라

## 60

# 자기를 사랑하며 산 자들이
# 지옥의 불속에서 고통을 당하고 있다.

(2016.4.9)

한참을 기도한 후에 천국에 올라가려고 수레를 탔다.

수레 안에 테이블 위에서 어떤 동굴 터널이 보이기 시작하였는데 그 속에는 불이 이글이글 타고 있었다 (테이블 위에서 이런 것이 보인다는 것이 바로 영적인 세계이다).

'아~ 지옥이구나!'

'오늘 주님은 나에게 지옥을 보여 주시는구나!' 하고 느끼고 있을 때에 그 동굴 안이 더 크게 보이고 그 속에서 벌거벗은 사람들이 동굴 위에서 아래쪽으로 내려오고 있었는데 그들은 물줄기 속이 아니라 불줄기 속에 있었다. 꼭 홍수물이 위에서 아래로 내려오듯이 물대신 불이 내려오고 있었고 그 속에 사람들이 들어 있었다.

그 불줄기 속에서 사람들은 '앗, 뜨거워 살려줘' 하는 자가 있는가 하면 '내가 무엇을 잘못했어?' 하고 따지는 자도 있었다. 그러나 그들 모두는 불속에서 뜨거워서 어쩔 줄을 모르고 있었다.

나는 순간적으로 궁금하였다.

'도대체 어떤 자들이 이러한 불의 고통을 받게 되는가?'

그러자 주님이 나에게 생각으로 알게 하여 주신다.

이들은 자기를 위하여 산 자들이었다.

주님이 말씀하신다.

'이들은 자기를 너무 사랑한 자들이다' 라고.

이들은 하나님께 물을 생각 이러한 것은 전혀 생각하지 않고 산 사람들로서 다른 사람을 위한 희생은 전혀 모르고 다른 사람의 입장도 전혀 고려해 보지 않고 살았던 사람들로서 자기 고집대로 산 자들이라는 것을 알게 하여 주셨다.

오 마이 갓!

자기를 너무 사랑하여 남의 입장을 전혀 고려하지 않고 산 자들인 것이다.

나는 순간 주님께 용서를 빌었다.

"주님, 우리 모두를 용서하여 주세요. 우리는 얼마나 자신을 사랑하고 사는 지요. 주여 용서하여 주시옵소서!"

주님께서 오늘 나에게 이러한 지옥을 보여주시는 것은 나 스스로에 대하여 그리고 우리 모두에 대한 경고로 받아 들여야 한다. 우리는 즉각 이기적인 삶을 그만두고 하나님의 생각이 아닌 자신의 고집을 주장하는 것도 이제 그만두어야 할 것이다.

무슨 일을 하는데 있어서도 하나님의 생각을 전혀 알려고도 하지 않고 자기중심적으로 사고하고 그리고 자기중심적으로 사는 자들에 대한 하나님의 경고인 것이다.

그러므로 이제 우리는 자기중심적인 이기적인 삶을 그만두어야 한다. 왜냐하면 어떠한 일이 있다 할지라도 지옥을 면하여야 하기 때문이다.


[딤후 3:1-4]

(1)네가 이것을 알라 말세에 고통하는 때가 이르리니 (2)사람들은

자기를 사랑하며 돈을 사랑하며 자긍하며 교만하며 훼방하며 부모를 거역하며 감사치 아니하며 거룩하지 아니하며 (3)무정하며 원통함을 풀지 아니하며 참소하며 절제하지 못하며 사나우며 선한 것을 좋아 아니하며 (4)배반하여 팔며 조급하며 자고하며 쾌락을 사랑하기를 하나님 사랑하는 것보다 더하며

아마 여기에 해당하는 모든 자들이 지옥 간다고 보는 것이 옳다. 왜냐하면 끝에 가서 이 모든 것들을 함에 있어서 그들은 이것들을 하는 것이 하나님 사랑하는 것보다 더 한다는 말이 있기 때문이다.

즉 하나님보다 자기를 더 사랑하고
또 하나님보다 돈을 더 사랑하고
등등..........
또 쾌락을 사랑하기를 하나님 사랑하는 것보다 더하며....
선한 것을 좋아하지 아니하며........
교만하고
훼방하고
부모를 거역하고 감사치 아니하며.....
원통함을 풀지 아니하며.....

나는 이런 자들을 지옥에서 이미 다 보았기 때문이다.

우리는 이러한 죄를 놓고 주님 앞에서 철저히 회개하고 돌이켜야 할 것이다. 할렐루야. 아멘.

# 61

# 주님께서 내가 지옥편을 쓰면 핍박이 있을 것을 말씀하시고 이 핍박을 이겨내면 이기는 자들에게 주어지는 흰돌을 주실 것을 말씀하시다.

(2016.4.18)

천국에 올라갔다.

나를 수레 바깥에서 나를 수호하는 천사가 오고 그리고 아홉 마리의 말이 왔으며 초콜렛 색깔의 말이 먼저 보이고 그 다음 여덟 마리의 흰 말이 차례대로 왔다 (이 초콜렛 색깔의 말이 한 마리 더 생긴 것은 지상에서 어떤 사람이 나를 지독히 핍박하므로 주님께서 상으로 주신 것이다. 이름은 '충성' 이다).

여덟 마리의 말의 이름은 이전에 말했듯이 사랑, 지혜, 인내, 승리, 소망, 믿음, 겸손, 찬양이다.

그리고 수레를 모는 천사도 왔다.

그런데 이번에 온 수레는 꼭 신부가 신랑을 위하여 단장한 것같은 수레가 왔다. 얼마나 예쁘면 이렇게 내가 표현할까 하는 것이다. 꼭 신부의 모습 같았다. 그러한 수레는 아주 길게 보였다.

나를 수레 바깥에서 수호하는 천사가 나를 인도하여 수레의 문까지 데리고 가서 안으로 들어가게 하였다.

수레 안은 내가 항상 보는 수레 안이 아니었다. 즉 수레 자체가 신부처럼 보였으니 수레 안에도 역시 신부의 모습처럼 다르게 꾸며져 있었다.

수레는 즉시 천국에 도착하였는데

수레에서 내릴 때에 나의 모습은 머리에 분홍색과 흰색이 어우러진 꽃 화관으로 된 면류관으로 쓰고 있었다.

아하~ 너무 예쁘다.

거기에다가 나는 흰 드레스를 입고 있었는데 그 꽃 화관과 흰드레스는 천상의 조화였다. 너무 예뻤던 것이다.

나는 그러한 모습으로 나를 마중 나오신 주님을 만났는데

주님도 오늘은 아름다운 보석 면류관을 쓰고 계셨다.

주님은 보통 면류관을 쓰고 계시지 않는다. 그런데 오늘은 쓰고 계셨다.

주님은 나를 보자마자 나를 업으셨다. 그리고서는 나를 내려놓은 곳은 공중에 양쪽으로 달려 있는 천으로 된 그네와 같은 것으로 그 안은 침대와 같았다.

즉 내가 이삼일 전에 벨리제라는 나라를 다녀왔는데

내가 묵은 숙소에 이러한 그네같이 생긴 천으로 된 침대가 바깥에 사람들이 쉬는 곳에 있었는데 그 침대 속에 사람이 들어가면 그 그네처럼 생긴 천으로 된 침대가 그렇게 편안하고 기분이 좋을 수가 없었다. 왜냐하면 몸의 완전한 무게가 그 그네처럼 생긴 천에 놓이기 때문이다. 그리고 흔들거리기 때문이다.

나는 그 그네를 타고 아니 그 천 안에 누워서 약 1분간 그렇게 즐기는 시간이 있었는데 나는 너무 기분이 좋았었다.

시간이 쫓겨서 나는 더 이상 타지를 못한 것이 못내 아쉬웠는데 지

금 주님이 나를 천상에서 공중에 매달린 그네처럼 생긴 침대에 내려놓으신 것이다. 그리고 지금 천국에서 그것을 타게 하시는 것이었다. 할렐루야. 할렐루야.

주님의 이러한 배려하심은 참으로 놀랍다.

주님께서는 내가 못 해본 것을 안타깝게 여기시고 지금 천국에서 이렇게 태워주시는 것이었다.

오~ 할렐루야.


그리고서는 주님은 나를 물이 있는 바닷가 같은 곳으로 인도하셨는데 바닷가라면 분명히 모래가 있어야 하는데 그곳에는 하얀 보석 같은 돌들이 있는 곳이었다.

나는 이런 곳이 있다는 것에 참으로 놀라왔다.

바닷가인지 강가인지 모르지만 너무나 넓은 곳에 (이것으로 보아서 바닷가가 더 맞다고 생각했다. 그런데 나중에 주님께서 여기가 바닷가라고 하셨다) 흰 돌들이 너무나 많이 끝없이 있는 것이 보였다. 이 흰 돌들은 물속에서도 보였고 물 바깥에서도 많이 보였다. 이들은 다 희게 생긴 보석으로 된 돌들이라는 것을 알 수 있었다.

이곳은 오늘 처음으로 와 보았다. 이 흰 돌들의 사이즈는 모두가 다 큰 감자만한 사이즈였다.


나는 그 바닷가에서 주님과 함께 있으면서

지상에서 내가 지옥편을 쓰면 사람들이 나를 핍박할 것에 대하여 고민하고 있었다.

이 때에 주님께서 내 마음을 아시고 이렇게 말씀하신다.

"고난을 당하는 것이 정상이다."

내가 주님께 말했다.

"주님 사람들의 매는 무서워요."

주님께서 말씀하신다.

"네가 그것을 이기게 되면 나는 이 흰 돌을 너에게 줄 것이다."

오 마이 갓! 주님은 그 바닷가에 있는 흰 돌을 말씀하고 있는데 나는 그 때 계시록에서 이기는 자들에게 주어지는 흰 돌이 생각이 나는 것이었다.

[계 2:12-17]

(12)버가모 교회의 사자에게 편지하기를 좌우에 날선 검을 가진 이가 가라사대 (13)네가 어디 사는 것을 내가 아노니 거기는 사단의 위가 있는 데라 네가 내 이름을 굳게 잡아서 내 충성된 증인 안디바가 너희 가운데 곧 사단의 거하는 곳에서 죽임을 당할 때에도 나를 믿는 믿음을 저버리지 아니하였도다 (14)그러나 네게 두어 가지 책망할 것이 있나니 거기 네게 발람의 교훈을 지키는 자들이 있도다 발람이 발락을 가르쳐 이스라엘 앞에 올무를 놓아 우상의 제물을 먹게 하였고 또 행음하게 하였느니라 (15)이와 같이 네게도 니골라당의 교훈을 지키는 자들이 있도다 (16)그러므로 회개하라 그리하지 아니하면 내가 네게 속히 임하여 내 입의 검으로 그들과 싸우리라 (17)귀 있는 자는 성령이 교회들에게 하시는 말씀을 들을지어다 이기는 그에게는 내가 감추었던 만나를 주고 또 흰 돌을 줄 터인데 그 돌 위에 새 이름을 기록한 것이 있나니 받는 자 밖에는 그 이름을 알 사람이 없느니라

즉 이 돌은 주님과 받는 사람과의 관계를 나타내는 예수님의 이름인데 흰 돌에 적혀지고 그 이름은 받는 자만 알게 되어 있는 것이다. 이것에 대하여서는 하나님께서 알려 주셔서 이미 '계시록 이해' 의 책에 기록하였다 (참조 : 서사라 목사의 천국과 지옥간증수기 5, 성경편-제 3권 계시록 이해, 8. 받는 사람밖에 모르는 흰 돌에 적혀지는 예수님의 새 이름이 어떤 것인지 밝혀지다).

즉 이 흰 돌이 그냥 주어지는 것이 아니라 이기는 자들에게만 주어지는 것이다.

그러므로 지금 예수님은 나에게 그 고난을 이기고 그 핍박을 이겨야만 내게 이 바닷가에 흰 돌을 주시겠다는 것이었다.
즉 이 흰 돌은 이기는 자들에게만 주어지는 것이고 그 흰 돌에는 주님과 그 받는 사람과의 관계를 나타내는 예수님의 이름이 천상의 언어로 기록이 되는데 그것을 내가 핍박을 이겨내면 주신다는 것이다. 주여!

아하~ 그러고 보니 이 바닷가에 있는 이 흰 돌들이 바로 이기는 자들에게 주어지는 흰 돌들이라는 것을 알 수 있었다.
이 흰 돌들은 엄청 많아 보였다. 할렐루야.

주님이 버가모 교회에 하신 말씀 중에서

다음과 같은 것을 책망하시면서 이 두어 가지를 회개하여 이기는 자가 되면 흰 돌을 주실 것이라 말씀하신다.

[계 2: 14-17]:

(14)그러나 네게 두어가지 책망할 것이 있나니 거기 네게 발람의 교훈을 지키는 자들이 있도다 발람이 발락을 가르쳐 이스라엘 앞에 올무를 놓아 우상의 제물을 먹게 하였고 또 행음하게 하였느니라 (15)이와 같이 네게도 니골라당의 교훈을 지키는 자들이 있도다 (16)그러므로 회개하라 그리하지 아니하면 내가 네게 속히 임하여 내 입의 검으로 그들과 싸우리라 (17)귀 있는 자는 성령이 교회들에게 하시는 말씀을 들을지어다 이기는 그에게는 내가 감추었던 만나를 주고 또 흰 돌을 줄 터인데 그 돌 위에 새 이름을 기록한 것이 있나니 받는 자 밖에는 그 이름을 알 사람이 없느니라

즉 두 가지는
첫째는 발람의 교훈을 버리라는 것이다.
발람의 교훈은 우상의 제물을 먹게 하는 것이었다.

그러면 나는 이 일을 하고 있는가를 보고 회개하고 돌이켜야 하는 것이었다.
이것이 내가 지옥편을 쓰면 사람들에게 핍박을 당하는 것과 무슨 상관이 있는가를 보아야 했다.
'무슨 상관이 있을까? 핍박당하는 것을 두려워하는 것하고' 말이다.

주님을 따르는 자를 언제나 세상은 미워하게 되어 있다.

[요 15:18-19]
(18)세상이 너희를 미워하면 너희보다 먼저 나를 미워한 줄을 알라
(19)너희가 세상에 속하였으면 세상이 자기의 것을 사랑할 터이나
너희는 세상에 속한 자가 아니요 도리어 세상에서 나의 택함을 입
은 자인 고로 세상이 너희를 미워하느니라

그러므로 내가 지옥편을 쓴 것에 대한 세상 사람들의 핍박을 두려워
하는 것은 아직도 나는 주님을 따르는 진리 안에 있다기보다 세상풍
속에 매여 있음을 말하고 있는 것이다.
즉 이것은 우상의 제물을 먹는 것과 다름이 없다.
주님은 내가 이것을 회개하라는 것이었다. 할렐루야.

두 번째로 버가모 교회에게 주님이 책망하고 계신 것은 그들이 니골
라당의 교훈을 지키는 것에 대하여 책망하고 계신다. 니골라당은 교
회 안에서 권력을 추구하는 자들인 것이다.

나는 생각하여 보아야 했다.
'이것이 나에게 어떤 관계가 있는가?' 하는 것이다.
내가 지옥편을 쓰므로 받는 핍박을 두려워하는 것과 니골라당과는
어떤 관계가 있는가 하는 것이다.

즉 나는 이 지옥편을 쓰게 되면 나는 이제 이단이라고 하는 말을 듣
게 되는 것을 두려워하고 있었다. 왜냐하면 주님이 보여주시는 지옥
은 바울이 말하는 이신칭의와 칼빈이 말하는 한번 구원은 영원한 구

원이라는 구원론하고는 맞지 않는 것이었기 때문이다.

그러므로 나는 이 니골라당의 교훈을 지키려 하고 있었던 것이다. 즉 지옥편을 냄으로써 이단이라는 소리를 듣게 될까보아 두려워하고 있었다는 사실은 내가 교회 안에서 인정받기를 원한다는 사실이었다.

즉 주님은 이것을 회개하고 돌이키라고 말씀하고 있는 것이었다. 내가 지옥편을 씀으로써 핍박당하는 것을 두려워하고 있는 자체가 니골라당의 행위라는 것이다. 주여!

그런데 내가 이 두 가지를 회개하고 돌이켜서 이기게 되면
주님은 내게 이 바닷가에 있는 흰 돌 이것을 나에게 주실 것이라는 것이다. 할렐루야.

"할렐루야. 주님 알겠습니다. 제가 지옥편을 냄으로써 핍박당하고 이단소리 들을까보아 두려워하고 걱정하였던 저를 용서하여 주십시오."

'저는 이것에서 돌이켜서 반드시 흰 돌을 주님으로부터 받겠습니다.' 라고 하였다.
할렐루야.

주님 깨우쳐 주셔서 감사드립니다.
할렐루야.

**** 오늘 나를 데리러 온 수레가 꼭 신부가 단장한 것 같은 수레가 온 이유 :

내가 천국에 올라가려 하면 처음에 보이는 것들이 그 다음에 무슨 일이 일어날 것인지를 미리 암시하는 경우가 많다.

즉 신부같이 생긴 수레가 내게 왔다는 것은 내가 주님의 신부로서 천국에 수레를 타고 가고 있는 것을 말한다.

그리고 주님은 나를 신부처럼 만나셔서 그 뒤에 내가 신부가 되는 조건을 말씀하신다. 핍박을 이겨 내라고....

그러면 너는 내 신부가 될 것이야 라고 하는 것과 같다.

그것은 내가 지옥편을 씀으로 받을 핍박을 이겨내라는 것이었다. 그러면 나는 주님의 신부가 된다는 것이었다.

그래서 나를 데리러 온 수레는 내가 그것을 이겨내고 신부가 될 것을 미리 암시하는 면에서 그러한 꼭 신부가 단장한 것 같은 수레가 나를 데리러 온 것이었다.

할렐루야.


왜 이런 암시적인 일이 먼저 일어날까?

여기에는 두 가지가 있다.

첫째, 이 천사는 모든 것을 미리 알고 있다.

둘째, 주님이 명령하여 시키셨다.

나는 전자가 맞다고 생각한다. 어떻게?

그것은 나도 모른다. 주님이 알게 하여 주셨으니까 알고 있는 것이다.

## 62

# 거짓말을 입에 달고 산 자들이 지옥에 와 있다.

(2016.4.22)

몇 시간을 기도한 후에 천국에 올라간다고 올라갔다.

그런데 나를 수레 바깥에서 수호하는 천사가 잠깐 그 얼굴이 보이는가 하더니 말들 쪽에서 벌써 시커면 큰 공작새가 까만 깃털을 부채같이 펴고 있는 것 같이 보였다. 그러나 정작 공작새의 얼굴은 보이지 않았다. 부채같이 펴고 있는 깃털만 보인 것이다. 어째 공작새의 털이 온통 까만색이라 기분이 음산하더니 나는 벌써 승마복 같은 흰옷을 입고 지옥에 와 있었다.

그리고 얼굴이 쭈글쭈글한 나를 지옥으로 인도하는 천사도 왔다. 그리고 그가 말하기를 '주인님 저도 뒤따라 왔어요.' 하면서 내 옆에 섰다. 이 천사는 키가 크다.

그러자 내 눈에는 큰 공룡 같은 것이 보였다. 순간적으로 많이 놀랐다. '아니 지옥에 공룡같이 생긴 것도 있나?'

주님한테 죄송한 생각이지만 내가 무슨 만화영화를 보나 하는 생각이 솔직히 들어 왔다.

그런데 이 공룡같이 생긴 것이 꼬리도 크고 길다. 그리고 처음에 내가 천국에 올라가려 하였을 때에 보인 공작새의 깃털처럼 그 공룡의 꼬리 윗부분으로 깃털 같은 것들이 부채처럼 중간 중간 솟아올라 있었다.

'아하, 그렇구나. 아까 보였던 공작새의 부채처럼 생긴 깃털이 바로 이 공룡의 꼬리 윗부분을 말하는 것이었구나!' 알아졌다.

그리고서는 내 눈에 보이는 것이 이 공룡이 여러 명의 벌거벗고 달아나는 사람들을 쫓아가서 발로 밟아 버리는 것이 보였다. 공룡의 발 하나에 사람사이즈 하나가 깔리는데 그 발밑에 깔린 사람은 정말 납작하게 으스러지듯이 눌러졌다.

오 마이 갓! 주여!

또 그 공룡 같은 것이 달아나는 자를 뒤쪽 두 발로 서서 앞발 하나로 잡아서 씹어 먹기 위하여 입으로 가져가는 것이 보였다.

나는 이 공룡 같이 생긴 괴물이 있는 곳은 절벽 아래 깊은 골짜기라는 것을 알 수 있었다. 나를 지옥으로 인도하는 천사는 이 모든 것을 절벽 위에서 지켜보고 있었던 것이다.

나는 속으로 주님께 질문하였다.

"주님 지상에서 어떤 죄를 지은 자들이 여기서 이러한 고통을 받고 있나요?"

그러자 그냥 그 답이 알아진다.

이들은 지상에 살 때에 양심에 전혀 가책이 없이 거짓말을 입에 달고 산 자들인 것이다. 오~ 주여!.

나는 이미 말한 적이 있다. 이 지옥에서는 신체가 끊겨 나가더라도 짓밟히고 눌려져도 그 고통이 사라지는 것이 아니라 떨어져 나간 신체도 그 고통을 느낀다 하였다.

그런 곳이 지옥이다. 얼마나 가혹한지 모른다. 아무리 눌려져도 가루처럼 되더라도 감각이 다 살아 있다는 것이다. 얼마나 처절한지......

그런데 여기서 이 형벌을 받는 자들은 거짓말을 가끔 한 것도 아니었고 거짓말을 입에 달고 산 자들이었던 것이다. 주여!

나는 이전에 거짓말하는 자들을 마귀 부하들이 창을 가지고 배를 쑤셔서 창자를 꺼내어 먹는 것을 본 적이 있다.

그런데 지금은 거짓말을 입에 달고 산 자들 즉 입만 열면 거짓말을 하는 자들이 오는 지옥을 내가 보고 있는 것이다.

나는 아직 이 두 차이를 잘 모른다. 거짓말을 해도 자주하는 것과 달고 사는 것과 이러한 차이가 있는 것 같다.

그래서 나는 한 종류의 죄에 대하여서도 여러 다른 형벌들이 있다는 것을 알게 되었다.

또한 나는 우리 하나님께서 거짓말을 하는 것을 참으로 싫어하시는구나! 동시에 알게 되었다.

나는 지옥이 얼마나 넓은지 그리고 얼마나 많은 다른 형벌들이 가해지고 있는지 잘 모른다. 나는 단지 하나님께서 나에게 보여주시는 것만 안다.

그러나 오늘 나는 처음으로 지옥에도 공룡같이 생긴 큰 괴물 이 있어서 지옥에 온 사람들을 괴롭히고 있다는 것을 알았다.

어찌하였든 나는 이 증거가 늘 거짓말을 아무렇게나 하고 사는 자들에게 경고가 되기를 바랄뿐이다. 할렐루야.

[잠 13:5]

의인은 거짓말을 미워하나 악인은 행위가 흉악하여 부끄러운데 이르느니라

[잠 19:5]

거짓 증인은 벌을 면치 못할 것이요 거짓말을 내는 자도 피치 못하리라

[잠 19:9]

거짓 증인은 벌을 면치 못할 것이요 거짓말을 내는 자는 망할 것이니라

[골 3:9]

너희가 서로 거짓말을 말라 옛사람과 그 행위를 벗어버리고

[딤전 4:2]

자기 양심이 화인 맞아서 외식함으로 거짓말하는 자들이라

[계 21:8]

그러나 두려워하는 자들과 믿지 아니하는 자들과 흉악한 자들과 살인자들과 행음자들과 술객들과 우상 숭배자들과 모든 거짓말하는 자들은 불과 유황으로 타는 못에 참예하리니 이것이 둘째 사망이라

# 63

## 자신의 육신의 아버지를
## 죽인 자가 지옥에 와 있다.

(2016.5.8)

천국에 올라가기도 전에 큰 흰 구더기 같은 벌레가 보였다.
몸은 구더기 같이 생겼으나 머리와 입은 크고 무엇이든지 잘 부수고
먹게 생긴 괴물이었다.
구더기는 우리 손가락보다 작지만 이 괴물은 크기가 큰 구렁이만한
크기였는데 몸 전체가 구더기 같은 무늬와 몸을 갖고 있었다. 이 구
더기는 벌거벗은 한 사람의 목을 칭칭 감아서 조이고 있는 것이 보
였다.
그리고 이 구더기는 벌써 이 사람의 옆구리 쪽의 내장과 창자를 다 파
먹었다는 것을 알 수 있었다. 그러자 그 사람이 내게 이렇게 말했다.
"이것이 내 창자를 파먹었어요."
나는 이 광경을 보기만 해도 끔찍한데
그런데 그 영혼은 아프지도 않나 나에게 그렇게 정상적으로 말한다
는 것이 이상할 정도였다. 나는 이런 경우에 이 사람이 이 구더기에
자주 이러한 고통을 당하여 이제는 그 고통당하는 것이 예사가 되어
나에게 이렇게 아무렇지도 않게 내 창자를 먹었다고 말을 하는 것인
가 하는 생각이 들었다. 주여!
그러나 곧 나는 생각하였다. 이 영혼은 도대체 어떤 죄를 저질렀기

에 여기에 와서 이러한 고통을 받는지를....

그리고 그것을 주님께 생각으로 물었다. 그리하였더니 답이 알아졌다.

이 영혼은 부모를 살해한 자였다. 주여!

이 땅위에 살 때에 자신을 낳아주고 길러준 부모를 죽인 자였다. 오마이 갓!

나는 여기까지 보고 내려왔다.

그런데 참으로 이상한 것은 이것을 본 이후

한국에서 이번 5월 8일 날 돈 때문에 자신의 아버지를 흉기로 찔러 죽인 남녀(딸과 아들)에 대한 사건을 뉴스에서 보았다.

[출 20:13]
살인하지 말지니라

[출 21:15]
자기 아비나 어미를 치는 자는 반드시 죽일지니라

[막 7:10]
모세는 네 부모를 공경하라 하고 또 아비나 어미를 훼방하는 자는 반드시 죽으리라 하였거늘

[눅 18:20]
네가 계명을 아나니 간음하지 말라, 살인하지 말라, 도적질하지 말라, 거짓증거하지 말라, 네 부모를 공경하라 하였느니라

[딤후 3:1-2]

(1)네가 이것을 알라 말세에 고통하는 때가 이르리니 (2) 사람들은 자기를 사랑하며 돈을 사랑하며 자긍하며 교만하며 훼방하며 부모를 거역하며 감사치 아니하며 거룩하지 아니하며

돈을 사랑하여 자신을 낳아준 아버지를 죽인 사건이 일어났다.
오 마이 갓!

# 돈을 빌려가서 돈을 떼먹은 자를 용서하지 못한 자가 지옥에 와 있다.
(2016.5.14)

기도한 후에 천국에 올라갔다.

즉 수레 바깥에서 나를 수호하는 천사가 나를 데리러 왔는데 그는 흰 옷에 바깥으로 가슴부터 무릎 아래까지 밤색의 앞치마같은 것을 입고 있었는데 허리 쪽에는 끈으로 허리를 매고 있었다. 그가 내게 이렇게 말했다.

"주인님, 모든 것이 준비되어 있습니다."

그러나 나는 아니, 저 천사의 옷차림이 왜 저렇지?

하고 궁금해 하는데 말들도 목 밑에다가 밤색의 사각형의 비닐 같은 것을 매달고 있었다. 즉 그 천사의 옷차림과 일치하는 그리고 수레의 지붕이 밤색으로 보였다.

이렇게 이상하게 보이는 때에는 지옥을 볼 경우가 많다.

나는 즉시 수레를 탔다. 아니나 다를까 수레 안이 바로 지옥이었다.

즉 그 수레 안에는 머리가 하얗고 이빨은 다 빠져서 말이 새어나오며 볼이 움푹 들어가고 몹시 야윈 할머니가 한 분이 앉아 있었다.

처음에는 이 할머니가 흰 옷을 입고 앉아 있는 것이 보였다.

그러자 이 할머니가 말을 했다.

'내가 그놈을 죽여야 하는데.....' 라고 하는 아주 험한 말을 하고 있었다.

나는 이 할머니가 말하는 '그 놈이 누구일까' 하고 궁금해 하고 있는데 하나님께서 그 답을 알게 하여 주셨다.

즉 할머니가 말하는 '그 놈' 이란 할머니에게서 돈을 빌려가서 떼먹고 안 갚은 자라는 것이다. 오 주여!

할머니는 그 사람을 내가 죽였어야 했다고 하면서 저주하고 있었다. 그러자 마귀 부하 같은 놈 하나가 그 할머니를 손으로 끄집어냈다. 주여!

그 할머니가 반항하면서 '나를 어디로 데리고 가?' 하고 반발하였으나 그 마귀 부하는 막무가내였다.

그러더니 그 마귀 부하는 할머니의 옷을 다 잡아 찢어서 벌거벗게 하고서는 할머니를 납작한 기계 속으로 넣었다. 벌거벗은 할머니의 모습은 거의 뼈만 남아 있는 것과 같은 살이 거의 없는 야윈 몸둥이었다. 그런데 이 할머니의 몸을 눕혀서 납작한 기계 속으로 통과 시켰다. 꼭 이 기계는 말린 생선을 납작하게 펴는 것과 같은 그러한 기계처럼 보였다. 그런데 그곳으로 사람을 넣는 것이었다. 꼭 쥐포를 만드는 기계처럼 생겼다.

그 기계에 사람을 넣으면 사람이 그 기계를 통과하면서 납작하게 눌러진다. 할머니는 이러한 고통을 받고 있었다.

그리고 놀라운 것은 그 기계 끝에서 다시 할머니가 나오는데 할머니는 그 기계에 들어가기 전의 모습으로 다시 회복되어 서는 것이었다. 그러자 그 마귀 부하는 다시 이 할머니를 제자리로 갖다 놓았다. 즉 방 하나 같은 곳에 집어넣었다.

나는 생선을 납작하게 하여 쥐포를 만들듯이 하는 이러한 기계 같은 것이 지옥에도 있다는 것이 놀라왔다. 즉 이 기계는 그 속에 있을 때에 그 온몸이 눌러짐으로 말미암아 고통을 주는 그러한 기계였다. 오~ 주여!

얼마나 고통스러울까 하는 것이다.

그런데 그러한 고통을 받고 난 할머니는 다시 그 방 하나 같은 곳에 갇혔다.

그런데 또 이 할머니는 다시 이를 부득부득 갈 듯이 말을 했다. 이빨이 하나도 없지만 말이다.

"내가 그놈을 죽였어야 했는데........"

이 말을 마치자마자 그 마귀 부하는 기다렸다는 듯이 다시 그 할머니를 그 방에서 끄집어내어서 그 기계 속에다가 넣고 다시 고문을 하는 것이었다.

그러면 할머니는 쥐포처럼 그 기계 속에서 다시 눌러졌다가 다시 저쪽 끝으로 나오면서 몸이 회복되어 나왔다.

마귀 부하는 이 할머니를 가지고 이 짓을 반복하고 있었다.

오 마이 갓!

어찌 이러한 고통이 지옥에 있는지.....

이 할머니는 자기 돈을 떼어먹은 한 사람을 용서하지 못하고 죽었다.

그런데 그것 때문에 이 할머니는 여기 와서 이러한 고통을 당하고 있는 것이다.

주여!

그 사람이 얼마나 많은 돈을 떼어먹었는지는 모르겠다.

그런데 오늘 하나님께서 이 지옥의 광경을 통하여 우리에게 주시는 메시지는 설사 어떤 사람이 많은 돈을 빌려가서 떼어먹었다 할지라도 우리는 그를 용서하여야 한다는 것이다.

그러나 이 할머니는 죽을 때까지 그 사람을 용서하지 못하여 지옥에 와있는 것이다. 주여!


성경은 우리에게 이렇게 말하고 있다.


[마 18:23-35]

(23)이러므로 천국은 그 종들과 회계하려 하던 어떤 임금과 같으니 (24)회계할 때에 일만 달란트 빚진 자 하나를 데려오매 (25)갚을 것이 없는지라 주인이 명하여 그 몸과 처와 자식들과 모든 소유를 다 팔아 갚게 하라한대 (26)그 종이 엎드리어 절하며 가로되 내게 참으소서 다 갚으리이다 하거늘 (27)그 종의 주인이 불쌍히 여겨 놓아 보내며 그 빚을 탕감하여 주었더니 (28)그 종이 나가서 제게 백

데나리온 빚진 동관 하나를 만나 붙들어 목을 잡고 가로되 빚을 갚으라 하매 (29)그 동관이 엎드리어 간구하여 가로되 나를 참아 주소서 갚으리이다 하되 (30)허락하지 아니하고 이에 가서 저가 빚을 갚도록 옥에 가두거늘 (31)그 동관들이 그것을 보고 심히 민망하여 주인에게 가서 그 일을 다 고하니 (32)이에 주인이 저를 불러다가 말하되 악한 종아 네가 빌기에 내가 네 빚을 전부 탕감하여 주었거늘 (33)내가 너를 불쌍히 여김과 같이 너도 네 동관을 불쌍히 여김이 마땅치 아니하냐 하고 (34)주인이 노하여 그 빚을 다 갚도록 저를 옥졸들에게 붙이니라 (35)너희가 각각 중심으로 형제를 용서하지 아니하면 내 천부께서도 너희에게 이와 같이 하시리라

[눅 6:35-36]

(35)오직 너희는 원수를 사랑하고 선대하며 아무 것도 바라지 말고 빌리라 그리하면 너희 상이 클 것이요 또 지극히 높으신 이의 아들이 되리니 그는 은혜를 모르는 자와 악한 자에게도 인자로우시니라 (36)너희 아버지의 자비하심 같이 너희도 자비하라

여기서 빌리라 라고 하는 말은 빌려주라는 말이다. 즉 아무 것도 바라지 말고 빌려주라 하신다. 그런데 돈 떼먹었다고 그 사람을 죽였어야 한다고 저주한 할머니가 지옥에 와 있는 것이다. 사람을 끝까지 용서하지 못하고 이렇게 완악한 마음을 가지고 죽으면 지옥행이다. 물론 나는 남에게 돈을 빌려서 쓰고 안 갚은 자들도 지옥에 와 있는 것을 보았다.

그러나 이들을 용서하지 못한 자들도 지옥에 온다는 것이다. 오늘

이 할머니처럼 말이다.

오~ 너무 무섭다. 사람을 용서하지 못하고 완악한 마음을 풀지 못하고 죽으면 지옥에 간다. 주여!

남을 용서할 수 있는 부드러운 마음을 주시는 분은 성령 하나님이시다.
그분은 우리 안에서 굳은 마음을 제하시고 부드러운 마음을 주신다.
즉 용서하는 마음을 주시는 분이신 것이다.

[겔 36:26]
또 새 영을 너희 속에 두고 새 마음을 너희에게 주되 너희 육신에서 굳은 마음을 제하고 부드러운 마음을 줄 것이며

그러므로 우리는 죽기 전에 성령을 의지하여 모든 사람을 다 용서하여야 한다. 어떤 죄를 우리에게 지었다 할지라도 그들은 우리에게 백데나리온 빚진 자들인 것이다.
우리는 이미 1만 달란트 탕감 받은 자들인 것이다.
그러므로 우리에게 어떤 빚을 지고 죄를 지었어도 우리는 그들을 용서하여야 한다. 왜냐하면 그들은 우리에게 백데나리온 빚진 자들이니까.

그러므로 우리는 지금 살아 있는 이 순간에 모든 사람을 우리에게 백데나리온 빚진 자들로 여겨서 다 용서하고 살아야 할 것이다.

왜냐하면 우리는 1만 달란트 빚진 자들이었으나 주님으로부터 다 탕감을 받았기 때문이다. 할렐루야.

우리는 중심으로 형제를 용서하여야 한다.

**** 나는 이전에 어떤 목사님의 지옥간증을 들은 적이 있다.
이분은 죽었는데 다시 살아났다고 한다.
그는 죽는 순간에 부인을 용서하지 못하고 죽었다. 왜냐하면 죽기 전에 자신은 목사였는데 사모가 뺨을 내리쳤다고 한다. 그것을 맞고 나서 분이 풀리지 않은 상태에서 운전하다가 사고가 나서 즉사한 것이다. 그런데 자신이 지옥에 와 있는 것을 보았다는 것이다. 그 이유는 죽기 전에 자신의 뺨을 때린 사모를 용서하지 못하고 죽어서 지옥에 오게 되었다는 것을 주님으로부터 들었다고 한다. 그리고 주님은 다행히 그를 다시 살려 보내주셨다. 그 후에 그는 아내에게 용서를 구하고 같이 다니면서 죽기 전에 남을 용서하지 못하고 죽으면 지옥에 간다는 것을 간증하게 다니게 되었다는 것을 들은 적이 있다.
할렐루야. 그렇다. 정말이다. 남을 용서하지 못한 채 죽으면 원한을 품고 죽으면 지옥으로 떨어지게 된다.

## 65

# 남의 돈을 자기 돈처럼 가져다 쓰는 자들이 가는 지옥을 보다.

(2016.5.16)

천국에 올라가는데 수레 바깥에서 나를 수호하는 천사가 나타나서 나보고는 '가까이 오지 마세요.' 한다. 아니 그 천사는 나를 보고 '가까이 오지 마세요.' 하더니 나를 데리러 온 아홉 마리의 말들과 그 말들을 모는 천사와 함께 수레까지 같이 천국으로 즉시 올라가 버렸다. 그리고 그들이 올라갈 때에 무지개가 보였다. 그런 후에 내 앞에는 얼굴이 쭈글쭈글한 천사가 나타났다. 나를 지옥으로 인도하는 천사이다.

그는 이렇게 인사했다.

"주인님 제가 왔습니다."

이 천사와 나는 물속을 한없이 내려갔다. 물 안에서도 어떤 영적 공간이 있어 보였다. 그래서 물이 있는 것이 느껴지거나 숨이 가쁘거나 하지 않았다. 그러한 영적 공간을 한없이 내려갔는데 도착한 곳은 이전에 주님과 함께 와 본적이 있는 살색깔의 암반 즉 바위가 바닥에 쪽 있는 그곳에 왔다.

나는 이전에 이곳에서 주의 종들을 비난하는 자들이 고통당하는 것을 본 적이 있다.

이곳은 바닥이 땅이 아니라 다 바위였다. 그 편평한 바위 위에 그 천사와 내가 서 있는데 갑자기 큰 악어 같은 것이 내 뒷다리를 물기 위하여 달려왔다.

그러자 그 순간 이 얼굴이 쭈글쭈글한 천사는 칼로 즉시 그 삐죽이 튀어나와 내 뒷다리를 물려고 하는 악어와 같은 입을 쳤다. 그랬더니 위아래로 잘린 만큼 입이 떨어져 나갔다.

그러더니 그 떨어져 나간 입 부위가 다시 제자리에 붙더니 그 악어 같은 괴물은 가버렸다.

그런데 저어기 저쪽에는 그러한 악어 같은 괴물이 벌거벗은 한 사람의 다리를 물었다. 이 사람은 그 악어를 피하여 도망가다가 붙들려서 그 물린 다리를 먹히고 있었고 그러자 도망가려 했던 그 사람이 쓰러졌는데 그 악어는 다시 그의 팔을 먹으려고 그 팔을 무는 것이 보였다. 오 마이 갓!

'도대체 여기는 무엇을 하는 곳인지?.....'

나는 궁금하였다. 그리하였더니 그 답이 내게 왔다.

그냥 알아지는 것이다. 즉 여기는 남의 돈을 자기 돈처럼 가져다 쓴 자들이 오는 지옥이었다. 주여!

물론 하나님의 돈을 마음대로 가져다 쓰는 자도 여기에 속할 것이다.

이것은 물론 주의 종인 나에게도 경고이다.

하나님께서 경고하시는 것이다.

하나님의 돈을 마음대로 쓰지 않게 하기 위한........

그리하여 지옥에 오지 않도록.......

주님 감사합니다.

주님은 우리가 한 점의 흠도 없기를 원하신다.

크게 짓는 죄나 작게 짓는 죄나 우리에게 다 없기를 바라시는 것이다.

하나님의 돈도 아껴서 써야 한다.

하나님의 돈을 주님의 일을 위하여 쓸 때에도 그렇고

다른 사람들에 대하여서도 꼭 쓰지 아니하여도 될 일에 돈을 낭비하지 말아야 하는 것이다. 하나님께서는 항상 우리의 양심에 말씀하시고 계신다. 그 양심의 소리에 귀를 기울여야 할 것이다. 왜냐하면 그 양심의 소리가 바로 하나님의 음성이기 때문에 그렇다.

사도 바울은 다음과 같이 말하고 있다.

나는 범사에 양심을 따라 하나님을 섬겼노라고.

[행 23:1]

**바울이 공회를 주목하여 가로되 여러분 형제들아 오늘날까지 내가 범사에 양심을 따라 하나님을 섬겼노라 하거늘**

즉 하나님의 돈을 하나님의 일이라고 하여 넘치게 낭비하지 말아야 할 것이다. 아껴서 써야 한다.

오늘 이 지옥의 모습은 나에 대하여서는 하나님의 돈이 낭비되지 않게 하기 위한 주님의 경고이시다.

할렐루야.

그리고 오늘 나는 물속으로 들어가서 이 지옥으로 오게 되었는데 이렇게 물속으로 들어가서 가는 곳이 무저갱인가 하는 것이다. 그런데 아닌 것이 분명하다.

무저갱은 바닥이 없다. bottomless pit 이다. 그러므로 물속을 통하여서도 지옥에 이를 수 있음을 오늘 처음 알았다.

만일 지옥이 지구 아래에 있다면 이 지구 표면 약 2/3 자체가 바다로 덮여 있으므로 바다를 통하여서도 지옥으로 내려가는 영적 공간이 있음이 분명하다.

## 하나님보다 자신을 더 자랑하는 자들이 가는 지옥을 보다.

(2016.5.16)

수레 바깥에서 나를 데리러 온 천사가 나를 보더니 그냥 빙긋이 미소를 짓는다.

그리고 나서 나는 수레를 타려 하였는데 수레 안이 벌써 시커멓게 보였다. 그러자 내가 어느새 수레 안에 와 있었고 그 수레 안은 지옥으로 연결되었다.

오 마이 갓!

어느새 나는 나를 지옥으로 인도하는 천사와 함께 발밑으로 검회색의 진흙탕 물이 흘러내려가는 도랑 같은 곳에 와 있었다.

발을 도랑의 옆에 있는 땅에 디디려 하는데 그 도랑의 옆에는 땅이 다 진흙탕 물로 덮여 있었고 군데군데 둥그스럼한 바위 같은 것들이 튀어나온 것처럼 보였다.

그런데 그것이 다름 아닌 사람의 육체의 일부가 튀어나온 것이라는 것이 알아진다.

그럼에도 그 육체들이 진한 회색의 진흙탕 물로 덮여져 있어서 그것이 사람의 육체인 것을 나중에야 알게 되었다.

그래서 우리가 그곳에 발을 딛을 때마다 그 육체들이 일어서려 하였다. 그들은 일어서서 자신들을 구하여 달라고 하는 내용들이 알아졌다. 오 마이 갓!


내가 보기에 저 오른편 윗쪽에서 왼편 아래쪽으로 도랑이 흘러 내려가고 있었는데 왼편 끝 아래쪽으로 물이 한 곳으로 빠져 나가고 있었다. 그곳을 본 후에 그 천사와 나는 오른편쪽 즉 도랑의 윗부분으로 이동하였다.

거기에는 한 벌거벗은 한 남자가 보였고 그 한 남자를 마귀 부하들이 엄청 때려서 그 도랑 옆에다가 쑤셔 넣는 것이었다.

안 들어갈 수 없을 정도로 그 사람을 때려서 그 진흙탕 물에다가 꾸겨서 넣었다. 그 사람은 마귀 부하들의 힘을 당할 수 없어서 그 진흙탕 물에 들어가야 했다.

그리고 거기서 고통을 받아야 하는 것이었다.

오 마이 갓!

그러고 보니 도랑 옆에는 모두가 다 사람들이 그 진흙탕 물속에 끼여 있었다.

나는 도대체 이 사람들은 어떤 사람들인가 생각할 때에 그 답이 왔다. 이들은 하나님보다 자신을 더 자랑한 자였다.

우리는 아무리 우리가 주의 일을 많이 하였어도 우리는 나 자신보다 하나님을 더 자랑하여야 하는 것이다.

우리는 무익한 종일 뿐이다.

그래서 성경에서 주님이 이미 이렇게 말씀하고 계신다.

[눅 17:1-10]
(1)예수께서 제자들에게 이르시되 실족케 하는 것이 없을 수는 없으나 있게 하는 자에게는 화로다 (2)저가 이 작은 자 중에 하나를 실족케 할진대 차라리 연자맷돌을 그 목에 매이우고 바다에 던지우는 것이 나으리라 (3)너희는 스스로 조심하라 만일 네 형제가 죄를 범하거든 경계하고 회개하거든 용서하라 (4)만일 하루 일곱번이라도 네게 죄를 얻고 일곱번 네게 돌아와 내가 회개하노라 하거든 너는 용서하라 하시더라 (5)사도들이 주께 여짜오되 우리에게 믿음을 더하소서 하니 (6)주께서 가라사대 너희에게 겨자씨 한알만한 믿음이 있었더면 이 뽕나무더러 뿌리가 뽑혀 바다에 심기우라 하였을 것이요 그것이 너희에게 순종하였으리라 (7)너희 중에 뉘게 밭을 갈거나 양을 치거나 하는 종이 있어 밭에서 돌아 오면 저더러 곧 와 앉아서 먹으라 할 자가 있느냐 (8)도리어 저더러 내 먹을 것을 예비하고 띠를 띠고 나의 먹고 마시는 동안에 수종들고 너는 그 후에 먹고 마시라 하지 않겠느냐 (9)명한 대로 하였다고 종에게 사례하겠느냐 (10)이와 같이 너희도 명령 받은 것을 다 행한 후에 이르기를 우

리는 무익한 종이라 우리의 하여야 할 일을 한 것 뿐이라 할지니라

그러므로 결코 하나님보다 나를 자랑하는 일이 없어야 할 것이다.
오~ 모두가 다 새겨들어야 할 말씀이다.
할렐루야.

주여! 용서하소서!
결코 하나님보다 나를 자랑하지 않게 하소서!

결국 이것은 하나님의 영광을 다 내가 가로채는 일일 것이다.
할렐루야.

[사 42:8]
나는 여호와니 이는 내 이름이라 나는 내 영광을 다른 자에게, 내 찬
송을 우상에게 주지 아니하리라

주여 경고하여 주심을 감사합니다.

나는 여기서 조금 생각하여 볼 것이 있다.
이렇게 하나님보다 자신을 자랑하여 지옥에 와 있는 자와 하나님의
영광을 가로챈 주의 종들이 성밖에 와 있는 것과는 어떤 차이가 있
는가 하는 것이다.
그것은 이렇게 생각이 든다.
자신을 하나님보다 더 자랑하여 지옥에 오는 자는 양심에 화인맞을

정도로 하나님을 이용하여 자신을 드러내는 자들인 것이다. 그리하여 이런 자들에게서는 성령님이 아예 떠나버리신다. 그러나 하나님의 영광을 가로채서 성밖에 와 있는 주의 종들은 하나님의 일을 한다고 하였으나 하나님의 일을 하는 가운데 본의 아니게 자신이 하나님보다 더 영광을 받게 된 경우를 말한다고 할 수 있는 것이다.

이것은 바로 계시록 21장 8절과 계시록 22장 14절과 15절과의 차이점과 동일한 것이다 (참조: Part III, (VI) 그러면 마지막으로 계시록 21장 8절과 계시록 22장 15절이 어떻게 다른 가? 하는 것이다).

**67**

# 인신제사를 지낸 자들이 가는 지옥을 보다.

(2016.5.20)

수레 바깥에서 나를 수호하는 천사가 민들레꽃과 같은 꽃 두 송이를 들고 있었다.

꽃은 나를 순간적으로 기분 좋게 하여 주었다.

그런데 수레를 모는 천사가 똑같이 생긴 민들레꽃 같은 두 꽃송이를 머리에 장식하고 있었는데 정작 그 얼굴은 수탉의 얼굴을 하고 있었다. 오 마이 갓!

그러자 나는 수레를 타려고 보니 수레는 보이지 않고 내 눈에 어린 아이 즉 벌거벗은 갓난아이가 보였다. 꼭 금방 갓 태어난 아이처럼 몸을 웅크리고 있었다. 아이의 자세가 꼭 엄마 뱃속에 있는 아이의 몸 같아 보였다. 아이의 머리는 아주 까만색이었다. 그런데 이 아이가 내가 보는데서 어디론가 밑으로 한없이 떨어졌다.

아이가 밑으로 누운 자세로 그대로 떨어져 내리는데 그 양옆에서는 위로 살색의 액체들이 높이 솟아오르고 있었다.

아이는 한없이 밑으로 밑으로 내려갔다.

그리고 드디어는 이 아이가 어느 한 방안 테이블 위에 놓여지는 것이 보였다. 이 방안에는 여러 명의 무리가 모여서 이 아이를 인신제사로 드리고 있었다.

즉 이 아이는 이들이 한 방안에 모여서 인신제사로 드려지는 제물이었던 것이다.

나는 이 장면을 보고 있었던 것이다. 그들은 테이블 위에 그 갓난아이를 올려놓고 목을 따서 피를 흘리고 그 아이를 어떤 신에게 제사를 지내는 것이었다. 이 모습은 현재 인터넷에 논란이 되고 있는 카톨릭의 수장들이 인신제사를 드리는 모습과 비슷하였다.

그러더니 장면이 바뀌어서 이제는 인신제사를 지낸 자들이 간 지옥이 보이는 것이었다. 오 마이 갓! 이들은 뼈 밖에 남지 않는 벌거벗은 몸을 하고 있었고 머리는 길게 산발로 여기저기 풀이 제 멋대로 나 있듯이 머리카락이 그렇게 뭉텅이져서 갈라져 보였고 얼굴은 다 늙은 할아버지 할머니처럼 보였다.

이들에게 마귀 부하는 그들의 입에다가 갓난아이처럼 생긴 돌 꼭 갓난아기만한 크기인 돌들을 하나씩 집어넣고 있었다.

즉 이들은 살아생전 갓난아이를 인신제사로 드린 자들이었는데 이제 지옥에서 아이 같이 생긴 돌을 입에다가 집어넣어야 하는 고통을 당해야 했다. 이 돌은 그 입이 찢어지지 않고는 들어가지 않았다. 그 고통은 참으로 힘들어 보였다.

이렇게 인신제사를 지낸 자들이 지옥에서 줄을 서 있었는데 몇몇은 도망가려다가 마귀 부하에게 잡혀서 도로 그 줄을 서야 했다. 그들은 앞에서부터 차례로 돌로 만들어진 아이를 하나씩 입에다가 쳐 넣어야 하는 고통을 받고 있었다.

그리고 그들 뒤쪽으로는 불이 보였는데 이 불은 그들을 고통 주는 불로서 이들이 먼저 불속에서 고통을 당하다가 다시 꺼내어져서 이러한 돌로 만들어진 아이들을 입에다가 집어넣는 고통을 당해야 했다. 그리고 주님은 보이시지 않으시지만 주님이 내게 이렇게 말씀을 하는 것이 들렸다.

"내가 그들을 버렸노라."

주여!

즉 카톨릭에서는 인신제사를 드린다. 이들은 예수를 믿는다 한다. 그러나 주님은 내가 그들을 버렸노라고 말씀하시는 것이다.

할렐루야.

당연하다. 어찌 이 어린아이들을 인신제사로 드린 이들을 주님이 용서할 수 있겠는가?

그들은 루시퍼에게 이러한 인신제사를 드린 것이 틀림없다.

왜냐하면 하나님은 이러한 인신제사를 받지 않으시기 때문이다.

하나님은 우리에게 분명히 자녀를 불에 지나게 하는 것을 싫어하신다고 말씀하신다.

[출 20:3]
너는 나 외에는 다른 신들을 네게 있게 말지니라

[레 18:21]
너는 결단코 자녀를 몰렉에게 주어 불로 통과케 말아서 네 하나님의 이름을 욕되게 하지 말라 나는 여호와니라

[겔 23:37-39]
(37)그들이 행음하였으며 피를 손에 묻혔으며 또 그 우상과 행음하며 내게 낳아준 자식들을 우상을 위하여 화제로 살랐으며 (38)이 외에도 그들이 내게 행한 것이 있나니 당일에 내 성소를 더럽히며 내 안식일을 범하였도다 (39)그들이 자녀를 죽여 그 우상에게 드린 당일에 내 성소에 들어와서 더럽혔으되 그들이 내 성전 가운데서 그렇게 행하였으며

[신 12:31]
네 하나님 여호와께는 네가 그와 같이 행하지 못할 것이라 그들은 여호와의 꺼리시며 가증히 여기시는 일을 그 신들에게 행하여 심지어 그 자녀를 불살라 그 신들에게 드렸느니라

# 주님은 내가 지옥편을 써야 한다는 것을 다시 믿음의 선진들 앞에서 공포하시다.

(2016.5.24)

천국에 올라가는데 흰 옥색의 수레 앞쪽에 자수정 같은 보석이 크게 쌍둥이처럼 두 개 박혀 있는 것이 보였다. 직경이 60cm 는 능히 되어 보였다. 수레는 대단히 크고 아름다웠다.

왜냐하면 아홉 마리가 끄는 수레이기 때문이다.

나는 호명을 해 보았다. 사랑, 지혜, 인내, 승리, 소망, 믿음, 겸손, 찬양, 그리고 맨 나중에 생긴 충성. 그런데 이 충성이라는 초콜렛 색깔의 말이 가장 먼저 서 있었고 나머지 말들은 다 흰색이었다.

나는 수레를 탔는데 안에 있는 책상과 테이블, 그리고 다이닝 테이블 등이 밝은 황금으로 되어 있었다.

오늘은 참으로 수레가 특이하게 아름답고 보석과 황금으로 장식이 되어 있다고 생각하였다. 수레는 천국에 즉시 도착하였고 나는 주님께로 인도함을 받았다.

주님께서는 나처럼 머리에 다이아몬드 면류관을 쓰고 계셨고 흰 긴 옷에 바깥에 회색의 겉옷을 입고 계셨다.

주님은 나를 보자마자 폭포수 앞에 있는 절벽 위로 데리고 가신다. 그리고서는 내 얼굴을 주님의 손으로 직접 생명수에 씻어 주시고 손과 발을 씻어 주셨다. 천사들이 와서 내 몸에 생명수를 부었다.

주님이 말씀하신다.

"너는 나의 영원한 연인이니라."

즉 이 말씀은 주님과 내가 영원한 신랑과 신부라는 말씀이었다. 나는 그 말씀에 그만 울음을 터트리고 말았다.

"아아아앙~ 엉엉엉~"

나는 나오는 그 울음을 주체할 수 없었다.

'나 같은 자를 주님이 자신의 연인이라고 말씀하시다니....'

주님은 나를 데리고 가시면서 '저 영원한 나라'로 가자 하셨다. 그리시고서 빠른 속도로 내 한 손을 잡고 날기 시작하셨는데 나는 이 속도가 아마도 빛의 속도가 아닌가 할 정도로 빨랐다.

그러자 날고 있는 중에 베드로가 보였다.

"주님, 베드로가 왔어요."

키가 크고 갈색의 머리가 구불구불한 눈이 크고 둥근 베드로였다.

"그래 베드로가 너를 좋아한단다."

늘 그는 나를 격려하여 주었다.

그리하였더니 바울이 왔다.

이 현상은 나는 설명이 불가능하다.

주님과 나는 계속 그 영원한 나라로 날아서 가고 있었는데 내 눈에는 선명하게 베드로가 서 있는 것이 보였고 바울이 온 것이 보였다. 이것은 나는 주님과 날고 있는 중에 내 눈에 내 앞에 베드로와 바울이 서 있는 것을 본 것이다. 이들은 날고 있지 않았다.

(나는 순간적으로 이 현상을 이해할 수 없었는데 이 현상은 나중에야 이해가 되었다. 주님과 나는 날고 있으면서도 주님과 내 눈에 그들이 모여 있는 곳이 보인 것이다. 할렐루야)

주님이 바울에 대하여 이렇게 말씀하시는 것이 알아졌다.

'바울은 네게 늘 선교에 대하여 말하여 왔지'

그리고서는 에스더가 그 옆에 와서 서는 것이 보였다.

주님이 또 말씀하신다.

'에스더는 늘 너에게 담대함을 제공하여 주었지' 라고.

그 다음 모세가 왔다.

"오, 모세!" 내가 감탄했다.

주님이 말씀하셨다.

'모세는 늘 너의 편에서 생각해 왔지.'

그리고서는 사도 요한이 왔다.

"오, 요한!"

요한은 머리가 약간 금색과 갈색이 섞인 머리를 하고 있었고 아래 위로 하얀 옷을 입고 나타났다. 사실 이들 모두가 하얀 옷을 입고 나타났다.

그 다음은 아브라함, 이삭, 사라, 그리고 야곱이 왔다.

야곱은 여전히 턱수염이 2cm 길이 10cm 넓이로 자라 있었고 키가 컸다.

요셉도 왔다. 요셉은 라헬을 닮기보다 야곱을 닮았다.

그리고 그 다음은 다윗이 왔다.

'오 마이 갓!' 나는 감탄사가 연발했다.

그 다음 마리아(예수님을 육체로 낳은)가 왔다. '와우~'

그 다음 사무엘이 나타났다.

머리가 하얀, 아~ 나는 참으로 좋았다.

이들은 일렬로 옆으로 섰다가 인원이 많아지니 커브를 돌아서 섰다.

약 반원정도를 그린 것 같다.


주님과 나는 많이많이 날았는데 결국 주님과 내가 온 곳은 바로 이들 앞이었다.

'와~ 여기가 도대체 어디인데 이들이 다 모여 있나?'

집은 보이지 않고 이들만 보였다. 주님은 이들 앞에 나와 함께 서셨다.

그리고 내게 이렇게 말씀하시는 것이었다.

"내가 이들을 불렀단다. 사라야. 네가 좋아하므로."

할렐루야.

주님은 미리 알고 계신다. 내가 이들을 참으로 보기를 좋아하는 것을........

"주여. 감사합니다."

이 모습을 보고 있던, 거기에 있는 믿음의 선진들이 다 미소를 지으면서 좋아하였다.

주님의 말씀에 동의하는 것이었다. 즉 내가 그들을 보는 것을 좋아한다는 사실에.....

나는 순간 너무 미안하여졌다.

왜냐하면 도대체 내가 무엇이길래 이 믿음의 선진들을 주님이 나를 위하여 부르셨나 생각하니 순간 너무 황송하여 나는 순간적으로 그들 앞에서 무릎을 꿇고 절을 하려 하였다.

그리하였더니 믿음의 선진들이 놀라면서 나를 나무라듯이 말했다.

"아니에요. 일어서세요. 오직 주님께만 절하셔야 합니다. 우리가 아니에요."

그래서 나는 절을 하다가 일어섰다.


그 다음 주님이 '지옥편' 이라는 책을 들고 서셔서 (이러한 경우는 책이 갑자기 주님의 손에 들려 있었다) 그들 앞에서 이렇게 말씀하셨다.

"사라가 이 지옥편을 쓸 것이야!"

그랬더니 거기에 주님과 나를 향하여 반원모양으로 일렬로 서 있던 믿음의 선진들이 환호를 하면서 박수를 쳤다.

"와우~"

이렇게 주님은 나에게 다시 한 번 지옥편을 써야 할 것을 믿음의 선진들 앞에서 알리시고 또 격려하여 주신 것이다.

할렐루야.


주님 감사합니다.

**69**

# 성부 하나님께서 내가
# '하나님의 마음'을 가지고 지옥편을
# 써야 할 것을 알게 하시다.

(2016.6.1)

한참을 기도한 후에 천국에 올라갔다.

수레를 가지고 나를 데리러 온 천사가 오늘은 금장색 로마 군인 옷으로 무장하고 있는 것이 보였다. 참으로 아름다웠다.

그런데 얼굴은 그대로의 얼굴이었다 (그대로의 얼굴이란 천사들이라도 조금 못 생긴 얼굴이 있다. 이 수레 바깥에서 나를 수호하는 천사는 조금 못 생긴 얼굴이다).

그리고 수레를 모는 아홉 마리의 말들이 왔고 수레를 모는 천사도 그러한 황금 갑옷을 입은 것으로 보였다. 수레를 모는 천사는 참으로 아름다운 얼굴을 가졌다. 그리고 수레는 그 지붕이 황금색이었고 나머지는 흰 옥색이었다.

나는 이 모든 것이 수레도 정상, 천사들도 정상, 말들도 정상으로 보여서 아하, 정말 오랜만에 천국에서 주님을 만나겠구나! 알아졌다. 왜냐하면 요즘에 나는 수레와 천사와 말들이 이상하게 보이면서 나를 자꾸 지옥으로 인도하였기 때문이다.

그러나 이렇게 모두가 다 정상으로 보일 때에는 나는 천국으로 인도함을 받는다.

나는 얼른 수레 안으로 탔다. 수레 안에는 말들이 있는 쪽으로 내가 앉는 자리가 있고 내가 앉는 자리에서 보면 왼쪽 앞으로 책상이 있고 그 책상 위에는 책꽂이가 있는데 거기에는 내가 쓴 책 5개가 차례로 꽂혀져 있었다.

그리고 수레 중앙에는 긴 테이블이 있는데 그 위에는 지옥편, 그리고 그 다음 내가 써야 할 책 세권이 놓여져 있었다.

나머지 세권이란 지옥편 다음으로 주님이 요즘에 나로 하여금 '천국과 지옥은 실존한다. 깨어 준비하라' 는 내용으로 주님께서 나보고 새롭게 하나의 책을 쓰라고 하신 책과 그리고 나머지 지옥편 다음으로 성경편 제 4권과 제 5권이다 (제 1권: 창세기, 제 2권: 모세편, 제 3권: 계시록 이해가 이미 출판되었다).

나는 그 지옥편의 책을 가슴에 안듯이 하고 수레 안의 내 자리에 와서 앉았다.

그리하였더니 수레 바깥의 천사가 '오라이' 하고 채찍으로 말들을 휘두르는 것이 보였다. 즉 수레를 천국으로 출발시키는 것이었다 (이 수레 바깥의 천사는 이 수레 안을 훤히 다 들여다보는 것 같았다).

천국 문에 서 있던 두 천사가 '사라님 오셨다' 하면서 옆으로 문을 활짝 열어주었다.

수레는 천국에 도착하고 나는 그 지옥편을 가지고 내렸다.

주님이 마중을 나오셨는데 흰 옷이 매끄럽게 길게 주님에게서 흘러내리고 있었다. 나는 오늘 주님께서 조금 특이한 옷, 아주 매끄럽게 흘러내리는 옷을 입고 계신다는 생각이 들었다.

주님께서는 손을 들어 나를 마중하시는데 그 손에는 못자국 구멍이 뚜렷이 보였다.

주님이 나를 맞이하여 주시자마자 나는 거의 주님께 밀착되어져서 어디론가 빠르게 빨려 들어가고 있다는 것을 알았다.

아주 먼 저곳으로.....

아래에서는 흰 옷 입은 무리들이 서서 나를 배웅하고 있었다. 나는 그들을 보니 참으로 반가웠다. 너무 오랜만이다.

그렇게 하여 어디로 가시나 하였더니 주님은 나를 성부 하나님이 계신 궁에 데리고 가셨다. 그리고서는 늘 주님과 내가 그 궁에 가면 서 있는 장소 즉 저 성부 하나님이 계신 보좌에서 약 100m 정도 떨어진 곳에 주님과 내가 서 있었다.

주님은 항상 내 오른편에 서신다.

그리고 저 앞에 성부 하나님이 계신다.

그러자 내가 어디에 와 있는지 알게 되면서

나는 그 지옥편을 가슴에 가지고 있으면서 온 몸이 성부 하나님 앞에서 주체할 수 없을 정도로 떨리고 있었다.

그 이유는 내가 이 지옥편을 쓴다는 것이 너무 두려웠기 때문이다. 지옥에 갈 인생들에 대하여 열거한다는 것이 성부 하나님 앞에서 그들이 불쌍해서 그랬고 또한 내가 성부 하나님 앞에서 지옥편을 들고 서 있는 것이 아닌 것 같아서 나는 후들후들 떨고 있었다. 그러다가 결국 나는 너무 떨려서 앞으로 엎어지듯이 주저앉아버렸다. 도저히 서 있을 수가 없어서였다. 그러자 나는 순간적으로 성부 하나님 앞에서 이 자세가 더 맞는 것이라고 생각했다. 그러면서 나는 내 가슴에 지옥편을 댄 채로 바닥에 엎드려 있었다.

이 때에 나는 속으로 성부 하나님께 물었다.

"성부 하나님, 제가 이 지옥편을 꼭 써야 하나요?"

나는 이 질문을 물으려고 올라간 것이 아니다. 준비한 질문도 아니다. 그런데 나의 깊은 심령 속에서 이 질문이 나오고 있었다. 그리하였더니 저 앞에서 성부 하나님의 음성이 들린다.

'사라야' 하고 크게 부르신다. 이 음성은 천둥과 같은 소리를 넘어서서 내 몸 바깥 뿐 아니라 내 온 전 존재 안으로 울려 퍼지는 소리 같았다. 그리고 그 다음 하시는 말씀이 이랬다.

"내가 너로라."

이 말씀은 전에부터 여러 번 주님으로부터 들은 말씀이다.

그런데 나는 이 말씀을 듣는 순간 아래와 같이 깨달아지는 것이었다.

'아하~ 내가 성부 하나님의 마음으로 지옥 가는 인생들이 불쌍하여 한 영혼이라도 지옥가지 않도록 하는 그런 마음으로 이 지옥편을 쓰면 되는 것이구나!' 알아졌다.

아니 정말로 그 말씀이라는 것을 알겠다.

그러자 갑자기 내 마음 안에 평강이 찾아왔다.

그리고 온 몸이 떨리던 것이 멈추어졌다.

나의 온 전 존재에 평강이 임한 것이다. 더 이상 떨지 않았다.

할렐루야. 차분하고 평화스러워졌다.

'그렇구나! 그렇게 하면 되겠네.....'

'하나님의 마음을 가지고 이 지옥편을 쓰면 되겠네' 하면서 나는 지옥편 책을 들고 일어섰다. 나는 더 이상 후들거리며 떨고 있지 않았다. 오~ 할렐루야!

주님은 다시 나를 데리시고 흰 돌들이 많은 바닷가로 나를 데리고 가셨다. 그 흰 돌들이 있는 곳에 황금으로 정교히 만들어진 벤치가 놓여 있었다.

주님과 나는 거기에 앉았다. 앉기 전에 나는 그 흰 돌들이 쭉 깔린 바다를 보면서 주님께 말했다.

"주님 너무 아름다워요"

그리고서는 주님과 내가 그 벤치에 앉았다.

나는 여전히 지옥편 책을 들고 있었다.

주님이 말씀하셨다.

"사라야"

"네"

"저 바다 위를 보아라."

순간 저 바다를 쳐다보는데 끝이 없이 넓어 보였다.

오호라, 그 순간 나에게 깨달아지는 것이 있었다.

'아하~ 하나님의 마음이 저렇게 넓으신 것이구나.'

나에게 지옥편을 쓰라고 하시는 것은 바로 저 하나님의 넓으신 사랑의 마음이시구나! 알아진 것이다.

즉 내게 지옥편을 쓰게 하시는 것은 한 영혼이라도 지옥가지 않게 하시려는 하나님의 넓으신 사랑의 마음이신 것이다.

저 바다처럼 말이다. 할렐루야.

하나님은 공의의 하나님이시라. 심판받을 자는 면죄치 아니하시는 분이시지만 이 지옥편 책을 읽고 한 영혼이라도 회개하고 돌아서기를 하나님은 원하시는 것이다.

할렐루야.

"알겠습니다. 주님, 제가 꼭 지옥편을 쓰겠습니다."

사실은 지금까지 주님께서 내게 보여주신 지옥 장면들을 다 기록하여 놓았으므로 책으로 정리하여 내면 되는 것인데 아직도 내 마음속 깊은 곳에서는 내가 꼭 써야 하나하는 생각이 있었다.

그것을 아시고 오늘 주님께서는 나를 그 성부 하나님이 계신 궁으로 데리고 가셨고 또 여기 흰 돌들이 많은 바닷가로 오셔서 하나님의 넓으신 사랑의 마음으로 내가 지옥편을 꼭 써야 한다는 것을 알게 하여 주신 것이다. 주여!

그리고 주님이 나를 이 흰 돌이 있는 바닷가에 데리고 오신 또 다른 이유도 있는 것 같았다. 왜냐하면 이 흰 돌은 주를 위한 고난을 당한 자들에게 주어진다고 하셨기 때문이다 (참조 : 지옥편 61. 주님께서 내가 지옥편을 쓰면 핍박이 있을 것을 말씀하시고 이 핍박을 이겨내면 이기는 자들에 주어지는 흰 돌을 주실 것을 말씀하시다).

내가 이 지옥편을 쓰면 또 나를 핍박하는 자들이 있을 것이다.

그 핍박을 잘 견디어 내어야 이 흰 돌이 내게 주어진다는 사실을 또한 주님께서 인지시켜 주시기 위하여 여기에 데리고 오신 것 같다.

주여! 감사합니다. 다시 한 번 제가 꼭 지옥편을 써야 하는 것을 알게 하시니 말입니다.

할렐루야. 진심으로 감사 감사드립니다.

# 70

# 불교인들이 가는 지옥을 보다.

(2016.6.2)

천국에 올라가려 하는데 수레 바깥에서 나를 수호하는 천사의 이빨이 벌써 이상하게 보였다. 누렇고 뭉툭하게 생긴 앞이빨들이 보이면서 흉악하게 보였다. 자세히 보니 이빨 뒤에 또 이빨이 여러 개가 겹쳐 있었다. 오 마이 갓! 이빨이 여러 개가 앞뒤로 겹쳐 있다니! 서너 개가 겹쳐져 있었다. 그리고 그 이빨들 위로 천사의 얼굴은 온데간데 없고 새의 형상이 비취었다.

'오호라, 나는 오늘 지옥에 가는구나!' 알 수 있었다.

이렇게 처음에 천국에 올라갈 때부터 이상하게 보이면 나는 영락없이 지옥으로 간다.

그러자 나는 어느새 머리를 뒤로 한 가닥으로 묶고 흰 승마복같은 것을 아래위로 입은 채로 어느 아주 크고도 큰 가마솥같이 생긴 용광로 앞에 서 있었다. 그 곳을 들어가는 문이 쇠문인데 열려 있었다. 이 용광로는 지상에서 보는 용광로와 달라 보이는 점은 지구공 같이 둥글다는 것이었다. 그래서 지붕이 있는 것같이 공간이 아주 크지만 공처럼 생겼으므로 제한된 공간이었다. 내 옆에는 벌써 얼굴이 쭈글쭈글한 천사가 와서 서 있었다. 그 용광로는 안에서는 불이 위로 치솟아 오르고 있었고 그 용광로의 바깥 색깔은 짙은 회색이었다. 그리고 그 용광로로 들어가는 문이 열려 있었다. 그 속으로 불길들이 보였다. 그런 와중에 용광로의 오른편에 치솟아 오르는 불속에서 불상이 보였다. 그런데 이 불상은 그 불에도 타지 않는 것 같았다. 그 불상을 보는 순간 나는 알았다.

'아하~ 여기는 불교인들이 오는 지옥이구나!' 알아졌다.

그러자 그 안에서 벌거벗은 사람이 그 불속에서도 그 불상 앞에 절을 하는 것이 보였다.

오 마이 갓! 불속에서도 불상에게 절을 하다니.....

그러자 그렇게 보고 있는 중에 한 불교인이 그 용광로 바깥에 스님 옷을 입고 목탁을 갖고 나타났다. 머리를 완전히 밀었고 얼굴이 넓게 보이는 여자였다. 그녀는 키도 제법 커 보였고 덩치도 상당히 있어 보였으며 나이는 약 50세 전후로 보였다.

나는 그 순간 그 여자 스님이 왜 이렇게 50대에 일찍 지옥에 오게 되었는지 궁금하였다. 그러자 알아지는 것이 그 여자는 심장마비로 죽은 것이다.

그 여자가 그 용광로 바깥에 와서 서자 마귀 부하가 그녀의 옷을 다 벗기고 그 불속으로 집어넣었다. 그 여자는 안 들어가려고 발버둥치자 그 마귀 부하는 아까 처음에 내가 천국에 올라가려 할 때에 보였던 그 이빨로 (이빨이 여러 개 겹쳐 있는) 그녀의 어깨를 물어뜯었다. 그러더니 그 여자가 아파서 어쩔 줄을 모르는 사이에 그 마귀 부하가 그녀를 불속에 집어 던져 넣는 것이었다.

오 마이 갓!

그리고 그녀가 불속에서 괴로워하는 것이 보였다.

나는 이전에 불교인들이 가는 지옥을 본 적이 있다 (참조: 지옥편 96. 불교인들과 석가가 가는 지옥을 보다).

그러나 주님은 오늘 또 불교인들이 가는 지옥을 보여주셨다.

'나는 왜일까?' 생각하여 보았다.

나에게 불교인들에게 전도하라고 하시는 것일까 하고.

나는 최근 얼마 전에 주님께서 불교 나라들에 선교를 하라고 하셨다. 불교 국가에 속한 나라들이 인도, 네팔, 중국, 일본, 그리고 태국 등 동남아시아이다.

하나님께서는 우리에게 이렇게 말씀하고 계신다.

[출 20:3]

**너는 나 외에는 다른 신들을 네게 있게 말지니라**

하나님께서는 상을 세워놓고 신처럼 섬기는 그들에게 이렇게 말하고 있다. 그들 신은 보지도 못하고 먹지도 못하고 냄새도 맡지 못하는 신이라고....

[신 4:28]

**너희는 거기서 사람의 손으로 만든바 보지도 못하며 듣지도 못하며 먹지도 못하며 냄새도 맡지 못하는 목석의 신들을 섬기리라**

그러나 우리가 섬기는 신은 살아계신 하나님이시고 이 세상을 주관하시며 또한 이 세상에 오셔서 우리 죄를 대신하여 죽으시고 삼일만에 부활하신 예수 그리스도이신 것이다. 우리는 그것을 믿어야 한다. 그러므로 베드로는 이렇게 말한다.

[행 4:12]
다른 이로서는 구원을 얻을 수 없나니 천하 인간에 구원을 얻을만
한 다른 이름을 우리에게 주신 일이 없음이니라 하였더라

또 사도 바울은 이렇게 우리에게 말한다.

[행 16:31]
가로되 주 예수를 믿으라 그리하면 너와 네 집이 구원을 얻으리라 하고

할렐루야.
또 주님은 말씀하신다.

[요 14:6]
예수께서 가라사대 내가 곧 길이요 진리요 생명이니 나로 말미암지
않고는 아버지께로 올 자가 없느니라

[요 11:25-26]
(25)예수께서 가라사대 나는 부활이요 생명이니 나를 믿는 자는 죽
어도 살겠고 (26)무릇 살아서 나를 믿는 자는 영원히 죽지 아니하
리니 이것을 네가 믿느냐

할렐루야.

그러므로 요한복음 3장 16절은 이렇게 말씀하고 있는 것이다.

[요 3:16]

하나님이 세상을 이처럼 사랑하사 독생자를 주셨으니 이는 저를 믿는 자마다 멸망치 않고 영생을 얻게 하려 하심이니라

즉 우리에게 예수 외에는 구원이 없는 것이다. 할렐루야.

**71**

(1) 내가 지옥편을 씀으로
  말 한 마리가 상으로 더 생겼다.
(2) 주님께서 한국에 전쟁이 곧 일어날
  것을 말씀하시다.

(2016.6.13)

한참 기도 후에 천국에 올라가는데
수레 바깥에서 나를 수호하는 천사가 보이고 그 다음 말들이 보이는데 8마리 외에 초콜렛 색깔의 말(이름이 충성) 그 다음에 그 앞에 즉 이 말이 가장 먼저 보였고 그 다음 초콜렛 색깔의 말 그 다음 8마리의 말들이 일렬로 내 쪽에서 가장 가까운 쪽에 말 한 마리가 더 늘었다. 내 생각에 아니 또 한 마리 늘었네.....

어찌 이것이 가능한 것인가? 와우 이제 10마리네....

나는 도무지 이해가 되지 않았다. 그러나 왜 내게 또 한 마리가 늘었을까? 하였더니 알아지는 것이 이번에 내가 지옥편을 쓰기 때문인 것이 알아졌다. 이것이 상이었다. 와우!

그런데 이 말의 이름을 지어야 했다.

온유가 가장 알맞았다. 그래서 그 첫 번째 서 있는 말의 이름을 온유로 했다. 그러므로 8마리의 이름 사랑, 지혜, 인내, 승리, 소망, 믿음, 겸손, 찬양 그 다음 충성과 온유.

할렐루야.

수레를 모는 천사가 이 한 마리 말이 늘어나고 또한 수레가 더 궁처럼 커진 것에 대하여 매우 기뻐하여 머리에 망사 같은 장식에 오늘은 더 아름다워 보였고 나에게 활짝 웃으면서 이렇게 말했다.

'주인님, 저는 너무 기뻐요. 주인님을 모시게 되어서요.'

수레를 보니 와우 아름답고 아름다웠다. 상아색의 아주 큰 수레였다. 수레 안으로 들어섰는데 수레는 더 커져 보였고 수레 중앙의 테이블 위에는 지옥편이 맨 위에 보였고 그 다음 또 내가 써야 하는 책과 또 두 개의 책들이 놓여져 있었다.

이들은 다 내가 앞으로 써야 할 책들이다. 그리고 내가 이미 쓴 책들은 책꽂이에 꽂혀져 있었다.

그런데 수레 안에 도성 즉 내 아들이 보였다. 그는 더 장성하여 약 20살 정도로 보였다.

그는 한국에서 옛날에 대감댁 아들들이 입는, 도령들이 입는 옷을 입고 있었다.

그리고서는 나를 엄마가 아니라 어머니라 불렀다.

도성이와 나는 수레 중앙의 테이블을 마주 놓고 앉았다.

도성이가 말을 한다.

'어머니, 저는 어머니가 자랑스러워요.' 라고 말했다.

즉 이것은 천국에서는 내가 하는 모든 일을 이 도성이가 보고 알고 있으므로 아마도 지금까지 주를 위하여 일하는 것에 대하여 어머니인 내가 자랑스럽다는 것이다.

오늘 도성이의 얼굴이 자세히 보였다. 얼굴이 내 아버지 쪽으로 닮았다.

수레를 모는 천사가 즉시 우리를 천국 안으로 데려갔다.

즉 수레가 도착하였다.

도성이는 이렇게 말하고 정원길로 걸어서 갔다.

'어머니, 다음에 어머니 집에 놀러 갈께요.' 하면서 가버렸다.

그리고서는 나는 주님을 만났는데

주님께서는 나를 어디론가 즉시 데리고 가셨다.

보통은 폭포수 앞의 절벽 위로 데리고 가서 먼저 나를 생명수로 씻기셔서 깨끗케 하는 작업을 하시는데 오늘은 즉시 나를 데리시고 어디론가 가셨다. 그곳은 회의실이었다. 오 마이 갓!

혹시 또 믿음의 선진들이 여기 회의실에 오시지 아니할까 하는 마음으로 있었는데 주님이 테이블 머리에 먼저 앉으시고 내가 그분의 오른편에 앉았다.

그리고 이어서 마리아가 와서 주님의 왼편에 앉았다.

주님은 테이블 위에 하나의 폴더를 가지고 나타났는데 그 안에는 여러 개의 사진들이 겹쳐서 들어 있었다.

그 중에 첫 번째 사진이 보였다.

그러는 사이에 나는 또 믿음의 선진들이 이 회의실에 오시나 하고
생각하였는데 왜냐하면 나는 그들을 별로 만날 자격이 없어 보였고
그러므로 내가 회의실에 올 때마다 그분들이 오는 것이 나에게는 너
무 황송하였던 것이다.

그래서 오지 말았으면 하고 바랬는데 벌써 그 생각을 할 때에 믿음
의 선진들이 다 와서 각 자리에 앉았다.

나는 누가 누구인지는 자세히 잘 모르겠으나 여하간 다 와서 앉았다
는 것이 알아졌다.


내 눈은 누가 왔는지 궁금하여 그들을 알아보는 것이 중요한 것이
아니라 나는 오히려 그 테이블 위에 놓여진 사진이 궁금하였다.

아니 오히려 그것에 내 눈이 꽂혔다.

그 사진은 바로 6.25때의 사진으로 전쟁이 나서 어린아이가 어린아
이를 업고 피난을 가는 흑백사진이었다.

나는 놀라워했다. 아니 이렇게 주님께서 또 이전의 6.25 때의 사진
을 보여주심으로 말미암아 내게 다시 한 번 나에게 곧 한국에 전쟁
이 일어날 것을 보여주신 것이다.

나는 그것을 보는 순간 내 눈에는 또 다시 눈물이 맺히고 있었다.


나는 마음으로 주님께 물었다.

"주님 언제에요?"

주님이 알게 하신다.

"곧이란다."

주님은 결코 날짜를 가르쳐 주시지 않으셨다.

곧 우리나라에 전쟁이 일어날 것을 다시 한 번 내게 알려주신 것이다.

우리는 지금 전쟁이 날까날까 하면서도 안 나니까 우리는 안 난다고 생각한다.

그런데 그것이 아니다. 곧 난다.

[마 24:7-8]

(7)민족이 민족을, 나라가 나라를 대적하여 일어나겠고 처처에 기근과 지진이 있으리니 (8)이 모든 것이 재난의 시작이니라

**72**

# 주님께서 내가 써야 할
# 지옥편의 책 제목과
# 그 제목의 색깔을 가르쳐주시다.

(2016.6.16)

오늘 기도한 후에 천국에 올라갔다.

나를 데리러 온 수레에 매달린 말이 이제는 열 마리나 된다.

원래 여덟 마리였는데 (그 이름이 차례로 사랑, 지혜, 인내, 승리, 소

망, 믿음, 겸손, 찬양) 이제 두 마리가 더 생겼다.

그들의 이름은 충성과 온유이다.

주여!

나는 그렇게 말이 많이 늘어나는 것을 그렇게 원하는 것은 아니었으나 주님이 그렇게 주신 것이다.

말의 수에 비례하여 나를 데리러 온 수레는 엄청 커 보였다.

전체적으로 수레가 황금색으로 되어 있었고 앞쪽에는 많은 창문이 있듯이 무늬가 그렇게 되어 있었다.

나는 수레 안으로 들어갔고 내 자리에 앉자 그 앞에는 다이닝 테이블이 놓여 있는데 그곳에는 보석그릇 안에 포도가 놓여 있었다.  나는 그것을 먹었다.

그러는 동안 수레는 즉시 천국 안에 도착하였고

나는 내가 수레에서 내릴 때에 보니까

내가 은색의 드레스를 입고 있었다.

나는 놀라워했다.

'어머나, 은색의 드레스도 있네' 하면서 놀라워했다.

그러면서 나는 그 은색 드레스를 입은 채로 주님을 맞으러 갔다.

나는 주님을 보자마자 그의 발 앞에 엎드러져서 울었다.

"주님, 날 용서하여 주세요."

이럴 때는 딱히 내가 무엇을 용서하여 달라는 말인지 내 자신도 잘 모른다.

그냥 그렇게 주님을 보면 이렇게 잘 운다.

그 감정 안에는 오랫동안 주님을 보지 못한 죄

기도를 집중적으로 하지 못한 죄

등등 복합적인 심리적인 마음으로 운다.

또한 오랫동안 그분을 못 만난 서러움 등등

그러자 주님께서 나를 이렇게 부르셨다.

"내 친구야."

나는 놀라고 놀라워했다.

"아니, 주님께서 저를 친구라 부르시다니요?"

나는 예수님의 친구로 전혀 자격이 없는 자인데 주님께서 나를 친구라 불러주시니 정말 몸 둘 바를 몰라 했다.

그리고 나서 주님은 즉시 나를 생명수가 흐르는 폭포수 앞 절벽 위로 나를 데리고 가셨다. 그리고 눈물로 범벅이 되어 있는 내 얼굴을 예수님 자신의 손으로 손수 생명수에다가 씻어 주신 것이다. 이 때에는 이미 천사들이 대야 같은 곳에 생명수를 담아서 주님과 내 앞에 가져다 놓은 것이다.

이 때 주님이 말씀하신다.

"내 딸아" 라고 부르신다.

그리고 내 손과 발도 내어 놓으라 하시고 그것들을 씻어주셨다. 주여!

또한 천사들이 항아리에 생명수를 담아가지고 와서 내 머리에서부터 몸으로 부었다. 이것이 내가 생명수로 깨끗함을 입는 차례인 것처럼 보였다. 늘 이런 차례로 나를 깨끗하게 하였으니까.


그리고 나서 주님은 나를 즉시 어디로 데리고 가셨는데

그곳은 유리바다 위에 떠 있는 카탈리나섬 같이 아름다운 섬으로 데리고 가셨다.

그곳에는 주님께서 나에게 주시기로 한 하얀 궁이 있었다.

주님께서는 이 하얀 궁에 내가 쓴 책들을 천국에서 보관할 것이라 말씀하셨다.

그 하얀 궁의 궁 안의 벽에는 천국지옥 간증 책 1권, 2권이 보였고 그 다음 분홍색 2개 즉 창세기와 모세편이 보였다.

이들이 그 궁의 벽을 빙 둘러서 벽에 크게 장식하고 있었고

그 다음 노란 색의 '계시록 이해' 의 책이 보였다.

그리고 그 다음 지옥편인 분홍색 책이 보였다.


나는 이 때에 '아하~ 오늘 내가 은색의 드레스를 입은 것은 바로 이 이유이구나!' 알아졌다.

즉 지옥편의 책 제목이 "이제도 있고 전에도 있었고 장차 올 자 예수 그리스도" 라는 책 제목이어야 하고 그리고 이전의 창세기와 모세 편과 같이 책 제목의 색깔이 은색이 되어야 함을 알게 하여 주신 것이다. 할렐루야. 주님은 너무나 틀림이 없으신 분이시다.

아멘.

주님 가르쳐 주시는 주님을 찬양합니다.

할렐루야.

**73**

# 주님께서 이 지옥편을 통하여
# 주님이 영광을 받게 될 것이라
# 말씀하시다.

(2016.6.21)

기도 후에 나는 천국에 올라갔다.

수레 바깥에서 나를 수호하는 천사가 흰 옷을 입고 오늘은 무척 서두르는 것으로 보였다.

"주인님, 빨리 오세요."

말들은 모두 열 마리이다. 최근에 들어온 충성과 온유 외에 여덟 마리가 왔다.

충성과 온유는 자신들이 맨 앞에 서려고 하였다.

그러나 다시 맨 끝으로 가면서 다음부터는 앞에 올 것이라 말하는 것이 알아졌다. 여기에도 이유가 있는 것 같았다. 나에게 충성을 강조할 것 같으면 사랑보다 충성이 맨 먼저 선다.

그런데 늘 항상 사랑이란 이름을 가진 말이 맨 먼저 선다.

그런데 충성이 이렇게 말한다. 다음부터는 자신이 온유와 함께 맨 앞에 올 것이라 말한다. 나는 어쨌든 할렐루야이다.

그리고 열 마리가 끄는 수레는 너무나 크고 흰 옥색의 아름다운 수레였다. 내가 수레 안으로 들어갔고 그 수레 안의 중앙 테이블 위에는 내가 써야 할 책들이 놓여 있었다.

물론 내가 이미 쓴 다섯 권의 책들은 책꽂이에 꽂혀 있었다.

테이블 위에 맨 위에 놓인 지옥편 책을 들고서 나는 내가 수레 안에서 앉는 자리로 갔다. 나는 내 자리에 앉으면서 내 눈에는 벌써 눈물이 맺히고 있었다.

왜냐하면 지옥 가는 인생들 때문이다.

그러자 수레는 즉시 천국에 도착하였고 나는 그 지옥편 책을 가슴에 안고 내렸다.

나는 계속 울고 있었다.


주님이 저어기 흰 옷을 입고 서 계셨다. 나는 주님께로 향하여 갔고 주님은 나를 보시자마자 우는 나를 안아 주셨다.

그리고 주님은 나를 안은 채로 그대로 위로 올라가셔서 나를 구름 위에다가 내려 놓으셨다.

구름은 넓고 편만하였고 거기에는 테이블이 놓여 있었는데 그 테이블은 반투명의 우윳빛 색깔이 나는 보석 테이블로서 너무나 아름다웠다. 나는 그 테이블 위에 지옥편 책을 내려놓았다.

주님이 테이블을 중심으로 건너편에 의자에 앉으시고 나는 이편 의자에 앉았다.

그런데 나는 내가 자꾸만 테이블 밑으로 기어 들어가려 하는 것을 발견하였다.

즉 나는 의자에 바로 앉지를 못하고 고개를 숙여서 의자 밑으로 기어 들어가려고 하는 자세를 취하고 있었다. 나는 내가 왜 이럴까 하면서도 그러고 있었는데

주님께서는 나에게 '사라야! 바로 앉거라' 라고 말씀하셨음에도 나

는 계속 그러한 자세를 취하고 있었다. 이것은 주님 앞에서 지옥 가는 인생들이 불쌍하고 또한 내가 그렇게 지옥 가는 인생들에 대하여 써야 한다는 것에 대하여 미안한 마음 등등 복합적인 마음 때문이었다. 기쁘지 않았던 것이다.

이런 마음이 천국에서 테이블 밑으로 기어들어가려고 하는 자세로 표현이 되고 있었다.

그리할 때에 주님이 이렇게 말씀하시는 것이었다.

"내가 이 책을 통하여 영광을 받을 것이다."

나는 속으로 아니 어찌 주님이 이 지옥편을 통하여 영광을 받으신다고 말씀하시나 하면서 의아하여 하고 있는 그 순간에 주님은 내게 이 책을 통하여 많은 영혼들이 회개할 것이라는 것을 알게 하여 주시는 것이었다.

오 할렐루야. 나는 그제서야 거의 앙앙~ 울고 있던 내가 눈에서는 아직도 눈물이 떨어지고 있는 중에 갑자기 활짝 웃게 되었던 것이다.

아하! 그렇지 그렇지 맞아 맞아.

이 책을 통하여 많은 자들이 회개할 것이야

하고 생각하니 울던 내 얼굴에 웃음의 함박꽃이 폈다.

그럼으로써 나는 이제 테이블에 바로 앉게 되었다. 할렐루야.


내가 자꾸만 테이블 밑으로 기어 들어가려고 했던 것은 나는 지옥 가는 인생들이 슬프고 슬퍼서 울고 있었는데 이제 주님께서 그 책을 통하여 많은 영혼들이 회개하고 돌아온다는 것을 알게 하여 주시니 할렐루야. 기뻐서 좋아서 이제는 나는 울지 않고 가슴을 펴고 똑바로 테이블에 앉게 된 것이다.

그리고 나는 주님께 이 지옥책의 껍질이 분홍색이 맞는지를 계속 주님께 묻고 있었다.

그러자 주님께서는 이전에 나에게 분홍색 드레스를 입히시고 거기에 검정 글씨로 지옥편이라고 쓴 것을 기억나게 하여 주셨다.

할렐루야.

나는 그렇게 구름 위에서 주님과 한참을 앉아 있다가 내려왔다.

**74**

# (1) 루시퍼를 보다.
# (2) 지옥편 책 껍질에 들어갈
#     그림을 보여주시다.

(2016.6.24)

기도를 한 후에 천국에 올라갔다.

눈에 올빼미 얼굴이 보이고 두 눈이 또렷이 보였다.

그리고 그 얼굴 앞에서 30cm 길이의 검은 지렁이 같은 것들이 두서너 개가 어른거려 보였다. 나는 너무 놀랐다. 왜 이런 것들이 내게 보이지?

그러자 그 올빼미 얼굴 같은 것이 내게 말했다.

"너 나를 보러 왔니?"

"앗, 루시퍼구나! 오 마이 갓!"

나는 이전에 루시퍼를 만난 적이 있었다 (참조: Part II 지옥편, 제 2
부, 86. 루시퍼를 만나서 대화하다).

나는 놀라워하고 있는 중에 루시퍼가 이렇게 말을 했다.

"저 년을 잡아라."

그랬더니 삽시간에 루시퍼의 부하들이 나타나서 창과 칼을 들고 나
에게 덤벼 들려 하였다.

내가 기겁을 하는 순간에 내 옆에 나를 지옥으로 인도하는 얼굴에
주름이 쭈글쭈글한 천사가 나타나서 이것을 말린 것이다.

"예수님의 명령이다. 손대지 말라."

그리하였더니 이 마귀 부하들이 예수님의 이름에 놀라서 뒤로 확 물
러났고 루시퍼도 예수님의 명령이라 하였더니 얼굴에 겁을 잔뜩 먹
은 상태였다. 그리고서는 억울한 듯 손에 들고 있던 창을 집어던지
고 가버렸다.


그러자 얼굴이 쭈글쭈글한 천사가 나를 보고
"주인님 천국으로 올라가요."
라고 말하면서 또 다시 말하기를 "빛 가운데로 오세요."
라고 하면서 나를 데리고 천국 레벨로 올라갔다.


올라가니 할렐루야 이미 저어기에 보통 때에 나를 수레에 태우고 오
는 마차가 저기에 보였고 반대편에서는 주님이 흰 옷을 입고 나를

기다리고 계셨다.

나는 주님께 다가가서 울면서 그분의 발 앞에 엎어졌다.

나는 루시퍼 때문에 너무 놀랐기 때문이다.

이 때에 주님이 말없는 말을 하신다.

'사라야, 네가 그렇게 위험가운데 있을 때에 내가 항상 너를 그렇게 보호하여 줄 것이야' 라고 말씀하시는 메시지가 나에게 전달되었다. 오 할렐루야. 내가 오늘 기도하기 전에 누군가로부터 벨리제에 대한 위험성을 말하는 것을 들었었다. 주님께서 이것에 대한 메시지를 천상에서 나에게 전달하신 것이다.

내가 너와 함께 하리라고 하는, 내가 너를 항상 위험 속에서 구하여 낼 것이야 하는 그 메시지를 오늘 이 루시퍼와 그 부하들을 동원시키셔서 이렇게 알려 주신 것이다. 할렐루야.


주님은 나를 일으키셔서 나를 천국으로 데리고 가셨는데 그곳은 흰 돌들이 많은 바닷가였다. 나는 내가 이 바닷가의 이름을 지어야 할 것 같았다.

무어라 하여야 할까? 하고 생각하는데 아하! 그렇다.

이 흰 돌들은 이기는 자들에게만 주어지는 것이다.

그러므로 이 바다를 내가 생각하기에 그냥 나만 알게 '이기는 자의 바다'라고 지을까 하는 생각이 내게 들어왔다.

그러자 주님께서 미소를 지으시는 것이 알아졌다.

주님께서는 벌써 내 생각을 다 알고 계셨다.


그러자 주님께서 바닷가에 있는 흰 돌을 하나 주워서 내게 주셨다.

나는 그 돌을 받아들고 생각했다.

아, 여기에 나중에 주님과 나의 관계를 나타내는 이름이 적혀질 텐데 뭐라고 적혀질까 하고 생각을 했다. 그러자 아하 아마도 '나의 힘이 되신 여호와' 즉 '나의 힘이신 예수님' 이렇게 적혀지지 아니할까 하는 생각이 들어왔다. 그러나 여기에 대하여서 주님께서는 아무런 말씀이 없으셨다.

그리고 나서 주님은 나를 모세의 광장으로 데리고 가셨다.

주님이 테이블 머리에 앉으시고 나는 그의 오른편 모세가 그분의 왼편에 앉으셨다. 그리고 테이블 위에는 분홍색의 지옥편 책이 놓여져 있었다.

나는 이 분홍색 책이 색깔이 지옥편이므로 달라져야 한다고 생각하고 있었는데 주님께서는 아무 말이 없으셔서 분홍색으로 해야 하나 하고 고민하고 있었는데, 하라면 해야지 하고 있었는데 오늘 주님은 그 마음을 아셨던 것 같았다.

갑자기 그 테이블 위에 놓인 분홍색 책이 물속으로 떨어졌다. 즉 그 자리에서 테이블이 물로 변하는 것처럼 보였다.

그러더니 불과 같은 색깔로 그 책 껍질이 입혀지더니

지옥에서 한 영혼이 고통당하는 그림이 책 앞에 입혀지는 것이었다. 오 마이 갓, 주님께서 이 그림을 지옥편의 겉표지로 하라고 하시는 것 같았다. 할렐루야.

주님 감사합니다.

그러나 나는 다시 확인하여야 할 것이다. 아멘.

# 75

# 불교인이 가는 지옥을
# 또 보여 주시다.

(2016.7.6)

천국에 올라갔다.

열 마리의 말들이 왔다. 맨 먼저 하얀 말 온유, 그 다음 초콜렛 색깔의 충성, 그리고 여덟 마리의 말이 차례로 서 있다.

내가 수레에 타기 전에 수레로 들어가는 문에 갑옷을 입은 천사가 있었다.

즉 두 흰 날개가 있는 갑옷 입은 천사를 이렇게 보기는 처음이다. 그모습이 조금 어색하다고 생각이 들었지만 내 생각에 왜 오늘 이 천사가 수레 바깥에서 내가 수레에 타려고 하니 바깥에 있지? 그리고 원래 나를 수레 바깥에서 수호하는 천사는 흰 옷을 입고 나를 맞아 주었다.

그러나 오늘따라 그 얼굴이 자세히 보이지 않았다.

그런데 이 갑옷 입은 천사는 머리에 투구까지 쓴 꼭 이전에 내가 지옥에 갈 때에 따라붙었던 그러한 천사들 중의 하나처럼 보였는데 다른 것은 흰 두 날개를 등 쪽에 달고 있다는 사실이었다.

이전에 나를 지옥으로 데리고 가는 갑옷 입은 천사들은 모두가 다날개가 없었다.

나는 참으로 이상하다는 생각을 하면서 이 천사가 열어주는 수레의 문을 통하여 수레 안으로 들어섰다. 그런데 테이블이고 모든 것이 노란색이라는 사실을 직감하는 순간에 책상 쪽의 벽에서 황금색의 불상이 보였다.

그리고서는 그 주위에 불이 보이면서 한 벌거벗은 여인이 불에 타고 있었고 그 불상이 앞으로 넘어지면서 그 불에 그 불상이 녹아 내렸다.

그리고 그 녹아내린 그 불똥 속에서 또 그 여인이 고통을 당하면서 말을 한다.

"내가 이것 때문에 여기 왔어"

"내가 이것 때문에 여기 왔어"

하면서 통곡하며 울고 있었다.

그러면서 그녀가 불상이 녹은 불속으로 꺼져 들어가는 것이 보였다.

하나의 불상이 불에 녹아 떨어지면 그 다음 다른 모양의 다르게 생긴 불상이 또 앞으로 엎어지면서 불에 녹아내렸고 그 다음 또 다른 불상이 앞으로 엎어지면서 불에 녹아 내렸다.

이것은 계속 되었다.

그러므로 그 불은 온통 녹아내린 불상들의 재료였고 거기에 그 한 여인이 그 녹아내린 불속으로 꺼져 들어가 이제는 전혀 보이지 않았다.

오 마이 갓!

오늘 이렇게 수레를 타자마자 주님께서는

불교인들이 가는 지옥을 또 보여주신 것이다.

주여!

나는 주님이 불교인들에게 천국과 지옥이 있음을 전하라는 메시지로 받아들여졌다.

불교를 믿으면 지옥 간다는 것을 전하라는 주님의 메시지였다.

오, 주님! 할 수만 있으시면 그들을 구하여 주소서!

주님은 저번에 나를 보고 불교 국가들을 전도하라 하셨다.

불교를 믿는 민족이 중국, 일본, 한국, 인도, 네팔, 캄보디아, 태국 등등 아주 많다.

오늘 불교인들이 가는 지옥은 바로 그들에 대한 주님의 경고이시다.

그러므로 불교인들은 돌이켜 회개하여 예수를 믿지 아니하면 반드시 지옥 간다는 것을 알아야 한다.

# 지옥편을 쓰게 되면 줄 상을 주시다.

(2016.7.10)

천국에 올라갔다.

오늘따라 나를 수레 바깥에서 수호하는 천사가 금장색의 옷을 입고 있었고 나를 데리러 온 말들도 금장색으로 다들 장식을 하고 있었을 뿐 아니라 수레를 모는 천사도 금장색으로 장식하고 있었다.

수레 바깥에서 나를 수호하는 천사가 천국으로 올라가면서 천국문에서 문 앞에 있는 천사들에게 '문을 여시오.' 하고 명령하였다.

수레는 즉시 천국에 도착하였고 나는 내가 수레에서 내릴 때에 보니 금장색의 드레스를 입고 있었다. 즉 황금색의 드레스에다가 금 면류관을 쓰고 있었다.

오늘은 다 금 도배를 한 것 같다.

주님도 오늘 금장색으로 장식된 가운을 입고 계셨고 머리에는 금면류관을 쓰고 계셨다.

그러고서 나는 주님의 보좌 앞으로 갔다.

그런데 이 주님의 보좌는 양쪽으로 천사들이 있는 것이 아니라 좌우에 왕권을 가진 자들이 모여 있었다.

나는 주님의 보좌 앞에서 엎드려 울기 시작하였다.

왜냐하면 내가 지옥편을 써야 하기 때문이었다.

지옥 가는 인생들이 불쌍하여 울었다.

그러고 있는데 한 천사가 송구 공 정도의 사이즈의 오색찬란하면서도 투명한 보석 공을 나에게 가져다주는 것이었다.

이 공은 발판 같은 곳에 놓여 있어 그것을 책상 위에 두면 좋을 것 같았다. 이 발판도 다 아름다운 보석이었다.

이 오색찬란한 빛이 비취는 이 투명하게 보이는 공은 너무 아름답고 예뻤다.

그런데 그 공 안에 하얀 옷을 아래위로 입고 있는 내 육신의 아버지가 보이는 것이었다.

어머나? 나는 너무나 놀라왔다. 공 안에서 내 아버지도 나를 보고 계셨다.

즉 이 공은 내가 보고 싶은 자를 언제든지 볼 수 있게 하는 투명한 보석 공이었다.

나는 울다가 너무 좋아서 내 입이 쫙 찢어졌다.

울다가 갑자기 너무 좋아서 울음을 멈추고 웃은 것이다.

나는 그 공을 받아서 어디에 둘까 하고 생각하니 내 집의 테이블 위에 두어야겠다고 생각하였다.  그러는 순간 나는 내 집에 와 있었는데 그 공을 내 집의 거실의 테이블 위에 두었다.

할렐루야.

나는 알았다. 오늘 주님께서 내가 지옥편을 쓰는 것에 대한 상을 주셨다는 사실을!

오늘 왜 모두가 다 금장색 옷과 금면류관을 다 썼는지에 대한 이유가 바로 내가 왕권을 가진 자들이 모인 곳에 가기 때문이라는 것이 알아졌다. 할렐루야.

**77**

# 가족과 친형제를 돌보지 않은
# 자들이 지옥에 와 있다.

(2016.7.18)

기도하고 천국에 올라간다고 올라갔다.

그런데 나를 데리러 온 모든 열 마리의 말에서 푸른 기운이 눈주위와 머리에 돌면서 그렇게 기분이 썩 좋지는 않았다.

나를 데리러 온 수레 바깥의 천사가 말을 한다.

"주인님 말들을 점검해 보세요."

나는 먼저 온유, 충성, 사랑, 지혜, 인내, 승리, 소망, 믿음, 겸손, 찬양 이렇게 점호를 하였건만 이들은 여전히 푸른 기운이 돌면서 어두웠다. 그런데 내가 수레를 모는 천사를 살피는 중 이 천사가 마귀 부하로 내 눈을 째려보면서 어쩐지 닭의 모양을 풍기면서 나에게 이렇게 말하는 것이 느껴졌다.

'너 나를 알지?' 즉 전에 만난 적 있는 마귀의 부하였다.

오 마이 갓! 그 섬짓한 눈을 본 것이다.

그러면서 나는 이미 지옥으로 가고 있었는데

지옥의 아주 깊은 곳 즉 지옥의 밑으로 삼층 정도 되어 보였다. 그런데 거기로 내려가는 길이 돌이 박힌 절벽과 같은 터널로 거기에는 이끼가 끼여 있었고 흰 안개 같은 것이 올라왔다. 어머나 지옥에 이런 곳도 있었네 하면서 내려가는데 나를 지옥으로 인도하는 천사

즉 얼굴이 갈색이며 주름이 쭈글쭈글한 천사가 이미 나타났다. 그리고서 하는 말이 '주인님, 제가 먼저 내려갈테니 뒤따라 내려오십시오.' 하였다.

안개가 자욱하여 밑이 보이지 않아 두려워하는 내 마음을 알고 이 천사가 그렇게 말하는 것이었다. 그리고서는 그 천사가 먼저 그 좁은 터널로 내려갔다.

따라서 쭉 쭉 내려가니 벌거벗은 것 같은, 전체 몸이 밤색깔로 이티 같이 생긴 마귀 부하들이 채찍을 가지고 있으면서 벌거벗은 남자들을 줄줄이 줄을 매어서 어디론가 데리고 가고 있었다. 가는 곳을 보았더니 조금 깊은 곳으로 웅덩이가 나타났는데 그곳은 펄펄 끓는 물이 있는 계곡 같은 곳이었다.

나는 이 지옥으로 올 때에 자욱하던 그 안개가 바로 이 끓는 물 때문에 위로 올라왔다는 것을 알게 되었다.

아하, 그렇구나. 이 펄펄 끓는 물에서 수증기가 위로 올라왔었구나! 그런데 이 펄펄 끓는 물속으로 줄줄이 줄로 맨 남자들을 마귀 부하들이 그 속으로 채찍질하여 들여보내고 있는 것이 보였다. 주여!

그곳은 너무나 뜨거운 물로 들어가자마자 사람을 통째로 삶아버리는 것이었다. 그래서 신체의 부위가 꼭 삼계탕 삶을 때에 흐늘흐늘 뜯어져 나오는 것처럼 그렇게 신체의 부위가 떨어져 나오면서 삶기고 있는 곳이었다. 오 마이 갓!

나는 '주여, 도대체 어떤 자들이 이곳에 옵니까?' 하고 절규하듯이 주님께 물었다.

그런데 주님이 내게 알게 하여 주시는 것은

이곳은 자기의 배만 채우고 환난 당한 동생들의 어려움을 돌아보지 않은 자들이 오는 곳이었다. 오 마이 갓!

이 때 성경구절이 또 한 번 생각이 났다.

[딤전 5:8]
**누구든지 자기 친족 특히 자기 가족을 돌아보지 아니하면 믿음을**
**배반한 자요 불신자보다 더 악한 자니라**

즉 어려움을 당하는 동생들을 도와주지 않은 형들이 이 곳에 오는
것이다.
성경은 이들을 불신자보다 더 악한 자요 믿음을 배반한 자라 말하
고 있는 것이다.

오 마이 갓!

환난 당한 동생을 도와주지 않는 형!
자기 배만 채운 자들!
이들을 성경은 불신자들보다 더 악하고 믿음을 배반한 자들이라 말
하고 있는 것이다. 주여!
그래서 이들은 불신자들보다 더 악하므로 이 지옥의 깊은 곳 계곡에
서 뜨겁고 뜨거운 물에 삶기고 있는 것이었다.

[마 25:41-46]
**(41)또 왼편에 있는 자들에게 이르시되 저주를 받은 자들아 나를 떠**

나 마귀와 그 사자들을 위하여 예비된 영영한 불에 들어가라 (42)내가 주릴 때에 너희가 먹을 것을 주지 아니하였고 목마를 때에 마시게 하지 아니하였고 (43)나그네 되었을 때에 영접하지 아니하였고 벗었을 때에 옷 입히지 아니하였고 병들었을 때와 옥에 갇혔을 때에 돌아보지 아니하였느니라 하시니 (44)저희도 대답하여 가로되 주여 우리가 어느 때에 주의 주리신 것이나 목마르신 것이나 나그네 되신 것이나 벗으신 것이나 병드신 것이나 옥에 갇히신 것을 보고 공양치 아니하더이까 (45)이에 임금이 대답하여 가라사대 내가 진실로 너희에게 이르노니 이 지극히 작은 자 하나에게 하지 아니한 것이 곧 내게 하지 아니한 것이니라 하시리니 (46)저희는 영벌에, 의인들은 영생에 들어가리라 하시니라

제2부

# 서사라 목사의
# 천국과 지옥 간증수기
# 제 1권 – 4권에 실린 지옥편

---

서사라 목사의 천국과 지옥 간증수기
제 1권에 실린 지옥편

# 지옥에서 간음한 남녀를 보다.

(2013.11.1)

그 다음 장면이 바뀌었다.

갑자기 내가 황량한 벌판에 서 있는 것이었다.

그리고 갑자기 썰렁한 느낌이 나더니 내 눈에는 갑자기 지옥의장

면이 보이기 시작했다. 나는 이것이 어떻게 가능한지 모른다.

천국에 있었는데 이제는 지옥을 보고 있는 것이다.

한 남자가 벌거벗은 몸으로 모든 힘을 다하여 도망하고 있는데 뱀

이 그 두께가 약 30cm 정도 되는데 그 뱀이 날쌔게 그의 허리를 감아서 데리고 와 바닥에 내동댕이치는 것이었다.

그러자 마귀의 한 부하가 칼로 그 몸의 배를 상하부로 두 동강이를 내어 버렸다.

그리고 나서 상하부의 몸이 다시 붙었는데 또 다른 마귀의 부하가 그 배를 창으로 반복하여 푹푹 찌른다.

나는 그때 생각했다.

저 사람이 어떤 죄를 지었기에 저러한 고통을 받나?

그때에 나는 그 내용이 그냥 알아지는 것이었다.

아하! 간음한 자이구나.

그리고 갑자기 한 여인이 벌거벗은 채 서 있는 것이 보였다.

이 여인은 바로 이 남자와 간음한 여자였다.

거기는 단 한 사람만 살 수 있는 것과 같은 공간인데 벽이 다 벌건 모습이었다. 그 여자를 괴롭히기 위하여 담당되어 있는 것 같은 마귀의 부하가 하나의 창을 들고 서 있는 것이 보였고

또한 여기에도 30cm 두께의 뱀이 있었다.


[마 18:8-9]

(8)만일 네 손이나 네 발이 너를 범죄케 하거든 찍어 내버리라 불구자나 절뚝발이로 영생에 들어가는 것이 두 손과 두 발을 가지고 영원한 불에 던지우는 것보다 나으니라 (9)만일 네 눈이 너를 범죄케 하거든 **빼어 내버리라** 한 눈으로 영생에 들어가는 것이 두 눈을 가지고 지옥 불에 던지우는 것보다 나으니라

# 79

## 지옥에 있는 아리엘 가스트로 (Ariel Castro)를 보다.

(2013.11.5)

갑자기 벌거벗은 한 남자가 보였다.

먼저 마귀의 부하들이 무슨 긴 나무 꼬챙이 같은 것으로 입의 양쪽 끝에 집어넣고 입을 쫙 벌리는 것이었다. 우리가 우리의 손가락을 우리의 입에다가 넣고 입을 벌려도 아픈데 얼마나 아플까 생각이 들었다. 입이 찢어지는 것 같았다. 그는 물론 벌거벗은 몸이다. 그리고 난 다음 마귀의 부하들이 그의 사지를 하나씩 동시에 사방으로 잡아당겨서 살이 다 찢어지게 만들었다. 양팔을 벌리고 두 다리를 벌려서 네 명이 각각 잡아당기니 살들이 우두둑 뜯어져 나왔다. 그런데 참으로 이상한 것은 뼈는 그대로 몸통에 붙어 있었고 살들만 찢겨져 나오는 것이었다. 그 다음에는 찢겨진 살들을 마귀의 부하들이 질겅질겅 씹어 먹는 장면이 보였다. 너무 끔찍한 장면이었다. 나는 그가 누군가 하고 생각하는 순간에 그는 2013년 2월에 전 세계를 떠들썩하게 만들었던 클레브랜드 여성 납치범 (Cleveland kidnapping) 의 주인공 Ariel Castro인 것이 그냥 알아졌다.

그는 세 여자 (Gina de Jesus, Michele Knight, Amanda Berry) 를 납치하여 십년이상 집에다가 감금하여 놓고 한명은 1층에 한명은 2층에 한명은 지하에 가두어두고 10년 동안 강간해온 아주 흉악범이었던 것이다. 그가 지옥에서 이렇게 고통 받고 있었다.

## 80 예수 믿지 아니하는 자들이 가는
# 지옥을 보다.

(2013.11.13)


아침에 지옥의 세 장면을 보게 되었다.

평상시와 같이 황금 꽃마차를 타고 천국에 올라갔다.

가자마자 주님이 옆에 서계셨는데 갑자기 오늘 따라 천국의 모습이 참으로 이상했다.

즉 보통 보이는 천국의 레벨이 아니라 오늘은 내가 올라가자마자 딛고 서는 바닥보다 좀 아래쪽으로 정말 셀 수 없이 많은 사람들의 머리가 빽빽이 넓게 보이는 것이었다. 이것은 옛날에 우리 한국에 큰 성냥통의 뚜껑을 열면 성냥개비의 머리만 빽빽이 보이듯이 사람들의 머리가 그렇게 많이 보이는 것이었다.

시야전체를 메웠다.

그러고서는 내가 지켜보고 있는 동안에 그 머리들이 저 밑으로 더 한없이 내려가는 것이었다. 이것을 어떻게 다르게 설명할 수 있냐면 그 사람들의 머리가 나에게 close up 되어 보이다가 실제로는 그 깊이대로 보이기 시작했다고도 말할 수 있는 것이다. 그들이 있는 곳은 아주 캄캄하고 깊은 곳이었다.

순간 나는 내가 지옥에 와 있음을 느꼈다. 나는 순간 무서워서 옆에 계신 주님의 옷자락을 힘껏 잡고 있었다. 그리고 내 눈에는 사람들이 고통 받는 모습들이 보이기 시작했다. 즉 주님과 나는 지옥의 불구덩이의 맨 밑바닥 가장자리에 서 있었다.

저쪽 한가운데는 엄청난 뜨거움의 불이 사람들을 태우고 있었다. 불속에서 사람들은 아우성을 질러댔다. 그리고 내가 보고 있는 것은 불 가장자리에서 벌거벗은 자들이 불을 피하여 온 힘을 다하여 달음질하고 있는 모습이었다.

사람들은 불을 피하여 달리고 있었는데 참으로 희한한 것은 불이 사람을 향하여 달려오고 있었다는 것이다. 그리고 그들이 달리는 방향에서는 얼마 못가서 마귀의 부하들이 일렬로 서서창으로 그들의 배를 찌르려고 기다리고 있었다. 창을 그들의 배를 향하여 들고 서서.....

그 순간 사람들의 순간적인 고민을 내가 알게 되었다. 불이 너무 뜨거워 피하여 보고자 도망하고 있는 자의 마음을 내가 읽고 있는 것이었다.

"저 불은 너무 뜨거워. 어머 앞에는 창이 기다리고 있네. 어쩌지 창에 찔리는 것이 저 불보다는 견디기 쉬울까?" 하면서  고민하면서 달리는 그들의 마음이 느껴져서 마음이 무너지는 것 같았다. 그들이 그런 생각을 하는 순간에 그들은 퍽 퍽 창에 찔려서 다시 그 불속으로 던져지는 것이었다.

그것을 보고 있는 나는 숨이 막힐 것 같았다. 광경은 너무 참혹하여 나는 신음소리를 내었다.

그런 후 바로 주님과 나는 그 큰 지옥 구덩이의 가장 위로 언제 올라가느냐는 듯이 올라가는 것이었다.

위쪽에는 절벽과 같은 곳에서 사람들이 들어오는 시커먼 구멍이 꼭 우리 집 문 사이즈보다 조금 폭이 작게 나있는 것 같이 보이며 그곳으로부터 지옥으로 오는 사람들이 한사람씩 나오는 것이 보였다. 이러한 시커먼 구멍이 내가 보고 있는 쪽으로 벌써 몇 군데가 보인다.

각 구멍마다 마귀의 부하들이 그 구멍 옆에 서서 사람들이 들어오자마자 어 여기가 어디야 하고 의아하여 하는 순간 즉 불구덩이인 것을 인식하는 순간에 마귀의 부하는 그를 불구덩이로 밀어서 던져 넣는 것이었다. 즉 순간적으로 이 일이 일어난다. 그러니까 그 구멍에서 나오자마자 사람이 한 두 사람 설 정도의 면적이 있다. 그리고는 그 밑은 불구덩이로 떨어지는 절벽같이 생긴 것이다. 밀기만 해도 그 불구덩이로 떨어지는 것이다. 그리고 그 구멍들이 있는 사이에 중간에는 그들보다 조금 계급이 높은 마귀의 부하가 그들이 잘하고 있는지를 감시하고 있었다. 이 광경은 정말 무서웠다. no choice 이었다.

그때에 주님이 나에게 말씀하신다. "너는 그래도 복음을 전하지 아니하겠느냐?" 하시는 것이다.

이 지옥은 예수 믿지 아니한 자들이 오는 지옥이었다.

나는 울기 시작했다. 지옥에 오는 그들이 불쌍해서 또 예수 믿지 아니하는 많은 자들이 여기에 올 것을 생각하니 눈물이 앞을 가렸다.

[계 20:15]

**누구든지 생명책에 기록되지 못한 자는 불못에 던지우더라**

그리고 나는 더 이상 지옥을 보고 싶지 않다는 생각이 들었다. 왜냐하면 지옥에서 고통당하는 그들을 보니 내가 너무 괴로워서였다.

그래서 나는 주님께 말했다. 마음으로 통한다.

"주님, 나 더 이상 지옥 보고 싶지 않아요. 안 볼래요." 라고 하면서 주님과 마음으로 실랑이를 하는 순간에 침묵이 흐르고 잠시 내 눈에는 아무것도 보이지 않는 시간이 있었다.

**81**

# 원한을 풀지 않고 죽은 자가 지옥에 와 있다.

(2013.11.13)

그런데 갑자기 한 사람이 내 눈에 보이기 시작하는 것이다.

보여 달라고도 아니했고 보일 것이라 기대한 것도 아니었는데.......

그는 한 남자였는데 왼쪽 눈에는 눈알이 없고 푹 파져있었으며 거기서는 피가 철철 흐르고 있는 것이 보였다. 즉시 나는 마귀의 부하가 이미 한쪽 눈을 파먹은 것을 알 수 있었다. 이것은 누가 그렇게 파먹었다고 말하는 자가 있는 것이 아니라 내가 그 눈을 보는 순간 그러한 지식이 내게 생긴다. 주님이 알려 주시는 것이다.

그리고 다른 마귀의 부하가 다른 쪽 한 눈도 파먹으려고 창을 다른 쪽 눈을 향하여 겨누고 있었다. 그 사람의 두 손은 그 사람의 뒤에서 마귀 부하 두 명이 비틀어서 잡고 꼼짝 못하게 붙잡고 있었다. 그리고 다른 부하 하나는 창으로 그의 배를 계속 찔러대고 있었고 그 창에 묻어 나오는 살을 또 다른 마귀의 부하가 먹고 있었다.

주여 저 사람은 어떤 자이기에 저러한 고통을 당하고 있나이까? 라고 하니까 물론 생각으로 묻는 것이다. 그러자 나는 그는 이 세상에 살면서 원수를 맺고 그 원한을 풀지 않은 자였다는 것을 알 수 있었다. 그냥 알아지는 것이었다.

[마 18:23-35]

(23)이러므로 천국은 그 종들과 회계하려 하던 어떤 임금과 같으니 (24)회계할 때에 일만 달란트 빚진 자 하나를 데려오매 (25)갚을 것이 없는지라 주인이 명하여 그 몸과 처와 자식들과 모든 소유를 다 팔아 갚게 하라한대 (26)그 종이 엎드리어 절하며 가로되 내게 참으소서 다 갚으리이다 하거늘 (27)그 종의 주인이 불쌍히 여겨 놓아 보내며 그 빚을 탕감하여 주었더니 (28)그 종이 나가서 제게 백 데나리온 빚진 동관 하나를 만나 붙들어 목을 잡고 가로되 빚을 갚으라 하매 (29)그 동관이 엎드리어 간구하여 가로되 나를 참아 주소서 갚으리이다 하되 (30)허락하지 아니하고 이에 가서 저가 빚을 갚도록 옥에 가두거늘 (31)그 동관들이 그것을 보고 심히 민망하여 주인에게 가서 그 일을 다 고하니 (32)이에 주인이 저를 불러다가 말하되 악한 종아 네가 빌기에 내가 네 빚을 전부 탕감하여 주었거늘 (33)내가 너를 불쌍히 여김과 같이 너도 네 동관을 불쌍히 여김이 마땅치 아니하냐 하고 (34)주인이 노하여 그 빚을 다 갚도록 저를 옥졸들에게 붙이니라 (35)너희가 각각 중심으

로 형제를 용서하지 아니하면 내 천부께서도 너희에게 이와 같이
하시리라

# 토막 살인한 자들이
# 지옥에서 토막내어지고 있다.
(2013.11.13)

그 다음은 또 나의 의지와 상관이 없이 다시 한 번 더 지옥의 장면
이 내게 펼쳐졌다. 주님과 나는 어느새 물 같은 것이 흐르는 질퍽한
도랑가에 서 있었다. 그 도랑에 흐르는 것이 물이 아니라 피였다.
캄캄한 가운데서도 그것이 보이는 것이었다.
주님과 나는 그 도랑을 살짝 밟듯이 건넜다.
그리고 저쪽에서는 사람을 토막 내는 장면이 보였다. 팔과 다리를
톱으로 자르는 것이었다. 그리고 그 자른 팔과 다리를 아무데나 던
진다. 그리고 머리와 몸이 남은 것을 작두 쪽으로 데리고 가서 머리
를 싹뚝 잘라버리면 그 머리가 떨어져서 데굴데굴 구른다.
그리고 다른 마귀의 부하들은 그 팔다리들을 주워서 군인용 침대
즉 다친 전우들을 실어 나르는 침대 같은데다가 담아서 나르고 있

는 모습이 보였다. 얼마나 끔찍한지 모른다.

그리고 피들이 한군데로 모여서 아까 우리가 지나온 도랑으로 흐르는 것이었다. 이렇게 고통 받는 이들은 누구인가 생각하는데 그들은 이 세상에서 살 때에 사람을 죽여서 토막을 낸 자들이었다. 자기들이 사람을 죽여서 토막을 내었지만 이들은 여기서 영원히 살아서 토막을 내어짐을 당하는 것이었다.

[고후 5:10]
이는 우리가 다 반드시 그리스도의 심판대 앞에 드러나 각각 선악간에 그 몸으로 행한 것을 따라 받으려 함이라

# 지옥에서 불륜으로 인하여
# 가정을 파괴한 자들을 보다.

( 2013.11.20 )

어쩐지 두 번째 방문은 지옥일 것 같았다.
아니나 다를까 올라가자마자 지옥의 장면이 보였다.
두 남녀가 벌거벗고 있는 모습이 보였다. 한 여자와 한 남자가 절벽

에 매달려 있었다. 그들은 두 손을 위로 하여 묶여 있는 것이었다.

마귀의 부하들이 여자와 남자의 궁둥이를 둔탁한 매로 아주 매섭게 내리친다. 그들의 엉덩이에서 피가 터져 나왔다.

그리고 한 마귀의 부하가 남자의 그것을 힘껏 잡아 당겨서 뜯어 먹는 것이다.

또 다른 한 마귀의 부하는 여자의 그곳에 긴 쇠꼬챙이를 집어넣어서 쑤시는 것이었다.

마귀의 부하들은 이 짓을 계속 되풀이 하였다.

나는 과연 이들이 어떤 죄를 저질렀기에 이런 고통을 당하는가를 생각했는데 나에게 알아지는 것이 여자는 가정이 있는 여자였고 아이까지 둘 있는 여자였으며 옆에 있는 남자는 독신인 남자였다. 그런데 그들은 그렇게 불륜을 저지름으로 말미암아 살아 있었을 때에 가정이 깨어지게 하였던 장본인이었다는 것이 알아졌다.

# 세계의 독재자들이 가는 지옥과
# 돈을 따라갔던 자들이 가는 지옥을 보다.

( 2013.11.28-29 )

나는 주님께 독재자 OOO를 보여 달라고 했다.

갑자기 한 남자가 거의 절벽에 우리를 보고 매달려 있는데 마귀의 부하가 저기 위에서 그의 목에 줄을 감아 힘 있게 양쪽 끝을 잡아당기니 목이 끊어지고 머리만 절벽에 달려 있는데 그 목 밑에는 목뼈가 조금 남아서 아래로 덜렁덜렁 달려있는 것이 보였다.

그리고 목 이하로 모든 몸이 벌써 아래로 떨어져서 목 위의 머리만 절벽에 매달려 있다.

그러고서도 두 눈을 뜨고 살아있는 것처럼 말을 한다.

그 절벽 밑으로는 진한 갈색의 아주 큰 코브라같이 생긴 상체가 납작납작한 뱀들이 많이 있었다. 이들은 절벽 위에서 떨어지는 그들의 몸을 벌써 먹어 치운 것이다.

독재자 OOO 옆에 조금 떨어져서 또 다른 독재자 OOO가 보인다.

그도 이미 목줄에 의하여 잘려서 머리만 남고 목뼈가 덜렁덜렁 붙어있는 상태서 말을 한다. 그들은 서로 욕을 한다.

이쪽의 독재자의 몸도 벌써 잘려서 밑에 있는 코브라 뱀들이 먹어 치운 것이다. 그리고 이들에게는 다시 몸이 달린다.

그리고 다시 그들은 목이 줄에 잘려서 그 몸은 다시 뱀들이 먹어치우는 것이다.

[눅 16:20-26]

(20)나사로라 이름한 한 거지가 헌데를 앓으며 그 부자의 대문에 누워 (21)부자의 상에서 떨어지는 것으로 배불리려 하매 심지어 개들이 와서 그 헌데를 핥더라 (22)이에 그 거지가 죽어 천사들에게 받들려 아브라함과 그의 품에 있는 부자도 죽어 장사되매 (23)저가 음부에서 고통 중에 눈을 들어 멀리 아브라함과 그의 품에 있는 나사로를 보고 (24)불러 가로되 아버지 아브라함이여 나를 긍휼히 여기사 나사로를 보내어 그 손가락 끝에 물을 찍어 내 혀를 서늘하게 하소서 내가 이 불꽃 가운데서 고민하나이다 (25)아브라함이 가로되 애 너는 살았을 때에 네 좋은 것을 받았고 나사로는 고난을 받았으니 이것을 기억하라 이제 저는 여기서 위로를 받고 너는 고민을 받느니라 (26)이뿐 아니라 너희와 우리 사이에 큰 구렁이 끼어 있어 여기서 너희에게 건너가고자 하되 할 수 없고 거기서 우리에게 건너 올 수도 없게 하였느니라

돈을 따라간 자들이 가는 지옥이 보였다.
마귀 부하들 그들이 있는 곳에 수많은 종이 지폐 돈으로 채우고 그러면 그 영혼은 그 돈 속에 파묻혀 들어갔다. 그 지폐 돈들이 진흙 구덩이로 변하면서 사람이 그 속에 빠져 들어가면서 돈으로 된 늪으로 빠져 들어가는 고통을 당하고 있었다.

그 다음은 역시 돈을 따라간 자가 받는 고통이 보였는데 돈 그림이 그려져 있는 형틀이 있었다.
벌거벗은 한 여자가 돈이다! 하고 느끼는 순간 그녀는 던져져서 그

돈이 그려져 있는 형틀의 판에 박히는데 거기는 날카로운 못들이 나와 있어 그녀의 몸에 박혔다. 이러한 돈 그림의 형틀이 이쪽저쪽 네 개로 사방에 있는 것이 보였다. 그 돈 그림이 있는 틀에 마귀의 부하들은 그 여자를 그 형틀에 번갈아가면서 던졌다. 그리고 그 여자의 몸은 벌거벗은 몸이었는데 던져질 때 마다 형틀에 나와 있는 긴 못들에 찔려서 피가 흐르며 고통을 당하고 괴로워하는 모습이 보였다.

[신 5:7]
나 외에는 위하는 신들을 네게 있게 말지니라

[마 6:24]
한 사람이 두 주인을 섬기지 못할 것이니 혹 이를 미워하며 저를 사랑하거나 혹 이를 중히 여기며 저를 경히 여김이라 너희가 하나님과 재물을 겸하여 섬기지 못하느니라

## 85

# 술중독자들이 가는 지옥을 보다.

( 2013.12.2 )

내가 천국에 올라가자마자 주님은 내게 약 6명의 군사를 붙여서 나를 지옥으로 보내시는 것이었다. 그 무장된 천사들은 은색 갑옷과 무기로 완전 무장을 했다. 주님이 나보고 잘 다녀오라 하신다. 그리고 나는 그 무장한 천사들과 깊은 터널로 한없이 내려갔다. 우리는 그 터널이 너무 캄캄하여 서로가 서로의 얼굴을 전혀 알아 볼 수 없었다. 그리고는 우리는 지옥의 입구에 도착한 것이다.

지옥으로 가까이 가자 뜨거운 기운이 확 느껴졌다.

그리고 우리는 그 터널을 빠져 나오니 아래에는 큰 불구덩이가 있고 위에는 절벽 같은 곳에 서게 되었다.

무장한 군사들이 나란히 서서 나를 보호하였고 그래서 아무도 나를 건드리지 못했다.

터널을 빠져나와 절벽위에 서 있는데 반대편의 지옥 터널입구들이 보인다. 그리고 밑에서는 불길이 바람처럼 위로 세게 올라오는 것이었다. 이 장소는 내가 지난번에 주님께서 나에게 보여주신 불신자들이 가는 지옥이었으므로 나는 이번에는 다른 곳이 보고 싶었다. 내가 그런 마음을 먹으니까 우리는 곧 다른 어떤 터널로 나가고 있었다.

우리가 간 곳은 며칠 전에 내게 잠시 보였던 곳이다.

그곳에는 움푹파진 구덩이 같은 곳에서 머리가 새하얀 두 사람이 그 구덩이에서 기어서 올라오는 것을 보았다. 아니 분명히 내가 보는 곳이 지옥인데 어찌하여 새하얀 두 머리가 올라올까 매우 궁금했다. 너무 이상해서 안 보려하니 안 보이게 되었다.

천국이나 지옥에서 내가 보지 않고자 하면 더 이상 안 보이는 경우가 많다. 억지로 주님이 보여주고자 하지 아니하실 때 말고는 말이다. 그러나 나는 그것이 무엇이었을까 하는 의문은 가시지 아니하였다.

'분명 사람이 구덩이에서 기어 올라온 것처럼 보였는데 그것이 무엇이었을까? 도대체 어찌된 사람들이기에 머리 전체가 하얗고 얼굴도 희게 보일까?'

얼굴 전체가 흰 천을 뒤집어 쓴 것처럼 눈만 빼놓고 다 희었다. 그리고 머리도...

그런데 나는 지금 거기로 다시 온 것이다.

'왜 그들이 온통 하얀색이었을까?' 하는 그 궁금증이 풀리는 순간이었다.

이 구덩이에 와보니 하얀 구더기들이 그들의 머리와 얼굴을 다 덮었던 것이다. 그 구덩이는 구더기로 가득찬 구덩이였다. 아니 어떤 자들이 이러한 형벌을 영원히 받는 가를 보았더니 이들은 알코올에 젖어서 중독된 자들로 인생을 살았던 자들이었다.

그들은 하나님보다 술에 더 그들의 영혼을 판 자들이라는 사실을 알 수 있었다. 주여!

[고전 3:16-17]

(16)너희가 하나님의 성전인 것과 하나님의 성령이 너희 안에 거

하시는 것을 알지 못하느뇨 (17)누구든지 하나님의 성전을 더럽히면 하나님이 그 사람을 멸하시리라 하나님의 성전은 거룩하니 너희도 그러하니라

그러고 나서 나에게는 또 다른 장면이 보이는데 그곳은 사방이 넓고 넓은 절벽에 사람들이 이 모양 저 모양으로 매달려서 마귀 부하들에게 고통을 당하는 모습이었다.

높고 높은 절벽에 정말 많은 사람들이 매달려서 각각이 다른 형벌을 받고 있었다.

그 형벌이 너무 가지각색이라 꼭 시장 바닥 같은 것을 연상케 했다. 이곳에서는 마귀의 부하에게 이러한 고통을 당하고 있었고 저곳에서는 또 다른 마귀의 부하에게 또 다른 고통을 받고 있었다. 나는 사실 왜 하나님께서 이렇게 절벽에서 고통당하는 자들이 많이 보여 주시는지 알 수 없다. 세계의 독재자들도 절벽에 매달려 마귀에게 고통을 당하고 있는 모습을 보았었는데 또 가정 파괴범인 간음죄를 저지른 남녀도 절벽에 매달려 엉덩이가 터져 나오도록 곤장을 맞고 있는 것을 보기도 했었다. 그런데 나는 이제 한꺼번에 시장 바닥과 같은 사람들을 절벽에 매달아 놓고 각종 형벌을 주고 있는 절벽을 보고 나온 것이다.

## 86

# 루시퍼를 만나서 대화하다.

( 2013.12.3 )

보통 때처럼 주님께 올라갔는데 주님이 잠깐 비춰시는 것 같더니 곧 그 모습이 사라지셨다. 그리고 이번에는 천사들로 된 군사들이 보이지 않았다. 그래서 나는 좀 당황해 했다.

그러고 나서 곧 나는 어쩐지 내 목이 쪼그라드는 느낌을 받아서 나는 상당히 놀라게 되었다. "아니 내가 천국에 왔는데 왜 갑자기 목이 쪼그라들지?" 하면서 "아니 내가 갑자기 불구도 아닌데 왜 이러지?" 하고 있는데 (이것은 나중에야 왜 이런 현상이 내게 나타났는가가 해석이 되어졌다. 즉 루시퍼의 영향이었다. 사단의 영향으로 내 몸이 불구처럼 느껴졌던 것이다. 즉 루시퍼가 내 앞에 나타날 것을 미리 징조로 보여준 것이라 할 수 있다. 즉 사단이 나를 그렇게 하였다는 것이다. 그렇지 아니하면 이 현상을 설명할 도리가 없다. 왜냐하면 곧 바로 루시퍼가 내 앞에 나타났기 때문이다.)

갑자기 내 앞에 전 시야를 채우는 크나 큰 얼굴이 하나 나타났는데 전체 얼굴은 녹색깔에다가 눈과 머리가 올빼미 모양을 하고 있었다. 순간 너무 놀라서 "누구지?" 하는데 루시퍼라는 것이 즉시 알아졌다. 루시퍼. 온 천하를 꾀는 자. 갑자기 프리 메이슨등이 큰 올빼미 상을 세워놓고 제사 드리는 장면이 생각났다. 아하! 그들이 바로 이 루시퍼를 섬기는 것이구나. 깨달아졌다.

아니 내가 루시퍼를 만나고 있다니...

순간 겁이 조금 났다.

내가 '주님' 하고 속으로 불렀다.

그런데 주님은 보이시지 않는데 꼭 내 뒤에서 귀 옆에서 말씀하시는 것같이 말씀하신다.

"들어 보거라" 하고 말씀하신다.

루시퍼가 말한다.

"하하하하 내가 온 천하를 꾀고 있지...하하하하"

웃음소리가 굉장히 기분 나쁘고 칼칼하고 째지는 목소리이다.

내가 말했다.

"그래도 하나님의 사람들이 있지..." 라고 말이다.

나는 단호히 물었다.

"적그리스도가 누구냐?"

그가 하나님의 말씀을 인용한다.

"하하하하 하나님의 성전에 앉아 내가 하나님이라 하는 자지...."

또 물었다.

"그가 누구냐?"

"하하하하 알고 싶으냐? 곧 나타날 것이다."

나는 생각하기를 성전에 앉아 자기를 하나님이라 하려면 성전이 지어져야 하지 않은가 라고 생각하고 있는데 루시퍼가 내 생각을 알고 말한다.

"그것이 다 진행되고 있다." 이 성전은 지금 유대인들이 건축하고자 하는 제 3성전을 의미한다.

"너 베리칩 알지?" 하고 내가 말했다.

그러자 루시퍼는

"그 베리칩으로 전 세계가 내 손아귀에 들어오지 하하하하."

라고 말했다. 오 마이 갓!

그래서 나는 또 물었다.

"거짓 선지자는 누구냐?"

"그도 내 종이지...........하하하하"

라고 말한다. 그리고 그는 연이어 말하기를

"내가 지금 전 세계에 동성연애를 퍼뜨리고 있지...하하하하

그들로 하여금 말초신경의 쾌락의 극치를 경험케 하여 하나님을

모르도록 말이다. 흐흐흐흐..."

그 말에 나는 너무 화가 나서 이렇게 말했다.

"너 알지? 네가 활동할 시기가 얼마 남지 않았다는 것 말이다"

"흐흐흐, 알아. 그래서 나도 허락된 만큼 최선을 다하여 많은 사람들을 타락시켜서 저 영원한 불 못으로 데리고 가려고 하고 있지. 으하하하."


순간 나는 무서운 생각이 들어왔다.

그래서 나는 다시 '주님' 하고 불렀다.

주님은 다시 내 옆에서 '들어 보거라' 라고 말씀하신다.

꾀가 생겼다.

"네가 가장 싫어하는 사람들이 누구냐?"

"나는 하나님 말씀 보고 기도하는 자를 제일 싫어하지

그들은 내가 아무리 꼬시려고 해도 안 먹혀들어가."

"네가 가장 싫어하는 것은 무엇이냐?"

갑자기 루시퍼의 음성이 떨리면서 말한다.

"예수의 피. 예수의 피라는 말만 들으면 우리는 전혀 힘을 못써. 그리고 우리가 하려고 계획하였던 모든 것이 다 수포로 돌아가게 돼."

순간 나는 왜 예수의 피를 많이 외치고 또 사랑하는 자들을 예수의 피로 계속 날마다 덮어야 하는지를 다시 확인하였다.

"그러면 예수의 이름은?"

"그것도 우리가 들으면 꼼짝 못하고 우리는 물러가야 돼.
예수의 이름을 사용할 때 우리의 모든 계획이 말살되지...."

그래서 나는 재빨리 생각했다.
아하 그러면 예수의 이름으로 안 좋은 것들을 취소하면 되겠구나
.....
예수의 이름으로 내 입에서 나간 모든 저주의 말들을 취소한다...

그 다음 또 내가 물었다.

"너는 어떤 자들에게 공격을 못하나?"

"찬양하고 봉사하고 사랑하고 화평하고 희생할 때 꼼짝 못 해"

"그러면 언제 너는 활동하기 쉬우나?"

"서로 시기하고 질투할 때지 .....
그 때가 가장 우리가 활동하기 좋아. 우리가 그들에게 파고 들어 가지..."

주님이 오늘 내가 루시퍼와 대화할 수 있게 하여 주신 것이다.
정말 기대도 생각지도 못한 일이 일어난 것이다.

내가 루시퍼와 대화하다니.........
할렐루야. 주님을 찬양합니다!


[계 12:9]
큰 용이 내어 쫓기니 옛 뱀 곧 마귀라고도 하고 사단이라고도 하는
온 천하를 꾀는 자라 땅으로 내어 쫓기니 그의 사자들도 저와 함께
내어 쫓기니라


[사 14:12-15]
(12)너 아침의 아들 계명성이여 어찌 그리 하늘에서 떨어졌으며
너 열국을 엎은 자여 어찌 그리 땅에 찍혔는고 (13)네가 네 마음에
이르기를 내가 하늘에 올라 하나님의 뭇별 위에 나의 보좌를 높이
리라 내가 북극 집회의 산 위에 좌정하리라 (14)가장 높은 구름에
올라 지극히 높은 자와 비기리라 하도다 (15)그러나 이제 네가 음
부 곧 구덩이의 맨 밑에 빠치우리로다


[창 3:1-4]
(1)여호와 하나님의 지으신 들짐승 중에 뱀이 가장 간교하더라 뱀
이 여자에게 물어 가로되 하나님이 참으로 너희더러 동산 모든 나
무의 실과를 먹지 말라 하시더냐 (2)여자가 뱀에게 말하되 동산 나
무의 실과를 우리가 먹을 수 있으나 (3)동산 중앙에 있는 나무의 실
과는 하나님의 말씀에 너희는 먹지도 말고 만지지도 말라 너희가
죽을까 하노라 하셨느니라 (4)뱀이 여자에게 이르되 너희가 결코
죽지 아니하리라

# 87

## 도적질한 자들이 가는 지옥을 보다.

( 2013.12.6 )


천국에 올라가자마자 주님이 이번에는 네 명의 눈 쪽에만 까만 복면을 한 완전무장한 천사들을 내게 붙여 주셨다.

지옥을 가는 것이었다. 이 무장한 네 천사가 내가 지옥 가는 것을 호위하였다. 이번에도 주님은 같이 가시지 않고 나하고 천사들만 보내시는 것이었다.

우리가 간 곳은 도둑질한 자들이 가는 곳이었다.

들어서자마자 뱀과 같은 얼굴을 한 악한 마귀의 부하들의 공격이 느껴졌다. 그 때 나와 함께 한 천사가 그들을 물리쳤다.

그러고 나서 창과 칼들이 서로 부딪히는 소리들이 들리면서 나의 눈에는 여러 가지 형벌을 받는 장면이 펼쳐졌다.


1. 처음에 눈에 들어온 것은 두 세 마리의 날렵한 이티 같이 생긴 것들이 벌거벗은 사람을 겉이 두 겹으로 만들어진 작은 집채만 한 수족관에, 그 수족관은 모양이 둥근 원형으로 되어 있는데 사람을 그 두 겹 사이에 끼어 넣었다. 그 두꺼운 유리로 된 수족관의 두 겹 사이의 공간은 너무 좁아서 사람을 거기에 밀어 넣을 때에 그 고통이 심할 뿐 아니라 그리고 그 두 겹 사이에는 물이 차있었으므로 자연히 물고문까지 당하는 것이었다.

이티 같이 생긴 그 사단의 부하들은 사람을 거기다가 끼어 넣고는 고문당하는 모습을 보고 좋아서 낄낄거리며 수족관의 맨 위 가장 자리를 이리 저리 건너뛰고 다니고 있었다. 이 자는 나중에 알게 되었는데 어떤 도적질을 한 자였냐면 아버지의 재산을 몰래 도적질 하여 갖다가 쓴 자였다. 즉 아버지의 재산을 몰래 가져가서 몰래 쓰는 것도 도적질에 해당하는 것이었다.

[잠 28:24]
**부모의 물건을 도적질하고 죄가 아니라 하는 자는 멸망케 하는 자의 동류니라**

2. 두 번째로 내 눈에 들어온 모습은 같은 장소에서 한쪽 팔이 떨어져나간 자를 마귀의 두 부하가, 군인이 다치면 그 군인을 눕혀서 나르는 들것에 눕혀서 나르고 있는 모습이 보였다. 팔이 떨어져 나간 곳에서는 피가 흐르고 있었다. 그 팔이 하나 떨어져서 실려 나가는 자는 어떤 도적질을 하였냐면 다른 사람의 아이를 그 팔로 도적질 하여 유괴한 자였다. 즉 아이를 도적질하여 유괴한 자는 팔을 뽑아 내는 것이었다.

3. 그 다음은 같은 장소에서 좀 더 안쪽이 보이는데 한 남자가 벌거 벗은 몸으로 십자가에 매달려 고통을 받고 있었다.
십자가에 달려서 고통 받는 그 자는 평생 강도질을 일삼은 자였다. 그러자 그때 주님 곁에 십자가에 달린 두 강도가 생각이 나는 것이 었다. 지옥에서도 평생 강도질한 자는 이렇게 십자가에 달아서 고통을 주고 있었던 것이다.

4. 또 한 쪽에는 우물의 큰 도르래에 사람들을 차례로 묶어놓고 그 우물에서 도르래가 위아래로 올라가고 내려갈 때에 물속에 들어갔다 나왔다하면서 물고문 도르래 고문으로 고통당하는 자들이 있었다. 이들은 남의 물건을 좀도둑질한 자들이었다.

5. 또 이 왼편 한쪽에서는 큰 칼날들이 여러 개 서 있고 그 사이로 사람의 몸통을 밀어 넣으니 몸통이 여러 개로 횡으로 잘리는 모습이 보였다. 얼마나 끔찍하였는지.....
보자마자 나는 소리를 질렀다. "오 마이 갓!" 나는 주님께 물었다.
"이런 자는 어찌하여 이러한 형벌을 받고 있나이까?" 주님이 그냥 내게 알게 하신다.
그들은 하나님의 성물을 훔쳐서 팔아먹은 자들이라는 것을 알게 하셨다.

[레 5:15-16]
(15)누구든지 여호와의 성물에 대하여 그릇 범과하였거든 여호와께 속건제를 드리되 너의 지정한 가치를 따라 성소의 세겔로 몇 세겔 은에 상당한 흠 없는 수양을 떼 중에서 끌어다가 속건제로 드려서 (16)성물에 대한 범과를 갚되 그것에 오분 일을 더하여 제사장에게 줄 것이요 제사장은 그 속건제의 수양으로 그를 위하여 속한 즉 그가 사함을 얻으리라

정말 도둑질도 여러 가지구나 깨달아졌다.
가족의 것을 도적질, 좀도둑질, 평생 강도질, 아이를 도적질, 성물

을 도적질, 이 모든 도적질한 자들이 지옥에서 영원히 형벌을 받고
있었다.

[신 5:19] 도적질 하지도 말지니라

# 또 지옥의 장면들을 구경하다.
( 2013.12.9 )

천국에 도착하자마자 주님은 나를 지옥으로 보내실 작정이었다.
왜냐하면 한명의 복면을 한 천사가 나를 따라붙었다.
이번에는 정말 엘리베이터를 타듯이 밑으로 쭉쭉 내려갔다.
이번에 천사는 무장하지 않았고 다만 쫙 달라붙은 옷을 입고서는
또 팔짱까지 끼고 나를 따라왔다. 한참을 내려갔는데 바닥까지 다
내려왔다.

거기는 큰 둥그런 돌이 쇠사슬에 달렸는데 사람을 쫙 짜는 것이었
다. 그 돌이 위에서 구르면서 사람을 짰다.
아니 어찌 이런 형벌이? 너무 끔찍하였다. 어떤 자가 이러한 형벌을

받는가 궁금하였다. 그렇게 생각하는데 그가 공금을 횡령한 자라는 것이 알아졌다.

그 다음에는 오른쪽 옆쪽으로 큰 맷돌에 갈리는 사람을 보았다. 살이 밀리고 터지고 있었다. 피가 나고 창자가 갈리고 너무 끔찍하다. 이 고통을 받고 있는 자는 사람을 강간하고 죽인 자라는 것이 그냥 알아졌다.

나와 함께 한 천사가 나에게 말을 한다.
"주님이 저 건너편 안쪽으로 이동하라고 하십니다." 라고 말이다.
그 안쪽에는 더 끔찍한 장면이 벌어지고 있었다.
성도와 불륜을 저지른 목사가 이루 말할 수 없는 끔찍한 고통을 받고 있는 것이 보였다.

[신 5:18] 간음하지도 말지니라

# 89

# 뜨거운 가마솥 안에서 고통을 당하는 이단을 섬긴 자들

( 2013.12.9 )

오늘 세 번째 천국에 올라갔다.

가운을 걸친 한 명의 천사가 나를 따라붙었다.

이 천사는 나에게 말하기를 "제가 모시겠습니다." 하고 말하면서

나를 옆으로 비스듬하게 아래로 나있는 터널로 나를 인도하였다.

나는 주님이 안보이시지만 주님께 물었다.

"주님 어디로 가는 것이지요?"

주님이 안 보이시는데도 말씀을 하신다. "가 보아라!"

주님은 분명 안 보이시는데 내가 주님께 물으면 주님의 음성이

들린다.

어느 정도 내려가니 큰 가마솥이 보인다.

그 안에 수많은 자들이 안에서 소리치고 있었다.

얼마나 솥이 큰지..........

솥 바깥에는 불이 활활 타고 있었다.

"주여 저자들은 어떤 자들입니까?" 하는 질문을 하자

그들은 이단을 섬긴 자들로서 단체로 그들은 가마솥 안에서

뜨거운 형벌을 받고 있었다.

[요 14:6]

예수께서 가라사대 내가 곧 길이요 진리요 생명이니 나로 말미암

지 않고는 아버지께로 올 자가 없느니라

이단을 섬기는 자들은 이렇게 가마솥 안에서 단체로 고통을 받는다.

**90**

# 주의 종들이 가는 지옥을 보다.

(2013.12.18)

[히 6:4-8]

(4)한번 비췸을 얻고 하늘의 은사를 맛보고 성령에 참예 한 바 되고 (5)하나님의 선한 말씀과 내세의 능력을 맛보고 (6)타락한 자들은 다시 새롭게 하여 회개케 할 수 없나니 이는 자기가 하나님의 아들을 다시 십자가에 못박아 현저히 욕을 보임이라 (7)땅이 그 위에 자 주 내리는 비를 흡수하여 밭 가는 자들의 쓰기에 합당한 채소를 내면 하나님께 복을 받고 (8)만일 가시와 엉겅퀴를 내면 버림을 당하고 저주 함에 가까와 그 마지막은 불사름이 되리라

나는 천국에 올라가자마자 주님께 목사님들이 가는 지옥을 보여 달라고 했다. 왜냐하면 나는 무척 궁금하였다.

목사님들도 혹 지옥을 가나 해서 말이다.

(만일 가지 않는다면 주님은 나에게 지옥을 보여 주시지 않을 것이다. 그러나 만일 보여 주신다면 주의 종들도 예수 그리스도를 믿고 사역을 하였어도 지옥으로 간다는 것을 의미한다. 아니 사실은 나

는 유명한 대형교회 목사님이 쇠창살 안에 있는 것을 지난번 제1권의 책에 썼다)

그랬더니 벌써 검정색의 갑옷으로 무장한 군사 세 명이 내 앞에 나타났다. 우리는 깊고 캄캄한 아래쪽 터널로 쭉쭉 내려갔다. 꼭 약 100년 정도 오래된 구식 엘리베이터를 타고 내려가는 기분이다. 좀 덜커덩덜커덩 거리면서 내려가는 느낌이다.

그리고 조금 있다가 내려가는 속도가 늦어지면서 지옥의 입구에 도착했다.

지옥 입구로 들어서니 갑자기 큰 공간이 나타나면서 아래는 큰 불구덩이가 있고 거기에 예수를 안 믿었던 많은 사람들이 즉 불신자들이 불구덩이 속으로 던져지고 있었다. 아! 여기는 저 번에 두 번이나 와 보았던 장소이다.

나는 속으로 말했다. "주님 여기 말구요. 목사님들이 가는 지옥 요?"라고.

그랬더니 세 명의 검정색 갑옷으로 무장한 천사 군사들이 나를 더 안쪽 저쪽으로 인도하더니 거기서 다시 터널로 들어가는 곳이 있었다. 그 터널은 밑으로 내려간다기보다 옆으로 나 있는 터널이었다. 한참 간다 싶었는데 저쪽이 확 밝아오는데 거기는 사람들을 푸줏간에 고기를 매달았듯이 사람들이 거꾸로 매달려서 고통을 당하고 있었다. 그들 바로 밑에는 활활 타는 불이 있었다.

그들은 다 주의 종들이었고 나름대로 소리를 지르고 있었다.

"주님 잘못했어요." 하는 자가 있는가 하면 기독교를 막 욕하고 저주하는 자도 있었다.

불에도 타지 않는 검은 실뱀들이 불에서 튀어나와 사람들의 콧속으로 들어간다. 그럴 때마다 그 사람들은 윽-, 욱- 하고 소리를 지른다. 얼굴 색깔이 노오란 뱀이 자기 얼굴로 주의 종들의 **뺨**을 때린다. 그 뱀의 얼굴의 크기는 정확히 내가 봐서 손바닥만한 크기이다. 꼭 손으로 **뺨**을 때리는 것 같은 광경이었다. 주의 종들은 그들의 얼굴 을 뱀으로 맞고 있었다.

내 옆에 마귀의 부하의 얼굴이 하나 보인다.

그는 키가 좀 크고 눈이 왕방울처럼 튀어 나오고 얼굴은 파르스름한 뱀 껍질로 된 얼굴을 한 자이다. 말은 안하는데 그가 나에게 이렇게 말하는 것이 알아졌다.

"너도 잘못하면 이곳에 올 수 있어."

나는 속으로 그 마귀 부하에게 물었다.

"여기는 누가 오냐?"

어떤 주의 종들이 오냐고 물은 것이다.

그 마귀 부하가 나에게 가르쳐 준다.

첫째, 교회를 팔아먹은 자,

둘째, 하나님의 돈을 마음대로 자기 것처럼 갖다 쓴 자,

셋째, 불륜의 여자 관계가 있었던 자,

그리고 넷째, 목사이면서 주일날 버젓이 설교를 하면서 가정에 서는 아내에게 폭력을 쓴 이중인격자들이 여기 온다는 것이다.

그 다음 나는 주님께 이러한 질문을 가졌다.

"주님! 목사님들이 예수를 믿었어도 여기 오나요?"

주님은 대답 대신 나에게 성경 구절을 생각나게 하여 주셨다.

형제에 대하여 라가라 하는 자는 공회에 잡히게 되고 형제에 대하

여 미련한 놈이라 하는 자는 지옥불에 던져지리라. 하는 말씀과 또한 성경에 보면 주님은 네 눈이 범죄하거든 뽑아내어 버리라. 두 눈을 가지고 지옥에 던지워지는 것보다 한 눈을 가지고 천국에 들어가는 것이 나으니라. 말씀하신 것과 또한 네 손이 범죄하거든 찍어 내버리라 두 손을 갖고 지옥에 들어가는 것보다 한 손을 가지고 천국에 들어가는 것이 나으니라 라고 말씀한 것이 생각난 것이다. 주여!.....

즉 이 사람들은 범죄하고도 회개하여 돌이키지 아니하고 계속 동일한 죄를 짓다가 그 영혼을 완전히 마귀에게 팔아먹은 목사들 이라는 것을 알 수 있었다.

그래서 히브리서에 보면 한번 비침을 받고 타락한 자는 다시 예수 그리스도를 십자가에 못 박을 수 없다고 했다. 즉 사후의 삶에서 용서함을 받을 수 없는 것이다.

# 마리아의 집을 가다.
# 그리고 사모님들이 가는 지옥을 보다.

( 2013. 12. 20 )

[막 3:28-30]

(28)내가 진실로 너희에게 이르노니 사람의 모든 죄와 무릇 훼방하는 훼방은 사하심을 얻되 (29)누구든지 성령을 훼방하는 자는 사하심을 영원히 얻지 못하고 영원한 죄에 처하느니라 하시니 (30) 이는 저희가 말하기를 더러운 귀신이 들렸다 함이러라

천국에 올라가니 주님은 나의 오른편에서, 마리아 (내가 그냥 아무 다른 설명이 없이 마리아라고 표현하면 예수님을 육체로 낳은 마리아를 말한다)는 나의 왼편에서 나를 반갑게 맞이해 주었다. 그리고 주님과 마리아가 나의 양손을 한쪽씩 잡고 막 높이 날아간다. 아름다운 노란 꽃밭을 아래로 하고 위로위로 비상했다.

그리고 우리가 간 곳은 내 눈에 무척 아름다운 흰색과 쑥색이 어우러진 넓은 풀밭 같기도 하고 여하간 매우 고상하고 아름다운 정원이 넓게 넓게 펼쳐져 있는 것이었다. 그 풀을 자세히 보니 그 정원 전체가 보석이라는 느낌이 들었다.

'와우 정말 아름답다. 도대체 여기가 어딜까?' 하고 생각하는데 나는 그곳이 바로 마리아의 집인 것을 알았다.

그리고 집 뒤쪽의 porch 같은 곳이 있는데 이 porch는 천국에서나

볼 수 있는 아주 아름다운 디자인으로 되어 있었고 그 전체는 정말 아름다운 보석으로 되어 있었다.

위에 아름답게 수를 놓은 것 같은 우산같이 생긴 지붕이 있고 아래에는 아름다운 보석 테이블이 놓여 있었다.

그리고 내가 지금 보고 있는 것은 마리아의 집 뒷편인데 그 앞편에는 유리바다가 놓여 있었다. 즉 마리아의 집은 유리바다 앞에 놓여 있는 아주 아름다운 집이었다.

야! 정말 참으로 아름답다. 나의 감탄사이다. 그리고 마리아의 집은 정원에서부터 어마어마하게 크다는 것이 느껴졌다.

주님과 나 그리고 마리아는 이 집 뒤쪽으로 있는 porch의 테이블에 앉아서 바나나맛과 비슷한 과일을 먹었다.

나는 주님께 질문했다.

"주님 제가 천국 지옥 간증한 것이 그렇게 기쁘세요?"

이 말에 주님은 너무 기뻐하시면서 눈물을 흘리신다.

주님은 눈물을 흘리며 우시면서 내 왼손을 자기의 두 손으로 잡아서 자신의 얼굴에 갖다 대셨다. 마리아도 기뻐하면서도 예수님이 우시는 얼굴을 보면서 심각한 얼굴이 되었다.

나는 어찌하였든 두 분이 나의 천국지옥 간증을 너무 기뻐한다는 것을 알 수 있었다.

그 다음은 나는 주님께 사모님들이 가는 지옥을 보여 달라고 했다. 우리는 마리아를 마리아의 집에 두고 둘이만 내려왔다. 마리아의 집이 보통 내가 천국에 도착하는 그 레벨보다 훨씬 높은 곳에 있었음을 알 수 있었다. 왜냐하면 마리아의 집에 도착하기까지 주님과 나는 구름을 타고 높이높이 위로 비스듬히 날아갔기 때문이다.

어제도 나를 위한 파티를 열었다하면서 마리아가 우리가 위로 높이 비상하고 있을 때 중간쯤에 와서 구름을 같이 타고 파티장에 도달하였었다. 그 파티장은 참으로 높은 곳에 있었다.

며칠 전에는 주님이 내가 천국에 도착하니 나와 같이 위로 바로 구름도 안타고 그냥 수직으로 높이 비상하여 꼭 아주 높은 빌딩꼭대기에 서서 아래를 내려다보시듯이 하면서 나에게 말씀하시기를 "내가 이 천국을 너에게 평생 보여주겠다."고 하신 것을 기억한다. 그러므로 나는 지금 정말 누군가 얘기한 것처럼 천국이 여러층으로 되어 있지 않나 하고 생각한다.

그러나 지금 나에게는 층층이 구분되어져서 알려지고는 있지 않다. 다만 더 높이높이 올라가고 혹은 중간 정도로 올라가고 아니면 수평으로 날아가고 그런 것만 알고 있다.

내가 주님께 지옥을 보여 달라고 했더니 보통의 레벨로 (늘 내가 천국에 도달하면 주님을 만나는 레벨, 여기가 혹 천국의 입구가 아닌가라고 생각된다) 다시 내려와서 주님은 나에게 두 명의 무장한 천사를 붙여 주신다. 한 명은 검은 옷을 입었고 다른 한 명은 흰색 옷을 입었다.

내가 지옥으로 갈 때에는 주님은 안 가시고 대개 이렇게 무장한 천사들을 붙이신다. 나는 그 무장한 천사들과 함께 그 보통의 레벨에서 (천국입구에서) 밑으로 밑으로 엘리베이터 타듯이 내려왔다.

그리고는 갑자기 내 눈앞에 쇠창살이 보인다.
그리고 그 안에는 한 사람이 있는 것이 아니라 제법 많은 자들이 있다.
"주님! 저들은 저 안에서 어떤 형벌을 받나요?"

주님은 나를 따라 오시지 아니하였으나 지옥에서도 나와 대화가 가능하다.

주님이 말씀하신다. "들어가 보아라!"

그래서 나는 쇠창살 문을 열고 들어가 보았다. 주님의 목소리는 꼭 내 귀 뒤쪽으로 약 30cm 정도 떨어진 곳에서 말씀하시는 것처럼 들린다.

바닥에는 수많은 갈색의 실뱀들로 가득 차 있었고 그 안에 있는 자들은 그 수많은 실뱀들로 인한 고통을 겪고 있었다.

그들의 코로 눈으로 귀로 입으로 실뱀들이 득실득실하고 피부살갗 밑으로 그 실뱀들이 기어 다녔다. 이들은 전에 성령 훼방죄로 고통 받고 있었 던 여인과 똑같이 고통을 받고 있었다.

"주님 저들은 어떤 자들이었습니까?"

주님이 말씀하신다.

"그들은 입으로 행동으로 평생 남편의 목회가 안 되게 막은 자들이다."

"주여!……"

## 92

# 교회를 분당시키고
# 깨는 자들은 지옥에 가 있다.

(2013.12.24)

주님은 나에게 이렇게 크리스마스이브 날 천국에서도 이런 일 이 일어난다는 것을 나에게 보여 주셨으나 그것도 대단한 광경이었으나 사실 나는 그 크리스마스이브 파티보다 지옥이 더 구경하고 싶었다.

그래서 나는 그 광경을 보고 난 후에 이렇게 주님께 말했다.

"주님 저는 지옥을 보고 싶어요!" 라고 했더니

우리는 다시 천국으로 들어오는 입구로 내려온 것이다.

은색 옷으로 무장한 네 명의 군사들 즉 천사들이 나를 호위하기 위하여 나에게 따라붙었다. 나는 지옥으로 갈 때는 나도 옷이 바꿔지는 것을 알았다.

어떤 모습이냐면 하얀 달라붙는 듯한 웃옷과 하얀 승마복 바지 를 입는다. 머리는 뒤로 하나로 묶어서 아주 날렵하고 경쾌하게 보인다.

나는 주님께 말했다.

"주님, 제게 교회를 분당시키고 깬 자들을 보여주세요?"

그랬더니 보통 지옥으로 내려가는 것같이 한참 엘리베이터 타고 내려가듯이 내려갔다. 그리고 그들이 고통 받는 장소로 갔다.

그들은 벌거벗은 채로 손을 벌리고 벽에 기대어 서 있었고, 아니 마귀 부하들이 사람들을 이렇게 벽에 고정시켜 놓았다.

그리고 끝이 아주 뾰족한, 직경 약 20cm 정도의 큰 나무로 그들의
가슴을 퍽 찔렀다가 빼고 또 살이 그대로 붙으면 다시 그 나무 끝
으로 또 퍽 찔렀다가 뺀다. 그 광경은 너무 무시무시하여 주여! 나
는 나도 모르게 소리가 나왔다. 그 뾰족한 끝의 반대쪽은 끈으로 수
평으로 어딘가에 매달려 있어서 마귀 부하들이 그것들을 끌어당겨
사람의 가슴을 퍽 퍽 찌르고 빼고 하는 것이었다. 꼭 큰 종을 치는
것처럼....

우리 교회의 주인은 예수님이시다. 예수님의 피 값으로 사신 교 회
이다. 그 머리는 예수 그리스도시며 교회는 그의 몸인 것이다. 그런
데 이 교회를 분당시키고 깨고 한 자들은 지옥에 와 있었다.


[엡 1:22-23]
(22)또 만물을 그 발 아래 복종하게 하시고 그를 만물 위에 교회의
머리로 주셨느니라 (23)교회는 그의 몸이니 만물 안에서 만물을
충만케 하시는 자의 충만이니라

# 93

# 지옥에서 가룻 유다를 보다.

( 2013. 12.27 )

[요 13:2]

**마귀가 벌써 시몬의 아들 가룻 유다의 마음에 예수를 팔려 는 생각
을 넣었더니**

천국에 올라갔다.

내가 주님께 가룻 유다의 모습을 보여 달라고 했다.

그랬더니 갑옷으로 무장한 천사 두 명이 나와 같이 갔다.

우리가 도착한 곳은 가룻 유다가 벌거벗은 채로 두 다리를 거꾸로
하여 매달려 있었다. 목에는 약 10cm 직경의 뱀이 목을 여러 번 감
고 조이다가 푼다. 이것을 계속 되풀이 하는데 그 중간 중간 에 마
귀의 부하가 밑에 있는 머리로부터 도끼로 몸을 수직으로 자른다.
그러면 몸이 두 갈래로 갈라졌다가 다시 붙는다. 주여!

그리고 유다의 목이 너무 목이 타도록 마르다.

예수를 돈의 탐욕 때문에 은 30냥에 팔아넘긴 가룻 유다의 최후 모
습이다.

[막 14:18-21]

(18)다 앉아 먹을 때에 예수께서 가라사대 내가 진실 로 너희에
게 이르노니 너희 중에 한 사람 곧 나와 함께 먹는 자가 나 를 팔리

라 하신대 (19)저희가 근심하여 하나씩 하나씩 여짜오되내니이까
(20)이르시되 열 둘 중 하나 곧 나와 함께 그릇에 손을 넣는 자니라
(21)인자는 자기에게 대하여 기록된 대로 가거니와 인자를 파는
그 사람에게는 화가 있으리로다 그 사람은 차라리 나지 아니하였
더면 제게 좋을뻔하였느니라 하시니라

## 94
# 이웃에 대하여 거짓 증거 하는 자를
# 지옥에서 보다.
(2013.12.31)


천국에 올라갔다.
주님은 내가 지옥에 갈 줄 아시고 벌써 두 명의 검은 복장으로 무장
한 천사들을 준비시켜 놓으셨다.
눈도 복면이다. 그런데 뒤에 까만 날개까지 달렸다.
둘이 좀 무시무시하다.
그러나 어찌하겠는가.
날 보호하러 보내신 것인데....
같이 밑으로 내려갔다.

그런데 얼굴이 동그랗고 하얀 소복을 입었는데 나이가 약 50대 후반에서 60대 초반으로 보이는 한국 여자가 보인다.

그녀는 두 손이 뒤로 묶인 채 마귀 부하들이 끌고 간다.

그리고 진흙구덩이에 얼굴을 쳐 넣고 큰 돌을 눌러서 한참동안 잠기게 한다.

그리고 꺼낸다.

진흙이 코에서 눈에서 귀에서 입에서 막 나온다.

얼마나 괴로운지 모른다.

이 여인은 남을 중상모략하고 남에게 애꿎게 돈 내어 넣으라고 억지 부린 여자다. 진흙 구덩이에 넣고 진흙으로 숨쉬게 하고 진흙을 영원히 먹게 하는 것이다.


[출 20:16]

**네 이웃에 대하여 거짓 증거 하지 말지니라**

## 95

## 최근에 죽은 이단의 괴수
## OOO를 지옥에서 보다.

(2014.1.4)

지옥에서 이단의 괴수 OOO을 보았다.

그는 유명한 이단의 괴수이다.

그는 위로 벌거벗은 채로 매달려서 마귀의 부하들이 벌겋게 달군 인두로 여기저기 살을 지지고 있었다. 살타는 냄새가 나는 것 같았다. 마귀의 부하들이 그 살갗을 지지는 것보다 아니 오히려 찌르고 있다함이 옳을 것이다.

그리고 그는 많은 사람들을 혀로 잘못 인도하였으니 마귀의 부하가 그 혀를 뽑아서 저편에다가 고정시켜두고 칼로 쳐서 잘라버린다. 주여!

# 96

## 불교인들과 석가가 가는
## 지옥을 보다.

(2014.1.14)

[요일 4:3]
예수를 시인하지 아니하는 영마다 하나님께 속한 것이 아니니 이것이 곧 적그리스도의 영이니라 오리라 한 말을 너희가 들었거니와 이제 벌써 세상에 있느니라

[막 9:48-49]
(48)거기는 구더기도 죽지 않고 불도 꺼지지 아니하느 니라 (49)사람마다 불로서 소금 치듯 함을 받으리라

천국에 올라갔다.
오늘은 주님의 옷에 피가 주먹만큼씩 군데군데 묻어 있다.
왜일까? 그리고 이미 세 명의 갑옷을 입은 천사들이 내가 지옥에 갈 것을 알고 준비하고 있었다. 그들이 나를 보좌했다.
은색과 금색의 중간색의 갑옷으로 무장한 천사들인데 이전의 무장한 천사들과 틀린 점은 투구에 꼬리 같은 것이 달리고 그 꼬리 끝에는 깃털 같은 것이 달려있는 것이 틀리다.
그리고 나도 흰 옷 윗옷과 바지를 입었고 머리는 뒤로 묶었다. 캐주얼한 아주 야무진 모습이었다.

나와 무장한 천사들은 아주아주 밑으로 내려갔다. 그래서 말인데 엘리베이터를 타고 내려가는 느낌보다 훨씬 더 빠른 그래서 그냥 붕 떠서 구름에 서서 내려가는 느낌이었다. 왜냐하면 너무 빠르게 내려갔기 때문이다. 내려가는 감각이 별로 없다.

그러나 한참을 붕 뜨듯이 내려갔다.

지옥도 여러 층이 있다면 우리가 지금 가고 있는 층은 아주 깊은데 있음이 분명하였다. 이렇게 깊게 내려간 적이 없었기 때문이다.

그리고 불에 벌거벗은 머리가 대머리인 자들이 한 군데 모여서 불에 고통을 당하고 있는 모습이 보였다.

이들은 이 땅 위에 살 때에 중들이었다. 평생을 사람들로 하여금 불교를 믿게 하여 같이 지옥으로 끌고 온 자들이다.

그리고 그들이 불가운데 고통을 당하고 있었는데 그곳의 더 옆으로 그리고 더 안쪽으로 긴 쇠창살들이 상하로 되어 있는 감옥이 보였다. 감옥 같이 생겼는데 그 감옥이 상하로 높이가 보통 감옥보다 상당히 높았다. 이것은 나중에야 알게 되었는데 여기에 들어 있는 자를 괴롭히는 사단의 부하들의 키가 아주 크기 때문에 감옥 안도 그 높이가 커야 했다.

거기에는 한 노인이 있었다. 그는 다 벗은 몸이었고 대머리였으며 그 대머리에는 머리 한 두 가락이 남아 있었다.

그의 목 주위로는 큰 원판 같은 불이 그 목을 감아서 고통을 주고 있었고 벌거벗은 몸으로 내 쪽을 향하여 쇠창살에 붙어서 두 팔과 두 다리로 그 쇠창살에 개구리처럼 매달려 있었다.

너무 괴로워서 바깥으로 제발 나를 이 감옥 바깥으로 나가게 하여 달라는 표현을 하고 있는 것이었다.

그는 불교의 창시자 석가였다. 주여!......

그리고 감옥 안에 석가의 등 뒤쪽으로 얼굴이 마치 스파이더맨 처럼 얽은 아주 흉악한 얼굴을 하고 있는 마귀의 부하 세 명이 서 있었는데 그들의 키는 아주 컸다. 9피트 즉 250cm는 되어 보였다. 그 중의 첫 번째 놈은 긴 몽둥이를 들고 서 있었고 그 몽둥이로 석가를 사정없이 두들겨 패기 위해서였다.

두 번째 놈은 창을 들고 서 있었다. 그 창으로 석가를 찌르기 위함이었다. 세 번째 놈은 진갈색 실뱀들을 두 손에 가득 거머쥐고 있었다. 즉 이 실뱀들을 석가의 눈구멍, 귓구멍, 콧구멍, 즉 구멍 마다 집어넣기 위해서였다.

그리고 저쪽 앞쪽으로 중들이 불가운데 고통 받고 있는 곳에서도 키가 아주 큰 마귀의 부하들이 그 불구덩이를 피하여 나오는 중들을 잡아 패려고 몽둥이를 들고 서 있었다.

아~ 불교인들이여! 중들이여! 당신들의 결국은 지옥임을 알아야 할 것이다.


[요이 1:7]
미혹하는 자가 많이 세상에 나왔나니 이는 예수 그리스도께서 육체로 임하심을 부인하는 자라 이것이 미혹하는 자요 적그리스도니


[마 15:14]
그냥 두어라 저희는 소경이 되어 소경을 인도하는 자로다 만일 소경이 소경을 인도하면 둘이다 구덩이에 빠지리라 하신대


[신 4:28]
너희는 거기서 사람의 손으로 만든바 보지도 못하며 듣지도 못하며 먹지도 못하며 냄새도 맡지 못하는 목석의 신들을 섬기리라

# 97

# 자살한 자들이 가는 지옥을 보다.

( 2014. 2. 15 )


천국에 올라갔다.

주님은 내가 지옥갈 것을 아시고 이미 세 명의 갑옷을 입은 그리고 방패와 창까지 든 천사들을 준비해놓고 계셨다.

내가 지옥을 방문할 때에는 주님은 안 가시고 나에게 꼭 마귀의 부하들로부터 보호할 천사들을 붙이신다.

나는 주님을 보자마자 "주님 자살한 자들이 가는 곳을 보여 주세요" 라고 했다.

그랬더니 그 세 명의 무장한 천사들과 함께 나는 밑으로 수직으로 내려갔는데 밑으로 내려가는 것이 꼭 검은 통속으로 내려가듯이 내려갔다. 그리고는 밑으로 계속 내려가는 것이 아니라 내려가다가 이제는 옆으로 통로가 쭉 나있어서 옆으로 쭉 갔다. 그러다가 다시 밑으로 한참 내려갔다. 그러다가 다시 옆으로 길이 나있어서 옆으로 쭉 갔다. 그러다가 다시 밑으로 내려갔다.

이것을 한 서너 번 되풀이하다가 결국은 우리가 도달한 곳이 바로 최근에 죽은 OOO와 그 동생이 자살한 이유로 고통 받고 있는 곳이었다.

왜 하필이면 또 이 두 사람이 보이는지 모르겠다. 왜냐하면 내가 아는 사람이 없기 때문일까? 그리고 지옥을 이런 식으로 내려오기는 처음이다.

한참을 수직으로 쭉 내려가다가 다시 옆으로 가다가 다시 밑으로 내려가는 이것을 되풀이하는 꼭 무슨 계단을 내려가듯이 말이다.

그러므로 지옥을 내려올 때에 이렇게 내려온 적이 없으므로 분명히 자살한 영혼들이 가는 곳이 매우 특별한 장소인 것만이 분명했다.

거기서 OOO과 그 동생이 한사람씩 각각의 긴 장대 같은 곳에 묶여서 달려 있었다. 그들은 약 20m 정도 떨어져 각각 달려 있었다. 장대는 매우 길었다. 장대 아래는 매우 깊어서 잘 보이지 않았다. 그리고 무엇인가 그들의 목을 칭칭 감고 또 장대를 함께 감고 있었다. 그리고 또 온 몸을 칭칭 단단하게 감아서 장대에 묶고 있었다.

그 동생도 동일하게 그런 식으로 고통 받고 있었다.

나는 그들이 보이자마자 내 지상의 몸이 신음하고 있었다.

그들의 고통이 느껴져서 말이다.

즉 그들은 긴 장대에 목도 묶여 있고 몸도 그렇게 묶여서 달려 있었다. 거기에 그들의 살갗이 안보일 정도로 꼭 밧줄로 칭칭 감아 놓듯이 빽빽이 감겨 있었다.

목에서부터.... 아랫 몸까지....

그리고 그 장대 아래쪽을 보니 사실은 아래에 갈색과 검정색들의 구렁이들이 가득하였다. 색깔이 짙어서 그런지 그래서 처음에 무엇인지 잘 보이지 않았다. 그런데 그들이 장대를 타고 올라온다. 장대에 묶여 있는 OOO과 그 동생을 괴롭히기 위하여...

자세히 보니 그들을 목에서부터 감고 있는 것이 사실은 다 이 구렁이들이었다. 즉 뱀들이 목을 조이고 몸을 또 조인다. 계속 압력이 세지니까 구렁이 몸 사이사이로 살이 터져 나오고 있었고 뱃속의 내용물도 살갗안의 내용물들이 뱀들 사이로 터져 나오고 있었다.

피도 나왔다. 이들은 너무 괴로워했다.

아! 이 고통과 괴로움을 도대체 누가 알까?

나는 그들의 고통이 너무 불쌍하여 계속 내 지상의 몸은 신음하고 있었다. 그 고통은 참으로 보기도 힘든 고통이었다.

[눅 12:4-5]

(4)내가 내 친구 너희에게 말하노니 몸을 죽이고 그 후에는 능히 더 못하는 자들을 두려워하지 말라 (5)마땅히 두려워할 자를 내가 너희에게 보이리니 곧 죽인 후에 또한 지옥에 던져 넣는 권세 있는 그를 두려워하라 내가 참으로 너희에게 이르노니 그를 두려워하라

우리는 자살하면 지옥 간다는 사실을 잊지 말아야 할 것이다.

## 98

# 동성 연애하는 자들이 가는
# 지옥을 보다.

(2014.2.15)

나는 자살한 자들이 가는 지옥을 보고 온 다음 나는 주님께 동성 연애하는 자들이 가는 지옥을 가보고 싶다고 하였다.

그리하였더니 내 눈앞에 벌써 그 지옥이 보이기 시작했다.

내가 언제 지옥에 내려왔나 싶을 정도로 바로 내 눈에 보이기 시작한 것이다.

벌거벗은 자들이 보였다. 그들은 남자 동성 연애한 자들이었다.

마귀의 부하가 큰 대못을 가지고 그들의 항문에다가 망치로 박아 넣듯 박아 넣는다.

또 한 마귀의 부하는 벌거벗은 남자를 쇠로된 대꼬챙이에 사람을 항문에서부터 넣어서 입으로까지 나오게 하여 사람이 그 꼬챙이에 꿰었다.

마귀 부하는 낄낄거리며 사람을 꿴 그 꼬챙이를 휙휙 내두르면서 이리 뛰고 저리 뛰며 좋아하면서 돌아다닌다.

여자 동성연애자는 한 여자의 가슴을 마귀의 부하가 창으로 푹푹 찌른다. 피가 푹푹 나온다. 그리고 유두 중심으로 칼로 유방을 도려낸다. 그리고 다른 마귀 부하는 그 여자의 국부를 도려내어 먹는다.

그리고 남성의 국부는 마귀 부하가 거기다가 무슨 밀가루 반죽같이 생긴 것을 그 국부 끝에 둥그렇게 붙여서 그 국부를 한없이 잡아

당긴다. 그러면 결국 그것이 떨어져 나오는데 결국 떨어져 나온 그 국부를 마귀 부하가 먹는 것이다.

그런데 이 모든 것들은 사람들을 다 나무형틀에 눕혀서 그러한 형벌을 가하고 있었다. 그리고 이 모든 것을 가한 후에 마귀의 부하들은 이들을 빨랫줄에 나란히 걸듯이 매달아 놓았다. 나란히...

이 세상에 잠깐 사는 날 동안 하나님이 주신 육체를 의의 병기로 쓰지 않고 육체의 더러운 정욕에 내어준 이들이 영원한 지옥에서는 이런 형벌을 받는다는 것을 서로에게 보여주듯이...


[롬 1:21-27]

(21)하나님을 알되 하나님으로 영화롭게도 아니하며 감사치도 아니하고 오히려 그 생각이 허망하여지며 미련한 마음이 어두워졌나니 (22)스스로 지혜 있다 하나 우준하게 되어 (23)썩어지지 아니하는 하나님의 영광을 썩어질 사람과 금수와 버러지 형상의 우상으로 바꾸었느니라 (24)그러므로 하나님께서 저희를 마음의 정욕대로 더러움에 내어 버려 두사 저희 몸을 서로 욕되게 하셨으니 (25)이는 저희가 하나님의 진리를 거짓 것으로 바꾸어 피조물을 조물주보다 더 경배하고 섬김이라 주는 곧 영원히 찬송할 이시로다 아멘 (26)이를 인하여 하나님께서 저희를 부끄러운 욕심에 내어 버려두셨으니 곧 저희 여인들도 순 리대로 쓸 것을 바꾸어 역리로 쓰며 (27)이와 같이 남자들도 순리대로 여인 쓰기를 버리고 서로 향하여 음욕이 불일 듯 하매 남자가 남자로 더 불어 부끄러운 일을 행하여 저희의 그릇됨에 상당한 보응을 그 자신에 받았느니라

오늘 주님은 나에게 동성 연애하는 자들이 지옥에 간 것을 보여주었다.

그렇다. 동성 연애하면 지옥에 간다.

회개치 아니하면....

# 99

# 유산죄를 지은 자들이
# 가는 지옥을 보다.

(2014.2.16)

유산 죄를 지은 자들이 가는 지옥을 갔다.

이번에는 갑옷을 입지 않은 거인과 같은 세 명의 천사들이 나를 호위하였다.

꼭 옛날 요술병속에서 근육질의 남자가 팔짱을 끼고 나타나서 "주인님 뭘 원하십니까?" 라고 하는 머슴과도 같은 모양을 한 근육질의 세 천사들이다.

그들은 내가 지옥 가는데 수호하는 천사들로 붙여졌다.

나는 어느 새 흰색의 윗도리와 몸에 착 달라붙는 승마할 때 입는 옷 같은 것을 입고 머리는 경쾌하게 뒤로 한 가닥으로 묶었다.

그리고 이들과 같이 지옥으로 내려갔다.

벌거벗은 여자들이 절벽에 쭉 늘어섰는데 그들의 머리가 다 꺾여 있는 것이 보였다. 즉 연필의 몸뚱이가 부러져 목이 약간만 붙어 있는 그런 모양이었다.

그 순간 아이를 죽인 것이 살인죄니까 마귀의 부하들이 지옥에서 이들의 목을 꺾나보다 하는 생각이 들었다.

이 여자들은 절벽 같은 곳에 벌거벗은 채로 달려 있었다.

그리고 마귀의 부하들이 그 여인들의 이쪽저쪽 다리를 하나씩 비틀어 빙 돌려서 엉덩이에서부터 빼내어 중앙에 웅덩이처럼 크고 넓은 곳에 버린다. 쌓는다고 하는 편이 더 맞다. 두 다리 두 팔을 그런 식으로 빼내어 버린다.

꼭 아기를 그 자궁 속에서 소파 수술할 때에 그렇게 분질러서 꺼내어 버린 것과 같은 벌을 받고 있는 것이다.

다리 하나가 빠져 나갈 때마다 여인들은 기겁을 하며 소리를 지른다. '내 다리' '내 다리' 하면서...

그리고 마귀 부하들은 그들의 몸통만 남았을 때 꺾인 머리와 함께 같이 팔다리가 쌓여 있는 그곳에 던져 내버린다.

그러면 꼭 쓰레기가 쌓여있듯 그 많은 팔다리와 몸통머리들이 다 섞여 있는 것을 모아다가 마귀의 부하들이 그 꺾인 팔다리와 몸뚱이들을 불구덩이에 가서 쏟아 붓는다. 그러면 팔과 다리 몸통들이 다시 자기 몸을 찾아 붙어서 선다.

그런데 이들의 수가 엄청 많아 팔다리가 자기 몸을 찾아 일어설 때 보면 꼭 군대가 일어서는 것 같다. 그리고 꺾였던 머리도 바로 붙게 된다. 그래서 다시 온전한 몸이 되어서 이제는 불구덩이 속에서 엄청난 고통을 당하다가 어느새 각 여인에게 정하여진 절벽의 자기 자리에 가서 다시 달려 있게 된다. 그리고 거기서부터 다시 반복을 한다. 주여!

나는 다시 그 뒷날 주님께 유산한 자들의 지옥을 다시 보여 달라고 했다. 그런데 이번에는 정확히 더 자세히 보였다. 아니 더 실제적으로 보였다. 즉 여인들의 꺾인 목에서 선혈이 뚝뚝 떨어지고 있었고 마귀의 부하가 그 여자의 팔을 어깨부위에서 돌려서 빼는 것이 너무 실제적으로 느껴졌다. 그리고 그들은 중앙에 그 빼내어진 팔다리들이 던져져서 쌓이고 있었다.

[갈 6:7-9]

(7)스스로 속이지 말라 하나님은 만홀히 여김을 받지 아니하시나니 사람이 무엇으로 심든지 그대로 거두리라 (8)자기의 육체를 위하여 심는 자는 육체로부터 썩어진 것을 거두고 성령을 위하여 심는 자는 성령으로부터 영생을 거두리라 (9)우리가 선을 행하되 낙심하지 말지니 피곤하지 아니하면 때가 이르매 거두리라

[벧후 2:9]

주께서 경건한 자는 시험에서 건지시고 불의한 자는 형벌 아래 두어 심판날까지 지키시며

# 100

# 7세 이전에 죽은 아이들이 가는
# 천국과 7세 이후 예수 믿지 않고
# 죽은 아이들이 가는 지옥을 보다.

(2014.3.18.)

나는 천국에 올라갈 때부터 내가 요즘에 젊은이들이 결혼할 때 에 입는 신부복을 입고 있는 것이었다. 그것도 머리에 면사포까지 쓰고서 말이다.

천국에 도착하니 주님이 요즘 젊은이들이 결혼식 때에 입는 신랑 양복을 입고 계신다.

주님과 나는 둘이서 신랑 신부로 그 황금대로 길을 입장하는데 천국의 사람들도 우리를 위하여 여자들은 하얀 드레스를 입었고 그리고 남자들은 양복을 입고 길가에 쭉 늘어서서 신랑 신부 입장하는 주님과 나를 손뼉을 치면서 맞이하여 주었다.

길에는 하얀 천이 깔려있고 신랑 신부 입장하여 주님과 나는 쭉 걸어가서 길 끝에 이쪽을 바라보는 의자 둘이 놓여 있었는데 우리는 거기 가서 앉은 것이다.

그리고 주님과 내가 앉은 의자들이 붕 뜨는 느낌이 나더니 우리는 벌써 지구위에 떠 있는 것이었다.

우리 위로는 풍선처럼 크게 우산처럼 되어 있고 우리는 그 의자 앉은 채로 바구니 안에 앉아 있는 모습이었다. 바구니가 큰 우산처럼 낙하산처럼 생긴 것에 매달려 공중에 떠 있었다.

우리 밑으로는 지구가 보였다. 어찌 이런 일이......

나는 왜 오늘 나에게 이러한 모습이 보이는가 하고 생각하고 있는데 그냥 알아진다. 아하! 주님이 나를 지구에서 이렇게 신부로 들어 올리시겠다는 것이구나! 할렐루야! 그 메시지가 금방 그 순간에 알아지는 것이었다. 주님 감사합니다.

그리고 나서 그 풍선바구니는 벌써 또 다시 천국에 도착하였다. 그러면서 주님과 나는 다시 복장이 바뀌어졌다.

그리고 주님의 마음이 그냥 알아지는데 주님께서 마음으로 말씀하시기를 어저께 내가 보았던 분홍색 dome과 같이 생긴 곳을 가자고 하신다.

문은 문설주부터 황금보석으로 되어 있다. 문을 들어가면 터널을 지나가듯이 하고 그리고 그 터널이 끝나는 곳에서부터 동네로 들어가기까지 쭉 내리막길로 되어 있는 언덕길이 나있었다. 그런데 그 모든 길도 터널도 다 황금보석으로 되어 있었다.

터널을 지나 그 언덕 밑에는 푸른빛이 감도는 보석들로 만들어진 똑같이 생긴 집들이 나열되어 있었고 또한 그 똑같이 생긴 집들이 한곳에 모여 있었는데 여기서 아이들이 공동 생활하는 것이 알아지는 것이었다.

그리고 아이들의 옷이 다 가지각색으로 입혀져 있었다.

그중에 한 명의 아이의 옷이 자세히 보인다. 아래위로 솜으로 된 옷

옷과 아래옷을 입혀 놓은 것 같았는데 아주 귀여웠다.

이 아이들 은 부모에게서 태어나서 7세 이전에 죽은 아이들이다.

즉 태어나 서 얼마간이라도 살다가 온 아이들이었다.

그리고 거기는 아이들이 공동교육을 받고 있었다.

하나님 나라와 예수님에 대하여...

우리는 그곳을 나왔다. 그리고 나는 주님께 부탁했다.

나는 7세 이후 예수 믿지 않고 죽은 아이들은 어디를 가는지 보여 달라고 했다.

우리는 다시 천국입구까지 왔다.

네 명의 철저히 갑옷으로 무장한 천사가 날 호위하였다.

나는 다시 아래위 흰 옷으로 바지로 입고 머리를 뒤로 묶고 발랄한 모습이 되었다. 내가 지옥으로 갈 때면 늘 이런 복장을 한다.


그리고 지옥으로 향하는데...

우리가 무슨 큰 깔때기 속으로 떨어지는 것 같았다.

그 깔때기 입구는 넓고 둥글고 아래로 갈수록 좁아지는 것이었다.

그리고 우리는 드디어 바닥에 도달하였는데 이전에 보던 동그란 쇠문 같은 것이 열리고 우리는 그 안으로 들어섰다.

그런데 이곳은 내가 전에 와봤던 곳과 너무나 유사했다.

즉 어른들이 예수 안 믿어 가는 지옥과 매우 유사한 곳이었다.

안에는 위로 텅 빈 둥근 공간이 있고 아래에는 아주 큰 구덩이가 있는데 그 중간정도에 절벽이 있고 곳곳에 한 사람씩 들어올 수 있는 문이 있으며 그 절벽 위에는 사람들이 두 세 발자국 디딜 수 있는 정도의 넓이가 있고 그 밑에는 큰 구덩이가 낭떠러지 밑에 있었고 그곳은 불구덩이었다.

즉 7세 이후로 예수 믿지 않고 죽은 아이들이 그 절벽 위에 있는 문으로 들어오자마자 마귀의 부하들이 그들을 아래로 떨어뜨리면 그들은 불구덩이로 떨어지는 것이었다.

불구덩이에 있는 벌거벗은 아이들이 소리를 지른다.

"엄마 나 살려줘!" "앗 뜨거워 못 살겠어."

"엄마 하나님 나 용서해 주세요."

"교회 가라할 때 갔었어야 했는데 하나님 엄마 나 잘못했어요."

아이들이 불구덩이에서 소리치며 아우성을 쳤다.

아이들의 목소리가 아주 듣기 괴로울 정도로 불쾌하고 고통스러우며 째지는 목소리들이었다.

어찌 이리 어른들이 예수 믿지 않고 지옥 가는 자들과 비슷한 고통을 받는지...

그런데 분명한 것은 그들의 불구덩이는 규모가 훨씬 작다는 것이었다.

아이들이 불을 피하여 도망하다가 앞에 마귀 부하가 창을 가지고 찌르기 위해 기다리고 있는 것을 보고 도로 뒤를 돌아서 불속으로 도망가는 것이 보였다.

'아아. 이를 어찌하면 좋을꼬.....'

나는 신음하였다.


그러므로 어린 아이들도 예수 믿고 거듭나지 아니하면 지옥에 간다.

아니 여기에 온다.

그러므로 아이들에게도 예수를 전해야 한다.

그들이 예수 믿도록, 언제 죽을지 아무도 모른다.

죽으면 구원받을 기회가 없는 것이다.

아이들도 말이다.

오, 주여! 용서하여 주시옵소서!


[요 14:6]

예수께서 가라사대 내가 곧 길이요 진리요 생명이니 나로 말미암지 않고는 아버지께로 올 자가 없느니라.

# ⬡101

# 유명한 종교지도자가 천국에 없는 것을 보다.

(2014.4.9-11)

유명한 종교지도자 OO에 대하여 정리하고자 한다.

나는 한번은 주님의 보좌 앞에서 유명한 종교지도자 OO를 보여달라고 주님께 말씀드렸다.

그러나 내 눈에 주님의 보좌 앞에 서 있는 천사들이 양쪽으로 늘어선 그 입구에서 들어 올 것이라 생각했던 그는 들어오지 않았다. 그가 천국에 있으면 그 입구로 들어와야 한다.

왜냐하면 지금까지 천국에 있는 자들은 내가 주님께 그분을 보여 달라고 하면 그 입구에서 들어왔었으니까...........

그는 그 입구로 들어오지 않았고 대신 나의 온 시야에 갑자기 사막 같은 곳이 보였다.

그리고 거기에 검은 수염이 난 자가 사냥꾼이 입는 옷 같은 허름한 옷을 입고 있었다.

나는 즉시 그가 그 유명한 종교지도자 OO인 것을 알았다.

나는 그 다음 천국에 올라가서 또 한 번 더 주님께 OO을 보여 달라
했다.
그것은 주님과 내가 정원이 있는 벤치에 앉아 있을 때 일어났다. 그
랬더니 이번에는 내 눈에 그가 쇠사슬 같은 것으로 두 손이 묶인 채
로 벌판 같은 곳에서 누군가에 의하여 끌려가고 있었다. 그러나 그
를 끌고 가는 자는 보이지 않았고 끌려가고 있는 OO만 보였다.
OO은 긴 옷을 입은 채 두 손이 묶여서 어디론가 끌려가고 있는 것
만 보였다.

## 주님이 그 유명한 종교지도자 OO이 천국에
## 없는 이유를 말씀하시며 산상수훈의
## 중요성을 강조하시다.

(2014.4.17)

천국에 올라갔다. 나는 주님께 물어볼 것이 많아 늘 가는 정원의 벤

치로 가기를 원했다.

주님은 '오냐, 가자!' 하셨다.

주님과 나는 앞에는 정원이 있고 그리고 늘 가는 벤치에 함께 앉았다. 나는 물었다. '주님 오00 목사 보고 싶어요.' 라고 했더니 오00 목사가 금방 나타났다.

며칠 전에 잠시 보았던 모습 그대로이다.

그리고 그 다음은 토마스 주남이 나타났다.

그러고 나서 또 나는 우리 아버지가 나타나기를 원했다.

그랬더니 돌아가신 내 아버지가 내 앞에 나타났다.

아하! 그러면 '주님, 그 유명한 종교지도자 OO은요?' 하고 말했더니 그 유명한 종교지도자는 안 나타났다.


그리고 나의 시야가 아무 것도 보이지 않고 내 시야에 온통 황토색으로만 사방이 보였다. 그러더니 어떤 한 사람이 그 목에 옛날 우리나라에서 사람을 감옥에 가두어 놓고 목에 무거운 긴 나무를 채워 놓듯이 그 유명한 종교지도자의 머리가 헝클어진 채로 그 길고 큰 나무판대기를 목에 걸고 앉아 있으면서 소리를 지르고 있는 모습이 보였다. 주여!

"이놈들아! 이놈들아! 이것 안치워?

나를 왜 여기다가 두는거야? 나를 꺼내줘...."

그는 이를 뿌드득 갈고 있었다.

나는 '주님, 그 유명한 종교지도자가 왜 저기 가 있어요?'

하고 물었다.

주님이 대답하신다.

"그는 내가 한 말보다 자기 생각을 더 믿었단다.

한번 구원받으면 영원한 것이라고 믿었지...

내가 한 말을 그대로 믿지 않았지...

그는 내 말보다 사도 바울이나 다른 사람들의 말을 더 믿었지..."

주님이 말씀하신다.

"내가 한 말을 진짜로 믿고 다른 사람들의 말은 참고로 하라" 하신다. 그런데 많은 사람들은 주님의 말씀과 다른 사도들의 말을 같은 비중으로 보는 그것이 문제라 하신다. 주여!

그래서 그들이 하나님이신 주님이 하신 말씀과 다른 사도들이 한 말 선지자들이 한 말을 동일한 비중을 두고서 신학적인 교리를 세웠으니 그것이 문제라 하신다.

하나님의 말씀은 천지를 창조하신 말씀인데 말이다.

사람의 말과 하나님의 말을 동일한 비중으로 두는 것이 문제라 하셨다. 그러시면서 '그것이 인간의 한계이지.......' 라고 말씀하신다.

그래서 내가 주님께 이렇게 말했다.

"주님이 인간을 그렇게 만드시지 않았습니까?" 하고.

주님이 말씀하신다.

"모두가 다 머리 굴리지 말고 내 말을 그대로 믿는데 있어서 다 어린아이들 같이 되었으면 한다...." 고.

나는 주님께 물었다.

"주님 그러면 저도 여기서 의문이 있어요." 라고 했다.

주님 요한복음 6장에 '사람이 이 떡을 먹으면 영생하리라' 하였는데, 또 다른 곳에서는 '형제에 대하여 미련한 놈이라 하는 자는 지옥 불에 던져지리라' 하였는데 주님 어느 것을 믿어야 하는지.......

왜냐하면 주님의 떡을 먹은 자들이 형제에 대하여 미련한 놈이라는 말을 많이 쓰기 때문이다.

나는 이 말씀들이 어떻게 연결되는지를 물었다.

하나는 영생한다 하고 또 다른 한쪽은 지옥불에 던져진다 하니....

주님은 말씀하신다.

"그때 떡은 그냥 떡이 아니란다. 사람들은 나를 먹어야 하는데 말씀을 먹어야 하는데 즉 나를 먹는 자는 영생하리라 하는 말에는 그냥 예수만 믿는 것을 의미하는 것이 아니고 그 말씀이 우리 안에 들어와 우리가 그 말씀 앞에 굴복되어지는 삶을 사는 것을 내 떡을 먹는다."고 표현하셨다.

그런데 그들은 나를 먹지 않고 즉 말씀을 먹지 않고 그냥 입으로만 믿고 입으로만 먹는다고 말을 한다는 것이다.

주님은 말씀하신다.

"내 떡을 먹는 의미가 요한복음 15장에 나와 있는데 내 떡을 먹는 자"는 바로 내 안에 거하는 자임을 말씀하셨다.

할렐루야.


[요 15:5-6]

(5)나는 포도나무요 너희는 가지니 저가 내 안에, 내가 저 안에 있으면 이 사람은 과실을 많이 맺나니 나를 떠나서는 너희가 아무 것도 할 수 없음이라 (6)사람이 내 안에 거하지 아니하면 가지처럼 밖에 버리워 말라지나니 사람들이 이것을 모아다가 불에 던져 사르느니라

주님으로부터 떨어져 나온 가지는 주워서 불에 태운다 하셨다.

그런데 이 가지는 원래 포도나무에 붙어 있었다.

또 주님은 알곡과 쭉정이를 생각나게 하셨다.


[눅 3:16-17]

(16)요한이 모든 사람에게 대답하여 가로되 나는 물로 너희에게 세례를 주거니와 나보다 능력이 많으신 이가 오시나니 나는 그 신들메를 풀기도 감당치 못하겠노라 그는 성령과 불로 너희에게 세례를 주실 것이요 (17)손에 키를 들고 자기의 타작마당을 정하게 하사 알곡은 모아 곡간에 들이고 쭉정이는 꺼지지 않는 불에 태우시리라


성경에는 '알곡은 곡간에 들이고 쭉정이는 다 모아서 꺼지지 않는 불에 태운다.'고 했다. 이 꺼지지 않는 불은 영원한 불못을 말한다. 이 벤치에서 주님이 말씀하시는 것을 나, 그리고 내 육신의 아버지, 토마스 주남, 오00 목사 모두가 다 같이 조용히 듣고 있었다. 꼭 주님이 제자들을 데리고 산에 오르셔서 산상수훈을 말씀하시는 것 같은 그러한 분위기였다.

그리고 그 생각을 하고 있는데 주님이 말씀하시기를

"내가 너희에게 준 산상수훈에 귀를 잘 기울이고 들으라." 고 말씀하신다.


[마 5:1-12]

(1)예수께서 무리를 보시고 산에 올라가 앉으시니 제자들이 나아

온지라 (2)입을 열어 가르쳐 가라사대 (3)심령이 가난한 자는 복이 있나니 천국이 저희 것임이요 (4)애통하는 자는 복이 있나니 저희가 위로를 받을 것임이요 (5)온유한 자는 복이 있나니 저희가 땅을 기업으로 받을 것임이요 (6)의에 주리고 목마른 자는 복이 있나니 저희가 배부를 것임이요 (7)긍휼히 여기는 자는 복이 있나니 저희가 긍휼히 여김을 받을 것임이요 (8)마음이 청결한 자는 복이 있나니 저희가 하나님을 볼 것임이요 (9)화평케 하는 자는 복이 있나니 저희가 하나님의 아들이라 일컬음을 받을 것임이요 (10)의를 위하여 핍박을 받은 자는 복이 있나니 천국이 저희 것임이라 (11)나를 인하여 너희를 욕하고 핍박하고 거짓으로 너희를 거스려 모든 악한 말을 할 때에는 너희에게 복이 있나니 (12)기뻐하고 즐거워하라 하늘에서 너희의 상이 큼이라 너희 전에 있던 선지자들을 이같이 핍박하였느니라······

그리고 주님이 말씀하시기를 이 산상수훈의 내용을 잘 보라는 것이었다. 그리고 우리에게 그대로 행하여야 한다고 말씀하셨다. 할렐루야!

주님과 우리가 이렇게 대화하고 있는 동안 지상에 있는 나의 두 팔과 두 손이 아주 무겁고 납덩이같이 계속 느껴졌다.

그것이 의식이 되어져서 아플 정도로·········

내 눈에는 눈물이 흐르고 있었다.

유명한 종교지도자가 천국에 없다는 사실 앞에······

그리고 우리가 여태까지 무엇을 중요하게 생각하고 왔는지에 대한 회의가 몰려오면서 이제부터는 주님이 하신 말씀을 다른 사람들의 말 위에 두어야 한다는 것을 명심해야 한다.

그리고 많은 사람들은 신학적 교리 특히 그 유명한 종교지도자 OO의 교리를 믿고 있다.

한번 받은 구원은 영원한 것이라고......

그러므로 주님이 하신 말씀을 자연스럽게 경홀히 여기게 된다.

그리하여 하나님의 말씀을 지키지 않아도 다 천국 들어가는 줄 안다. 예수만 믿으면....... 그런데 아니다.


이것이 그 종교지도자가 가르친 잘못된 교리이다.

그래서 많은 자들이 천국에 못 들어가는 것이다.

나는 내 눈에서 흐르는 눈물을 막을 수가 없었다.

그래서 많은 사람들이 지옥으로 가는 것이구나......

주님이 하신 말씀을 경홀히 여겨서 말이다.

모두에게 굿바이 인사를 하고 나는 지상으로 내려왔다.

주님이 하신 말씀 앞에 자신을 두고 굴복시키지 않는 자는 결코 천국에 들어가지 못한다.


[마 7:21-27]

(21)나더러 주여 주여 하는 자마다 천국에 다 들어갈 것이 아니요 다만 하늘에 계신 내 아버지의 뜻대로 행하는 자라야 들어가리라 (22)그날에 많은 사람이 나더러 이르되 주여 주여 우리가 주의 이름으로 선지자 노릇하며 주의이름으로 귀신을 쫓아 내며 주의 이름으로 많은 권능을 행치 아니하였나이까 하리니 (23)그 때에 내가 저희에게 밝히 말하되 내가 너희를 도무지 알지 못하니 불법을

행하는 자들아 내게서 떠나가라 하리라 (24)그러므로 누구든지 나의 이 말을 듣고 행하는 자는 그 집을 반석 위에 지은 지혜로운 사람 같으리니 (25)비가 내리고 창수가 나고 바람이 불어 그 집에 부딪히되 무너지지 아니하나니 이는 주초를 반석 위에 놓은 연고요 (26)나의 이 말을 듣고 행치 아니하는 자는 그 집을 모래 위에 지은 어리석은 사람 같으리니 (27)비가 내리고 창수가 나고 바람이 불어 그 집에 부딪히매 무너져 그 무너짐이 심하니라

[눅 10:17-20]
(17)칠십인이 기뻐 돌아와 가로되 주여 주의 이름으로 귀신들도 우리에게 항복하더이다 (18)예수께서 이르시되 사단이 하늘로서 번개 같이 떨어지는 것을 내가 보았노라 (19)내가 너희에게 뱀과 전갈을 밟으며 원수의 모든 능력을 제어할 권세를 주었으니 너희를 해할 자가 결단코 없으리라 (20)그러나 귀신들이 너희에게 항복하는 것으로 기뻐하지 말고 너희 이름이 하늘에 기록된 것으로 기뻐하라 하시니라

[살전 5:23]
평강의 하나님이 친히 너희로 온전히 거룩하게 하시고 또 너희 온 영과 혼과 몸이 우리 주 예수 그리스도 강림하실 때에 흠 없게 보전되기를 원하노라

# 주님이 세월호에
# 대하여 말씀하시다.

(2014.4.18.)

천국에 올라가는 마차가 나를 데리러 왔을 때에 그 주위에 이미 아기 천사들이 무척 많이 와 있었다.

그래서 나는 그들과 함께 천국으로 올라갔다.

천국에 도착하니 크고 넓은 구름이 나에게 다가왔고 거기에 내가 올라탔으며 주님은 벌써 그 구름위에 계셨다.

그리고 나와 같이 올라온 그 아기천사들이 줄줄이 같이 타고 날아갔다. 보통 때는 주님과 내가 탈 만큼 작은 구름이 오는데 오늘은 크고도 넓은 구름이 온 것은 바로 이 아기천사들도 같이 태우기 위함이라는 사실이 알아졌다.

그리고 우리는 그 구름을 타고 저 위로 먼 곳에 보이는 빛나고 깨끗한 크리스탈성으로 날아갔다.

이 성은 먼 곳에서 볼 때는 하얗게만 보였는데 가까이 갈수록 이 성 전체가 크리스탈로 된 건물이라는 것을 알 수 있었다. 바깥으로 보이는 건물의 모양은 뾰족 뾰족한 탑 모양의 크리스탈로 된 건물들이 다 키가 다르게 옆으로 앞뒤로 줄지어 선 것과 같은 모양이다.

이 크리스탈로 된 성은 참으로 아름다웠다.

그 내부로 들어가는 입구는 매우 크고 높았다.

그곳으로 먼저 아기천사들이 줄지어서 양쪽으로 날아 들어갔다.

그리고 주님과 내가 곧 그 뒤를 따라 들어갔다.

주님은 그 성안에 앞에 가서 서셨다.

그리고 그 성안에는 흰 옷 입은 많은 아이들이 있었다.

그들은 양쪽으로 쭉 서 있다가 하나씩 나아와 주님께 인사를 했다.

아기천사들이 주님 앞에 큰 테이블을 가져왔고 그리고 그 위에 많은 사탕들을 갖다 놓았다.

그리고서는 그 아기천사들이 조그만 바구니에 그 사탕을 담아서 각 아이들에게 나누어 주었다. 아이들은 이 사탕바구니를 받고 무척 좋아하였다.

그 다음에는 주님이 그 홀 가운데 서시고 아이들이 주님 주위로 강강수월래를 하듯이 원을 그려서 서로 손을 잡고서 노래를 불렀다.

아기천사들은 역시 주님머리 위쪽으로 공중에서 원을 만들어 노래를 불렀다. 오! 할렐루야! 이 광경은 너무나 아름다웠다.

나는 거기서 구경꾼으로 있었다.

주님이 한참 그렇게 아이들과 노시다가 나와 함께 그 아이들에게 인사를 하고 그 성을 나왔다.


그리고 그 다음 우리가 간 곳은 주님의 보좌가 있는 곳이었다. 나는 주님 보좌 앞에 엎드려 있었고 그리고 나는 최근에 한국에 재난을 당한 세월호에 대하여 울면서 주님께 묻고 있었다.

"주님, 세월호는 어떻게 하여 그렇게 물에 잠기게 되었는지요?"

그때 주님은 그에 대한 대답으로 바다에서 일어나는 모든 일을 주님이 주관하신다는 것을 생각나게 하여 주셨다.

그 구절은 시편 107편에 나와 있다.

[시 107:23-27]

(23)선척을 바다에 띄우며 큰 물에서 영업하는 자는 (24)여호와의 행사와 그 기사를 바다에서 보나니 (25)여호와께서 명하신즉 광이 일어나서 바다 물결을 일으키는도다 (26)저희가 하늘에 올랐다가 깊은 곳에 내리니 그 위험을 인하여 그 영혼이 녹는도다 (27)저희가 이리 저리 구르며 취한 자 같이 비틀거리니 지각이 혼돈하도다

그래서 나는 그 성경구절을 생각하고 있는데 주님은 대뜸 나에게 이렇게 말씀하시는 것이었다.

"내가 엎었다." 라고 말이다. 주여!

주님은 말씀하신다.

'나는 한국의 크리스천 부모들이 자신의 아이들에게 학교공부는 너무나 열심히 가르치는 반면에 정작 나에 대하여는 별로 그렇게 관심을 갖도록 하지 않은 것에 대한 경고' 라고 말씀하신다.

부모들은 그 아이들이 언제 죽을지 모르는데 아이들에게 공부만 시키고 있다는 것이다. 그러나 그보다 먼저 나를 믿게 하여 언제 죽어도 천국갈 수 있게 하는 것이 더 중요함을 이번에 그들에게 보여준 것이라 말씀하시는 것이었다.

그리고 특히 한국에 전쟁이 일어나면 이번에 세월호에서 죽은 300명의 아이들이 아니라 훨씬 더 많은 숫자의 아이들이 죽게 될 것인데 이것에 대한 경고임을 알게 하여 주셨다.

오 마이 갓! 내 생각에는 아마도 그 세월호 사건이 북한 소행으로 북한 탓을 하려고 했는데 주님은 말씀하시기를 주님 자신이 엎으

셨다고 말씀하시는 것이었다.

아, 그렇다. 이 일을 어찌하면 좋단 말인고.......

한국의 부모들이여 깨어나라!

속히 아이들을 인본주의로 키우지 말고 신본주의로 키워야 한다.

주님! 한국의 크리스천 부모들을 용서하여 주시옵소서......


* 부연설명 : 항상 아이들과 관련된 문제가 천국에서 논의될 것 같으면
아기천사들이 보였다. 그리고 주님은 또한 아이들이 있는
크리스탈성으로 나를 데리고 가셨다.


세월호 사건도 아이들과 관련된 사건들이었다.

주님은 내가 세월호에 대하여 질문할 것을 아시고 아이들과 관련
된 것을 천국에서 보게 하신 것이라 볼 수 있다.

# 아담과 하와의 이야기는
# 우리의 이야기이다.

(2014.7.22)

천국에 올라갔는데 주님께서 친히 나를 수레에서 맞아 내려 주신
다. 나는 자주색 가운을 입고 있었고 주님은 나를 정원에 있는 벤치
로 인도하셨다. 주님은 나에게 내 아이를 안게 하여 주신다.
내 아이인데 그 아이가 얼마나 예쁜지.... 아이가 나를 보고 환하게
웃는다. 그러고 있는데 주님이 말씀하신다.
"내가 이 꽃밭 정원을 너에게 주노라."
할렐루야! 할렐루야! 그런데 이 정원은 주님과 내가 이전에 걸어서
가보았지만 이 꽃밭은 유리바다 앞의 벤치로 연결되고 있었다.
즉 이 말은 이 꽃밭이 넓게 유리 바다 앞에 있다는 것이다.
아 너무 좋고 황홀하다. 이 넓고 아름다운 꽃밭을 주님이 내게 주신
다니 말이다. 이 꽃밭 정원은 엄청 넓다. 소위 조그만 꽃밭이 아닌
것이다. 그런데 주님이 이것을 나에게 주신다고 하신다.

그러자 나에게는 이러한 생각이 들어왔다. 이 꽃밭에 어린 아이들
이 놀 놀이터가 필요하다고 생각하고 있는데 주님이 알게 하시기
를 저번에 주님께서 나에게 큰 스테인레스 원통처럼 생긴 건물을
보여 주신 것이 생각나는 것이었다. 그리고 그 안에는 아이들이 놀
수 있는 놀이터, 그리고 체육관이 마련되어 있었다. 즉 그 건물이

바로 이 넓은 정원 어딘가에 있음이 알아지는 것이었다.

할렐루야.

주님은 모든 것을 다 아시고 미리 마련하여 주심이 알아졌다.

좋으신 주님..... 모든 것을 알고 계신 하나님, 그분의 배려는 끝이 없이 느껴진다.

나는 이 꽃밭이 얼마나 큰지 아직 가늠이 안 된다.

주님은 마음으로 말씀하신다.

'딸아 이것은 큰 것이 아니란다. 이 천국은 얼마나 넓은 곳인지 아느냐?' 고 말씀하시는 것이었다.

그리고서는 곧 보모가 와서 아이를 데려갔다.

그리고 바로 그 다음 주님과 내가 있는 벤치에 이사야가 하늘색 옷을 입고 나타났다. 나는 이사야를 보고 '이사야 선생님, 이사야 선생님은 어찌하여 그렇게 이사야 7장 14절과 이사 야 9장 6절을 그렇게 예언을 받아 말할 수 있었어요?' 라고 부러워하면서 물었다.

그랬더니 이사야는 이렇게 말한다.

그것은 주님이 내게 '내가 누구를 나를 위하여 보낼꼬?' 하였을 때에 자신이 '주님 내가 여기 있사오니 나를 보내소서.' 하였더니 주님이 그렇게 자신을 사용하셨다는 것이다.

아멘! 아멘! 할렐루야!


[사 6:1-8]

(1)웃시야 왕의 죽던 해에 내가 본즉 주께서 높이 들린 보좌에 앉으셨는데 그 옷자락은 성전에 가득하였고 (2)스랍들은 모셔 섰는데 각기 여섯 날개가 있어 그 둘로는 그 얼굴을 가리었고 그 둘로

는 그 발을 가리었고 그 둘로는 날며 (3)서로 창화하여 가로되 거룩하다 거룩하다 거룩하다 만군의 여호와여 그 영광이 온 땅에 충만하도다 (4)이 같이 창화하는 자의 소리로 인하여 문지방의 터가 요동하며 집에 연기가 충만한지라 (5)그 때에 내가 말하되 화로다 나여 망하게 되었도다 나는 입술이 부정한 사람이요 입술이 부정한 백성 중에 거하면서 만군의 여호와이신 왕을 뵈었음이로다 (6)때에 그 스랍의 하나가 화저로 단에서 취한바 핀 숯을 손에 가지고 내게로 날아와서 (7)그것을 내 입에 대며 가로되 보라 이것이 네 입에 닿았으니 네 악이 제하여졌고 네 죄가 사하여졌느니라 하더라 (8)내가 또 주의 목소리를 들은즉 이르시되 내가 누구를 보내며 누가 우리를 위하여 갈꼬 그 때에 내가 가로되 내가 여기 있나이다 나를 보내소서

내가 이사야에게 더 말했다.
'이사야 선생님, 좀 더 사람들에게 알리고 싶은 내용이 있으면 알려주세요.' 하였더니 이사야가 말한다.
'좀 전에 우리가 같이 창세기를 보지 않았느냐?' 고 묻는다.
그래서 내가 '그랬다.' 라고 했더니 바로 '아담과 하와 이야기가 우리의 이야기입니다.' 라고 말한다.
즉 아담과 하와의 이야기가 바로 우리의 이야기라는 것을 사람들에게 알려 달라는 말이다. 할렐루야. 맞다.
즉 우리는 늘 사단과 하나님의 말씀 사이에서 우리가 어느 것을 선택하여 따르느냐에 따라서 그 운명이 달라진다는 것이다.
할렐루야. 아멘.

그들은 에덴의 한가운데 생명나무와 선악과 나무의 과일 중에서 생명나무의 과일을 택하여 먹을 수 있었는데 그만 사단이 제안한 선악과의 과일을 따 먹고 말았다.

우리는 여기서 그들이 생명나무의 과일을 따 먹기 전에 선악과의 과일을 따 먹게 한 것을 유의하여 보아야 한다는 것이다.

내가 이사야에게 물었다.

'만일 그들이 생명나무를 먼저 따 먹었으면 어떻게 되었을까요?'

이사야는 말하기를 그들이 영생하였을 것이라는 것이다.

즉 하나님이 그들을 비록 흙에서 만드셨지만 그들이 그 생명나무의 과일을 따먹는 순간에 하나님이 그들의 몸을 영원히 썩지 아니하는 영생하는 몸으로 바꾸셨을 것이라는 것이다.


[창 3:22-24]

(22)여호와 하나님이 가라사대 보라 이 사람이 선악을 아는 일에 우리 중 하나 같이 되었으니 그가 그 손을 들어 생명나무 실과도 따먹고 영생할까 하노라 하시고 (23)여호와 하나님이 에덴동산에서 그 사람을 내어보내어 그의 근본된 토지를 갈게 하시니라 (24) 이같이 하나님이 그 사람을 쫓아 내시고 에덴동산 동편에 그룹들과 두루 도는 화염검을 두어 생명나무의 길을 지키게 하시니라


＊ 부연설명 : 여기서 선악이란 물론 아담과 하와에게 생긴 시비를 가리는 마음을 말한다. 그들이 선악과를 먹기 전에는 그들이 옳고 그름을 몰랐다. 어찌하였든 그들에게 이제는 시비를 가리는 마음이 생긴 것을 말씀하고 있다.

이것은 마치 우리가 예수를 믿으면 마지막 날에 우리가 부활된 몸으로 변하는 것과 같은 것이다. 즉 그들이 선악과를 먹기 전에 생명나무 과일을 먼저 먹었더라면 영원히 썩지 아니하는 몸으로 변하는 것과 같은 것임을 알게 하여 주신다.

그리고 또한 맞다. 그들이 죄가 있는 몸으로 영생하게 되면 안 되니까 하나님이 그들로 하여금 죄 있는 상태에서 먹지 못하게 한 것이다. 그래서 하나님은 생명나무에 화염검을 두어 그들을 가까이 오지 못하게 하였던 것이다.

그 다음 나는 이러한 의문을 가졌다. 나는 이사야에게 이렇게 물었다. '그러면 이 동산에 있는 생명나무가 바로 예수 그리스도이시고 그 선악과는 세상을 의미하는 것이냐?' 했더니 '그렇다' 고 했다.

즉 이들이 하나님의 말씀, 예수 그리스도이신 즉 생명나무인 과일을 먹었으면 영생하였을 터인데 그들은 그만 사단의 말을 듣고 선악과를 따 먹고 말았던 것이다.

하나님의 말씀보다 세상을 더 사랑하여 그것을 택하여 멸망의 길로 갔다는 것이다. 할렐루야.

우리도 마찬가지이다. 생명나무인 예수님을 먹으면 영생하는데 즉 하나님의 말씀을 먹으면 영생하는데 세상을 택하면 사망의 길로 가게 된다.

[요 6:32-35]
(32)예수께서 이르시되 내가 진실로 진실로 너희에게 이르노니 하늘에서 내린 떡은 모세가 준 것이 아니라 오직 내 아버지가 하늘

에서 내린 참 떡을 너희에게 주시나니 (33)하나님의 떡은 하늘에서 내려 세상에게 생명을 주는 것이니라 (34)저희가 가로되 주여 이 떡을 항상 우리에게 주소서 (35)예수께서 가라사대 내가 곧 생명의 떡이니 내게 오는 자는 결코 주리지 아니할 터이요 나를 믿는 자는 영원히 목마르지 아니하리라

[요 6:48-51]
(48)내가 곧 생명의 떡이로라 (49)너희 조상들은 광야에서 만나를 먹었어도 죽었거니와 (50)이는 하늘로서 내려오는 떡이니 사람으로 하여금 먹고 죽지 아니하게 하는 것이니라 (51)나는 하늘로서 내려온 산 떡이니 사람이 이 떡을 먹으면 영생하리라 나의 줄 떡은 곧 세상의 생명을 위한 내 살이로라 하시니라

[요 11:25-26]
(25)예수께서 가라사대 나는 부활이요 생명이니 나를 믿는 자는 죽어도 살겠고 (26)무릇 살아서 나를 믿는 자는 영원히 죽지 아니하리니 이것을 네가 믿느냐

또 예수님은 말씀하신다.

[요 14:6]
예수께서 가라사대 내가 곧 길이요 진리요 생명이니 나로 말미암지 않고는 아버지께로 올 자가 없느니라

나는 여기서 질문이 생겼다.

'왜 하나님은 인간을 하나님처럼 완벽하게 짓지 않고 죄를 지을 수 있는 불완전한 존재로 지었냐?' 고 물었다.

그리하였더니 이사야는 말한다.

'오직 완전한 존재는 하나님 한 분밖에 없다.' 고 말하여 주었다.

그러면 나는 다시 여기서 '그러면 아담과 하와가 죄를 짓는 것이 더 좋았냐?' 고 물었다. 왜냐하면 메시아이신 예수님이 오셔서 우리를 구원하여서 그분과 함께 영원히 살게 할 목적이라면 말이다. 즉 그들이 죄를 짓는 것이 하나님의 계획안에 있었느냐는 질문을 가진 것이다.

그리하였더니 이사야는 말로 그렇다는 것이 아니라 생각으로 나에게 그렇다고 했다.

즉 하나님은 그들이 죄를 지을 것을 이미 알고 계셨다는 것이다. 왜냐하면 그들이 죄를 지을 수 있는 불완전한 존재로 지어졌기 때문이다.

그러면 나는 또 여기서 하나의 질문이 더 생겼다.

즉 사단이 하나님의 허락을 받고 아담과 하와를 유혹했냐는 것이다. 주여!

왜냐하면 욥기에 보면 사단을 하나님이 이용한 것이 나온다.

[욥 1:6-12]

(6)하루는 하나님의 아들들이 와서 여호와 앞에 섰고 사단도 그들 가운데 왔는지라 (7)여호와께서 사단에게 이르시되 네가 어디서 왔느냐 사단이 여호와께 대답하여 가로되 땅에 두루 돌아 여기 저

기 다녀 왔나이다 (8)여호와께서 사단에게 이르시되 네가 내 종 욥을 유의하여 보았느냐 그와 같이 순전하고 정직하여 하나님을 경외하며 악에서 떠난 자가 세상에 없느니라 (9)사단이 여호와께 대답하여 가로되 욥이 어찌 까닭 없이 하나님을 경외하리이까 (10)주께서 그와 그 집과 그 모든 소유물을 산울로 두르심이 아니니이까 주께서 그 손으로 하는 바를 복되게 하사 그 소유물로 땅에 널리게 하셨음이니이다 (11)이제 주의 손을 펴서 그의 모든 소유물을 치소서 그리하시면 정녕 대면하여 주를 욕하리이다 (12)여호와께서 사단에게 이르시되 내가 그의 소유물을 다 네 손에 붙이노라 오직 그의 몸에는 네 손을 대지 말지니라 사단이 곧 여호와 앞에서 물러가니라

여기서 하나님은 욥에게 고난을 허락하기 위하여서는 사단을 이용하였다. 그러므로 아담과 하와 때에도 사단이 하나님께 허락을 받았을 가능성이 있기 때문이다.

성경을 보면 하나님께서 하나님의 형상대로 모양대로 지었다라고 기록하고 있다.

그러므로 사단이 하나님 앞에 서서 '아담과 하와가 얼마나 잘 지어졌는가를 제가 시험하여 보겠습니다.' 하고 허락을 맡았을 가능성이 크다.

그리고 만일 이렇다면 하나님은 아담과 하와가 사단의 유혹을 받아서 선악과를 먹게 될 것이라는 것을 이미 알고 계셨다는 이야기이다.

이 이야기는 주님을 사단이 시험한 이야기와도 일치한다.

즉 주님도 하나님께서 얼마나 잘 만들어졌는지를 사단을 통하여 점검받았을 가능성이 큰 것이다. 즉 사단은 하나님께 허락을 맡고 예수를 시험하였다는 것이다.

그래서 성경을 보면 예수께서 40일 금식 후에 성령에 이끌리어 마귀에게 시험을 받으러 광야로 가사 이렇게 말하고 있는 것이다.
즉 성령께서 마귀에게 시험하는 것을 허락한 것이다. 할렐루야.
그런데 마귀가 주님을 육신의 정욕, 안목의 정욕, 이생의 자랑에 대하여 시험하였으나 이기지 못하고 떠나가 버렸다. 그리하니 그를 천사가 와서 수종하였다고 기록한다.
너무나 맞는 이야기이다.

[마 4:1-11]
(1)그 때에 예수께서 성령에게 이끌리어 마귀에게 시험을 받으러 광야로 가사 (2)사십 일을 밤낮으로 금식하신 후에 주리신지라 (3) 시험하는 자가 예수께 나아와서 가로되 네가 만일 하나님의 아들이어든 명하여 이 돌들이 떡덩이가 되게 하라 (4)예수께서 대답하여 가라사대 기록되었으되 사람이 떡으로만 살 것이 아니요 하나님의 입으로 나오는 모든 말씀으로 살 것이라 하였느니라 하시니 (5)이에 마귀가 예수를 거룩한 성으로 데려다가 성전 꼭대기에 세우고 (6)가로되 네가 만일 하나님의 아들이어든 뛰어내리라 기록하였으되 저가 너를 위하여 그 사자들을 명하시리니 저희가 손으로 너를 받들어 발이 돌에 부딪히지 않게 하리로다 하였느니라 (7) 예수께서 이르시되 또 기록되었으되 주 너의 하나님을 시험치 말

라 하였느니라 하신대 (8)마귀가 또 그를 데리고 지극히 높은 산으로 가서 천하 만국과 그 영광을 보여 (9)가로되 만일 내게 엎드려 경배하면 이 모든 것을 네게 주리라 (10)이에 예수께서 말씀하시되 사단아 물러가라 기록되었으되 주 너의 하나님께 경배하고 다만 그를 섬기라 하였느니라 (11)이에 마귀는 예수를 떠나고 천사들이 나아와서 수종드니라

그러므로 창세기에서 아담과 하와를 사단이 유혹한 것은 먼저 사단이 하나님의 허락을 받고 유혹하였다는 것은 맞는 것이다.

하나님의 형상과 모양대로 지음을 받은 인간 아담과 하와를 시험하였던 것이다. 그런데 그들은 사단에게 넘어가 죄를 짓고 말았다.

이 시험을 사단은 지금 모든 인류에게 하고 있는 것이다.

많은 사람이 여기에 속고 넘어가고 있는 것이다.

그렇다. 그러므로 창세기의 이야기는 이사야의 말대로 곧 우리의 이야기인 것이다. 하나님의 말씀과 사단의 유혹이 우리 앞에 늘 있는데 우리는 늘 생명나무인 하나님의 말씀 예수님을 택하여 살면 생명의 삶을 살게 되지만 사단의 말을 듣고 살면 사망의 삶을 살게 되는 것이다. 아멘.

아담과 하와 앞에 생명나무와 선악과를 두신 하나님은 오늘 우리 앞에도 늘 생명나무 (생명의 길, 좁은 길, 성령을 좇아 행하는 것) 와 선악과 (사망의 길, 세상의 길, 사단의 유혹, 육신의 생각을 좇아 사는 것) 을 두신 것이다.

그러므로 에덴동산 중앙에 아담과 하와에게 주어져 있었던 생명나무와 선악과의 이야기는 바로 우리의 이야기인 것이다.

그래서 사단이 하와를 유혹할 때에 사용하였던 육신의 정욕, 안목

의 정욕, 이생의 자랑을 가지고 지금도 우리를 하나님에게서 멀리 세상으로 가게끔 유혹하고 있는 것이다. 거의 모든 사람이 여기에 넘어지고 있는 것이다.

그런데 완벽하게 지어진 예수님은 이 시험에 넘어가지 아니하셨다. 그분의 무죄성, 완전성을 드러내신 것이다.

그런데 이 인간창조의 이야기에서 하나님은 처음에 어디부터 어디까지 알고 계셨을까?

하나님은 말씀하신다. 성경은 이렇게 말하고 있다.

하나님이 인간을 지으실 때에

[창 1:26-27]

(26)하나님이 가라사대 우리의 형상을 따라 우리의 모양대로 우리가 사람을 만들고 그로 바다의 고기와 공중의 새와 육축과 온 땅과 땅에 기는 모든 것을 다스리게 하자 하시고 (27)하나님이 자기 형상 곧 하나님의 형상대로 사람을 창조하시되 남자와 여자를 창조하시고

즉 하나님께서 이렇게 말씀하셨다.

'우리의 형상대로 우리의 모양대로 사람을 만들자' 하실 그 때에 예수님이 이미 그 때에 계셨다. 그래서 '우리' 라는 말을 쓰고 계시는 것이다.

그리고 에베소서 1장에서는 이렇게 말하고 있다.

하나님께서 우리를 창세이전에 예수 안에서 예정하사 라고 말이다.

[엡 1:3-5]

(3)찬송하리로다 하나님 곧 우리 주 예수 그리스도의 아버지께서 그리스도 안에서 하늘에 속한 모든 신령한 복으로 우리에게 복 주시되 (4)곧 창세 전에 그리스도 안에서 우리를 택하사 우리로 사랑 안에서 그 앞에 거룩하고 흠이 없게 하시려고 (5)그 기쁘신 뜻대로 우리를 예정하사 예수 그리스도로 말미암아 자기의 아들들이 되게 하셨으니

우리를 창세전에 그리스도 안에서 우리를 택하셨다고 말씀하신다. 그러면 창세전부터 즉 지구가 생기기 전부터 인간이 태어나기 전부터 하나님은 어떤 영혼이 그의 자녀가 될 것인가를 알고 계셨다는 이야기이다.

그러므로 하나님이 인간을 창조하셨는데 그들이 사단에게 넘어가서 메시야가 올 것을 예언하시고 하는 그 모든 것들이 하나님의 계획안에 이미 있었다는 말이다.

오 하나님의 깊으신 지혜이시여!

나는 더 이상 캐고 싶지 않았다.

아니 더 이상 묻는다는 것은 하나님의 지혜를 침범하는 것 같으므로 여기서 그만 질문하는 것이 더 낫겠다. 나는 더 이상 그의 지혜를 알고 싶지 않았다. 어떻게 말해야 할지 표현이 잘 안 된다.

하나님은 이 창세기의 아담과 하와가 선악과를 따먹은 사실에 대하여 왜 모세가 아니고 이사야와 이야기하게 하실까 하는 것이 궁금하여졌다. 왜냐하면 여태까지 모세하고 이야기하다가 창세기의 아담과 하와가 죄지은 부위 가서는 이사야가 나타나서 그와 이야

기하게 하셨기 때문이다.

즉 하나님이 왜 창세기부위에서 아담과 하와가 죄를 짓고 난 후에 메시야가 오실 것을 예언한 부위 (창 3:15) 와 이사야서의 하나님이 이사야에게 예언하신 부분이 일치하기 때문이라는 사실이 알아졌는데 즉 창세기 3장 15절의 여자의 후손이 바로 이사야에게 예언된 이사야 7장 14절의 임마누엘의 아기이며 또한 이사야 9장 6절의 아들, 바로 또한 그가 전능하신 하나님, 평강의 왕이기 때문이라는 것이 알아졌다.


[창 3:15]
내가 너로 여자와 원수가 되게 하고 너의 후손도 여자의 후손과 원수가 되게 하리니 여자의 후손은 네 머리를 상하게 할 것이요 너는 그의 발꿈치를 상하게 할 것이니라 하시고


[사 7:14]
그러므로 주께서 친히 징조로 너희에게 주실 것이라 보라 처녀가 잉태하여 아들을 낳을 것이요 그 이름을 임마누엘이라 하리라


[사 9:6]
이는 한 아기가 우리에게 났고 한 아들을 우리에게 주신 바 되었는데 그 어깨에는 정사를 메었고 그 이름은 기묘자라, 모사라, 전능하신 하나님이라, 영존하시는 아버지라, 평강의 왕이라 할 것임이라

즉 메시야가 오실 것에 관계 되므로 구약의 복음서라고 이야기할 수 있는 이사야와 이야기 하게 하신 것으로 해석이 되어졌다.

[사 53:5-6]
(5)그가 찔림은 우리의 허물을 인함이요 그가 상함은 우리의 죄악을 인함이라 그가 징계를 받음으로 우리가 평화를 누리고 그가 채찍에 맞음으로 우리가 나음을 입었도다 (6)우리는 다 양 같아서 그릇 행하여 각기 제 길로 갔거늘 여호와께서는 우리 무리의 죄악을 그에게 담당시키셨도다

# 지옥에서 유명한 종교지도자 OO를 보다.
(2014. 7. 22)

저녁 기도시간에 천국에 올라갔다.
천국에 도착하자마자 수레에서 내리는데 완전무장한 두 천사가 나를 보조한다. 그들은 은색의 갑옷을 입고 있었고 창까지 들었다.
그리고 나의 손을 잡아 내렸다.
주님이 앞에서 기다리고 계셨다.

나는 즉시 알았다. 아하, 나는 지금 지옥으로 가겠구나!

아니나 다를까 주님이 잘 갔다 오라 하신다.

그 두 무장한 천사와 나는 지옥으로 가는 터널로 들어갔다.

그냥 직선으로 쭉 내려가기보다는 꼭 가파른 언덕길을 내려가듯이 내려가는 느낌이었다. 한참을 내려갔는데 많은 쇠창살이 보이고 모두가 다 목에다가 큰 나무를 채우고 있었다.

그중에 특별히 그 종교지도자 OO가 보였다. 그는 욕하고 저주하고 있었다.

그의 뒤로 활활 타오르는 불덩이가 보였다. 또 그 다음에는 그가 마귀 부하들에 의하여 그 큰 나무를 치우고 이제는 두 손이 묶여 끌려가는 것이 보였다. 그것은 불에 고통당하기 위해서였다.

그는 더 저주하였다. 그의 입에서 나오는 말이 더 저주스러웠다.

아, 나는 더 이상 보기를 원치 않았다.

오늘 왜 주님은 갑자기 나에게 지옥을 보여 주셨을까? 생각하여 보았다. 짐작이 가는 것이 있지만 아직 확실하지 않아서 그것이 확인되면 이야기 해야겠다.

# 106

## 천국에서 아벨을 만나다.

(2014. 7. 25)

천국에 올라갔다.

나는 천국에 올라가자마자 주님이 내 손을 잡고 춤을 추기 시작하셨다. 주위에 흰 옷 입은 많은 자들이 구경하고 있었다. 나는 주님과 실컷 춤을 추었다. 그때 천국에서 울려 퍼지는 노래가 있었는데 그것은 찬송가 40장이었다.

주 하나님 지으신 모든 세계 내 마음속에 그리어 볼 때
하늘의 별 울려 퍼지는 뇌성 주님의 권능 우주에 찼네
주님의 높고 위대하심을 내 영혼이 찬양하네
주님의 높고 위대하심을 내 영혼이 찬양하네
숲속이나 험한 산골짝에서 지저귀는 저 새소리들과
고요하게 흐르는 시냇물은 주님의 솜씨 노래하도다
주님의 높고 위대하심을 내 영혼이 찬양하네
주님의 높고 위대하심을 내 영혼이 찬양하네

이 찬송이 주님과 내가 춤을 출 때에 천국의 전역에서 울려 퍼지고 있었다. 나는 주님과 발레뿐 아니라 왈츠 등 빠른 음악에 발을 맞추어서 춤추기도 하고 또한 느린 음악에 아주 그윽하게 찬송가 40장에 맞추어서 너무 신나고 즐겁게 그리고 황홀하게 춤을 추었다.

그러고 나서 주님과 나는 모세가 있는 궁으로 갔다.

궁 안에는 넓은 광장이 있고 그 앞쪽으로는 하나의 테이블이 놓여 있고 주님과 나 그리고 모세가 각각 자기가 앉는 자리에 앉았다.

나는 눈물을 흘렸다. 아담과 하와 때문이었다. 왜냐하면 그들이 천국에 없다는 것을 알았기 때문이다.

그러나 모세는 눈물을 보이지 않았다.

나는 모세에게 마음으로 말했다.

'성경의 어디로 갈 것인지 정하라고....'

마음으로 그 답이 온다. 모세는 '아벨 쪽으로 가자'고 한다.


[창 4:1-7]

(1)아담이 그 아내 하와와 동침하매 하와가 잉태하여 가인을 낳고 이르되 내가 여호와로 말미암아 득남하였다 하니라 (2)그가 또 가인의 아우 아벨을 낳았는데 아벨은 양 치는 자이었고 가인은 농사하는 자이었더라 (3)세월이 지난 후에 가인은 땅의 소산으로 제물을 삼아 여호와께 드렸고 (4)아벨은 자기도 양의 첫 새끼와 그 기름으로 드렸더니 여호와께서 아벨과 그 제물은 열납하셨으나 (5)가인과 그 제물은 열납하지 아니하신지라 가인이 심히 분하여 안색이 변하니 (6)여호와께서 가인에게 이르시되 네가 분하여 함은 어찜이며 안색이 변함은 어찜이뇨 (7)네가 선을 행하면 어찌 낯을 들지 못하겠느냐 선을 행치 아니하면 죄가 문에 엎드리느니라 죄의 소원은 네게 있으나 너는 죄를 다스릴지니라


모세와 내가 이 성경부위를 보고 있는데 실제로 아벨이 나타났다.

그는 걸어 와서는 모세 옆에 앉았다.

그는 키가 크고 덩치가 있었다. 그리고 하얀 옷을 아래위로 입고 있었다.

그는 나에게 이렇게 알게 하여 주었다.

즉 자기가 아버지, 엄마, 형에게 하나님 앞에는 피의 제사를 드려야 한다고 말했다 한다. 그런데 그들은 자신들의 삶에 더 바빴고 하나님의 말씀을 경홀히 여겼다고 했다.

그러면 나의 질문은 '하나님은 그들에게 피의 제사에 대하여 말씀하셨는가?' 하는 것이다.

그 당시는 하나님과 그들과 직접 대화를 했다.

아벨과 가인은 하나님으로부터 피의 제사를 드려야 한다고 말을 들었다고 했다. 그런데 가인은 그것을 무시하였고 아담과 하와 역시 그것을 듣지 아니하였다는 것을 알게 하여 주었다.

아벨은 아버지와 엄마가 하나님이 먹지 말라고 한 선악과를 따먹어 죄를 지어서 에덴동산에서 쫓겨난 것을 알고 있었고 또한 하나님의 계획 즉 창세기 3장 15절도 들어서 알고 있었다.

여자의 후손이 인류의 죄를 위하여 피를 흘려주실 것을 알고 있었다는 것이다.

이 상황은 정말 우리의 상황과 유사하다.

하나님의 말씀을 듣고 순종하는 자와 순종하지 않는 자가 있다.

하나님의 말씀을 경홀히 여기고 자기의 생각대로 사는 자들이 많다. 우리는 알아야 한다.

하나님의 말씀을 절대로 무시하여서는 안 된다는 사실을 말이다.

죄를 사함받기 위하여서는 피의 제사를 드려야 함을 아벨이 들었다. 그리고 그는 그대로 행하였다.

우리에게도 이러한 순수함이 있어야 하는 것이다.

즉 우리가 아벨과 같이 순수하게 하나님을 섬기지 아니하면 결코 천국에 입성하지 못한다는 사실을 알아야 할 것이다.

그 후에 가인은 아벨을 쳐 죽인다.


[창 4:3-12]

(3)세월이 지난 후에 가인은 땅의 소산으로 제물을 삼아 여호와께 드렸고 (4)아벨은 자기도 양의 첫 새끼와 그 기름으로 드렸더니 여호와께서 아벨과 그 제물은 열납하셨으나 (5)가인과 그 제물은 열납하지 아니하신지라 가인이 심히 분하여 안색이 변하니 (6)여호와께서 가인에게 이르시되 네가 분하여 함은 어찜이며 안색이 변함은 어찜이뇨 (7)네가 선을 행하면 어찌 낯을 들지 못하겠느냐 선을 행치 아니하면 죄가 문에 엎드리느니라 죄의 소원은 네게 있으나 너는 죄를 다스릴지니라 (8)가인이 그 아우 아벨에게 고하니라 그 후 그들이 들에 있을 때에 가인이 그 아우 아벨을 쳐 죽이니라 (9)여호와께서 가인에게 이르시되 네 아우 아벨이 어디 있느냐 그가 가로되 내가 알지 못하나이다 내가 내 아우를 지키는 자니이까 (10)가라사대 네가 무엇을 하였느냐 네 아우의 핏소리가 땅에서부터 내게 호소하느니라 (11)땅이 그 입을 벌려 네 손에서부터 네 아우의 피를 받았은즉 네가 땅에서 저주를 받으리니 (12)네가 밭 갈아도 땅이 다시는 그 효력을 네게 주지 아니할 것이요 너는 땅에서 피하며 유리하는 자가 되리라

가인은 하나님이 무엇을 원하시는지 알고 있으면서도 그것을 행치 아니하고 자신의 편리대로 하나님 앞에 제사를 드린 것이다.

즉 하나님이 원하는 제사는 드리지 않고 자신이 편한대로 제사를 드린 것이다. 그리하였더니 하나님이 가인에게 이렇게 말씀하신다.

'네가 선을 행하면 어찌 낯을 들지 못하겠느냐?' 라고 말이다. 그리고 아벨은 이로 인하여 하나님께 대한 첫 순교자가 된 것이다.

하나님 앞에 죄를 지으면 그가 거하는 땅이 저주를 받아 손으로 하는 모든 일에 한재가 온다. 이것이 가인에게 내린 벌이었다.

나는 아벨에게 물었다.

'하나님을 얼마나 사랑하였냐고?'

아벨이 나에게 알게 한다.

'목숨을 다하고 정성을 다하고 힘을 다하고 뜻을 다하여 하나님을 사랑했다.' 고 한다.

그렇다. 천국은 아무나 들어가는 것이 아니다.

마음을 다하고 목숨을 다하고 뜻을 다하고 힘을 다하여 하나님을 사랑한 자들만이 들어갈 수 있는 곳이 천국인 것이다.(여기서의 천국은 하나님의 영광이 해같이 빛나는 새 예루살렘성전 안을 말한다)

아벨도 하나님을 그렇게 사랑하였다.

또한 그러한 자만이 하나님의 말씀을 지킬 수가 있다.

그리하여 하나님의 말씀을 경홀히 여긴 아담과 하와 그리고 가인은 결단코 천국에 들어가지 못한 것이다.

주여!

또한 아벨은 자신의 먹고 사는 문제보다 그의 나라와 그의 의를 먼저 구한 것을 알게 하여 주셨다. 즉 그가 양을 친 것은 순전히 하나님을 섬기기 위해서였다. 진정한 회개를 하기 위해서였다.

왜냐하면 그 당시에는 하나님은 식물만 그들의 음식으로 주었기 때문이다. 동물은 노아의 홍수 이후에 그들이 먹을 수 있게 하였다.

[창 1:29]
**하나님이 가라사대 내가 온 지면의 씨 맺는 모든 채소와 씨 가진 열매 맺는 모든 나무를 너희에게 주노니 너희 식물이 되리라**

노아의 홍수이후에야 하나님은 인간들로 하여금 그제서야 동물을 식물로 주셨다. 그 이전에는 채소와 과일만 식물로 주셨던 것이다. 그럼에도 불구하고 아벨은 자신의 먹고 사는 문제보다 그의 나라와 그의 의를 먼저 구하기 위하여 양을 친 것이다. 그는 철저히 자신이 하나님 앞에서 죄인임을 깨달았다.

[창 9:3]
**무릇 산 동물은 너희의 식물이 될지라 채소 같이 내가 이것을 다 너희에게 주노라**

그러므로 아벨이 먹을 수도 없는 양을 친 것은 순전히 하나님 앞에 피의 제사를 드리기 위함이었던 것이다.
이렇게 순수하게 하나님을 사랑하고 그의 나라와 그의 의를 구한 자들은 천국에 들어갈 수 있는 것이다. 이것을 성경이 우리에게 보여주고 있는 것이다.
할렐루야!

# 107

# 아벨이 이 시대 사람들에게
# 전하는 말

(2014.7.28)

천국에 올라갔다.

주님은 나를 모세의 궁으로 데리고 갔다. 그리고 모세의 궁 광장에 큰 긴 테이블이 놓였고 거기에 주님이 주님의 자리에 앉으시고 내가 그분의 오른편에 모세가 그분의 왼편에 앉았다.

그러고 있는데 아벨이 왔다.

나는 아벨에게 물었다. '아벨, 지금 이 시대에 전할 말이 있으면 한마디 해 달라' 했다.

그리하였더니 아벨은 이렇게 말한다.

'자신이 어린 양으로 피를 흘려 제사를 드린 것은 그 어린 양은 예수님을 표현한다.' 고 하면서 우리에게 '철저히 회개하면 천국에 들어온다.' 고 전하여 달라고 했다. 오직 그 말만 전하여 달라고 했다. 즉 철저히 회개하면 천국에 들어올 수 있다는 것이다.

아멘.

[계 22:14]

그 두루마기를 빠는 자들은 복이 있으니 이는 저희가 생명 나무에 나아가며 문들을 통하여 성에 들어갈 권세를 얻으려 함이로다 그리고 아벨은 우리를 떠나갔다.

그러고 나서 모세와 나는 노아에 대하여 보았다.

나는 성경에서 노아는 하나님과 동행하였다고 했는데 동행한다는 말이 무슨 말인지를 물었다.

이 동행이란 말은 또 에녹과 하나님과의 관계에서도 볼 수 있다.

즉 에녹도 하나님과 동행하다가 하나님이 데려가셨다.

그랬더니 모세가 말하는데 '동행이란 우리의 모든 인생을 다 바쳐 주를 사랑하는 것' 이라 했다. 우리 모든 삶의 초점이 주님께로 맞추어져 있는 것이 동행이라 했다.

그리고 또 하나님은 그런 자에게 말씀하신다 했다.

그리고 하나님의 음성을 듣고는 그대로 실행하며 사는 것이 하나님과 동행하는 삶으로 노아와 같이 하나님의 말씀을 듣고 보이는 현상과는 상관없이 오랜 세월동안 방주를 짓는 그러한 삶을 사는 것이 동행의 삶이라 알게 하여 주셨다.

할렐루야!

## 최근에 자살한 목사님이
## 지옥에 있음을 보다.

(2014.7.28)

천국에 올라갔다.

나는 마차에서 내릴 때부터 내 옷은 눈이 부시게 하얗게 빛이 났다.

주님의 옷도 오늘따라 매우 눈이 부시게 빛이 났다.

주님은 나를 정원으로 데리고 가셨다.

그리고 나에게 말씀하신다.

'내가 너에게 천국의 더 많은 곳을 보여 주리라.'

그러자 나는 주님께 말했다.

"주님, 저에게 지옥도 더 많이 보여주세요." 라고 했는데 나는 어느 새 지옥에 와 있었다.

할렐루야.

저쪽에 활활 타는 불이 보였고 거기서 내 쪽으로 큰 뱀이 나에게 갑자기 덤벼들려 하였다. 그 순간 언제 나타났는지 무장한 천사가 나를 보호하기 위하여 그를 대적하여 넘어 뜨렸다.

그리고 나는 그 순간에 주님께 이렇게 말했다.

"주님, 김OO 목사님 보고 싶어요." 라고.

이 목사님은 자살했다. 들리는 말에 의하면 우울증이 있었다 한다.

그랬더니 갑자기 노란 큰 구렁이가 긴 장대를 타고 올라가는 것이 보였다. 그리고 그 장대 위에 김 목사가 매달려 있었다. 그리고 그는 목까지 그 노란 뱀이 칭칭 감고 있는 것이 보였다.

그리고 그 노란 뱀이 그의 몸을 조이는데 그 압력에 의하여 김 목사는 괴로워 미칠 것같이 보였다.

뱀들은 그의 몸을 조여서 그 몸이 터지게 하고 있었다.

그리고 김 목사는 이렇게 말했다.

"내가 여기 올 줄 몰랐어. 내가 여기 올 줄 몰랐어......"

그는 '내가 하나님의 말씀을 다른 사람들에게 설교하고 가르쳤는데 내가 왜 여기 와 있냐?'고 말했다.

그리고 그는 말하기를 '나는 내가 자살해도 천국 갈 줄 알았어....'라고 했다.

그리고 그는 계속 조여 오는 뱀들로 인하여 매우 괴로워하고 있었다. 주여!

나는 지금 자살한 자들이 와 있는 지옥에 와 있었다.

# 주님께서 원망 불평하는 자들이
# 가는 지옥을 보여 주시다.

( 2014. 6. 23 )


나는 천국에 올라가기 전에 하는 기도 시간에, 앉아서 실컷 2시간 동안 주님께 원망 불평만을 늘어놓았다.

왜냐하면 천상에서 모세와 대화가 잘 열리지 않는 것에 대한 원망과 불평을 주님께 늘어놓았다.

왜 주님께 원망하고 불평을 하였냐면 내가 보기에 천국에서 꼭 주님이 모세의 눈치를 보는 것 같아서였다.

모세에게 그냥 '사라와 대화하거라.' 하고 명령 한 마디만 하시면 될 것을, 이것은 내 생각이다. 그런데 주님은 모세에게 이렇게 말씀하셨다. '사라를 울리지 말거라.' 하고.

나는 내 생각에 왜 나와 대화를 잘 열지 아니하는 모세를 나무라시지 않고 왜 그렇게 간접적으로 말씀하시는가에 대한 원망과 불평이 막 올라왔다. 그렇게 실컷 주님을 두 시간동안 원망하고 불평하고 천국으로 올라갔다.

수레 바깥에 나를 수호하는 천사가 말한다.

"주인님 어서 오세요. 주님이 기다리십니다."

이 수호천사는 나를 태운 마차가 황금진주 대문 앞에 이르자 그 문 앞에 서 있는 천사들에게 이렇게 또 명령한다.

"문을 여시오."

그러면 그 문 앞에 서 있는 날개 달린 두 천사는 '오 사라님 오셨다.' 하면서 천국 대문을 활짝 열어 제친다.

그런데 오늘따라 천국에서 나를 수레에서 수종 들어서 나를 주님께로 인도한 천사들이 오늘은 완전무장을 한 갑옷을 입은 자들이다. 보통 때에는 흰 날개 달린 두 천사가 나의 손을 하나씩 잡고 주님께로 나를 인도하는데 왜 오늘따라 이렇게 갑옷으로 완전무장한 두 천사가 마차에서 내리는 나를 수종 하는지 참으로 의아하여 하였다 (이 이유는 나중에야 밝혀졌다.).

어쨌든 그 두 갑옷 입은 천사들이 나를 팔을 하나씩 잡고 나를 주님께로 인도하였다.

내가 수레에서 내릴 때에 이렇게 갑옷으로 무장한 천사가 나를 주님께로 인도하는 것은 처음이었다.

내가 주님께로 가자 주님은 내게 이렇게 말씀하신다.

"너는 내 것이라."

할렐루야. 나는 이렇게 화답하였다.

"나는 주님의 것입니다."

주님과 나는 길을 걸어갔다.

길옆의 조그만 바위들이 길옆으로 쭉 나열되어 있는데 모두가 다 투명한 보석으로 되어 있다. 길을 걸으면서 나는 주님의 옆구리에 기대어 꼭 붙어서 걸었다. 주님의 품이 포근했다.

주님이 오른 팔을 내 어깨에 감아 주신다.

그렇게 하여 걷고 있는데 흰 날개 달린 두 천사가 구름을 갖고 왔다. 주님이 나를 데리고 구름을 타셨다.

구름을 가지고 온 그 두 천사들도 우리 뒤쪽으로 구름위에 구름을 타고 있었다.

나는 주님이 어디로 가시나 했는데 오른쪽 높이 비스듬히 날아가서 회의실로 가신다.

대개는 그 회의실에 믿음의 선진들이 모이는데 오늘은 아무도 없다. 주님이 테이블 머리에 즉 주님의 자리에 앉으시고 나는 이 회의실에서는 보통 내 자리는 주님의 왼편 앞쪽인데 오늘은 내가 주님의 오른편에 앉았다.

그리고 곧 모세가 들어와서는 주님의 왼편 앞쪽으로 앉는 것이었다. 아니 나는 오늘 모세가 왜 여기에 오지? 하고 궁금해 하고 있는데 주님이 테이블 위의 질긴 천을 한쪽 손으로 그 중앙을 집어 들어서 다른 한 손으로는 가위를 가지고 그 정중앙선을 쭉 찢으셨다 (보통은 테이블 위가 대리석으로 되어 있는데 오늘따라 테이블 위가 질긴 천으로 되어 있었다).

그리고 모세와 나는 주님이 하시는 일을 그냥 지켜보고 있었다. 그랬더니 그 찢어진 천 안으로 저어기 멀리 깊고 깊은 곳이 보이는데 오 마이 갓!

그 안에는 수많은 사람들이 다 벌거벗은 채로 검푸른 진흙구덩이 연못 같은 곳에서 아우성을 치며 고통을 받고 있었다.

나는 '도대체 이것이 무엇인가?' 하고 궁금해 하니 곧 그곳은 주님께서 나에게 알게 하시기를 바로 원망 불평하는 자들이 가는 지옥이라고 말씀하시는 것이 알아졌다. 오 마이 갓!

나는 천국 올라오기 전에 기도 속에서 얼마나 주님께 모세 때문에 원망 불평을 많이 하였는지 모른다. 주여!

그랬더니 주님이 지금 천상에서 나에게 그것도 모세가 함께하고 있는 자리에서 원망 불평하는 자는 이러한 지옥에 간다는 것을 나에게 보여주시는 것이었다.

오 마이 갓!

나는 마음속으로 주님께 말했다.

"아이구. 주님 제가 정말 잘못했어요. 그나마 내가 주님이 모세와 대화할 수 있게 자리를 펴 주시는 것만 하여도 그것에 대하여 감사치 못하고 오히려 모세와 대화가 잘 안 열린다하여 주님께 원망 불평하였던 저를 용서하여 주세요..." 라고 급속히 진심으로 빌었다.

그러고 나니 그 테이블 위는 다시 그러한 질긴 천이 아니라 딱딱한 자개와 같이 아름다운 테이블로 변하는 것이었다.

할렐루야.

그런 후에 주님과 나 모세가 그 다음에 그렇게 그 테이블에 그렇게 말없이 앉아 있었다.


그러고 나서 나는 천상에서 내려왔는데 오늘은 이렇게 주님으로부터 모세 때문에 원망 불평하면 안된다하는 메시지를 받고 내려온 것이다. 할렐루야. 주님, 이제는 원망 불평하지 않겠습니다.

내려와서 생각하여 보건대 처음에 내가 수레에서 내릴 때에 완전 갑옷 무장한 천사들이 왜 나타났는지가 이제 이해가 갔다.

갑옷으로 완전 무장한 천사들은 내가 지옥을 갈 때면 꼭 나타나 곤

하였다.

즉 그들이 오늘 나타난 이유가 바로 오늘 주님이 테이블 위에 저 아래에 있는 지옥을 보여주셨기 때문이었다.

그래서 늘 그랬듯이 나를 지옥으로 인도할 때면 갑옷으로 무장한 천사들이 나타난 것처럼 그들이 나타난 것이 알아졌다.

그리고 테이블 위의 천을 주님이 가위로 쭉 찢으니까 그 안쪽으로 지옥의 장면이 보였던 것이다.

이것이 도대체 어떻게 가능한 것일까? 나는 모른다.

어쨌든 천국에서는 불가능이 없다.

할렐루야.

## 모세를 반역한 고라를 삼킨 음부, 고라가 불로 고통을 당하고 있다.

(2014.7.7)

천국에 올라갔다.

주님이 나를 맞아 주셨다. 그리고 주님과 나는 바로 모세를 만나는 궁으로 갔다. 주님과 내가 자리에 앉았고 모세도 와서 앉았다.

모세가 오늘은 청색 가운을 입고 있었다. 고급스러워 보였다. 아니 아까는 베드로의 집에 갈 때는 짧은 바지를 입고 있더니 이제는 흰 옷에 청색 가운까지 입은 것이다.


**[ i ] 나는 모세를 대적하였던 고라 자손에 대하여 물었다.**

[민 16:1-2]
(1)레위의 증손 고핫의 손자 이스할의 아들 고라와 르우벤 자손 엘리압의 아들 다단과 아비람과 벨렛의 아들 온이 당을 짓고 (2)이스라엘 자손 총회에 택함을 받은 자 곧 회중에 유명한 어떤 족장 이백 오십인과 함께 일어나서 모세를 거스리니라.

하나님이 세운 모세를 거스린 고라를 땅이(음부가) 입을 벌려 그들을 산채로 삼킨 것이다. 즉 그들은 살아서 음부에 있는 불에 떨어졌다.

[민 16:28-33]
(28)모세가 가로되 여호와께서 나를 보내사 이 모든 일을 행케 하신 것이요 나의 임의로 함이 아닌 줄을 이 일로 인하여 알리라 (29)곧 이 사람들의 죽음이 모든 사람과 일반이요 그들의 당하는 벌이 모든 사람의 당하는 벌과 일반이면 여호와께서 나를 보내심이 아니어니와 (30)만일 여호와께서 새 일을 행하사 땅으로 입을 열어 이 사람들과 그들의 모든 소속을 삼켜 산채로 음부에 빠지게 하시면 이 사람들이 과연 여호와를 멸시한 것인 줄을 너희가 알리

라 (31)이 모든 말을 마치는 동시에 그들의 밑의 땅이 갈라지니라 (32)땅이 그 입을 열어 그들과 그 가족과 고라에게 속한 모든 사람과 그 물건을 삼키매 (33)그들과 그 모든 소속이 산채로 음부에 빠지며 땅이 그 위에 합하니 그들이 총회 중에서 망하니라.

그런데 이렇게 산채로 음부로 떨어지는 것이 동시에 주님이 내게 알게 하시는 것이 바로 아마겟돈 전쟁 이후에 주님이 적그리스도와 거짓선지자를 산 채로 유황 불못에 던져 넣는 것과 같은 것임을 알게 하여 주셨다.

[계 19:20]
짐승이 잡히고 그 앞에서 이적을 행하던 거짓 선지자도 함께 잡혔으니 이는 짐승의 표를 받고 그의 우상에게 경배하던 자들을 이적으로 미혹하던 자라 이 둘이 산채로 유황불 붙는 못에 던지우고

또한 이것이 부자와 거지 나사로의 이야기에서 둘 다 죽어서 음부의 불꽃가운데 고통하는 부자와 같음을 알게 하여 주셨다.

[눅 16:20-25]
(20)나사로라 이름한 한 거지가 헌데를 앓으며 그 부자의 대문에 누워 (21)부자의 상에서 떨어지는 것으로 배불리려 하매 심지어 개들이 와서 그 헌데를 핥더라 (22)이에 그 거지가 죽어 천사들에게 받들려 아브라함의 품에 들어가고 부자도 죽어 장사되매 (23)저가 음부에서 고통 중에 눈을 들어 멀리 아브라함과 그의에 있는

나사로를 보고 (24)불러 가로되 아버지 아브라함이여 나를 긍휼히 여기사 나사로를 보내어 그 손가락 끝에 물을 찍어 내 혀를 서늘하게 하소서 내가 이 불꽃 가운데서 고민하나이다 (25)아브라함이 가로되 얘 너는 살았을 때에 네 좋은 것을 받았고 나사로는 고난을 받았으니 이것을 기억하라 이제 저는 여기서 위로를 받고 너는 고민을 받느니라.

[ ii ] 나는 주님께 고라를 보여 달라 했다.

그러자 내 눈에는 갑자기 고라가 보이는데 그는 불가운데 고통하고 있는 모습이 보였다. 큰 파도와 같은 붉은 불이 그를 쫓아오면서 덮치려 했다. 무슨 쓰나미 같이 달려오는 붉은 불이었다.
그는 그 불을 피하여 달리다가 그가 하는 말,
'이렇게 뜨거운 불은 처음 본다.' 하면서 온 힘을 다하여 도망치고 있는데 뱀이 어디서 나타났는지 갑자기 나타나 그의 목을 몇 번 휙 감더니 그를 들어서 다시 불속으로 집어넣어 버렸다. 오 마이 갓!
이렇게 놀랍게 고라를 보고 있는데 나는 갑자기 그의 아들들에 대하여 궁금하여졌다. 설마....

[ iii ] 그 다음 나의 질문은 '그 아들들은?'

분명히 위 성경구절에서는 고라의 가족과 그에 속한 모든 사람들이 음부에 산 채로 빠졌다라고 되어 있는데 나는 순간 하나님의 공의를 생각한 것이다.

아버지의 이빨이 시다하여 아들의 이빨이 신 것이 아니라하셨는데 아비의 죄 때문에 설마 하나님께서 그 아들들도 이렇게 죽이셨을까 생각한 것이다. 그래서 이것을 물어 보았다.

"주님, 고라의 아들들은요?"

그런데 주님이 나에게 생각으로 그냥 알아지게 하시는 것은 고라의 아들들은 죽지 않았다는 것이다. 할렐루야!

그런데 이렇게 들은 하나님의 음성에 대하여 나중에 주님은 나로 하여금 이것을 성경에서 다시 확인시켜 주셨다.

할렐루야! 아멘.


[민 26:9-11]

(9)엘리압의 아들은 느무엘과 다단과 아비람이라 이 다단과 아비람은 회중 가운데서 부름을 받은 자러니 고라의 무리에 들어가서 모세와 아론을 거스려 여호와께 패역할 때에 (10)땅이 그 입을 열어서 그 무리와 고라를 삼키매 그들이 죽었고 당시에 불이 이백 오십명을 삼켜 징계가 되게 하였으나 (11)그러나 고라의 아들들은 죽지 아니 하였더라.


[ iv ] 그 다음 나의 질문은 그러면 음부가 즉 지옥이 지구 가운데 있는가 하는 것이었다.

그것에 대하여 그렇다는 대답이 오는 것 같았다.

적어도 거기가 어디인지 모르지만 어쨌든 땅속으로 깊이 들어가는 것인 것을 알겠다. 왜냐하면 음부가 즉 땅이 입을 열어서 고라를 삼켰다고 기록하고 있기 때문이다.

그러면 나는 또 다른 질문이 생겼다.

그러면 내가 천국입구에 도착하여 지옥으로 내려갈 때 보면 긴 까만 터널을 밑으로 밑으로 한없이 내려가는데 이 까만 터널이혹시 우주바깥에 있는 천국에서 지구가운데 있는 땅속 깊이까지 연결되는 터널인가 하는 것이었다.

여기에 대하여 아직 정확한 대답은 아직 못 듣고 내려왔다.

다만 그럴 것이라는 생각이 들어왔다.

# PART 3

# 이기지 못하는 자들이
# 가는 곳, 성밖편

# I. 새 하늘과 새 땅의
# 새 예루살렘 성밖은 어디인가?

우리가 말하는 소위 천국이라고 하는 것은 현재 우리가 말하는 낙
원이다.

그리고 셋째하늘이다. 천국 = 낙원 = 하늘 = 셋째하늘인 것이다 (참
조: 고후 12장, 서사라 목사의 천국과 지옥간증 수기 5, '계시록 이해'
의 요약편 13. 낙원과 천국 그리고 영원천국).

그러나 영원한 천국 즉 영원천국은 지금 우리가 말하는 천국이 아니
다. 왜냐하면 성경은 영원천국에 대하여 계시록 21장 1-4절에서 잘
말하고 있다. 즉 새 하늘과 새 땅이 열리고 새 예루살렘성이 낙원(하
늘)에서 내려와야 영원한 천국 즉 영원천국이 시작되기 때문이다.

[계 21:1-4]
(1)또 내가 새 하늘과 새 땅을 보니 처음 하늘과 처음 땅이 없어졌고
바다도 다시 있지 않더라 (2)또 내가 보매 거룩한 성 새 예루살렘이
하나님께로부터 하늘에서 내려오니 그 예비한 것이 신부가 남편을
위하여 단장한 것 같더라 (3)내가 들으니 보좌에서 큰 음성이 나서

가로되 보라 하나님의 장막이 사람들과 함께 있으매 하나님이 저희와 함께 거하시리니 저희는 하나님의 백성이 되고 하나님은 친히 저희와 함께 계셔서 (4)모든 눈물을 그 눈에서 씻기시매 다시 사망이 없고 애통하는 것이나 곡하는 것이나 아픈 것이 다시 있지 아니하리니 처음 것들이 다 지나갔음이러라

그런데 이 영원한 천국이 시작되기 위하여 새 하늘과 새 땅에 새 예루살렘성이 하늘에서 내려온다 하였는데 (계 21: 1-2) 이 하늘은 지금 현재 우리가 말하는 천국 혹은 낙원인 것이다 (참조: 고후 12장, 서사라 목사의 천국과 지옥간증 수기 5, '계시록 이해' 의 요약편 13. 낙원과 천국 그리고 영원천국).

이것은 또한 낙원에서도 예루살렘성이 있고 성안과 성밖이 구분되고 있음을 말하고 있다. 왜냐하면 하늘 (=낙원) 에서 새 예루살렘성이 내려온다고 했기 때문이다.

이것을 또한 우리는 계시록 2장 7절과 계시록 22장 14절을 비교하여 보면 새 예루살렘성이 낙원 (현재 우리가 말하는 천국 혹은 하나님이 계시는 하늘) 에서 내려오는 것을 알 수 있다.

왜냐하면 이 생명나무의 과실이 낙원에 있었는데 이 생명나무가 계시록 22장 14절에서는 새 하늘과 새 땅의 새 예루살렘성안에서 발견되기 때문이다.

[계 2:7]

귀 있는 자는 성령이 교회들에게 하시는 말씀을 들을지어다 이기는 그에게는 내가 하나님의 낙원에 있는 생명나무의 과실을 주어 먹게 하리라

[계 22:14]

그 두루마기를 빠는 자들은 복이 있으니 이는 저희가 생명 나무에 나아가며 문들을 통하여 성에 들어갈 권세를 얻으려 함이로다.

그러므로 새 하늘과 새 땅에도 새 예루살렘 성안과 성밖이 있는 것이다. 성밖은 여기는 당연히 지옥이 아니다. 새 하늘과 새 땅이다.

## II. 누가 성밖으로 가는가?
   : 예수를 믿으나 이기지 못하는
     삶을 사는 자들이 이곳을 간다.

이 성밖의 이야기는 계시록 22장 14-15절에 명백히 나온다.

[계 22:14-15]

(14)그 두루마기를 빠는 자들은 복이 있으니 이는 저희가 생명 나무에 나아가며 문들을 통하여 성에 들어갈 권세를 얻으려 함이로다 (15)개들과 술객들과 행음자들과 살인자들과 우상 숭배자들과 및 거짓말을 좋아하며 지어내는 자마다 성밖에 있으리라

새 하늘과 새 땅이 열리고 새 예루살렘성이 하늘(낙원)에서 내려온 후(계 21장)의 말씀들이므로 이 성은 명백히 열두 진주문이 있는 새 예루살렘성이다. 다른 성이 없는 것이다.

이곳은 예수님께서 열처녀 비유에서 말씀하신 것과도 일치하고 있다. 그래서 여기는 열처녀중 기름준비를 충분히 못하여 정작 주님이 오실 때에 그 불이 꺼져 가고 있었던 미련한 다섯 처녀가 남게 된 곳이다.

[마 25:6-13]

(6)밤중에 소리가 나되 보라 신랑이로다 맞으러 나오라 하매 (7)이
에 그 처녀들이 다 일어나 등을 준비할새 (8)미련한 자들이 슬기 있
는 자들에게 이르되 우리 등불이 꺼져가니 너희 기름을 좀 나눠 달
라하거늘 (9)슬기 있는 자들이 대답하여 가로되 우리와 너희의 쓰
기에 다 부족할까 하노니 차라리 파는 자들에게 가서 너희 쓸 것을
사라 하니 (10)저희가 사러 간 동안에 신랑이 오므로 예비하였던
자들은 함께 혼인 잔치에 들어가고 문은 닫힌지라 (11)그 후에 남
은 처녀들이 와서 가로되 주여 주여 우리에게 열어 주소서 (12)대
답하여 가로되 진실로 너희에게 이르노니 내가 너희를 알지 못하
노라 하였느니라 (13)그런즉 깨어 있으라 너희는 그 날과 그 시를
알지 못하느니라

또한 이 성밖은 주님이 말씀하신 바깥 어두운 데이며 슬피 울며 이
를 가는 장소이다.
왜냐하면 열처녀 비유에서 천국은 이와 같으니 하시면서 열처녀 비
유를 말씀하고 있고 또한 마태복음 25장 14절에서 문맥상 '천국은
또 이와 같다 하리니' 라고 되풀이하고 있는 것을 보기 때문이다.

[마 25:1]

그 때에 천국은 마치 등을 들고 신랑을 맞으러 나간 열 처녀와 같
다 하리니

그 다음 바로 달란트 비유를 하시는데

[마 25:14]

**또 어떤 사람이 타국에 갈제 그 종들을 불러 자기 소유를 맡김과 같으니**

이 14절은 마태복음 25장 1절의 '그 때에 천국은... 열처녀와 같다 하리니' 를 받고 있는 것이다.

그러므로 14절을 다시 쓰면 '그 때에 천국은 또 어떤 사람이 타국에 갈제 그 종들을 불러 자기 소유를 맡김과 같으니' 라고 된다.

즉 열처녀 비유에서나 달란트 비유에서 둘 다 천국에서 일어나는 일을 말하고 있다. 그러므로 천국은 새 하늘과 새 땅인데 거기에는 성 안으로 들어가는 자가 있고 성밖에 남는 자가 있음을 말하고 있는 것이다.

이 성밖에는 주님 오시는 것을 알면서 기름준비를 충분히 하지 못한 미련한 다섯 처녀가 여기에 남았고 또한 달란트 비유에서 한 달란트를 받아서 땅에 묻어둔 자가 남게 된 곳이다.

[마 25:28-30]

**(28)그에게서 그 한 달란트를 빼앗아 열 달란트 가진 자에게 주어라 (29)무릇 있는 자는 받아 족하게 되고 없는 자는 그 있는 것까지 빼앗기리라 (30)이 무익한 종을 바깥 어두운 데로 내어쫓으라 거기서 슬피 울며 이를 갊이 있으리라 하니라**

그곳은 새 하늘과 새 땅이지만 이곳은 분명히 문밖 즉 성밖으로 바깥 어두운 데이며 슬피 울며 이를 가는 장소라는 것을 알 수 있다.

그러면 이 장소에는 누가 오는가?

주님이 말씀하신 미련한 다섯 처녀와 하나님으로부터 달란트를 받았으나 일하지 아니한 자들, 그리고 소위 말씀에서 말하는 이기지 못하는 자들이 오는 장소인 것이다.
이 장소는 새 하늘과 새 땅으로서 천국에 속한 장소이며 지옥과는 전혀 다른 장소이다.

그러므로 천국은 두 장소로 구분된다. 새 하늘과 새 땅에서 새 예루살렘 성안과 성밖으로 구분되는 것이다.

이들은 다 예수를 믿는 자들이었다. 그러나 예수를 믿고 영원한 불 못에서는 구원을 받았으나 이기는 삶을 살지 못한 자들이라 하나님의 영광이 해같이 빛나는 성안으로 못 들어가고 성밖에 남는다.

(더 자세한 것은 Part III, VI. 이기는 자와 이기지 못하는 자 부분을 보라.)

# III. 성밖으로 쫓겨나는 자들과 지옥으로 가는 자들의 차이를 열거하여 본다. 이것은 매우 중요하다.

**성밖에 있는 자들 :**

1. 흰 옷을 입고 있다.
2. 얼굴이 천국의 성안으로 들어가는 자들처럼 다 젊다.
3. 형벌이 매우 가벼워 지옥의 형벌에 비하면 아무 것도 아니다.
4. 천사가 이곳을 다스리고 있다.
5. 천국의 성안 레벨에서 계단 약 100개 내지 150개정도 아래에 존재한다.

**지옥에 가는 자들 :**

1. 벌거벗고 있다.
2. 얼굴이 죽을 때의 나이 그대로이다.
3. 형벌이 상상을 초월할 정도로 극심하다.
4. 마귀 부하가 이곳을 다스리고 있다.
5. 천국의 성안의 레벨에서 무한정 아래 (깊이를 알 수 없는) 에 존재한다.

# IV. 성밖에서 받는 벌들

여기에 대하여서는 주님께서 지금까지 나에게 밝혀주신 것만 정리하여 보았다.

여기서는 슬피 울며 이를 가는 것은 공통인 것 같다.
그런데 각 그룹마다 다른 형벌을 받고 있는 것을 보았다.

여태까지 내가 본 성밖의 여러 가지 그룹들 :

1. 흰 옷을 입고 앉아 있다가 불려나가 매를 맞고 들어와서 슬피 운다.
2. 뒤로 손이 묶인 채로 앉아서 입으로 무엇인가를 나르고 있는 그룹
3. 좁은 곳으로 몸을 통과하여야 하는 괴로움을 당하는 그룹
4. 쇠창살 안에 들어 있는 그룹, 이들이 불려나가 매를 맞는 것도 보았다.
5. 배 위에 바위를 얹고 꼼짝 않고 있어야 하는 그룹
6. 큰 나무 기둥을 어깨에 메고 힘들게 날라야 하는 그룹
7. 롯과 같이 뱀에게 상체가 감긴 채로 앉아 있는 그룹

# V. 실제로 성밖을 가 보다.

**1**

살아생전 유명하였던 얼마 전에
돌아가신 대형교회 OOO 목사님을
쇠창살 안에 있는 것을 보다.

( 2013. 11. 24 )


보통 때와 같이 천국에 갔다.

주님이 나를 맞아 주신다. 주님과 내가 구름을 타고 먼저 간 곳은 구름이 많이 모여 있는 곳이었다. 구름들이 모여 있는 모양이 달걀을 담는 플라스틱 통의 뚜껑처럼 위로 볼록볼록 솟아서 쭉 펼쳐져 있는 모습이었다.

'왜 이렇게 많이 모여 있을까?' 하고 생각했을 때에

아하! 천국에 있는 자들이 천국에서 필요하면 타고 다니는 자가용이 바로 이 구름들이라는 것을 알 수 있었다.

그러고 나서 나는 주님과 함께 벤치에 앉아 '이야기하고 싶어요.' 하였더니 주님이 '그래' 하시면서 나를 다시 구름에 태우고 어느 정원의 벤치로 데려 가셨다.

현재 내 눈에는 앞에 정원의 아름다운 꽃들이 다 보이는 것이 아니라 그냥 내 앞에 정원이 있다는 것을 아는 정도이다.

더 자세히 보려고 하면 보이겠지만 나는 지금 그것이 중요한 것이 아니라 내가 주님과 같이 앉아있다는 것이 나에게는 더 중요하였다. 그리고는 다른 것에는 별로 관심이 없었다. 그러나 주님이 내게 정원의 하나하나의 꽃을 보여주시고자 하실 때는 또 자세히 그 색깔 하나하나까지 잘 보인다.

나는 주님께 물었다.

'주님 OOO 목사님을 보고 싶어요.'

나는 당연히 그 목사님이 천국에 계실 것을 믿고 물은 것이다. 그 목사님은 살아생전 참으로 큰 대형교회의 목사님이셨다. 지금도 누구라 하면 모르는 사람들이 없을 정도다.

그랬더니 주님의 얼굴이 약간 일그러지면서 슬픈 표정이 되신다. 그러면서 하시는 이야기가 "그는 지금 여기 없다." 라고 나지막이 말씀하시는 것이었다.

나는 깜짝 놀라

"네?"

"그럼 어디에?"

"왜 보고 싶으냐?"

나는 순간 아무 말을 못하고 있었다. 그랬더니 주님이 하시는 말씀,

"그는 내 영광을 훔쳤느니라."

그리고 내 눈에는 갑자기 OOO 목사님이 흰 옷을 입고 쇠창살 안에 있는 것이 보이는 것이었다.

그는 이렇게 소리치고 있었다.

"내가 왜 여기 있어야 돼?"

"내가 왜 여기 있어야 하느냐고?"

"아이고... 너희는 여기 오지 마. 주의 일 한다면서 하나님 영광을 훔치면 나처럼 이같이 돼. 여기 오지 마 여기 오지 마."

이렇게 외치는 것이었다.

나는 그 모습을 보면서 그분이 살아생전 모두에게 잘 알려진 두 가지 큰 일들이 생각났다. 그 일은 일본에서의 사역과 TV를 통한 사역이다. 그랬다. 분명 그분이 주님의 일을 하신 것은 분명한 것 같은데 주님의 이름보다 그분의 이름이 더 높아져 있었다. 오 주님! 이를 어떡하면 좋아요. 그것은 나의 절규였다.

그러고 나서 나는 다시 주님과 같이 벤치에 앉아있는 나를 본 것이다. 내가 잠시 그 자리를 떠나서 다른 장소에 갔다 온 것이다. 아니 사실 나는 잘 모르겠다. 그 장면이 내 앞에 그냥 펼쳐진 것이다. 내가 갔다 온 것인지 그냥 벤치에 앉아서 보여진 것인지 나는 모르겠다. 그러나 나는 분명 다시 주님과 같이 벤치에 앉아 있었다.

주님이 우신다.

"내 종들이......" 하시면서.

나는 괴로웠다. 내 영이 많이 슬펐다.

이것을 본 것은 저녁 9시경에서 10시 사이이다.

그런데 그 후 1시간 반 동안 내 영은 계속 괴로워했다.


그 후 11시 반에 잠자리에 들려고 누웠다.

그러나 계속 OOO목사님 생각에 잠이 오지를 않았다.

내 영이 무척 슬퍼하고 있었다.

그래서 잠이 오지 않아 시계를 보니 벌써 새벽 1시 반이다.

잠자리에서도 2시간 반 동안 괴로워서 잠이 오지 않았던 것이다. 그러다가 나도 모르게 잠이 들었다.

우리는 아무리 주의 일을 많이 했다 하여도 모든 영광을 하나님께 돌리고 우리는 오직 무익한 종으로 남아야 할 것이다.

그리고 우리 주의 종들이 가야 할 길은 높아지는 것이 아니라 오직 주님만 높아지고 우리는 오직 낮아지는 길로 가야 할 것이다.

[사 42:8]
나는 여호와니 이는 내 이름이라 나는 내 영광을 다른 자에게, 내 찬송을 우상에게 주지 아니하리라

[눅 17:7-10]
(7)너희 중에 뉘게 밭을 갈거나 양을 치거나 하는 종이 있어 밭에서 돌아오면 저더러 곧 와 앉아서 먹으라 할 자가 있느냐 (8)도리어 저더러 내 먹을 것을 예비하고 띠를 띠고 나의 먹고 마시는 동안에 수종들고 너는 그 후에 먹고 마시라 하지 않겠느냐 (9)명한대로 하였다고 종에게 사례하겠느냐 (10)이와 같이 너희도 명령 받은 것을 다 행한 후에 이르기를 우리는 무익한 종이라 우리의 하여야 할 일을 한 것 뿐이라 할지니라

주의 일을 한다면서 하나님의 영광을 가로챈 목사들은 이 목사님과 같이 쇠창살이 있는 곳으로 가게 될 것이 분명하다.

우리가 주의 종으로서 아무리 많은 일을 했다 할지라도 그 모든 영광을 주님께 돌려야 할 것이다.

* 부연설명 : 나는 여기가 지옥인지 아니면 이기지 못하는 자들이 가는 성밖인지 확실치 않다. 다만 나는 이 시점에서 내가 본 것만을 증거할 뿐이다. 나는 다만 이 목사님이 주님이 계시는 천국에 없다는 사실을 확인하였고 또한 그가 쇠창살 안에 있다는 것만 증거 할 뿐이다.

## 2

# 내 방식대로 산 크리스천이 가는 곳, 여기는 어디일까?

(2013.12.5)

천국으로 올라갈 때에 황금보석 꽃마차를 가지고 나를 맞으러 오는 천사는 항상 두 명이다. 한 명은 수레에 타서 말을 모는 천사이고 그리고 다른 한 명은 항상 바깥에 서서 나를 맞이한다. 그리고 이들은 옛날 제사장들이 입는 것과 같은 하얀 옷을 입은 천사들이다. 이들은 날개가 없는 천사들이다.

바깥에 서서 나를 맞이하는 천사가 말한다.

"주인님 어서 오십시오. 어서 타십시오."

이 천사는 나를 주인님이라 부른다.

그러면 나는 황급히 마차를 탄다.

나는 주님을 뵌 지 벌써 하루반이 지났다.

그를 보고 싶은 그리움이 물밀듯이 몰려왔다. 빨리 그분을 뵙고 싶은 것이다. 곧 마차가 천국에 도착하고 주님은 항상 나의 오른편에서서 나를 맞이하여 주신다.

주님이 말씀하신다. "딸아 내 신부야 어서 오너라."

나는 주님을 보자마자 그분의 옷자락에 푹 안겼다.

왜냐하면 너무 보고 싶었기 때문이다. 그런데 나의 왼편 앞쪽으로 한 여인이 서서 나를 맞이하여 주는데 그녀는 아름다운 금면류관을 쓰고 있었다. 그 면류관 앞에는 큰 보석이 하나 중앙에 박혀 있었다.

나는 '누구지?' 하는 질문이 생겼다.

얼굴이 클레오파트라처럼 예뻤다. 그러는 사이에 주님과 나는 구름을 급히 타고 날았다. 그 여인을 뒤에 두고....

(나중에 안 사실인데 이 여인이 예수를 육체로 낳은 마리아였다. 그러나 무슨 일인지 모르지만 이 날은 나에게 그녀가 누구인지 알려지지 않았다.)

주님과 구름을 타고 나는데 이번에는 그 나는 속도가 엄청나다. 우리가 구름을 타고 나는데 비행하는 느낌이고 주님은 나를 데리고 멀리멀리 가신다.

우리 밑에는 산이 보였는데 그 산들을 넘고 또 넘고 하였다.

그리고 비행하는 속도가 얼마나 빠른지 모르겠다.

나는 굉장히 궁금하였다. 도대체 어디로 가시는 것일까?

그 순간 여태까지 느껴지던 천국의 아름다움이 없어지고 전체적인 황량함이 순식간에 느껴지면서 어디로 확 빨려 들어가는 느낌을 받은 것이다. 그리고 그 다음 순간 내 앞에 보이는 것은 한 파리한 영혼이 힘없이 땅에 나자빠져 있는 것이었다. 예를 들자면 뼈가 없이 흐물흐물하여 땅에 나자빠져 있는 것 같은 모양이다. 꼭 영양실조에 걸린 자처럼 힘없이 나자빠져 있었다.

순간 나는 겁이 나서 주님이 어디계신가? 하고 알려 하였는데 다행히 그분이 흰 옷을 입으시고 내 옆에 계심이 알아졌다.

한 영혼은 이렇게 나자빠져 있고 또 그 바로 옆 칸에 있는 영혼이 나에게 말한다.

여기에는 쇠창살이 없다. 마귀의 부하도 안 보이고 구렁이도 안 보이고 고문하는 기구도 없다. 그러나 방이 확실히 나누어져 있긴 한데 옆에 있는 방하고는 그냥 담이 하나 있어서 옆에 칸과 구분이 되고 있다. 그래서 그 다음 칸에 있는 영혼이 말한다. 그런데 영어로 말한다.

"I loved God. But I am here. I never tried to keep His commandments. I lived always my own way"

즉 자기는 하나님을 사랑했는데 여기 와 있다는 것이다.

그런데 자기는 한 번도 하나님의 명령을 지키려고 하지 않았고 자기 방식대로만 살았다고 말하는 것이었다. 즉 그가 왜 여기 와 있는지를 자신이 설명을 하는 것이다.

그 영혼은 교회를 다녔었다. 그러나 하나님의 명령을 무시하고 자기 방식대로 늘 살아온 것이다. 그리고 죽어서는 여기에 온 것이다. 주여!

그러면서 나는 '여기가 어디일까?' 궁금하여 하면서 그러다 나는 잠이 들었다.

그런데 나는 깨어나서도 궁금했다. 도대체 거기가 어디인가?
저번에 한 번 이런 곳과 유사한 곳을 본 적이 있다.

**3**

# 계시록에서 말하는 이기는 자와
# 이기지 못하는 자의 차이.

(2013.12.10)

천국에 갔다. 주님이 나를 맞아 준다.
그리고 어여쁜 수종 드는 여인이 보인다. 그녀는 머리를 뒤로 조금
길게 묶었고 앞치마를 두르고 있었다. 길에는 아이보리 색깔의 비단
으로 된 원단이 저 멀리까지 쫙 깔려 있었다.
나의 복장은 리본 같이 생긴 황금 띠로 장식된 드레스를 입고 있었
고 주님과 같이 그 원단이 깔린 길로 같이 가는 것이었다.
주님과 같이 길을 걷는다는 것은 나에게 즐거움과 기쁨을 극도로
충만케 했다.
꼭 신랑 신부 입장하는 것 같이 너무나 기뻤다.
우리 앞에서는 초록색깔의 어릿광대처럼 생긴 조그만 천사가 좋아
서 이리 뛰고 저리 뛰고 하고 있었다. 주님과 나는 그 길을 그렇게 즐

겁게 입장하듯이 걸었다.

그리고 그 길 끝에 쯤 가서 주님과 나는 구름을 타고 그리고 인간창조역사관으로 갔다.

한참 날다가 박물관 지붕이 보였다. 그 지붕은 녹색 나선형무늬로 된 큰 건물인데 숲으로 둘러싸여 있었다. 우리는 곧 입구로 들어섰다. 거기는 아무도 없었다.

들어서자마자 보이는 그림은 한 죄인인 여인이 회개하며 눈물로 주님의 발을 씻는 장면이었다. 이 그림은 저번에도 보았다. 그런데 이번에는 그 옆쪽으로 있는 그림이 보였다.

그것은 베드로가 가슴까지 물에 빠져있고 그 때 주님이 곧 오셔서 팔을 내미는 장면이었다. 그 그림을 보고 있는데 벌써 베드로가 우리 옆에 나타났다.

언제나 그렇듯이 그는 항상 기쁘고 덤벙대며 매우 성격이 활달하다는 것이 그를 보자마자 느낀다. 베드로가 말한다.

"아이구! 나는 왜 이런 것으로 사람들에게 유명한지 모르겠어요."
라고 말한다.

즉 자신이 사람들에게 예수님을 세 번 부인한 사건으로 유명하고 또 물위를 걷다가 갑자기 일어난 풍랑 때문에 의심하다가 물에 빠진 사건으로 유명하다는 것이다. 즉 다 이렇게 안 좋은 일로 유명하다는 것이다.

우리는 그 말에 주님과 나 그리고 베드로 모두 크게 웃었다.

"그러나 우리 베드로 선생님은 아주 훌륭한 주님의 수제자였어요."
하고 나는 마음으로 그를 위로했다. 우리는 서로 말없이 마음으로 통했다.

그 다음 사도 요한이 도착했다. 사도 요한은 금발 머리를 한 아름다운 청년이다.

그 다음 우리는 어디로 갈까 의논하였는데

주님께서 일곱 교회에 편지 보낸 곳의 그림이 있는 곳으로 가자는 의견이 모아졌다.

내가 생각하기는 주님은 우리가 이미 그쪽으로 이동할 줄 아시고 요한을 부르신 것 같았다. 우리는 주님이 마지막 편지를 보낸 교회 라오디게아 교회의 그림이 있는 쪽으로 갔다. 거기는 주님이 문밖에 서서 문을 열어달라고 두드리고 있는 모습이 크게 그려져 있었다.

주님이 없는 교회, 주님이 없는 신앙생활을 하고 있는 라오디게아 교회였다.

나는 주님께 물었다.

"주님, 주님 없는 신앙생활하거나 내가 주인 되어 신앙생활하면 어떻게 되는 거지요?"

모든 사람의 얼굴이 먹통이 되는 느낌을 받았다. 즉 그들의 얼굴들이 사라져 버린 것이다. 더 이상 그들의 얼굴이 보이지 아니하였다.

나는 내려와야 했다.

그것이 대답인가? 천국에 못 온다는 이야기인가?


[계 3:15-21]

(15)내가 네 행위를 아노니 네가 차지도 아니하고 더웁지도 아니하도다 네가 차든지 더웁든지 하기를 원하노라 (16)네가 이같이 미지근하여 더웁지도 아니하고 차지도 아니하니 내 입에서 너를 토하여 내치리라 (17)네가 말하기를 나는 부자라 부요하여 부족한 것이

없다 하나 네 곤고한 것과 가련한 것과 가난한 것과 눈 먼 것과 벌거 벗은 것을 알지 못하도다 (18)내가 너를 권하노니 내게서 불로 연단한 금을 사서 부요하게 하고 흰 옷을 사서 입어 벌거벗은 수치를 보이지 않게 하고 안약을 사서 눈에 발라 보게 하라미지근하여 내가 토하여 내치리라 (19)무릇 내가 사랑하는 자를 책망하여 징계하노니 그러므로 네가 열심을 내라 회개하라 (20)볼지어다 내가 문밖에 서서 두드리노니 누구든지 내 음성을 듣고 문을 열면 내가 그에게로 들어가 그로 더불어 먹고 그는 나로 더불어 먹으리라 (21)이기는 그에게는 내가 내 보좌에 함께 앉게 하여주기를 내가 이기고 아버지 보좌에 함께 앉은 것과 같이 하리라

이기는 자는 주님의 보좌에 앉게 하여 주리라.
갑자기 내 질문에 그들의 얼굴이 먹통이 되어 버린 것은
하늘의 주님의 보좌에 앉혀지지 못한다는 의미인가?
아니면 이전에 보여주었는데 또 보여 달라고 해서 그런 것인가?

크리스천은 크리스천인데 하나님의 명령을 지키지 못하는 자들, 즉 라오디게아 교회같이 이기지 못하는 자들이 가는 곳은 어디인가를 여기서 정리하여보고자 한다.
주님이 사도 요한을 통하여 계시록에서 하신 말씀을 토대로 보면 이렇게 정리가 된다.

| 성경구절 | 이기는 자 | 이기지 못하는 자 |
| --- | --- | --- |
| [계 2:7]<br>귀 있는 자는 성령이 교회들에게 하시는 말씀을 들을지어다 이기는 그에게는 내가 하나님의 낙원에 있는 생명나무의 과실을 주어 먹게 하리라 | 생명나무의 과실을 먹게된다. | 생명나무의 과실을 못먹는다. |
| [계 2:11]<br>귀 있는 자는 성령이 교회들에게 하시는 말씀을 들을지어다 이기는 자는 둘째 사망의 해를 받지 아니하리라 | 둘째 사망의 해를 받지 않는다. | 둘째 사망의 해를 받게 된다. |
| [계 2:17]<br>귀 있는 자는 성령이 교회들에게 하시는 말씀을 들을지어다 이기는 그에게는 내가 감추었던 만나를 주고 또 흰 돌을 줄 터인데 그 돌 위에 새 이름을 기록한 것이 있나니 받는 자 밖에는 그 이름을 알 사람이 없느니라 | 하늘의 감추어진 만나를 먹게 되고 또 새 이름이 새겨진 흰돌을 받게 된다. | 하늘의 만나를 못먹게 되고 새이름이 새겨진 흰돌도 못받는다. |
| [계 2:26]<br>이기는 자와 끝까지 내 일을 지키는 그에게 만국을 다스리는 권세를 주리니 | 만국을 다스리는 권세를 받는다. | 만국을 다스리는 권세가 없다. |
| [계 3:5]<br>이기는 자는 이와 같이 흰 옷을 입을 것이요 내가 그 이름을 생명책에서 반드시 흐리지 아니하고 그 이름을 내 아버지 앞과 그 천사들 앞에서 시인하리라 | 흰옷을 입는다. 생명책에서 이름이 흐려지지 아니한다. 그리하여 하나님 아버지앞과 천사들 앞에서 그이름이 시인된다. | 흰옷을 입지 못한다. 생명책에서 이름이 흐려진다 그리하여 하나님아버지앞과 천사들앞에서 그이름 이시인되지 못한다. |

| 성경구절 | 이기는 자 | 이기지 못하는 자 |
|---|---|---|
| [계 3:12]<br>이기는 자는 내 하나님 성전에 기둥이 되게 하리니 그가 결코 다시 나가지 아니하리라 내가 하나님의 이름과 하나님의 성 곧 하늘에서 내 하나님께로부터 내려 오는 새 예루살렘의 이름과 나의 새 이름을 그이 위에 기록하리라 | 하나님성전에 기둥이 된다.<br>하나님의 이름 새예루살렘의 이름 그리고 예수님의 새 이름이 그 사람위에 기록된다. | 하나님성전에 기둥이 되지 못하여 하나님의 이름 새예루살렘의 이름 그리고 예수님의 새 이름이 그 사람위에 기록되지 못한다. |
| [계 3:21]<br>이기는 그에게는 내가 내 보좌에 함께 앉게 하여주기를 내가 이기고 아버지 보좌에 함께 앉은 것과 같이 하리라 | 예수님이 앉으신 그 보좌에 함께 앉게 된다. | 예수님이 앉으신 그 보좌에 함께 앉지 못한다. |
| [계 21:6-7]<br>(6)또 내게 말씀하시되 이루었도다 나는 알파와 오메가요 처음과 나중이라 내가 생명수 샘물로 목 마른 자에게 값 없이 주리니 (7)이기는 자는 이것들을 유업으로 얻으리라 나는 저의 하나님이 되고 그는 내 아들이 되리라 | 생명수 샘물을 값없이 마신다.<br>하나님의 아들이 된다. | 생명수 샘물을 마실 수 없다.<br>하나님의 아들이 되지 못한다. |

성경은 이기는 자와 이기지 못하는 자에 대하여 아주 상세히 잘 가르쳐 주고 있다.

이기지 못하는 자들이 가는 곳? 거기가 어디일까?

그곳은 아마도 성밖일 것이다.

거기는 영혼들이 나자빠져 있었고 슬피 울며 이를 갈고 있었고 매를 맞고 있는 자들도 있었다.

다음은 주님이 하신 말씀들이다.

[마 24:48-51]
(48)만일 그 악한 종이 마음에 생각하기를 주인이 더디 오리라 하여 (49)동무들을 때리며 술친구들로 더불어 먹고 마시게 되면 (50)생각지 않은 날 알지 못하는 시간에 그 종의 주인이 이르러 (51)엄히 때리고 외식 하는 자의 받는 율에 처하리니 거기서 슬피 울며 이를 갊이 있으리라

[마 22:9-13]
(9)사거리 길에 가서 사람을 만나는 대로 혼인 잔치에 청하여 오너라 한대 (10)종들이 길에 나가 악한 자나 선한 자나 만나는 대로 모두 데려 오니 혼인자리에 손이 가득한지라 (11)임금이 손을 보러 들어올새 거기서 예복을 입지 않은 한 사람을 보고 (12)가로되 친구여 어찌하여 예복을 입지 않고 여기 들어왔느냐 하니 저가 유구무언 이어늘 (13)임금이 사환들에게 말하되 그 수족을 결박하여 바깥 어두움에 내어 던지라 거기서 슬피 울며 이를 갊이 있으리라 하니라

[마 25:28-30]
(28)그에게서 그 한 달란트를 빼앗아 열 달란트 가진 자에게 주어라 (29)무릇 있는 자는 받아 족하게 되고 없는 자는 그 있는 것까지 빼앗기리라 (30)이 무익한 종을 바깥 어두운 데로 내어쫓으라 거기서 슬피 울며 이를 갊이 있으리라 하니라

여기서 악한 종, 예복입지 못한 자, 받은 달란트로 이윤을 남기지 못하고 숨겨둔 자, 그리고 열처녀 중에서 주님을 기다리고 있었으나 기름준비를 충분히 하지 못한 미련한 다섯처녀가 가는 곳이 하나님의 영광이 해같이 빛나는 새 예루살렘 성안이 아니라 성밖인 바로 이곳이라 생각된다.

[마 25:10-13]
(10)저희가 사러 간 동안에 신랑이 오므로 예비하였던 자들은 함께 혼인 잔치에 들어가고 문은 닫힌지라 (11)그 후에 남은 처녀들이 와서 가로되 주여 주여 우리에게 열어 주소서 (12)대답하여 가로되 진실로 너희에게 이르노니 내가 너희를 알지 못하노라 하였느니라 (13)그런즉 깨어 있으라 너희는 그 날과 그 시를 알지 못하느니라

# 4

## 바깥 어두운데 슬피 울며 이를 가는 장소를 가다.

(2014.1.3)

주님을 보자마자 울었다. 왜냐하면 너무 보고 싶었기 때문이다. 주님은 너무 인자한 모습으로 나를 맞이해 주셨다.

주님과 나는 분명 황금 길을 걷고 있었는데 그 길이 갑자기 밑으로 내려가는 계단으로 바뀌는 것이었다. 황금으로 된 계단이다. 주님과 나는 밑으로 밑으로 내려갔다.

계단은 매우 가파랐고 우리는 한참을 밑으로 내려왔다.

내 생각으로 계단이 100개 이상 되는 것 같았다. 기분은 꼭 지옥으로 내려가는 것 같이 가파랐지만 분명 지옥은 아니었다.

지옥은 계단으로 내려가지 아니한다. 지옥은 꼭 엘리베이터 타고 내려가듯이 밑으로 밑으로 내려간다. 이런 계단으로 내려가는 것이 아니다.

더구나 이 계단들이 황금으로 되어 있다.

그리고는 우리는 결국 그 계단 아래 바닥에 도착했는데

거기는 바로 내가 하루 전에 본 광장이었다. 즉 어제는 이렇게 계단을 통하여 내려가는지 모르게 내려갔는데 오늘은 주님과 함께 내려오면서 계단으로 내려온 것이다.

하루 전에 나는 분명 금빛 나는 갑옷으로 무장을 한 여섯 명의 천사들의 호위를 받으면서 이곳에 왔었다. 그런데 주님과 내가 그곳에 도착하니 어제 보았던 그 천사들이 거기에 벌써 와 있었다.

오늘 나는 여기에 주님과 함께 온 것이다.

여기에는 큰 건물을 뒤로 하고 넓은 광장에 수많은 사람들이 앉아 있었다.

'도대체 왜 여기에 이렇게 많은 사람들이 앉아 있을까?' 하고 고민하고 있는 그 때에 내 눈에 흰 옷을 입고 앉아 있던 사람들이 한 사람 한 사람씩 불려 나가 곤장을 때리듯이 매를 맞는 것이 보이는 것이었다. 오 마이 갓! (Oh my God!).

이곳은 하나씩 불려나가 매를 맞는 장소였다.


마태복음 24장 45절 이하에 보면

주인이 그 소유를 종들에게 맡기고 멀리 떠났다가 다시 와서 보았을 때에 충성되고 지혜롭고 슬기로운 종이 되어 그 집사람들을 맡아 때를 따라 양식을 나누어 준 자는 주인이 다시 왔을 때에 복을 받지만 그러지 못하고 주인이 올 때까지 동무들을 때리며 술친구들로 더불어 먹고 마신 종은 주님이 말씀하시기를......


마 24장 51절 말씀에 '엄히 때리고 외식하는 자의 받는 율에 처하리니 거기서 슬피 울며 이를 갊이 있으리라' 했는데 우리가 지금 천국에서 황금계단을 통하여 내려간 그곳은 바로 이런 자들이 와서 매를 맞는 장소였던 것이다. 이곳은 분명 지옥이 아니었다.


나는 그리고 나서 내려왔는데 그 다음 또 한 번 더 천국에 올라갔다.

천국에 올라가자마자 내게는 또 밑으로 내려가는 계단이 보였다.

그리고 주님과 나는 다시 조금 전에 내려갔던 그곳으로 내려왔다.

이번에는 단발머리를 한 얼굴이 길고 갸름한 청년이 흰 옷을 입었는데 엉덩이 부분의 옷이 내려와져 있고 엉덩이가 맞아서 시퍼런 멍이 든 것이 보였다. 주여!

젊은 여자도 보였다. 이들은 여기 앉아서 슬피 울며 이를 갈았다.

그리고 나는 여기 있는 모든 사람들이 젊은이들이라는 것이 알아졌다. 천국에서 모든 사람들이 젊은 것처럼⋯⋯

지옥은 그렇지 않다. 그들이 죽을 때의 나이 그대로 보인다.

그러므로 이 장소는 소위 성경에서 말하는 바깥 어두운데 슬피 울며 이를 가는 장소인 것이다.

이 장소는 분명 계시록에 나오는 이기지 못하는 자들이 가는 장소인 것이 틀림이 없다.

즉 이들은 생명나무에 나아가며 문들을 통하여 성에 들어갈 권세가 없는 자들인 것이다. 주여!


[계 22:13-15]

(13)나는 알파와 오메가요 처음과 나중이요 시작과 끝이라 (14)그 두루마기를 빠는 자들은 복이 있으니 이는 저희가 생명 나무에 나아가며 문들을 통하여 성에 들어갈 권세를 얻으려 함이로다 (15)개들과 술객들과 행음자들과 살인자들과 우상 숭배자들과 및 거짓말을 좋아하며 지어내는 자마다 성밖에 있으리라


[마 24:48-51]

(48)만일 그 악한 종이 마음에 생각하기를 주인이 더디 오리라 하

여 (49)동무들을 때리며 술친구들로 더불어 먹고 마시게 되면 (50)생각지 않은 날 알지 못하는 시간에 그 종의 주인이 이르러 (51)엄히 때리고 외식 하는 자의 받는 율에 처하리니 거기서 슬피 울며 이를 갊이 있으리라

주님이 나에게 이 장소를 보여주시는 이유가 무엇일까?
최근에 나에게 자꾸만 자신의 생활의 어려움을 말씀하시는 분이 계셨다.
두 번이나 조금씩 도와 드렸건만 또 해야 하나 하는 부담감이 와서 나는 갈등하고 있었던 것이다. 없는 자에게 내 영은 도와주어야 하는 것은 알고 있었으나 마음이 선뜻 내키지 않고 있었다. 그러나 해야 한다는 것은 알고 있었다.
주님은 조금이라도 갈등하는 마음이 있는 나에게 이 장소를 보여주심으로 말미암아 나더러 지혜롭고 슬기로운 청지기가 되기를 원하심을 깨우쳐 주시는 것으로 받아졌다.
나는 천국을 보는 잇점이 여기에 또 하나 있는 것이다.
혹 내가 잘못된 길을 가거나 무엇이 옳은지 갈등하고 있는 그 때 주님은 영락없이 천국에서 이렇게 확실히 나에게 무엇이 옳은 길인지 알려주신다.
할렐루야!

**5**

# 지혜롭고 슬기로운 청지기가 되지 못하면 결국 성밖으로 쫓겨난다.

(2014.1.11)

천국에 도착했다.

내 얼굴이 더 자세히 보였다. 머리가 좀 길어졌다.

주님과 함께 황금계단으로 밑으로 밑으로 내려갔다.

즉 외식하는 자들의 받는 처벌이 내려지는 곳으로 다시 간 것이다.

나는 주님께 말했다. 나는 주님이 왜 자꾸 요즘에 몇 번씩이나 나를 이 이기지 못하는 자들이 가는 곳을 데리고 가는지 알아챘다. 그래서 나는 주님께 말씀드렸다.

"주님 알았습니다. 이제 알았어요. 제가 보낼께요."

주님은 한국의 어떤 목사님에게 생활비에 보태 쓰라고 돈을 보내야함을 계속 상기시켜주고 계셨다. 주님은 내가 지혜롭고 슬기로운 청지기가 되어서 때를 따라 양식을 나누어 주기를 원하시고 계셨던 것이다.

한국의 어떤 목사님이 자신의 어려운 처지를 나에게 말씀하여 왔다. 나는 그분을 몇 번을 도와 드렸으나 또 해야 하나 하는 부담스런 마음으로 미루고 있었다. 그러나 결국은 해야 할 것도 알고 있었다. 그러나 빨리 순종하지 않는 나를 보고 주님은 내가 천국에 올라오자마자 자꾸만 이 장소로 데리고 가시는 것이었다.

이 장소에서는 흰 옷 입은 사람들이 불려나가 매를 맞고 들어와서 슬피 울며 이를 갈았다. 주님은 오늘도 내가 천국에 올라오자마자 이 장소로 데리고 가셨다.

그래서 나는 '아이구 주님, 알았습니다. 알았습니다. 보내드릴께요.' 라고 말씀드렸고 나는 혹시 내가 이 장소에 오게 될까보아 겁도 나고 하여 당분간은 주님이 보여주신다 하여도 이 장소에 오고 싶지 않았다. 그래서 주님께 나는 다시 위로 올라가고 싶다고 말씀을 드렸더니 어느새 나는 또 위로 올라와 있었다. 할렐루야.

주님은 영락없으시다. 나에게 조금이라도 죄가 발견되거나 잘못 가고 있는 것이 보이면 이렇게 직접 나를 성밖으로 혹은 지옥으로 구경을 시켜 주신다. 꼭 그 죄에 대하여 말이다.

주님, 감사 감사하나이다. 이 땅위에 살 때에 주님 앞에 바르게 살게 하소서!


[마 24:45-51]

(45)충성되고 지혜 있는 종이 되어 주인에게 그 집 사람들을 맡아 때를 따라 양식을 나눠 줄 자가 누구뇨 (46)주인이 올 때에 그 종의 이렇게 하는 것을 보면 그 종이 복이 있으리로다 (47)내가 진실로 너희에게 이르노니 주인이 그 모든 소유를 저에게 맡기리라 (48)만일 그 악한 종이 마음에 생각하기를 주인이 더디 오리라 하여 (49)동무들을 때리며 술친구들로 더불어 먹고 마시게 되면 (50)생각지 않은 날 알지 못하는 시간에 그 종의 주인이 이르러 (51)엄히 때리고 외식 하는 자의 받는 율에 처하리니 거기서 슬피 울며 이를 갊이 있으리라

이 장소에 가고 싶지 않다.

내가 충성되고 지혜로운 청지기가 못되어....

할렐루야. 주님 깨우쳐 주시는 주님을 찬양합니다.

## 또 한 분의 최근에 돌아가신 대형교회의 유명한 목사님이 쇠창살 안에 계신 것을 보다.

(2014.1.28)

천국에 올라갔다.

우편에 늘 주님이 나를 맞아주신다.

그리고 마리아가 재빨리 와서 반겨준다. 주님은 나의 오른편에서 맞아주시고 마리아는 늘 나의 왼편으로 와서 반겨준다.

우리는 어느새 구름을 타고 날았다. 그러다가 마리아가 어디론가 가버렸다.

아니 우리를 떠났다.

그리고 주님과 나는 계속하여 구름을 타고 날았다.

그리고는 주님이 나를 얼마 전에 돌아가신 대형교회 OOO 목사님이 천국(성안)에 있지 않고 쇠창살 안에 있는 것을 보여주셨던 그 장소 즉 정원 앞에 있는 벤치로 나를 데리고 가셨다.

주님과 나는 그곳에 앉았다.

나는 주님께 또 다른 유명한 목사님으로 최근 몇 년내에 돌아가신 다른 한 분에 대하여 질문하였다.

"주님 OOO 목사님은 어디 계세요?"

나는 이전에 물어보았던 그 유명한 목사님이 당연히 천국(성안)에 있을 줄 알고 물어보았으나 쇠창살 안에 있는 것을 보고 매우 상심하여 다시는 유명한 목사님들에 대하여 안 물어보려 했었다. 그런데 시간이 흐르면서 다시 궁금하여졌다.

오늘 내가 물어보는 이 목사님도 돌아가신지 얼마 안 되었다. 그는 한국에서 참으로 유명한 목사님이셨다.

지금도 그 교회에서는 그분에 대한 추도예배를 성대하게 하는 것을 보았다. 성도 독특하여 이런 성이 한국에는 별로 몇 없는 성이다. 나는 다시 말했다.

'주님 OOO 목사님 좀 보여주세요.' 하였다.

그런데 그 목사님의 성함을 들으시자 벌써 주님의 눈이 벌겋게 변하셨다.

주님은 곧 울음이 터질 것 같으셨다.

매우 슬퍼하시는 것이었다.

그래서 나는 즉시 그 목사님이 이 천국(성안)에 없다는 사실을 알았다.

그래서 나는 주님께 '주님 왜 OOO 목사님이 여기 안 계시나요?' 라고 물었다.

주님은 말씀하셨다.

"그는 나의 개였다."

(성경에 나오는 개가 있다. 이사야 56장 9절부터 '짖지 못하는 개'에 대하여 나온다).

[사 56:9-12]

(9)들의 짐승들아 삼림 중의 짐승들아 다 와서 삼키라 (10)그 파숫 군들은 소경이요 다 무지하며 벙어리 개라 능히 짖지 못하며 다 꿈 꾸는 자요 누운 자요 잠자기를 좋아하는 자니 (11)이 개들은 탐욕이 심하여 족한 줄을 알지 못하는 자요 그들은 몰각한 목자들이라 다 자기 길로 돌이키며 어디 있는 자이든지 자기 이만 도모하며 (12) 피차 이르기를 오라 내가 포도주를 가져오리라 우리가 독주를 잔뜩 먹자 내일도 오늘 같이 또 크게 넘치리라 하느니라

오 마이 갓! (Oh my God!) 나는 '주여!....' 하고 한탄이 나왔다. 그가 개였다니!.........
주님이 말씀하신다.
"우리 같이 가볼까?" 하고 내려갔는데
OOO 목사님이 쇠창살 안에 흰 옷을 입고 우리 쪽으로 보고 있지 않 고 벽을 바라보고 뒤로 앉아 계신 것이 보였다.
나는 그 목사님을 보자마자 심장이 뛰어왔고 숨이 가빠졌다.
왜냐하면 그 유명한 목사님이 여기에 있을 줄은 꿈에도 생각하지 못 했기 때문이다.
나는 그냥 마냥 슬퍼졌다. 그리고 나는 내려왔다.

그리고 나는 그 목사님이 천국(성안)에 있지 않고 쇠창살 안에 있다

는 것이 도저히 믿기지가 않아서 다음과 같이 결론을 내렸다.

나는 내가 본 것을 다 믿지 않는다.
나는 다시 보아야 할 것이다.
나는 그 유명하였던 두 목사님 OOO 목사님과 OOO 목사님이 천국
(성안) 에 없는 것을 보았다.
그들은 다 최근에 돌아가신 분들이다.
그러나 내가 본 것을 다 믿지 아니한다.
내가 천국에 갔을 때에 완전히 알게 될 것이다.

* 부연설명 : 여기서 내가 말하는 천국이란 하나님의 영광이 해같이 빛
나는 예루살렘 성안을 말한다.

생명나무 과일을 먹을 수 있고 생명수 강가에서 값없이 원없이 생명
수를 먹을 수 있는 곳을 말한다.
성경에서 말하는 성밖을 의미하지는 않는다.

[마 7:21-23]
(21)나더러 주여 주여 하는 자마다 천국에 다 들어갈 것이 아니요
다만 하늘에 계신 내 아버지의 뜻대로 행하는 자라야 들어가리라
(22)그 날에 많은 사람이 나더러 이르되 주여 주여 우리가 주의 이
름으로 선지자 노릇하며 주의이름으로 귀신을 쫓아 내며 주의 이
름으로 많은 권능을 행치 아니하였나이까 하리니 (23)그 때에 내가
저희에게 밝히 말하되 내가 너희를 도무지 알지 못하니 불법을 행
하는 자들아 내게서 떠나가라 하리라

어제 나는 유명한 한 목사님이 쇠창살 안에 있는
것을 보았는데 내가 그것을 본 것을 의심하니
주님은 다시 한 번 그 분이 천국에 없음을 다른
방법으로 확인시켜 주시다.

(2014.1.29)

[계 22:14-15]

(14)그 두루마기를 **빠**는 자들은 복이 있으니 이는 저희가 생명 나
무에 나아가며 문들을 통하여 성에 들어갈 권세를 얻으려 함이로다
(15)개들과 술객들과 행음자들과 살인자들과 우상 숭배자들과 및
거짓말을 좋아하며 지어내는 자마다 성밖에 있으리라

아침 기도시간에 천국에 올라갔다.
주님과 나는 위로 **빨**려 들어가듯이 빠르게 올라갔는데 주님과 내가
도착한 곳은 주님의 보좌가 있는 곳이었다.
보통 나는 주님의 보좌 앞에 가면 대개는 보좌 앞에 엎드려 있거나
아니면 주님 보좌 앞쪽에 왼편으로 천사들이 있는 곳에 내 의자가
놓여 있는데 거기 앉아 있곤 하였다.
그런데 오늘은 다른 날들과 다르게 내가 가자마자 주님의 보좌 왼쪽
에 천사들이 있는 곳에 내가 앉아 있지 않고 서 있는 것이었다. 천사
들이 서 있는 것처럼……

나는 "왜 내가 서있지?" 하고 궁금해 하고 있었다.

천국에서는 이런 일들이 자주 일어난다. 즉 나의 의지가 아니라 주님이 그렇게 나를 움직이시는 것 같다. 내 의지와는 상관없이 내가 그렇게 서 있었다.

그리고 나는 내 마음에 주님의 보좌 반대편에 있는 주님의 보좌가 있는 쪽으로 들어오는 입구에서 누군가 들어올 것이라는 것을 알고 있었지만 그런데 누군지 모르지만 그 들어오는 그 사람으로 인하여 벌써 내 마음은 무척 설레이고 있었다.

도대체 누가 들어오길래 내가 이렇게 저 입구쪽을 바라보며 설레이는 마음으로 기대하고 있는지 참으로 나도 모를 일이었다.

나는 그 입구쪽을 바라보고 있는데 살아생전의 내 육신의 아버지가 젊었을 때의 얼굴로 환하게 웃으면서 그 입구로 들어오는 것이었다. 할렐루야.

그리고 들어와서는 주님의 앞쪽 오른편에 가서 우리 쪽을 바라보고 서셨다.

나는 무척 기분이 좋았다. '아~ 그래서 내 마음이 설레었구나!' 알 수 있었다.

그 다음은 저 입구에서 또 한 사람이 들어오는데 그 분은 내가 아는 이 OO 목사님의 사모님이었다. 그 사모님이 돌아가신 지는 약 4년이 되었다. 그 분이 들어와 우리 아버지 옆에 서시는 것이었다.

즉 이들은 내가 다 아는 사람들로서 벌써 이 세상을 떠나 이 세상에 없는 자들이었다.

그러면 나는 갑자기 어제 쇠창살 안에 있는 것을 보았던 "OOO목사님은요?" 하고 질문이 생기면서 내 마음으로 절실히 그 분의 이름을 불렀다. 왜냐하면 나는 그 목사님이 쇠창살 안에 있는 것을 부정하고 싶었다. 그래서 그분이 저 입구에서 들어오기를 너무나 절실히 바래서 그분의 이름을 불렀던 것이다. 그랬더니 그분은 들어오시지 않고 갑자기 그 천국 입구가 내 시야에 까맣게 보이는 것이었다. 그리고 그가 흑암 속에 있음이 보였다. 주여!

아~ 하고 나는 절규했다. 그는 천국에 없구나....

나는 또 외쳤다. 그러면 처음에 첫 번째 책에 썼던 그 유명한 다른 목사님, OOO 목사님은요? 하고 물었더니 그도 흑암 속에 있었다. 주여!

그 다음 나는 마음속으로 '임 OO 목사님!' 하고 불렀다.

이 분은 한국에서 최근에 석 달 전에 돌아가신 분으로 내가 저번에 주님께 보여 달라고 했었는데 그분은 천국(성안)에 있는 것을 보여 주셨던 것이다 (이분의 이야기는 천국지옥간증수기 첫 번째 책에 썼다).

그분의 이름을 내 마음속에서 부르자 그분이 저 입구에서 들어와 우리 아버지와 이 OO 목사님의 사모님이 계신 곳 옆에 와 서는 것이었다.

오 주여! 어찌 이런 일이! 나는 너무 놀랐다.

주님이 나에게 어제 살아생전 유명하였던 OOO 목사님에 대하여 궁금하여하던 일을 오늘 다른 방법으로 명확히 알게 하여주신 것이었다.

나는 어제 그 목사님을 보여달라 했더니 주님은 슬퍼하시면서 그가 쇠창살 안에 있는 것을 보여 주셨다.

그러나 나는 어제 본 것에 대하여 결론을 내리기를

나는 내가 보았어도 주님이 보여주셨어도 내가 본 것을 100퍼센트 믿지 않을 것이라고 결론을 내렸었다. 그런데 주님은 그것을 아시고 오늘 다시 한 번 그 분이 천국(성안)에 없음을 확인시켜 주신 것이다. 그것도 내가 전혀 생각지 아니한 방법으로 말이다.

할렐루야. 주님, 내가 의심하던 것을 다시 확인시켜 주심을 감사드립니다.

# 생명책에서 이름이 지워지는 경우와 흐려지는 경우가 있다.

(2014.1.30)

[계20:15]
누구든지 생명책에 기록되지 못한 자는 불못에 던지우더라

[계3:5]
이기는 자는 이와 같이 흰 옷을 입을 것이요 내가 그 이름을 생명책에서 반드시 흐리지 아니하고 그 이름을 내 아버지 앞과 그 천사들

## 앞에서 시인하리라

천국에 올라갔다. 주님은 내가 힘들어한 것을 아신다.

그래서 나에게 생명수를 먹이셨다. 나는 주님 옷자락에 파묻히면서 벌써 두 세 방울 눈물을 터뜨렸다. 왜? 어제 그제 쇠창살 안에 계신 것을 보았던 제자훈련 열심히 했던 OOO 목사님 때문이다. 나의 슬픔은 처음에 죽고 나서도 지금도 유명한 OOO 목사님을 처음으로 쇠창살 안에 있는 것을 보았을 때의 (이것에 대한 간증은 나의 천국과 지옥간증 수기 제 1권에 수록되어 있다.) 그 충격만큼은 아니었으나 그러나 역시 나는 매우 슬펐다.

주님이 말씀하신다.

"내 애기야 내 애기야!" 나를 부르는 말씀이셨다.

"좀 더 강건하여지거라." 하고 말씀하시는 말없는 말이 내게 전달되었다.

즉 그런 것을 보더라도 이제는 담담하여지거라 하는 말씀과 같은 것이었다.

주님과 나는 길을 걸었다. 왼쪽에는 아름다운 절벽이었고 길 오른쪽에는 노란 꽃들이 만발하여 피어 있는 길을 걸어 내려 갔다.

나는 내 어깨에 무겁게 짊어져 있는 모든 걱정과 염려를 벗어버리고 싶었다. 그것들로 인하여 내 어깨가 너무 무거운 것 같았다.

즉 그것들은 바로 한국에 전쟁이 일어나는 것에 대한 우려와 걱정 또 어제 그제 보았던 유명하였던 OOO 목사님이 쇠창살 안에 있는 사실 등이었다.

나는 그 모든 걱정과 염려를 벗어버리고 싶다고 생각하는 순간 주님과 나는 천국에서 날기 시작하였다. 구름을 타고 나는 것이 아니라 그냥 나는 것이었다. 나니까 너무 기분이 좋았다.

순간 모든 걱정과 염려가 사라졌다. 주님과 나는 계속 날았다.

어느새 주님과 나는 유리바다 청동색깔의 바다에 왔다.

바다 위로 빠르게 주님과 나는 계속 날았다.

얼마나 기분이 좋은지....

바다에 백상어가 위로 뛰어 오르면서 우리 밑에서 한참 놀았다. 그렇게 한참을 날다가 우리 앞에 와 대기하고 있는 납작한 널판처럼 생긴 구름에 주님과 나는 걸터 앉았다. 주여!

나는 요즘에 전쟁 때문에 마음이 무거웠는데 지금은 한층 나았다.


나는 생명책에 이름이 지워지는 것과 흐려지는 것에 대하여 질문을 갖고 있었다.

"주님 생명책에 이름이 흐려지는 것이 있나요?"

(그런데 성경책에는 분명 이름이 흐려진다는 말이 있었다.)


[계3:5]

이기는 자는 이와 같이 흰 옷을 입을 것이요 내가 그 이름을 생명책에서 반드시 흐리지 아니하고 그 이름을 내 아버지 앞과 그 천사들 앞에서 시인하리라


[출32: 30-33]

(30)이튿날 모세가 백성에게 이르되 너희가 큰 죄를 범하였도다 내

가 이제 여호와께로 올라가노니 혹 너희의 죄를 속할까 하노라 하고 (31)여호와께로 다시 나아가 여짜오되 슬프도소이다 이 백성이 자기들을 위하여 금신을 만들었사오니 큰 죄를 범하였나이다 (32) 그러나 합의하시면 이제 그들의 죄를 사하시옵소서 그렇지 않사오면 원컨대 주의 기록하신 책에서 내 이름을 지워 버려주옵소서 (33) 여호와께서 모세에게 이르시되 누구든지 내게 범죄하면 그는 내가 내 책에서 지워버리리라

그런데 생명책에서 이름이 기록되었다가도 지워지면 계시록 20장 5절에서 말씀하는 것처럼 영원한 불못에 던져진다.

[계20:15]
**누구든지 생명책에 기록되지 못한 자는 불못에 던지우더라**

그러나 이기는 자에 속하지 못하는 자는 계시록 3장 5절에서 말하는 것처럼 이름이 흐려질 것이라 말하고 있고 그 이름이 아버지 앞과 천사들 앞에서 시인되지 않을 것이라 말씀하시는 것이다. 이 이기지 못하는 자는 지옥에 가는 자 하고는 틀리다.

왜냐하면 열 처녀가 다 주님을 기다리고 있었는데 미련한 다섯 처녀가 나중에 와서 주님께 문을 열어 달라고 하였을 때에 주님은 그들을 모른다고 말씀하셨다.
즉 성밖에 쫓겨나는 경우에 주님은 나는 너희를 모른다고 말씀하신다는 것이다.

오직 그 이름이 아버지 앞과 거룩한 천사들 앞에서 시인되는 자들만이 하나님의 영광이 해같이 빛나는 성안으로 들어가는 것이다.

또한 마태복음 7장 21절에도 마찬가지이다.

[마 7:21-23]
**(21)나더러 주여 주여 하는 자마다 천국에 다 들어갈 것이 아니요 다만 하늘에 계신 내 아버지의 뜻대로 행하는 자라야 들어가리라 (22)그 날에 많은 사람이 나더러 이르되 주여 주여 우리가 주의 이름으로 선지자 노릇하며 주의이름으로 귀신을 쫓아 내며 주의 이름으로 많은 권능을 행치 아니하였나이까 하리니 (23)그 때에 내가 저희에게 밝히 말하되 내가 너희를 도무지 알지 못하니 불법을 행하는 자들아 내게서 떠나가라 하리라**

주님은 주여 주여 한다고 하여 다 천국(성안)에 들어갈 것이 아니라 다만 하늘에 계신 아버지의 뜻대로 하는 자라야 들어가리라고 말씀하신다.
그런데 예수 그리스도를 주라고 시인한 자들 중에 이렇게 사는 자가 얼마나 될까?

주님은 그런데 그 날에 많은 사람들이 와서 주여 주여 우리가 주의 이름으로 선지자 노릇하고 주의 이름으로 귀신을 쫓아내었고 주의 이름으로 많은 권능을 행하지 아니하였나이까 할 것이라는 것이다.
그러나 그 때에 주님은 내가 너희를 모른다고 할 것이라는 것이다.

이것은 열 처녀 비유에서 미련한 다섯 처녀에게 한 말과 동일하다. 즉 하나님의 뜻대로 살지 못하는 자들이 열 처녀중 미련한 다섯 처녀에 해당하는 즉 이기지 못하는 자들에 속하는 자들로서 계시록 3장 5절에서 말하는 즉 이름이 생명책에서 지워지지는 아니하나 흐려지는 경우라 볼 수 있는 것이다. 할렐루야.

그러므로 이들은 새 하늘과 새 땅의 새 예루살렘 성밖으로 쫓겨나는 것이다.

[마 7:24-27]
(24)그러므로 누구든지 나의 이 말을 듣고 행하는 자는 그 집을 반석 위에 지은 지혜로운 사람 같으리니 (25)비가 내리고 창수가 나고 바람이 불어 그 집에 부딪히되 무너지지 아니하나니 이는 주초를 반석 위에 놓은 연고요 (26)나의 이 말을 듣고 행치 아니하는 자는 그 집을 모래 위에 지은 어리석은 사람 같으리니 (27)비가 내리고 창수가 나고 바람이 불어 그 집에 부딪히매 무너져 그 무너짐이 심하니라

즉 이기는 자는 반석 위에 집을 세우는 지혜로운 자이나
이기지 못하는 자는 모래 위에 집을 세우는 어리석은 자와 같은 것이다. 주여!

그러므로 이 이기지 못하는 자들은 생명책에 이름이 완전히 지워져서 그 이름이 없는 자들 즉 지옥에 가는 자들과는 다른 것이다.

[계20:15]
누구든지 생명책에 기록되지 못한 자는 불못에 던지우더라

모래 위에 집을 짓는 어리석은 자들은 지옥이 아니라 예수를 구세주로 믿었어도 삶에서 하나님의 뜻대로 살아내지 못하여 성밖에 쫓겨나는 자들인 것이다.

## 롯과 롯의 아내를 보다.

(2014.8.6)

천국에 올라갔다.
주님과 나는 아브라함의 집으로 갔다.
거기에는 사라와 아브라함 그리고 이삭이 와 있었다.
주님과 우리 모두는 아브라함의 리빙룸에 있는 큰 원탁 테이블에 앉았다.
나는 거기서 롯과 롯의 아내에 대한 질문을 가졌다.
"주님, 롯을 보여주세요?"

그러자 내 눈에 롯이 보였다.

그는 자신이 앉아 있는 상태에서 온몸에 7−8cm정도의 두께의 녹청색 뱀이 그의 몸을 칭칭 감고 있었다.

이런 상태에서 롯이 말을 한다.

"내가 돈을 좋아하다가 이렇게 되었어요."

그리고 말한다. "돈에 미련을 가지면 안 돼요. 돈에 미련을 갖지 마세요." 라고 했다.

나는 하나님이 소돔을 불과 유황으로 치려 할 때에 아브라함이 롯을 위하여 기도하였을 때에 하나님께서 아브라함의 중보 기도를 들으시고 롯을 소돔에서 구하여 내신 것이 기억이 났다.

아브라함의 중보기도 :

[창 18:31-33]

(31)아브라함이 또 가로되 내가 감히 내 주께 고하나이다 거기서 이십인을 찾으시면 어찌 하시려나이까 가라사대 내가 이십인을 인하여 멸하지 아니하리라 (32)아브라함이 또 가로되 주는 노하지 마옵소서 내가 이번만 더 말씀하리이다 거기서 십인을 찾으시면 어찌 하시려나이까 가라사대 내가 십인을 인하여도 멸하지 아니하리라 (33)여호와께서 아브라함과 말씀을 마치시고 즉시 가시니 아브라함도 자기 곳으로 돌아갔더라

[창 19:27-29]

(27)아브라함이 그 아침에 일찌기 일어나 여호와의 앞에 섰던 곳에 이르러 (28)소돔과 고모라와 그 온 들을 향하여 눈을 들어 연기가 옹기점 연기 같이 치밀음을 보았더라 (29)하나님이 들의 성들을 멸하실 때 곧 롯의 거하는 성을 엎으실 때에 아브라함을 생각하사 롯을 그 엎으시는 중에서 내어 보내셨더라

그리고 베드로는 이 롯에 대하여 이렇게 말하고 있다.
'의인 롯이 소돔에서 매일 심령을 상하니라' 라고 했다.

[벧후 2:7-8]

(7)무법한 자의 음란한 행실을 인하여 고통하는 의로운 롯을 건지셨으니 (8)(이 의인이 저희 중에 거하여 날마다 저 불법한 행실을 보고 들음으로 그 의로운 심령을 상하니라)

즉 아브라함도 베드로도 롯을 의인이라고 불렀다. 그런데 이 때의 의인이라고 하는 것은 롯도 하나님을 알았으므로 다른 이방인에 비하여 의인이라고 하는 상대적인 의미인 것이다.
그가 정말 그의 행위가 의인이라서가 아니라....

그런데 난 롯이 앉아 있는 상태로 뱀에게 감겨져 있는 것을 볼 때에 나는 믿을 수가 없었다. 아니 롯이 저러한 모습으로 있다니....
그리고 롯의 아내는 아예 불속에서 고통당하고 있는 것이 보였다.
주여!

도망하는 그녀를 큰 뱀이 쫓아가서 그녀를 감아서 다시 불속에 던져 넣고 있는 모습이 보인 것이다.

나는 마음이 무척 아팠다. 내 마음이 아픈 것은 롯의 아내보다 롯 때문이었다.

나는 아브라함 보고 물었다.
"아브라함, 이 사람이 롯이 맞아요?"
아브라함은 대답대신 고개를 끄덕였다. 맞다고.
생각하여보면 사실 롯이 잘한 것이 별로 없었다.
그는 아브라함의 하나님보다 돈이 좋아서 아브라함을 떠났다.

또 소돔과 고모라가 타락한 것 알면서 그곳을 떠나지 않았고 떠나지 않은 이유는 그곳에 자신의 재산이 다 그 곳에 있었기 때문이다.
그리고 그는 그곳에서 다른 사람들에게 회개하라 하면서 하나님을 전한 것도 아니었다.

또 그의 잘못은 그는 나중에 살아남아서 두 딸과 근친상간하여 모압과 암몬의 조상이 되는 아들들을 낳았다.
알고 보면 롯은 정말 잘한 것이 아무 것도 없었다.
단지 이방신을 섬기는 갈대아 우르에서 하나님을 섬기는 아브라함을 따라 나섰다는 것 외에는 말이다.
그런데 나는 아직 모르겠다.
롯이 뱀에 칭칭 감겨서 앉아 있는 그곳이 소위 성밖인지?

아니면 지옥인지 잘 모르겠다.

그러나 나는 아직 롯이 있는 곳이 어디인가에 대하여 결론을 짓는
것이 이르다고 생각했다. 더 확인이 필요했다.
그러나 롯의 아내는 분명히 지옥에 있었다.


**10**

# 롯이 하나님의 영광이 해같이 빛나는
# 천국 안에 없다.

(2014.8.7)


천국에 올라가는데 수레가 더 넓어지고 더 아름다워졌다.
아예 수레 안에 내 옆자리에 아이의 눕는 자리가 마련되어 있었다.
건너편에는 보모가 앉아 있었다.
수레가 천국 안에 도착하자 아이와 보모는 내려서 가고
나는 주님과 함께 정원으로 갔다.
정원의 벤치에 앉은 것이다.
주님은 아신다. 내가 질문이 있는 것을.........
나는 주님께 물었다.

"주님, 롯을 보여주세요?"

주님의 얼굴이 화가 난 듯한 얼굴로 보였다.

즉 롯이 천국에 없는 것이 확실하다.

그러면서 내 눈에 롯이 녹청색의 구렁이가 몸을 칭칭 감은채로 앉아 있는 것이 보였다. 주여!

나는 롯의 아내를 또 보여 달라 했다.

주님은 더 화난 얼굴이다.

그녀가 벌거벗고 불로 고통당하면서 도망치다가 큰 구렁이가 그녀를 휙 감아서 다시 불로 던지는 것이 보였다.

아아~, 이들은 소위 우리가 말하는 천국에 없다. 즉 하나님의 영광이 해같이 빛나는 성안에는 없는 것이다.

나는 주님과 걷기를 원했다.

이미 나의 영은 롯 때문에 울고 있었다.

주님과 나는 일어나 걸어서 유리 바닷가에 있는 벤치에 도달하였다.

거기에 사라가 왔다.

조금 있다가 아브라함과 이삭이 왔다.

그리고 우리 모두 같이 아브라함의 집으로 이동했다.

우리 모두는 원탁 테이블에 앉았다. 그리고 나는 주님께 질문했다.

롯의 아내가 소돔에서 나올 때에 뒤를 돌아보지 말라했는데 뒤를 돌아보다가 순식간에 소금기둥이 되었는데 나는 이것에 대하여 '주님, 왜 그러셨어요?' 라고 물었다.

이 말은 왜 주님이 그녀를 순식간에 소금기둥으로 만드셨는지에 대한 질문이었다.

이것에 대하여 주님은 그냥 내게 알게 하여 주셨다.

그것은 롯의 아내에게 주님의 진노가 급격하게 부어져서 그렇다는 것이다.

그래서 그 자리에서 바로 영혼을 데려가셨다는 것이다. 주여!

이러한 하나님의 진노는 밭을 판 돈을 가져와서 그 판 돈의 1/2은 숨기고 나머지 1/2을 가져와서 베드로에게 '이것이 판돈 모두다'라고 거짓말을 같이 한 아나니아와 삽비라에게 부어졌던 하나님의 진노와 비슷하다는 것을 알게 하여 주셨다.

[행 5:1-11]
(1)아나니아라 하는 사람이 그 아내 삽비라로 더불어 소유를 팔아 (2)그 값에서 얼마를 감추매 그 아내도 알더라 얼마를 가져다가 사도들의 발 앞에 두니 (3)베드로가 가로되 아나니아야 어찌하여 사단이 네 마음에 가득하여 네가 성령을 속이고 땅값 얼마를 감추었느냐 (4)땅이 그대로 있을 때에는 네 땅이 아니며 판 후에도 네 임의로 할 수가 없더냐 어찌하여 이 일을 네 마음에 두었느냐 사람에게 거짓말 한 것이 아니요 하나님께로다 (5)아나니아가 이 말을 듣고 엎드러져 혼이 떠나니 이 일을 듣는 사람이 다 크게 두려워하더라 (6)젊은 사람들이 일어나 시신을 싸서 메고 나가 사하니라 (7)세 시간쯤 지나 그 아내가 그 생긴 일을 알지 못하고 들어오니 (8)베드로가 가로되 그 땅 판 값이 이것 뿐이냐 내게 말하라 하니 가로되 예

이뿐이로라 (9)베드로가 가로되 너희가 어찌 함께 꾀하여 주의 영을 시험하려 하느냐 보라 네 남편을 장사하고 오는 사람들의 발이 문 앞에 이르렀으니 또 너를 메어 내가리라 한대 (10)곧 베드로의 발 앞에 엎드러져 혼이 떠나는지라 젊은 사람들이 들어와 죽은 것을 보고 메어다가 그 남편 곁에 장사하니 (11)온 교회와 이 일을 듣는 사람들이 다 크게 두려워하니라

즉 그들에 대한 하나님의 진노가 급격하여 그 자리에서 영혼을 데려가시는 경우였다. 주여!

그리고 왜 롯이 소위 천국 (성안) 에 못 들어왔는가를 알게 하시는데 그는 딸들과 실수로 잠을 잔 이후도 성경은 그 이후의 그들의 삶에 대한 기록이 없다.

다만 그의 자손들이 모압과 암몬의 자손들이 되었다는 것만 기록하고 있다.

어찌하여 친 아버지와 딸들 사이에서 이런 일이 일어날 수 있었는가 하는 것은 그들이 오랫동안 성적으로 문란한 소돔에 있었던 것이 영향력이 컸을 것이다.

그래서 그 딸들이 아버지에게 하지 말아야 할 짓을 했고 그 이후에는 어떻게 되었다는 기록이 전혀 없는 것으로 보아 롯이 계속 타락했을 가능성도 있다.

어찌하였든 나는 롯이 천국(성안)에 없는 것을 보았다.

그러나 아직도 나는 그가 앉아 있는 장소가 성밖인지 지옥인지는 잘 모르겠다.

이것이 앞으로 나에게 더 자세하게 알려져야 할 것이다.

## 11

# 롯이 성밖에서 슬피 울고 있는 것을 알게 하시다.

(2014.8.12)

천국에 올라갔다.

세 마리 말이 끄는 수레가 왔고 수레가 좀 넓어졌다.

이전에는 두 마리 말이 끄는 수레를 탔었는데 이제는 세 마리가 끄는 마차를 타게 되었다.

바깥에서 나를 수호하는 천사가 이렇게 말한다.

"주인님, 주님이 기다리고 계십니다."

수레 안에는 내 아기가 있었고 그리고 그 아기를 돌보는 보모가 앉아 있었다.

나는 내 아이를 보고 매우 기뻐서 내 얼굴에 함박꽃이 피었다. 나는 내 아기를 안았다. 아이도 나를 보고 활짝 웃는다.

우리는 모두 황금대문을 거쳐서 황금대로 옆에 수레가 도착하였다. 아기와 보모는 내려서 갔고 나도 마차에서 내렸다.

주님이 저 멀리 떨어져서가 아니라 아예 수레 바로 바깥에서 나를 기다리고 계셨다.

나는 주님을 보자 함박 웃었다.

그러나 곧 눈물로 그분의 옷에 파묻혔다. 주님을 만나면 그렇다. 금방 그렇게 좋다가도 또 너무 좋아서 눈물이 난다. 웃다가 울다. 이것은 어떻게 표현할 방법이 없다.

주님은 나를 데리고 모세가 있는 궁으로 가셨다.

우리는 궁의 넓은 광장 (이것이 성막구조의 뜰을 연상케 하는 곳이다) 을 거쳐서 중간에 기둥이 많은 곳 (이곳은 성막구조의 성소를 연상케 하였다) 을 거쳐서 유리문 (이곳은 성막구조의 지성소를 연상케 하였다) 이 있는 곳으로 갔다.

그 유리문이 열리고 그 안에 다시 유리방이 있는데 그 유리방 안에는 유리박스가 있었다. 그리고 그 유리박스 안에는 모세의 십계명이 적힌 황금 두 돌판이 들어 있었다. 할렐루야!

주님과 나는 그 안쪽 즉 성막구조의 지성소라고 할 수 있는 십계명을 적은 황금 두 돌판이 있는 곳을 구경하고서는 나는 주님께 말했다. '주님, 저번에 광장안쪽 (성소부위) 오른편에 갔었던 방안이 온통 하얗게 보이던 그 거룩한 방에 가고 싶어요?' 라고 말했다.

그랬더니 주님과 나는 곧 그 방으로 들어섰다.

거기에 모세도 왔다.

그 방안에 있는 원탁 테이블에 주님과 모세 그리고 내가 앉았다.

거기서 나는 롯에 대하여 물었다.

롯이 어디 있는 것이냐고?

모세가 마음으로 알게 한다.

'천국(성안)에 없다.' 한다.

나는 지난번에 롯이 녹청색의 구렁이에 의하여 상체가 앉아 있는 상태에서 칭칭 감겨져 있는 것을 보았다.

주님이 말씀하신다.

"롯이 울고 있다."

"슬피 울고 있다."

나는 롯이 있는 곳이 천국의 성밖, 즉 이기지 못하는 자들이 가는 장소에 있는지 아니면 그가 있는 곳이 지옥인지 궁금해 하였다.

그리하였더니 주님은 롯이 이기지 못하는 자의 반열에 속하여 성밖에 있음을 알게 하여 주셨다.

그는 하나님을 아는 마음은 있었으나 믿음의 행동이 없었다는 것이다.

그는 원하기만 했으면 소돔에서도 나올 수도 있었는데 돈에 미련이 있어서 거기 계속 있었고 거기 있으면서 사람들에게 회개하라고 전도하지도 않았고 아브라함의 중보기도로 소돔에서 살아 나왔으나 살아 나와서도 딸들과 상관하여 훗날 이스라엘을 대적하는 모압과 암몬의 자손들을 낳았던 것이다.

그는 하나님을 아는 자였으나 그러나 하나님이 보시기에 그 삶은 실패한 자였다.

즉 그는 돈 때문에 이기지 못하는 삶을 살았다. 그러므로 그는 지옥에 있지 않으나 바깥 어두운 데에서 슬피 울며 이를 갈고 있는 것이었다.

오 마이 갓! 그런데 내가 알게 된 새로운 사실은 이기지 못하는 자들이 가는 장소 그 성밖에는 몸을 칭칭 감는 구렁이도 있다는 것이었다. 주여!

그리고 이 장소에서의 녹청색의 구렁이는 사람을 물거나 하지는 않는데 그들을 칭칭 감고 있음으로 말미암아 그들의 자유를 구속하고 때로는 몸을 조았다가 풀었다가 하는 것으로 보였다.

그들에게는 그것이 벌이었다. 오~ 주여!

**12**

# 이기지 못하는 자들이 가는 곳, 곧 성밖에서는 매도 맞고 슬피 울며 이를 간다.

(2014.8.18)

천국에 올라가면 주님은 '내 딸아!' 하고 부르신다.
그리고 나에게 주님은 '웃으라. 감사하라.' 라고 말씀하신다.
요즘에 마음이 아픈 일들이 있었다.
거기에 대하여 주님은 '크게 웃고 감사하라.' 고 말씀하신다.
할렐루야. 정말 그래야겠다.

그리고 주님과 나는 벤치에 앉아서 이야기하다가
구름을 탔다. 구름 위에 벤치가 놓여 있었다.
주님과 나는 그 구름 위 벤치에 앉아 있는데 구름은 주님과 나를 전에 카탈리나 섬처럼 생긴 아름다운 섬으로 인도했다.
주님과 나는 구름 위에서 그 섬을 바라보는 것을 즐겼다.

그리고 그 구름은 우리를 이제 요한의 집 앞에 있는 피크닉 테이블에 우리를 내려놓았다.
거기에는 벌써 모세가 와서 앉아 있었고 건너편에 요한이 앉아 있었다. 요한은 벌써 성경책을 펴고 있었다.
주님이 저편에 모세의 왼편에 앉으시고 이쪽에는 내가 요한의 왼편에 앉았다.

이렇게 네 명이 분명 앉아 있었는데 요한이 주님께 말했다.

'주님, 사라가 이기지 못하는 자들이 가는 곳에 가고 싶어 해요.' 라고 말이다. (요한은 내 마음을 다 파악하고 있었다)

그러자 네 명이 즉 모세, 주님 그리고 요한과 내가 즉시 갑자기 큰 광장 같은 넓은 곳에 와서 서 있었다.

그곳에는 많은 사람들이 흰 옷 같은 것을 입고 쭉 앉아 있었는데 모두가 두 손이 뒤로 묶여 있었다. 이것은 아마도 여기서 온전한 자유가 없고 그 자유가 누군가에 의하여 컨트롤을 받고 있다는 것을 의미하고 있는 것 같았다.

그러는 중에 한 명씩 끌려 나가서 매를 맞았다. 그들 앞에는 긴 테이블이 있었는데 그 위에는 책이 펼쳐져 있었고 거기에는 어떤 사람이 얼마만큼의 매를 맞아야 하는가가 적혀져 있었다.

그러면 그 테이블에 앉아있는 천사가 매를 때리는 천사에게 불려나온 자가 몇 대를 맞아야 한다고 하면 그를 책에 적힌 대로 매를 때려서 제자리로 돌려보내는 것이다. 그러면 그 사람은 매를 맞고 들어가서 앉아서 엉엉 운다. 그러다가 이 모든 것이 서러운지 더 크게 우는 것이 보였다.

거기에 앉아 있는 모든 사람들이 그렇게 앞으로 하나씩 끌려 나와서 매를 맞고 들어가 운다. 여기에 있는 모든 천사들은 갑옷을 입고 있다. 이 갑옷은 꼭 조선시대에 포졸들이 입는 옷과 비슷하였다.

이들은 대개 날개가 없는 천사들이다. 그리고 이곳은 이기지 못하는 자들이 오는 성밖이었다.

우리는 이것을 보고나서 다시 요한의 집 앞에 갈림길에 있는 테이블로 돌아와 앉았다.

그리고 그 다음에는 내가 묻는 것이었다.

'주님, 저번에 누구누구 목사님이 쇠창살 안에 있는 것을 보았는데 이들이 있는 곳이 이 성밖이에요? 아니면 지옥이에요?' 라고 물었다.

그랬더니 모세가 주님께 눈짓으로 묻는다.

가르쳐 주어도 되냐고?

아니 정확히 모세는 주님께 '어떻게 할까요? 가르쳐 줄까요? 아니면 입을 다물까요?' 이렇게 마음으로 묻고 있었다.

그때에 모세가 그렇게 하는 것을 보고 요한이 우습다는 듯이 살짝 미소를 지었다.

주님은 '가르쳐 줘라.' 하신다.

그러자 모세가 알게 하여 주는데 그 쇠창살 방들은 옆으로 안쪽으로 쭉 연결되어 있는 것이 보였다. 그리고 그 쇠창살 안의 각방에는 주의 종들이 들어 있었는데 그들은 평생 주의 일을 한다면서 하나님의 영광을 훔친 자들이었다.

이 주의 종들이 들어있는 쇠창살이 있는 감옥은 어느 황량하게 보이는 골짜기에 쭉 늘어서 있었다.

그리고 여기가 지옥이 아니라 성밖이라고 모세가 내게 알게 하여 주었다. 이것이 내가 질문한 것에 대한 모세의 대답이었다.

오 주여!

주의 종들이 하나님의 영광을 가로채면 다 여기에 오는 것이다.

[사 42:8]
나는 여호와니 이는 내 이름이라 나는 내 영광을 다른 자에게, 내 찬송을 우상에게 주지 아니하리라

## 13

# 이기지 못한 삶을 산 주의 종들이 가는 성밖과 완전 타락한 주의 종들이 가는 지옥은 다른 곳이다.

(2014.8.19)

천국에 올라갔다.

나를 데리러 오는 수레의 말이 세 마리이고 그리고 나를 바깥에서 수호하는 천사가 말한다. "주인님 어서 오세요."

나는 수레를 타고 천국에 도착하였다.

주님은 나를 보시자마자 나를 업으시겠다 하셨다.

그리고 나는 부끄럼 없이 주님의 등에 업혔다. 왜 그런지 모른다.

주님에게는 내가 꼭 어린아이와 같다.

그리고 나서 주님과 나는 어느새 유리바다 위에 있었고 또한 주님과 나는 안이 동그랗게 생긴 배에 앉아 있었다.

그 동그랗게 생긴 배 안에는 걸터앉는 곳이 있었고 그 배는 아주 넓은 편이었다.

주님이 저편에 내가 이편에 마주보고 있었다. 그러다가 주님이 내 쪽으로 오셔서 내 옆으로 앉으셨다. 그리고 주님이 나를 위로하시기를 원했다.

왜냐하면 내가 어떤 분들 때문에 힘들어 하는 것을 알고 계셨기 때문이다.

주님은 여기에 대하여 사실은 어제 그 사람들이 나를 힘들게 하면 그것에 대하여 그냥 크게 웃고 감사하라는 말씀을 주셨다. 그래서 나는 이 순간에도 그 말씀이 생각나서 그렇게 하기로 했다.

주님은 말씀하신다. 그럴 때에 사단이 물러간다는 것이었다.

그리고 지금 있는 그 모든 일이 참으로 나중에는 모든 것이 합력하여 선을 이루실 것을 알게 하셨다. 그래서 나는 현재 어려운 상황에서도 무조건 감사하기로 했다.

그래도 주님은 내가 힘들어 한 줄 아시고 흰 날개달린 천사들을 부르셔서 나에게 생명수를 가져와서 나를 먹이게 하셨다. 그리고 그 다음에는 다른 천사가 주님과 내게 포도쥬스 같은 것을 가지고 와서 마시게 하였다.


주님과 내가 탄 배는 푸른 유리바다 위에서 카탈리나섬 같이 아름다운 섬 옆으로 지나갔다.

하늘에는 아름다운 흰 구름이 몇 개 떠 있었다.

할렐루야. 풍경이 너무나 아름다웠다.

주님과 나는 이쪽과 저쪽에서 서로 발이 마주보게 하여 그 둥그런

배 안에서 누웠다. 그리고 하늘을 쳐다보았다.

하하! 너무 좋다.

그렇게 누워 있으니 모든 걱정이 사라지고 평강이 물밀듯이 밀려왔다.

주님이 인간관계 속에서 힘들어하는 나를 이렇게 위로하시고 마음에 평강을 주시기를 원하셨던 것이다. 할렐루야.


그리고 나서 주님과 나는 흰 구름을 타고 사도 요한의 집 앞에 갈림길에 놓여 있는 테이블로 이동하였다.

거기는 벌써 모세와 요한이 있었는데 그들도 쥬스를 마시고 있었다.

주님이 저편에 모세 곁에 앉으셨고 나는 이편에 요한의 옆에 앉았다.

요한은 성경책을 펴고 있었다. 나도 폈다.

나는 어제와 마찬가지로 대형교회 목사님 두 분이 OOO 목사님과 OOO 목사님이 쇠창살 안에 있는 것을 보았는데 그곳이 어디냐? 고 물었다. 나는 어제 들었지만 한 번 더 나는 확인하고 싶었다. 그래서 또 물었다.

그랬더니 모세가 또 주님을 쳐다본다.


그리고 나서 정말 순식간에 그 피크닉 테이블에서 주님과 모세, 요한 그리고 나는 즉시 OOO 목사님이 들어있는 쇠창살 앞으로 이동되었다. 천국에는 이러한 공간이동이 즉시 가능하다.

그 목사님이 주님께 말했다.

"주님, 저를 용서하여 주세요. 나를 이곳에서 꺼내어 주세요."

주님이 말씀하셨다.

"너는 벌써 심판을 받았느니라."
즉 심판이 끝이 났다는 것이다.

주님이 계속하여 말씀하신다.
"내가 너에게 마음에 경고로 네가 높아질 때에 양심에 가책을 주어서 네가 높아지면 안 된다 하였는데 너는 그 내 음성을 무시하였느니라. 그리고 너는 계속 높아졌느니라."
그리하실 때에 이전에 내가 주님 보고 왜 이 목사님이 쇠창살 안에 있냐고 물었을 때에 주님이 나보고 '그는 내 영광을 훔쳤느니라.' 하신 것이 생각났다.
그리고 이 목사님이 들어 있는 바로 옆 쇠창살 안에는 내가 이름을 들어본 목사님이신데 이 분도 한국에서 유명한 분이셨는데 이 분이 바로 옆에 들어 계신 것이 알아졌다.
그러나 이 시점에서 나는 말하지 않는다. 여러 번 확인이 필요하다.

그리고 골짜기가 시작하는 제일 첫 쇠창살 감옥에는 OOO 목사님이 들어있고 그 다음 쇠창살 감옥방이 여러개 지나서 저 골짜기 안쪽으로 내가 두 번째로 쇠창살 안에 계신 것을 본 OOO 목사님이 계셨다. 우리 모두는 그쪽으로 이동하였다.
그런데 그 목사님은 우리 쪽을 바라보고 있는 것이 아니라 등을 우리 쪽으로 한 채 앉아 계셨다. 우리를 쳐다보지도 않았다.

그리고 우리는 어느새 다시 요한의 집 앞에 놓인 피크닉 테이블에 왔다.

주님과 모세, 요한 그리고 내가 요한의 집 앞에 피크닉테이블에 앉아 있다가 즉시 쇠창살 있는 곳에 다녀온 것이었다.

나는 다시 주님께 물었다. 왜냐하면 나는 한번 주님께 물어서 대답 받은 것을 확신하지 않는다. 여러 번 물어보아서 같은 대답을 들을 때에 나는 확신한다.

주님, 다른 어떤 사람들은 대형교회 목사님들이 지옥에 있다는데 저에게 보여주신 것은 그들이 흰 옷을 입고 쇠창살 안에 들어있는 것만 보여주셨는데 '거기가 어디에요? 거기가 성밖이에요? 아니면 지옥이에요?' 나는 다시 물었다.

내가 끈질기게 이러한 동일한 질문을 계속 이렇게 여러 번 묻자 주님께서는 나에게 성경구절 하나를 생각나게 하여 주셨다.

이것이 나에게 그들이 있는 곳은 정말 성밖이고 이 성밖은 새 하늘과 새 땅에 있는 새 예루살렘 성의 밖이라는 것을 확신시켜 주는 구절이었다. 이 성밖은 지옥이 아니다.

즉 주님이 생각나게 하여 주신 구절은 '개들과 술객들과 행음자들과 살인자들과 거짓말을 좋아하며 지어내는 자마다 성밖에 있으리라' 라고 하는 구절이다.

[계 22:15]
개들과 술객들과 행음자들과 살인자들과 우상 숭배자들과 및 거짓말을 좋아하며 지어내는 자마다 성밖에 있으리라

그러자 나는 이전에 주님이 나에게 두 번째로 쇠창살 안에 있는 것을 보여주신 OOO 목사님에 대하여서는 '그는 내 개였다.' 라고 하신 말씀이 생각났다. 그러면서 나는

'아하, 그들은 성밖에 있구나!' 가 확실히 이해가 되어진 것이다.

주여!

그러므로 나는 더 이상 그들이 있는 곳이 성밖인지 지옥인지에 대하여 질문하지 않기로 했다. 왜냐하면 그들은 성밖에 있는 것이 확실하여졌기 때문이다.


그러면 이곳은 지옥이 아니라 새 하늘과 새 땅이지만 하나님의 영광이 해같이 빛나는 새 예루살렘 성안이 아니라 그 성 바깥 어두운 곳이다.

여기에 오는 주의 종들은 평상시 주의 일을 열심히 하였지만 그러나 삶에서 이기지 못하는 삶을 살았다. 그리고 이것에 대하여 철저히 회개가 없었다. 회개만 철저히 하였어도 그들은 성안의 생명나무에 나아갈 권세와 성안으로 들어갈 권세를 얻었을 것이다.


[계 22:14]

**그 두루마기를 빠는 자들은 복이 있으니 이는 저희가 생명 나무에 나아가며 문들을 통하여 성에 들어갈 권세를 얻으려 함이로다**


그러므로 아무리 주의 일을 열심히 하면 무슨 상관이 있는가? 주의 영광을 가로채면 성밖에 오는 것이다.

오호 통재라!

나는 이전에 목사님들이 가는 지옥을 보았다.

거기에는 어떤 목사님들이 오는지 그 지옥의 마귀 부하가 내게 말하여주었었다.

즉 어떤 목사님들이 지옥에 오느냐면

1. 교회를 팔아먹은 자

2. 죽을 때까지 여자문제가 있는 자

3. 교회의 돈을 자기 마음대로 갖다 쓴 자

4. 이중인격자로 교회서 버젓이 설교는 잘하는데 집에 가서 아내를 폭행한 자들이다.


그런데 내가 본 쇠창살 안에 들어 있는 이 두 목사님들은 이 죄에는 해당하지 아니하였던 것이다.

이 네 가지 죄 중의 하나라도 지은 자는 히브리서 6장 4절부터 6절에서 말씀하시는 것처럼 그들은 한번 비췸을 받고 타락한 자들인 것이다. 그러나 그 쇠창살 안에 있는 그 두 분은 여기에는 속하지 않는 것이 알아졌다.

그러므로 그들은 지옥에 있는 것이 아니라 이기지 못하는 자들이 가는 곳, 즉 성밖에 있는 것이다.


[히 6:4-6]

(4)한번 비췸을 얻고 하늘의 은사를 맛보고 성령에 참예한 바 되고 (5)하나님의 선한 말씀과 내세의 능력을 맛보고 (6)타락한 자들은 다시 새롭게 하여 회개케 할 수 없나니 이는 자기가 하나님의 아들을 다시 십자가에 못박아 현저히 욕을 보임이라

# 14

# 성밖의 쇠창살 안에 있는 자들을 지키는 천사들은 갑옷을 입고 있다.

(2014.8.28)

기록하지 아니하는 것보다 기록하는 것이 나을 것 같아서 기록하여 둔다.

천국에 올라갔다.

주님이 나를 맞아주시고 갑자기 내 눈에 갑옷 입은 자들이 많이 보인다. 이들의 갑옷 입은 모습은 보통 내가 지옥으로 내려갈 때에 무장한 천사들이 입은 것과는 좀 다르다.

지옥으로 내려갈 때 나를 인도하는 천사들은 대개 마귀 부하들과 싸울 태세가 되어 있는 아주 날렵하고 단단한 무장을 하고 있다고 생각하면 지금 내가 보고 있는 천사들은 그냥 보통 조선시대의 포졸들과 같은 갑옷으로 무장하고 있어 보기만 해도 조금 느슨한 기분이 들었다.

그러므로 나는 이들이 갑옷으로 무장한 이유가 싸우기 위하여 입은 것이 아니라 오히려 누군가를 다스리기 위하여 입고 있다는 사실을 알았다.

그런데 '이들은 누구일까?' 아니 도대체 '무엇을 하는 자들인지' 하고 궁금하여 하였다.

그런 후에 내 시야에는 갑자기 어떤 흰 옷을 입은 한 사람이 보였다. 머리는 뒤로 한 가닥으로 묶고 있었고 콧수염도 있고 턱수염도 조금 있는 젊은이가 쇠창살 안으로 들여보내어지고 있었고 그리고 아까 내가 보았던 그 갑옷 입은 군사들이 이 곳을 관리하고 있는 것이 보였다.

오호라, 아까 내가 본 그 갑옷 입은 천사들은 바로 이곳을 다스리는 천사들이구나 알아졌다.

이 갑옷 입은 천사들은 그들 앞에 테이블을 놓고 그 테이블 위에 책이 펼쳐져 있는데 그 책에 쓰인 대로 그 젊은이들을 하나씩 불러내어 매를 때렸다. 그런 후에 이 천사들은 그들을 다시 쇠창살 안에 가두는데 이들은 매를 맞고 돌아와서는 쇠창살 안에서 슬피 울며 이빨을 가는 것을 알게 되었다. 주여!

즉 내가 천국에 올라오자마자 본 무장한 군사들, 즉 이 천사들은 성밖에 있는 자들을 다스리고 지키는 그리고 책에 적힌 대로 매를 때리는 천사들이라는 사실을 알 수 있었다.

이 성밖과 지옥이 다른 점은 성밖에는 이러한 천사들이 다스리고 있었지만 지옥에는 마귀의 부하들이 다스리고 있었다는 점이 다른 것이다. 할렐루야.

# 이기지 못하는 삶을 산 자들은 생명책에 이름이 흐려져서 성밖으로 쫓겨난다.

(2014.8.30)


나는 기도한 후에 천국에 올라갔다.

주님이 나를 바로 요한의 집 앞에 Y자 모양으로 길이 갈라지는 곳에 놓인 피크닉 테이블로 인도하셨다.

모세와 요한이 있고 주님과 나는 제 자리를 찾아 앉았다.

주님이 말씀하신다.

'내가 너와 함께 할 것이라고……'

나에게 마음으로 말씀하신다.

이 나와 함께 하실 것이라는 말은 천국에서 나에게 진행되는 생각 속에서 함께 하시겠다는 것이다. 할렐루야.

그러므로 천국에서 나에게 깨달아지는 모든 생각과 깨우침은 주님이 주장하신다 하여도 과언이 아니다.

그러므로 천국에서 이렇게 주님이 앉아 있는 자리에서 이 사데교회에 대한 생각은 계속되었다.


이 사데 교회에서 그 옷을 더럽히지 아니한 흰 옷 입은 사람들이 있다 하였다.

이 구절을 생각할 때에 나는 이러한 생각을 했다.

'아, 나도 이렇게 더럽힘이 없는 흰 옷을 입어야 하는데....'

그리고 주님은 이들의 이름을 생명책에서 흐리지 아니하실 것이라 말씀하시고 또한 그들의 이름을 하나님 앞에서 시인할 것이라 말씀하신다.

할렐루야.

그러나 이렇게 흰 옷을 입지 못한 자들은 그들의 이름을 생명책에서 흐리시겠다고 말씀하신다.

이렇게 이름이 흐려지는 자들은 이기지 못하는 자에 속하여 하나님의 영광이 해같이 빛나는 성안에 못 들어가고 성밖에 남게 되는 것이다.

즉 새 하늘과 새 땅에서 새 예루살렘성의 성안에 못 들어가고 성밖에 남게 된다.

열 처녀중 다섯 처녀가 문밖에 남게 된 것처럼 말이다.

주님은 신랑을 기다리는 열 처녀 중에 기름을 충분히 준비하지 못한 미련한 다섯 처녀들에게 이렇게 말씀하신다.

"내가 너희를 알지 못하노라."

주여!

[마 25:6-12]

(6)밤중에 소리가 나되 보라 신랑이로다 맞으러 나오라 하매 (7)이

에 그 처녀들이 다 일어나 등을 준비할새 (8)미련한 자들이 슬기 있는 자들에게 이르되 우리 등불이 꺼져가니 너희 기름을 좀 나눠 달라하거늘 (9)슬기 있는 자들이 대답하여 가로되 우리와 너희의 쓰기에 다 부족할까 하노니 차라리 파는 자들에게 가서 너희 쓸 것을 사라 하니 (10)저희가 사러 간 동안에 신랑이 오므로 예비하였던 자들은 함께 혼인 잔치에 들어가고 문은 닫힌지라 (11)그 후에 남은 처녀들이 와서 가로되 주여 주여 우리에게 열어 주소서 (12)대답하여 가로되 진실로 너희에게 이르노니 내가 너희를 알지 못하노라 하였느니라

성경책에는 생명책에 이름이 완전히 지워지는 경우(이런 경우는 지옥을 간다)와 이름이 흐려지는 경우(이 경우는 성밖으로 쫓겨난다)를 말하고 있다(자세한 것은 계시록 이해의 책의 요약편에 있는'이기는 자와 이기지 못하는 자'를 참고하라).

이름이 완전히 지워지는 경우가 아니라 흐려지는 경우에도 주님은 '내가 너희를 도무지 알지 못하노라' 고 하신다는 것이다. 이기지 못하는 삶을 산 자들의 이름을 주님은 아신다고 시인하지 않으시겠다는 것이다. 주여!
왜 그럴까? 하고 생각하여 보았는데 사실 그렇다. 그분은 우리를 위하여 목숨을 아끼지 아니하시고 다 주셨는데 그리하여 우리는 영원한 불못에서 구원을 받았는데 그 이후의 삶이 주님께서 원하시는 삶을 살아드리지도 못하고 노력도 하지 않는 자들에게 내가 너희를 아노라고 말씀하시지 아니하실 것이 당연한 일인 것이다. 주여!

그리고 이것은 마태복음 7장 21절 이하에서 주님이 말씀하시는 것과도 일치하고 있다.

[마 7:21-23]
(21)나더러 주여 주여 하는 자마다 천국에 다 들어갈 것이 아니요 다만 하늘에 계신 내 아버지의 뜻대로 행하는 자라야 들어가리라 (22)그 날에 많은 사람이 나더러 이르되 주여 주여 우리가 주의 이름으로 선지자 노릇하며 주의이름으로 귀신을 좇아 내며 주의 이름으로 많은 권능을 행치 아니하였나이까 하리니 (23)그 때에 내가 저희에게 밝히 말하되 내가 너희를 도무지 알지 못하니 불법을 행하는 자들아 내게서 떠나가라 하리라

여기서도 주님께서는 하늘에 계신 아버지의 뜻대로 살지 못한 자들에게 '내가 너희를 도무지 알지 못하노라' 라고 말씀하신다는 것이다.
그러므로 이름이 흐려지는 경우는 예수는 믿었으나 이기지 못하는 자의 삶을 살아서 성밖에 쫓겨나서 슬피 울며 이를 가는 장소로 가는 것이다. 이것이 열 처녀중 다섯 처녀가 남게 된 문밖, 즉 성밖인 것이다.

## 16

# 성밖의 문제 때문에 내 영이 울고 있었다.

(2014.9.1)

천국에 올라갔다.

내 영혼은 울고 있었다. 왜냐하면 내 책에 나오는 성밖 문제로 사람들이 이렇게 말하고 저렇게 말한다. 즉 이 성밖을 말하므로 나를 이단취급을 하는 것이다. 그러나 나뿐 아니라 천국과 지옥을 보고 온 자들 중에서 이러한 비슷한 장소를 본 자들이 많다. 이 곳은 지옥 즉 영원한 불못이 아니다. 단지 새 하늘과 새 땅의 새 예루살렘 성밖인 것이다.

예수님이 하신 말씀에서 열 처녀가 다 똑같이 신랑을 기다리고 있었으나 지혜로운 다섯 처녀는 문안으로 들어가고 미련한 다섯 처녀는 문밖에 남게 되었다. 이 문밖은 바로 성밖이라는 곳인데 이곳은 지옥이 아니다. 사람들은 여태까지 천국 아니면 지옥밖에 없다고 생각한다. 그래서 예수를 믿는 자는 천국, 예수를 믿지 않는 자는 지옥에 간다고 말한다. 맞는 말이다.

그러나 예수를 믿는 자들이 가는 곳이 천국인데 이 천국에는 두 장소가 있어 보인다. 한 장소는 소위 하나님의 영광이 해같이 빛나는 새 하늘과 새 땅의 새 예루살렘 성안이고 다른 한 장소는 새 하늘과 새 땅이지만 바깥 어두운 즉 하나님의 영광이 비취지 아니하는 새 예루살렘 성밖인 것이다.

새 예루살렘 성밖은 하나님의 영광의 빛이 비취지 아니하는 곳으로 이것이 소위 주님이 말씀하신 바 이기는 자의 삶을 살지 못한 자들이 가는 곳, 바깥 어두운 장소인 것이다. 이곳에 오는 사람들은 이 땅 위에서 예수는 믿었으나 하나님의 말씀대로 살지를 못해서 오는 장소인데 그래도 감사한 것은 영원한 불못이 아니라 새 하늘과 새 땅이라는 것이다. 그들은 여기서 가벼운 형벌을 받으면서 슬피 울며 이를 간다.

나는 이 성밖의 문제 때문에 내 영이 울고 있었다. 그래서 나를 데리러 온 수레 바깥에서 나를 수호하는 천사가 '주인님, 울지 마세요.' 라고 했다.

나는 빨리 수레에 올랐다.

그리고 그 수레는 천국 문을 통하여 천국 안에 들어갔다.

주님은 나를 맞아주셨고 오늘 나의 모습은 다이아몬드 면류관에다가 약간 금색깔이 나는 드레스를 입고 있었다.


주님은 나를 정원 앞에 있는 벤치에 데리고 가셨다.

그 벤치 앞쪽으로는 붉은 빛깔이 나는 꽃들이 많이 피어 있었다.

오늘따라 벤치가 황금으로 되어 있는 것이 보였다.

나는 주님께 말했다.

"주님, 사람들이 내 책의 성밖 문제로 그 책 (천국과 지옥 간증 수기 제 1권) 을 문제 삼아요?"

그랬더니 주님이 '그들의 핍박을 무시하라.' 라고 말씀하셨다.

할렐루야.

그러고 나서 주님과 나는 계시록에 대하여 이야기하기 위하여 요한이 있는 곳으로 갔다.

**17**

## 새 예루살렘 성안의 변두리와
## 새 예루살렘 성밖은 다른 장소이다.

(2014.10.10)

천국에 올라갔다.
천국에 올라가서 수레에서 내렸는데
주님이 나를 저기서 기다리고 계셨다.
그런데 오늘따라 수레에서 내리는 나를 주님께로 인도하는 천사가 두 명이 갑옷을 입은 천사들이었다. 보통은 흰 두 날개 달린 흰 옷 입은 아름다운 여성 천사들이다.

그래서 나는 주님께 말했다.
"주님! 오늘은 갑옷을 입은 천사들이 저를 수종 드네요. 오늘은 천국의 레벨보다 계단 아래로 내려가서 성밖이라는 곳에 갈 것이군요?"
나는 그 천사들을 보고 이렇게 말씀드렸더니 예수님도 이렇게 말씀하셨다.

"그렇단다."

내가 도착하는 천국의 레벨 아래는 성밖이 있다. 여기는 소위 주님께서 복음서에서 누누이 말씀하신 바깥 어두운 곳이다. 사람들은 여기서 슬피 울며 이를 간다.

소위 성경에서 말하는 이기지 못하는 자들이 오는 장소인 것이다.

주여!

내가 천국에 도착하면 주님과 내가 발을 딛고 있는 천국의 레벨보다 그 바로 아래로 내려가는 계단이 있다. 이 계단들은 다 황금으로 된 계단들이었고 아주 가팔랐으며 그 계단의 수는 약 100개 이상은 넉넉히 되어 보였다.

이 계단을 주님과 내가 내려가니 (천국에서는 계단을 내려가는 것이나 올라가는 것이나 전혀 힘들지 않고 가뿐히 올라가고 내려간다) 거기에는 사람들이 흰 옷을 입고 쭉 앉아 있었다. 이들은 두 손이 뒤로 묶여 있었고 그들은 꿇어 앉은 채로 입으로 무엇인가를 나르고 있었다. 이것이 그들이 여기서 받는 벌이었다.

주님과 나는 이 그룹을 지나서 더 들어갔다.

그 다음 그룹의 사람들은 먼저 본 그룹과는 한참 떨어져 있었는데 이 그룹의 사람들은 줄을 서서 한 사람씩 아주 좁은 곳으로 통과해야 하는 그러한 고통을 당하는 벌을 받고 있었다.

나도 놀랐다. '벌도 이런 벌이 다 있구나.' 하고.

나는 정말 그들이 안타까워 보였다.

또 저 멀리 더 떨어진 곳으로 가보니
거기 그룹에서는 한 사람씩 불려 나와서 매를 맞고 있었다.
즉 이 바깥 어두운 데에서 벌을 받는 자들은 그룹 그룹마다 다 다른
벌을 받고 있었다.

주님과 나는 더 저 안쪽으로 들어가니 어두침침한 골짜기가 나왔는
데 거기는 쇠창살로 된 방들이 쭉 나열되어 있었고 그 첫 번째 칸에
는 OOO 목사님이 계셨다.
목사님이 나를 보고서 말없는 말을 하신다.
'나좀 여기서 꺼내달라....'
나도 마음으로 말했다.
'목사님 아시잖아요. 내가 그런 힘이 없다는 사실을......'
그 목사님과 나 사이에 이러한 대화가 마음으로 오고 갔다.
주여!
그 옆 쇠창살 안에는 OOO 목사님이 들어 계셨는데 그 목사님은 다
리를 양반을 개고 마루바닥 같은 곳에 앉아 있었고 그 입은 불평스
럽게 꽉 다물고 계셨다.
그러면서 그 목사님은 마음으로 주님께 묻고 있는 것이 알아졌다.
'주님 제가 왜 여기 와야 했습니까?' 라고.
주님은 답하지 아니하셨다. 그리고 더 안쪽으로 들어가니
그 다음 쇠창살 안에 OOO 목사님이 계셨다. 이 분은 내가 두 번째
로 쇠창살 안에 계신 것을 본 유명한 목사님이었다.

주님은 이 목사님에 대하여 '너는 내 개였다.' 라고 하셨었다.

쇠창살 안에는 저 안쪽으로 나무바닥으로 되어 있는 걸터 앉을 수도 있는 마루 같은 것이 1m 정도의 높이로 있었는데 그 목사님이 거기서 벽을 바라보고 앉아 있었다.

나는 늘 그분을 볼 때마다 그분은 벽을 쳐다보고 계신 것을 보았었는데 오늘도 역시 벽을 쳐다보고 계셨다. 그 목사님은 주님과 내가 온 것을 알고 뒤로 힐끗 돌아보시더니 다시 벽을 바라보고 앉으셔서 그 마루바닥을 주먹으로 '탕, 탕' 치시는 것이었다.

주여!

나는 주님께 물었다.

"주님, 왜 이들은 이 쇠창살 안에 있습니까? 다른 사람들은 밖에 있는데..."

주님이 말씀하신다.

"자기 죄를 잘 모르는 자들은 여기 안에 있느니라."

"자기의 죄를 알 때까지. 그리고 회개할 때까지........."

오 마이 갓!

"그러면 주님 이들이 회개하면 성안으로 들어가나요?"

그러나 주님은 여기에 대하여는 아직 아무 말씀이 없으셨다.

나는 주님께 또 한 번 마음으로 다른 질문을 가졌다.

'내 육신의 아버지가 계신 곳이 이 성밖인가요?' 하는 질문이었다.

그러자 나는 곧 내 육신의 아버지가 계신 곳이 성밖이 아니라는 결론이 내려졌다.

첫째 이유는 내 육신의 아버지가 있는 곳을 왔다 갔다 하는 천사들은 갑옷을 입고 있지 않았기 때문이다. 그들은 보통의 두 흰 날개 달린 흰 옷 입은 천사들이었다.

할렐루야. 그러므로 내 육신의 아버지가 계신 곳은 이 성밖이 아님에 틀림이 없다.

두 번째로 그 이유가 그곳은 벌을 받는 장소가 아니었다.

내 육신의 아버지는 거기서 비록 좋은 집에 사는 것은 아니더라도 나름대로 삶에 기뻐하고 만족하고 있는 곳이었다. 즉 벌을 받고 있지 않았다. 할렐루야.

그러므로 나는 내 육신의 아버지가 계신 곳은 성안의 변두리이며 성밖이 아니라는 결론이 내려졌다. 정말 그렇다.

그리고 세 번째로 이 이유가 될 수 있는데 그것은

주님께서 나를 내 육신의 아버지가 계신 곳으로 데리고 가실 때에는 항상 아주 멀리멀리 구름을 타고 나를 데리고 가셨다는 사실이다. 즉 천국 레벨 아래로 계단을 통하여 내려가시는 것이 아니었다. 그러므로 내 육신의 아버지가 사는 곳은 성안의 변두리이지만 그러나 이기지 못하는 자들이 가는 장소는 성밖인 것이다.

이 두 장소가 엄연히 다른 것이다. 할렐루야!


이 차이를 알게 하여 주신 하나님을 찬양합니다!

# 18

# 천국에서 내 육신의 아버지가 사시는 곳에서는 성밖과는 달리 생명수가 흐르고 있다.

(2014.10.31)


천국에 올라갔다.

주님이 바로 나를 모닥불 있는 곳으로 인도하셨다.

즉 이 모닥불은 거실에 추울 때에 피우는 그 불과 같다.

벽에 붙어 있는....

거기에 주님이 앉으시고 그리고 나도 거기에 앉히셨다.

그리고 말씀하신다.

"내가 너에게 은사를 주노라."

"네... 무슨 은사를요?"

주님이 말씀하시기를 사람을 투시하는 은사라 말씀하신다.

할렐루야.

주님 감사합니다.

사역에 잘 사용하겠습니다.


(나는 여기서 주님께서 왜 나에게 은사를 주신다면서 모닥불이 피워져 있는 곳으로 나를 인도하셨는가 하는 것인데.... 성경에 성령이 강림하실 때 보면 바람과 불이 마가의 다락방에 임하였다. 그러므로

주님이 나를 불이 피워져 있는 데로 인도하셔서 나에게 투시의 은사를 주신다고 하신 것은 내가 생각하기에는 이것은 그 나름대로 의미가 분명히 숨겨져 있다고 본다)

그 다음 주님과 나는 요한의 집 앞 피크닉 테이블에 도착하였다. 앉으시고 그 옆에 모세가 앉았고 그 다음 주님의 맞은 편에 요한이 앉았고 그리고 나는 주님의 대각선으로 요한 옆에 앉았다.
그런데 내 육신의 아버지가 거기에 나타나셨다.
나는 너무 놀랬다. '아니 내 육신의 아버지가 여기 도착하다니...?'
그리고 아버지는 모세의 옆의 의자에 앉았다. 나를 마주보고......

나는 아버지에게 질문할 것들이 사실 있었다 (그래서 주님이 아버지를 부르신 것 같았다).
뭐냐면 전에 내가 아버지가 사시는 곳에 가서 보았다.
그래서 나는 모세 옆에 앉은 아버지에게 질문을 하였다.
"거기에는 생명수가 있나요?"
아버지는 말씀하시기를 거기에는 조그마한 도랑과 같은 시내가 흐르고 있는데 그 시냇물이 바로 생명수라 하셨다.
그리고 그 변두리에 사는 자들은 그것을 마실 수가 있는 것이다.
이것은 분명 성밖하고는 다른 모양이라 할 수 있다.
그리고 아버지는 말씀하신다.
'가서 잘해라. 네가 본 것을 다 말하여야 한다.' 고 아버지가 말씀하셨다. 내가 곧 한국집회를 가게 되어 있었는데 그 집회들에서 다 말하라는 것이었다.

그리고 아버지는 천국의 스크린을 통하여 내가 한국에 가서 집회하는 것을 지켜 볼 것이라 말씀하셨다. 할렐루야.

그리고서는 나는 지상에서 누가 문을 두들기는 소리가 나서 내려와야 했다.

## 19

# 성밖에서 누운 채로 배 위에 바위를
# 올려놓고 있는 그룹을 보다.

(2014.12.22)

나는 천국에 올라갔다.

올라가자마자 나는 어떤 어두운 공원에 사람들이 콘크리이트로 된 테이블들 위에 각 테이블에 한 명씩 사람들이 흰 옷을 입고 누워있는 것이 보였다. 공원에 가면 쉬는 곳에 놓여진 테이블들과 의자들이 있는데 이 테이블들은 두 줄로 여러 개가 쭉 놓여 있었다. 그것이 나에게는 멀리서 보이는데 사람들의 가슴과 배 부위 중간에 갈색의 큰 냄비 같은 것을 하나씩 올려놓고 있는 것이 보였다.

오 마이 갓! 그런데 그 다음에 이 냄비 같은 것이 자세히 보이는데 그것들은 냄비가 아니라 큰 돌들이었다. 즉 테이블 위에 누운 사람들은 흰 옷을 입은 채로 이 돌들을 배 위에 하나씩 올려놓고 움직이지 않고 있었다.

그것들은 크기로 보아서 그냥 돌들이라기보다 바위들이라고 보아야 옳았다.

그 돌의 크기는 상당하였다 (가로 60cm, 세로 40cm, 높이 20cm). 그리고 이렇게 큰 돌들을 가슴과 배에 걸쳐서 올려놓고 있어야 하는 것이 이들이 그곳에서 받아야 하는 벌이라는 것이 알아졌다.

주님은 이 곳을 성밖이라고 하셨다.

이기지 못하는 자들이 가는 성밖에는 참으로 지금까지 보면 여러 그룹의 사람들이 각기 다른 종류의 벌들을 받고 있었다.

이전에 본 그룹들을 기억나는 대로 열거하여 보면 매를 맞고 있는 그룹이 있었고, 또 손은 뒤로 묶여 있으면서 입으로 뭔가를 계속 옮기고 있는 그룹이 있었으며, 또 좁은 공간으로 몸을 간신히 통과해야하는 벌을 받고 있는 그룹, 쇠창살 안에 들어 있는 그룹, 롯과 같은 경우는 녹청색의 뱀이 상체를 감고 있었고, 또한 황량한 들판 같은 곳에서 엎드려서 회개하고 있는 그룹 등등 여러 그룹이 있었다.

그런데 이번에 본 그룹은 가슴과 배에 걸쳐서 큰 돌을 올려놓고 움직이지 않고 있는 것이었다. 주여!


나는 주님께 말했다. 나는 더 이상 거기에 있고 싶지 않았다. 그들을 보고 있는 것이 괴로웠다. 그래서 나는 주님께 말했다.

"주님! 나는 위로 올라가고 싶어요."

즉 천국의 성안으로 가고 싶다고 하였다.

그랬더니 어느새 주님과 나는 내 집의 거실에 와 있었다.

천국이 이런 곳이다. 금방금방 장면이 바뀐다. 아니 그만큼 이동이 눈 깜짝할 새에 일어난다고 봄이 옳다.

할렐루야.

내 집안의 황금으로 된 테이블 위에는 세 권의 책들이 놓여 있었다. 녹색의 껍질을 한 간증수기 1, 그리고 빨간색 껍질을 하고 있는 간증수기 2, 그리고 그 위에 분홍색과 살색이 섞인 세 번째의 책이 놓여 있었다.

세 번째의 책 제목은 이전에 받았다.

'이제도 있고 전에도 있었고 장차 올 자 예수 그리스도, 성경편 제 1권 – 창세기' 이렇게.

그런데 오늘은 그 글씨의 색깔이 어떻게 되어야 할지에 대하여 주님이 가르쳐 주셨다.

책 제목의 글씨 색깔이 은색, 아니면 은색 빛이 나는 청색이 되어야 함을 알게 하여 주신 것이다. 할렐루야. 그리고는 나는 지상으로 다시 내려왔다.

[갈 5:19-21]

(19)육체의 일은 현저하니 곧 음행과 더러운 것과 호색과 (20)우상숭배와 술수와 원수를 맺는 것과 분쟁과 시기와 분냄과 당 짓는 것과 분리함과 이단과 (21)투기와 술 취함과 방탕함과 또 그와 같은 것들이라 전에 너희에게 경계한 것같이 경계하노니 이런 일을 하는 자들은 하나님의 나라를 유업으로 받지 못할 것이요

예수를 믿었어도 이러한 육체의 일을 하고 산 자들은 이렇게 성밖에 오게 될 것이다. 하나님의 나라를 유업으로 받지 못하고 말이다. 여기서 하나님의 나라라고 하는 것은 하나님의 영광이 해같이 빛나는 새 예루살렘 성안을 말한다.

[고후 5:9-10]
(9)그런즉 우리는 거하든지 떠나든지 주를 기쁘시게 하는 자 되기를 힘쓰노라 (10)이는 우리가 다 반드시 그리스도의 심판대 앞에 드러나 각각 선악간에 그 몸으로 행한 것을 따라 받으려 함이라

주여!

이기지 못하는 삶을 살면 성밖이다!

## 20

# 현재 성령의 은사가 일어나고 있음을 인정하지 않으면 예수를 믿어도 성밖이다.

(2014.12.31)

천국에 올라가는데 수레 바깥에서 나를 수호하는 천사가 나를 보고 이렇게 말을 했다.

"어서 오세요. 저는 주인님을 모시게 되어 참으로 감사합니다." 라고 말이다.

그래서 나도 감사하다고 했다.

그리고 네 말이 끄는 큰 수레를 타고 천국에 올라가는데

수레가 천국대문에 도착하자 수레 바깥 천사가 '문을 여시오' 하니 천국대문에 있던 천사들이 '사라님 오셨다.' 하고 문을 활짝 열어주었다.

수레는 천국 안에 즉시 도착하였고 나는 수레에서 내려 주님께로 갔다.

그런데 오늘 주님은 갑자기 엄청 크게 보이셨다. 아니 내가 갑자기 그분의 손 위에 서있었다. 그런데 그 손에 구멍이 있건만 나에게는 느껴지지 않았고 나는 단지 그분의 손 위에 서 있다는 것만 알았다. 할렐루야.

주님은 나를 아주 소중히 그분의 손 위에 두고서 기뻐하시고 계셨다. 주님과 내 아래에 있는 흰 옷 입은 무리들이 여전히 손을 들고 환영하여 주었다.

주님과 나는 한참 그렇게 있다가 구름을 탔는데 아니 그렇게 크시던 주님이 다시 이전의 모습 즉 평소 때의 키로 작아지신 것이다. 그리고서는 나와 함께 구름 위에 타셨다.
아니 어찌 이런 일이 이렇게 갑자기 순간순간 일어나는지 나는 놀랍기가 그지 없었다.

나는 '주님' 하고 불렀더니 갑자기 크신 몸에서 작은 정상적인 몸으로 바뀐 것에 대하여 놀라는 내 마음을 아셨는지 "그래 나다." 라고 말씀하셨다.

그리고 주님과 내가 구름 위에 타고 있었는데
언제 그랬냐는 듯이 장면이 바뀌면서
주님과 내가 꽃밭의 정원의 벤치에 함께 앉아 있는 것이었다.
그리고 또 장면이 바뀌면서 주님과 내가 유리바다 위에 흰 옥색의 보트에 주님은 저쪽, 나는 이쪽 끝에 앉아 있었다.
주님과 나는 이제 바다 위에 보트 안에 앉아 있었다.
어찌 이런 일이 이렇게 순간순간 순식간에 일어날 수 있는지.......
이러한 내 생각을 아시고 주님이 말씀하신다.
"천국이 바로 이런 곳이란다." 라고 말씀하셨다.
'아하 그렇구나! 천국은 이러한 곳이구나.' 하고 이해가 새삼스럽게 되었다.

그리고 나는 주님께 '이때가 기회다.' 라고 생각하고 무언가를 물어 봐야겠다고 생각했다.

"주님, 구원파 박OO, 유OO 그리고 또 이OO 이들은 다 구원받을 수 있는가요?"

왜냐하면 그들은 지금 이단으로 찍혀 있었고 또 그 속에서 누군가 가 이메일을 보내와서 자신이 그 구원파속에서 하나님을 알게 되었 고 구원을 받게 되었다면서 자신이 정말 죽으면 구원받는지를 나에 게 물어왔기 때문이다.

나는 이것을 주님께 물은 것이다. 과연 그러한지.....

이들은 성령의 은사를 인정하지 아니한다. 이 시대에는 중단되었다 고 믿는다. 그러므로 방언, 방언통역의 은사, 신유의 은사 등등 전혀 인정하지 않는다고 한다. 그런데 주님은 나에게 알게 하여 주시는 것이 그들은 불못에서는 구원을 받으나 결국은 그렇게 가르치는 지 도자들 때문에 성도들이 성령 훼방죄를 본의 아니게 짓게 되어져서 이들은 지옥은 아니고 모두가 다 성밖이라는 사실을 알게 하여 주 셨다. 할렐루야.

그러나 이를 처음에 그렇게 가르친 자들은 하나님은 책임을 더 많이 물을 것이라고 말씀하셨다. 그 밑에 성도들은 그들이 가르친 대로 알고 있으니 벌이 조금 덜하여 성밖이라는 것이다.

그러므로 이들은 결코 성안에는 못 들어간다. 부끄러운 구원을 받 게 되는 것이다.

성령의 은사를 인정 안 하였으니 그로 말미암아 성령 훼방죄를 본의 아니게 저지르게 된 것이다. 지도자들의 잘못된 가르침 때문에....

그러므로 그들은 불 가운데 구원받는 것과 같은 구원을 받게 된다고 말씀하셨다.

할렐루야.

바르게 가르쳐 주시는 주님을 찬양합니다.

## ㉑

# 아버지가 초가집에
# 사시고 계신 것을 보다.

(2015.1.12)

천국에 올라갔다.

수레가 하늘색으로 되어 있고 보석으로 장식되어 있어 너무 예쁘다.

천국에 도착하여 주님을 뵈었는데 주님과 나는 벌써 어디엔가 와 있었다. 순식간의 이동이었다.

내 눈에는 먼저 장독들이 보였다.

'천국에도 장독들이 있나?' 하고 있는데 그 집은 초가집이었다. 그 집에 누가 사나하고 보았더니 내 육신의 아버지가 사시고 계셨다.

즉 아버지가 이전에는 큰 공장 건물 같은 곳에서 다른 사람들과 공동체 생활을 하고 계신 것을 보았는데 이제는 혼자서 이 초가집에 살고 계신 것이었다.

나는 마음으로 아버지가 이렇게 초가집에서 사시는 것이 마음이 아팠다.

그러자 아버지는 벌써 내 마음을 아시고 말씀하시기를

'나는 여기서 참으로 행복하단다.' 라고 하셨다.

집에 토마토가 열려 있었다.

이전에도 나는 천국에서 이러한 초가집을 한번 슬쩍 본적이 있었는데 그것이 아버지의 집이었나? 하는 생각이 지금 들었다. 그 때에도 나는 내 육신의 아버지를 보았었다.

그 때는 아버지가 밭에서 일하고 계셨다. 그런데 그 때에는 그 초가집이 우리 아버지가 산다고는 생각하지 못했었다. 그런데 오늘 주님께서 나를 이렇게 초가집에 사시는 아버지에게로 데리고 오신 것이다.

초가집에 사시는 나의 아버지를 보고 마음이 아파하는 나에게 내 육신의 아버지는 젊은 모습으로 하시는 말씀이 자신이 여기서 사는 것이 진정으로 행복하다고 하셨다.

할렐루야.


즉 그렇게 공장건물 같은 곳에서 공동생활하시다가 그 때에도 밭에서 일을 하셨는데 이제는 단독 초가집에서 사시게 되었는데 아버지는 내 생각과는 다르게 무척 행복해 하셨다.

나는 내 아버지가 사시는 곳이 천국의 변두리가 아닌가 생각한다.

왜냐하면 이전에 주님이 나를 내 아버지가 사시는 곳에 데리고 가시는 것을 보면 믿음의 선진들의 집에 갈 때보다 훨씬 정말 멀리멀리 가셨기 때문이다. 그리고 거기에서 아버지와 다른 사람들이 공동생활을 하면서 농사를 짓고 계셨다. 그러나 나는 믿음의 선진들이 농사를 짓고 있는 것을 보지는 못했다. 그런 것으로 보아 농사는 천국의 변두리에 있는 사람들이 짓는 것이 아닌가 생각된다.

그러므로 나는 천국은 천국의 중심이건 변두리이건 성안으로서 어찌하였건 간에 행복하여 보이셨다.

그러나 성밖은 정말 다른 곳이다. 거기는 행복이 없고 슬피 울며 이를 가는 곳이다. 벌을 받는 곳이다. 그러므로 내 육신의 아버지가 계신 곳은 생명수가 공급되는 성안으로서 천국의 성안의 변두리인 것으로 현재까지는 보인다. 할렐루야.

주님, 감사합니다.

# 22

## 천국에서 내 육신의 아버지의 인격이
## 많이 변하여 있었다.

(2015.2.13)


기도 후에 천국에 올라갔다.

수레도 말도 천사들도 정상적으로 보였다.

수레가 천국 안에 도착하였다.


나는 주님께로 인도함을 받으려 하는데

주님이 갈색인 사슴들이 끄는 수레를 가지고 오셔서 기다리고 계셨다.

주님이 이미 사슴들이 끄는 뚜껑 없는 수레 안에 타고 계셨으므로 나도 거기를 타야 했다.

천사들이 나를 보조하여 주님 옆에 타게 하였다.

사슴들의 눈이 크고 검정색으로 아주 예뻤다.

사슴들이 끄는 마차는 하늘 공중을 달렸다.

저 밑에서 흰 옷 입은 무리들이 부러워하듯이 나를 환영하여 주고 있었다.

주님은 사슴이 끄는 수레를 타시고 나와 함께

산을 넘고 들을 지나 아주 멀리멀리 가신다 (나중에 알게 되었지만 내 아버지가 계신 곳은 아주 변두리인 것 같다).

기분이 너무 좋았다. 주님과 함께 있는 시간은 참으로 행복하다.

그리고 간 곳이 어딘가 보았더니 내 육신의 아버지가 사는 집이었다. 비록 초가집이지만 장독들이 있고 평화로워 보였다.

아버지가 흰 옷을 입고 주님과 나를 맞아주었다.

마당이 크지는 않았으나 거기에 원탁 테이블이 놓여지고 주님과 나 그리고 아버지가 앉았다. 그리고 전에도 말했듯이 아버지는 젊었고 패기가 있었으며 인격이 아주 좋아 보였다. 이전에 내가 지상에서 살던 아버지의 인격은 온데간데 없어지고 정말로 새로운 인격을 가지고 계셨다 (나는 이점에 대하여 나중에 다시 자세히 쓸지 모른다. 그러나 아버지는 내게 이전에 나를 만났을 때에 나에게 말씀하시기를 '자신이 회개를 많이 하였다' 라고 하신 적이 있다. 그러므로 나는 이것은 천국에서 느껴지는 것인데 아버지의 인격이 많이 변하여 있는 것이 당연하다는 생각이 드는 것이었다. 그러나 이러한 점이 지상에 내가 내려오면 참으로 신기한 것이다. 그러나 천국에서는 이것이 당연하게 느껴졌다).

테이블 위에는 먹을 것과 마실 것이 펼쳐졌다.

아버지가 물을 따라 주었다. 그것은 차도 아니고 생명수도 아닌 뭔지는 모르겠으나 달콤한 음료수였다.

그리고 아버지는 자신의 손을 내가 만지게 하였다. 손이 늙으신 손이 아니라 젊은이의 손처럼 젊은 것을 내게 보여주셨다.

그리고 아버지는 주님과 함께 마음으로 말을 주고 받으셨다.

'사라가 잘하고 있어요?' 라고 물으셨고 주님은 '그렇다' 라고 말씀하시는 것이 알아졌다.

그리고서는 아버지는 일어서시더니 고구마를 갖고 바구니에 담아 오셨다.

그리고 그것을 칼로 깎아서 주시는데 고구마가 절로 깎이는 것 같았다.

그리고 그 맛은 지상의 고구마 맛이 아니라 천국의 고구마 맛인데 꼭 맛있는 과일을 먹는 것 같았다.


**㉓**

# 성부 하나님께서 바깥 어두운데 슬피 울며 이를 가는 장소가 있음을 다시 확실히 알게 하시다.

(2015.3.11)


천국에 올라갔다.

나를 데리러 온 수레 바깥에서 나를 수호하는 천사가 오늘은 말을 타고 있었다.

내가 수레 안에 타니 내게는 금으로 된 아름다운 면류관이 씌여져 있었고 내가 입은 드레스도 흰 망사바탕에 금색과 갈색으로 장식이 아름답게 이루어진 드레스를 입고 있었다.

나를 수레 바깥에서 수호하는 천사는 말을 탄 채로 수레와 함께 천국 안에 도착하였다.

주님은 나를 맞이하여 성부 하나님이 계신 곳으로 인도하시는 것이었다.

나는 내가 성부 하나님께로 가는 것을 알고 흰 옷으로 갈아입기를 원했다.

그랬더니 내가 성부 하나님이 계신 곳에 도착하여서는 옷이 흰옷으로 바꾸어져 있었다. 천국이 이런 곳이다. 생각만 해도 그대로 바꾸어진다.

저 앞에서 성부 하나님의 음성이 들렸다.

"사라야!"

"네가 계시록을 다 썼느냐?"

나는 이 음성을 듣고서는 아니 성부 하나님은 내가 아직 다 쓰지 않은 것을 알고 계실텐데 왜 이 질문을 나에게 하실까 하고 궁금해 하였다.

내가 대답했다.

"아니요."

그러면서 나는 성부 하나님께 질문하였다.

"하나님, 바깥 어두운데가 정말 있는지요?"
그러자 성부 하나님이 말씀하신다.
"네가 예수와 함께 가보지 아니하였느냐?"
"금계단으로 내려간 곳 말이다."
"황량하고 쇠창살이 있고 천사들이 다스리는 곳 말이다."

내가 대답했다.
"네 가보았어요."

하나님이 말씀하신다.
"네 앞에 계시록을 푼 책이 있지 아니하냐?"
"그곳에 있느니라."

그 말씀을 듣는 순간 나는 그 계시록을 푼 책을 바라보았다.
그 책은 내 앞에 작은 둥근 테이블 위에 놓여 있었는데 그 계시록을
풀이한 책이 분명히 곽 속에 들어 있었건만 그 상자 안이 다 보였고
그리고 더군다나 책 안이 다 보였다.
거기에는 천국의 언어로 기록이 되어 있었고 그 천국의 언어 코드
는 빨간색 노란색 파란색의 콩나물 같이 생긴 글자들이 띄엄띄엄 쓰
여져 있었다.
나는 그 코드를 보자 도무지 무슨 말인지 알 수 없어서 그 책을 집어
서 주님께 '주님이 아시잖아요.' 하면서 주려고 책을 집어 들려고 한
순간에 그 책 안에서 바깥 어두운 데가 보여지는 것이었다. 와~ 정
말 무슨 요술을 부리는 것처럼....

금방 천국언어로 된 책 안이 보였는데 이제는 그 책 안에 바깥 어두운 데가 보이는 것이었다.

오 마이 갓!
그 책 안에서 바깥 어두운데 슬피 울며 이를 가는 장소가 보이는 것이었다.
오! 정말 그곳은 존재하는 곳인 것이다.
할렐루야.

그러고 나서 나는 다시 하나님께 물었다.
"그러면 여기에 대한 심판은 언제 일어나는 것입니까?"

그러나 이 질문에 대하여서는 주님께서 내게 알게 하여 주시는데 아직 알기가 이르다고 말씀하시는 것이 알아졌다.

그 다음 나는 또 질문하였다.
"주님, 그곳에서 회개하는 자는 시간이 많이 걸린다할지라도  결국은 성안으로 들어올 수 있는 것인가요?"

그러나 이 질문에 대한 대답도 내가 아는 것이 아직 이르다는 것이 왔다.
주여!

그러고 나서 나는 내려왔는데

오늘 내가 성부 하나님 앞에서 확실히 알게 된 것은 바로 성밖이라는 장소 즉 바깥 어두운데 슬피 우는 장소가 확실히 있음을 확인하고 내려온 것이다.

할렐루야.

주님을 찬양합니다!

[마 25:14-30]

(14)또 어떤 사람이 타국에 갈제 그 종들을 불러 자기 소유를 맡김과 같으니 (15)각각 그 재능대로 하나에게는 금 다섯 달란트를, 하나에게는 두 달란트를, 하나에게는 한 달란트를 주고 떠났더니 (16)다섯 달란트 받은 자는 바로 가서 그것으로 장사하여 또 다섯 달란트를 남기고 (17)두 달란트 받은 자도 그같이 하여 또 두 달란트를 남겼으되 (18)한 달란트 받은 자는 가서 땅을 파고 그 주인의 돈을 감추어 두었더니 (19)오랜 후에 그 종들의 주인이 돌아와 저희와 회계할새 (20)다섯 달란트 받았던 자는 다섯 달란트를 더 가지고 와서 가로되 주여 내게 다섯 달란트를 주셨는데 보소서 내가 또 다섯 달란트를 남겼나이다 (21)그 주인이 이르되 잘 하였도다 착하고 충성된 종아 네가 작은 일에 충성하였으매 내가 많은 것으로 네게 맡기리니 네 주인의 즐거움에 참예할지어다 하고 (22)두 달란트 받았던 자도 와서 가로되 주여 내게 두 달란트를 주셨는데 보소서 내가 또 두 달란트를 남겼나이다 (23)그 주인이 이르되 잘 하였도다 착하고 충성된 종아 네가 작은 일에 충성하였으매 내가 많은 것으로 네게 맡기리니 네 주인의 즐거움에 참예할지어다 하고 (24)한 달란트 받

앗던 자도 와서 가로되 주여 당신은 굳은 사람이라 심지 않은데서 거두고 헤치지 않은데서 모으는 줄을 내가 알았으므로 (25)두려워하여 나가서 당신의 달란트를 땅에 감추어 두었었나이다 보소서 당신의 것을 받으셨나이다 (26)그 주인이 대답하여 가로되 악하고 게으른 종아 나는 심지 않은 데서 거두고 헤치지 않은데서 모으는 줄로 네가 알았느냐 (27)그러면 네가 마땅히 내 돈을 취리하는 자들에게나 두었다가 나로 돌아 와서 내 본전과 변리를 받게 할 것이니라 하고 (28)그에게서 그 한 달란트를 빼앗아 열 달란트 가진 자에게 주어라 (29)무릇 있는 자는 받아 족하게 되고 없는 자는 그 있는 것까지 빼앗기리라 (30)이 무익한 종을 바깥 어두운 데로 내어쫓으라 거기서 슬피 울며 이를 갊이 있으리라 하니라

주여!

여기는 지옥이 아니다.

소위 천국인데 새 하늘과 새 땅인데 여기에 새 루살렘성이 하늘에서 하나님께로부터 내려오는데 이 성안에 들어가지 못하고 바깥 어두운데에 처하는 곳이다. 오직 이기는 자들만 성안으로 들어가게 될 것이다.

주여!

# 24

# 거짓말을 좋아하며 지어내는 자들이 성밖에 와 있다.

(2015.4.25)

천국에 올라갔다.

수레 바깥의 천사가 나에게 말한다.

"입을 꼭 다무세요."

나는 순간적으로 이것이 무슨 말인지 몰랐다.

'나보고 말하지 말라고 하는 뜻인가?' 하고 생각했는데 그게 아니었다.

내가 수레에 오르자마자 나는 입이 벌어지기 시작했다.

왜냐하면 그냥 마냥 기쁜 것이었다. 주님을 만난다는 생각에 말이다. 그래서 나는 수레 안에서 계속 입을 벌리고 웃음 짓고 있었다. 좋아서……

그래서 그 천사가 내가 그럴 것을 미리 알고 나에게 '입을 꼭 다무세요.' 라고 한 것이었다.

그리고 수레에서 내리는 나를 두 천사가 주님께로 인도하는데 그 사이에 나는 통곡하고 있었다. 왜냐하면 내 사랑하는 주님을 만난다는 것이 너무 기뻤기 때문이다.

주님은 흰 옷을 입으셨는데 그 뒤로 붉은 가운을 걸치셨다.

저쪽에서 흰 옷 입은 무리들이 나를 환영하는 것이 보였다.

주님이 말씀하신다.

"저들이 너를 기다리고 있단다."

나는 주님께 말했다.

"주님 저는 너무 더러워서 저들과 같이 있지 못할 존재예요"

하면서 나는 그들과 어울릴 자격이 없음을 말씀드렸다.


주님은 큰 구름 위에다가 그 흰 옷 입은 무리들과 나를 타게 하셨다.

그리고 나는 그 구름 위에서 꼭 어린아이와 같이 주님의 크고 넓게 펴져 있는 흰 옷자락에 노는 어린아이 같이 그곳에 파묻혀 있었다.

나는 주님의 옷자락 안이 그렇게 좋았다.

마치 어린아이가 어머니의 치마폭이 좋아서 거기서 뒹구는 어린아이와 같았다.

할렐루야.

나는 그렇게 넓게 펴져 있는 그분의 흰 옷자락 안에서 어린아이와 같이 좋아하고 있었고 주님은 구름 위에서 흰 옷 입은 무리들을 향하여 지휘봉을 들고 그들이 노래 부르는 것을 지휘하고 있었다. 그 흰 옷 입은 무리들은 천상의 언어로 노래하고 있었다.

할렐루야.


나는 그렇게 무척 좋아하였다. 그러고 나서 그 흰 옷 입은 무리들이 갔다. 그리고 이제 주님과 나 둘만 남았다.

내가 주님과 함께 있는 것을 너무 좋아하니 주님도 나와 함께 있겠다고 하시면서 주님과 나는 공중에서 서로의 몸을 뒤로 기대면서 춤을 추는 것이었다.

아 주님과 함께 춤을 추는 이 시간이 얼마나 황홀하고 기분이 올라

가는지..........

주님과 나는 한참을 그렇게 하고 있었다.

할렐루야.


그리고 난 후에 주님은 나를 바닷가로 인도하셨다.

바닷가의 물에 주님과 내 발이 담구어졌다.

"사라야, 너는 바닷가를 좋아하지?"

그렇다. 나는 바다를 보면 마음이 차분해지면서 참으로 좋다.

그리고 물을 보면 하나님이 생각이 난다. 지상에서도 말이다.


바닷물이 와서 주님과 나의 발을 적셨다.

아니나 다를까 이사야가 자신의 황금 돛을 단 배를 가지고 바다 위

로 지나간다. 그 배는 엄청 큰 배이다.

이사야는 그 배의 갑판 위에서 '사라님' 하고 부르면서 지나간다.

물론 그는 주님께 벌써 인사를 드렸다.


그리고서는 '앗!' 하는데 주님의 발에 구멍이 보였다.

나는 주님의 발에 뚫어진 구멍을 볼 때마다 나의 가슴은 못에 찔리

듯이 아프다. 슬프다. 그 아프고 슬픈 마음을 어떻게 표현하여야 할

지 잘 모르겠다.


그리고 나서 주님은 다시 나를 다른 곳으로 인도하셨다.

그곳은 계단을 통하여 아래로 내려가는 곳이었는데
주님이 말씀하신다.
"너는 여기가 항상 궁금하지?"
하시면서 나를 데리고 내려가셨다.
그곳은 이기지 못하는 자들이 가는 곳이었다.
성밖이었다.

그런데 오늘은 흰 옷 입은 젊은이들의 무리가 보이는데 그중에서도
한 명이 아주 자세히 보였다. 그는 머리가 좀 곱슬이고 제멋대로 머
리가 나있었고 그것은 머리를 빗지 않아서 그런 것 같고 덩치는 좀
있고 얼굴은 못생긴 편에 속한 남자가 큰 기둥같은 것을 끌고 가고
있었다.
이 그룹의 사람들은 이 기둥 같은 것을 끌어서 옮기는 것이 벌이었다.
회초리를 든 포졸의 옷을 입은 천사가 보였다.
즉 이곳에 있는 흰 옷 입은 무리들은 큰 나무 기둥을 어깨에 메고 질
질 끌고 가면서 옮기는 것이 그들의 벌이었다.
나는 그중에 얼굴이 잘 보이는 그 젊은이에게 물었다.
'왜 여기 와 있느냐고?'
그리하였더니 말없는 말이 마음으로 전달되었다.
역시 내가 물은 것도 마음으로 물었다.
그리하였더니 그 청년이 말하기를 자기는 예수는 믿었는데 거짓말
을 그렇게 양심에 가책이 없이 많이 하고 살았다는 것이다. 거짓말
을 하는 것이 그렇게 죄라고 느끼지 않았다는 것이다.
오 마이 갓!

그렇다. 성경은 말한다.

'거짓말을 좋아하며 지어내는 자마다 성밖에 있으리라.' 주여!

그러니까 이 그룹은 거짓말을 좋아하여 지어내며 살았던 자들의 그룹인 것이다.

나는 그렇게만 대화하고 다시 주님과 함께 천국계단을 통하여 올라왔다.

올라와서는 나는 다시 주님께 이렇게 말했다.

"주님, 제게 백보좌 심판에 대한 질문이 있어요?"

라고 했더니 주님과 나는 벌써 요한의 집 앞 피크닉 테이블에 와 있었다.

[계 22:14-15]

(14)그 두루마기를 빠는 자들은 복이 있으니 이는 저희가 생명 나무에 나아가며 문들을 통하여 성에 들어갈 권세를 얻으려 함이로다

(15)개들과 술객들과 행음자들과 살인자들과 우상 숭배자들과 및 거짓말을 좋아하며 지어내는 자마다 성밖에 있으리라

즉 이 성경구절에서 정확히 거짓말을 좋아하며 지어내는 자마다 성밖에 있으리라 말한다. 그러므로 우리 크리스천들은 그 입에서 거짓말을 제거하여야 할 것이다.

어떠한 거짓말도 하지 말아야 한다. 했으면 또 철저히 회개하는 삶을 살아야 한다. 그리고 돌이켜서 다시는 거짓말을 하지 않도록 노력하며 살아야 한다.

성경은 우리에게 이렇게 말씀하고 있다는 것을 잊지 말아야 할 것이다.

[마 18:3]
가라사대 진실로 너희에게 이르노니 너희가 돌이켜 어린 아이들과 같이 되지 아니하면 결단코 천국에 들어가지 못하리라

할렐루야. 아멘.

 25

# 기도 중에 알게 하여 주신 내용 : 성안에는 예복 입은 신부들이 들어가고, 성밖에는 예복입지 아니한 이름이 흐려진 자들이 간다.

(2016.5.6)

그러므로 이 새 하늘과 새 땅에 새 예루살렘성이 내려오니 확실히 그 새 예루살렘 성안과 성밖이 구분이 되어지는 것이다. 할렐루야.

그래서 예수는 믿었으나 이기지 못하는 삶을 살은 자들은 이 새 예루살렘 성안에 들어가지 못하고 성밖 즉 문밖에 남게 된다. 즉 신랑을 기다리고 있던 열 처녀중 기름준비를 충분히 하지 못한 미련한 다섯 처녀가 문밖에 남은 것처럼 말이다.

할렐루야.

여기에 대하여 주님은 확실하게 말씀하셨다.

주님은 혼인잔치에 예복을 입지 않고 들어온 자 (세마포로 단장하지 않은 자) 를 저 바깥 어두운데 내어 쫓아서 슬피 울며 이를 갈게 하라고 말씀하고 계시는 것이다.

[마 22:8-13]

(8)이에 종들에게 이르되 혼인 잔치는 예비되었으나 청한 사람들은 합당치 아니하니 (9)사거리 길에 가서 사람을 만나는 대로 혼인 잔치에 청하여 오너라 한 대 (10)종들이 길에 나가 악한 자나 선한 자나 만나는 대로 모두 데려 오니 혼인자리에 손이 가득한지라 (11)임금이 손을 보러 들어올새 거기서 예복을 입지 않은 한 사람을 보고 (12)가로되 친구여 어찌하여 예복을 입지 않고 여기 들어왔느냐 하니 저가 유구무언이어늘 (13)임금이 사환들에게 말하되 그 수족을 결박하여 바깥 어두움에 내어 던지라 거기서 슬피 울며 이를 갊이 있으리라 하니라

즉 주님의 혼인잔치에 들어오는 모든 사람들은 예복 (세마포: 옳은 행실) 을 입은 자들인 것이다. 입지 아니하면 혼인잔치에 참여

할 수 없다.

할렐루야.

그러므로 새 하늘과 새 땅에서 새 예루살렘성 바깥은 '바깥 어두운 곳'으로서 슬피 울며 이를 가는 장소인 것이다.
할렐루야.

또

[계 21:22-27]
(22)성안에 성전을 내가 보지 못하였으니 이는 주 하나님 곧 전능하신 이와 및 어린 양이 그 성전이심이라 (23)그 성은 해나 달의 비췸이 쓸데 없으니 이는 하나님의 영광이 비취고 어린 양이 그 등이 되심이라 (24)만국이 그 빛 가운데로 다니고 땅의 왕들이 자기 영광을 가지고 그리로 들어오리라 (25)성문들을 낮에 도무지 닫지 아니하리니 거기는 밤이 없음이라 (26)사람들이 만국의 영광과 존귀를 가지고 그리로 들어오겠고 (27)무엇이든지 속된 것이나 가증한 일 또는 거짓말 하는 자는 결코 그리로 들어오지 못하되 오직 어린 양의 생명책에 기록된 자들 뿐이라

그리하여 25절-26절과 27절을 비교하여 보면 27절은 성밖 즉 문밖에 남는 자들을 말한다. 즉 속된 것이나 가증한 일 또는 거짓말하는 자는 결코 그 성문을 통하여 성안으로 들어가지 못함을 말하고 있

는 것이다.
주여!!!

이 성문 바깥이 바로 계시록 22장 15절에서 나오는 성밖이다.
할렐루야.
여기는 지옥이 아니다. 여전히 새 하늘과 새 땅인 것이다.

주님은 오직 거룩한 자들만 성안으로 들어온다고 말씀하시는 것이다.
할렐루야! 그 어린 양의 피에 그 두루마기를 철저히 빠는 자들 즉 세
마포를 입은 자들만 거기로 들어간다 하셨다.
그러나 속되고 가증하고 거짓말하는 자들은 성밖에 남게 되는 것이
다. 할렐루야.

[계 22:14-15]
(14)그 두루마기를 빠는 자들은 복이 있으니 이는 저희가 생명 나
무에 나아가며 문들을 통하여 성에 들어갈 권세를 얻으려 함이로다
(15)개들과 술객들과 행음자들과 살인자들과 우상 숭배자들과 및
거짓말을 좋아하며 지어내는 자마다 성밖에 있으리라

이 말씀과 정확하게 일치를 하고 있음을 본다.

그리고 이 성밖에 있는 자들은 그들의 이름이 생명책에서 흐려진 자
들이라 할 수 있다. 그러나 그 이름이 완전히 지워진 자들은 아니다.
그러나 하나님이 그 이름을 시인하지 아니하신다. 오직 어린양의 신

부들만 하나님이 그 이름을 시인하시는 것이다.

우리는 계시록 3장에서 이름이 흐려지는 자들을 볼 수 있다.

[계 3:1-6]
(1)사데 교회의 사자에게 편지하기를 하나님의 일곱 영과 일곱 별을 가진 이가 가라사대 내가 네 행위를 아노니 네가 살았다 하는 이름은 가졌으나 죽은 자로다 (2)너는 일깨워 그 남은바 죽게 된 것을 굳게 하라 내 하나님 앞에 네 행위의 온전한 것을 찾지 못하였노니 (3)그러므로 네가 어떻게 받았으며 어떻게 들었는지 생각하고 지키어 회개하라 만일 일깨지 아니하면 내가 도적 같이 이르리니 어느 시에 네게 임할는지 네가 알지 못하리라 (4)그러나 사데에 그 옷을 더럽히지 아니한 자 몇 명이 네게 있어 흰 옷을 입고 나와 함께 다니리니 그들은 합당한 자인 연고라 (5)이기는 자는 이와 같이 흰 옷을 입을 것이요 내가 그 이름을 생명책에서 반드시 흐리지 아니하고 그 이름을 내 아버지 앞과 그 천사들 앞에서 시인하리라 (6)귀 있는 자는 성령이 교회들에게 하시는 말씀을 들을지어다

즉 이기지 못하는 자는 그 이름을 생명책에서 흐리시겠다는 것이다. 즉 완전히 흐려지는 것이 아니다. 이름은 보이는데 또록또록하게 보이지 않고 흐려진 것이다. 이러한 경우는 아버지와 천사들 앞에서 그 이름이 시인되지 아니한다. 오직 흐려지지 않고 똑똑히 적혀진 이름들만 주님이 아버지와 천사들 앞에서 시인하시는 것이다. 할렐루야.

그리고 이렇게 흐려진 이름은 다 예복을 입지 못한 자들로서 성밖으로 쫓겨나는 것이다. 할렐루야.

[마 7:21-23]
(21)나더러 주여 주여 하는 자마다 천국에 다 들어갈 것이 아니요 다만 하늘에 계신 내 아버지의 뜻대로 행하는 자라야 들어가리라 (22)그 날에 많은 사람이 나더러 이르되 주여 주여 우리가 주의 이름으로 선지자 노릇하며 주의이름으로 귀신을 쫓아 내며 주의 이름으로 많은 권능을 행치 아니하였나이까 하리니 (23)그 때에 내가 저희에게 밝히 말하되 내가 너희를 도무지 알지 못하니 불법을 행하는 자들아 내게서 떠나가라 하리라

즉 여기서 천국은 성안을 의미한다. 주님은 성밖으로 쫓겨나가는 자들의 이름을 시인하시지 아니할 것이다.

**26**

주님이 성밖으로 또 데리고 가시다.
거기에는 예수를 믿었으나 이기지 못한
삶을 산 자들이 여러 그룹들로
구분되어져서 그룹별로 다른 벌들을
받고 있었다.

(2015.5.16)

아침에 기도 후에 천국에 올라갔다.

말이 다섯 마리에서 분명히 어린 말이 하나 더 보였다.

즉 말이 다섯 마리였는데 이제 여섯 마리가 된 것이다.

이 마지막 여섯째의 말은 어른 말의 약 3/5한 크기 밖에 안 된다. 그러나 이 작은 여섯째 말이 앞으로 더 성장하여 어른 말같이 될 것을 알 수 있었다. 어쨌든 지금은 어린 말이다.

그리고 오늘따라 수레가 너무 아름답고 정교하게 보인다.

하얀 진주색에 황금색 장식이다.

나는 수레에서 내리니까 머리에 황금 링을 쓰고 있는 두 여성천사들에 의하여 내가 보조를 받고 주님께로 인도함을 받고 있었다.

그런데 참으로 이상한 것은 오늘은 주님이 이미 저 밑에 내려가 계신 것이 보였다.

즉 수레가 도달한 그 천국 레벨보다 훨씬 아래에 가 계시는 것이었다.

그리고 늘 내가 보던 흰 옷을 입고 나를 환영하는 무리들은 정상적인 천국 레벨에 있었다.

즉 내가 늘 가는 천국 레벨보다 저 아래에 주님이 바닥에 서 계신 것이 보였다.

그래서 내 손을 잡고 주님께로 인도하던 황금 링을 쓴 두 천사가 내 손을 놓아버리니까 나는 순식간에 주님이 계신 저 아래로 내려가게 되었다.

그리고 주님은 거기서 즉 천국 레벨보다 더 아래에서 나를 만나주신 것이다.

나는 마음으로 '주님, 왜 여기 계세요?' 라고 물었다.

그랬더니 주님이 역시 마음으로 대답을 하신다.

'너는 늘 여기에 오고 싶어 하지 않았니?' 라고 말씀하신다.

그렇다. 나는 늘 여기가 궁금해 하였다.

즉 여기는 사람들이 지상에서 예수는 믿었으나 이기지 못하는 삶을 산 자들이 가는 곳이다.

이 곳은 영원한 불못이 아닌, 새 하늘과 새 땅이면서 하나님의 영광이 해같이 빛나는 새 예루살렘 성 바깥(성밖)인 것이다.

그리고 나는 즉시 여기서 여기 저기에 서 있는 조선시대의 포졸들 같은 갑옷을 입은 천사들을 볼 수 있었다. 이들은 이곳을 관리하는 천사들이다.

그리고 이곳은 바로 내가 이전에 천국 레벨에서 황금계단을 약 100

개 내지 150개 정도 내려갔을 때에 갔던 성 바깥인 것이다. 주님은 내가 천국에 올라오자마자 나를 이 천국 레벨보다 아래인 이 성 바깥에서 나를 맞이하고 계셨다.

[계 22:14-15]
(14)그 두루마기를 빠는 자들은 복이 있으니 이는 저희가 생명 나무에 나아가며 문들을 통하여 성에 들어갈 권세를 얻으려 함이로다 (15)개들과 술객들과 행음자들과 살인자들과 우상 숭배자들과 및 거짓말을 좋아하며 지어내는 자마다 성밖에 있으리라

나는 이전에 여기서 흰 옷 입은 젊은 자들이 손이 뒤로 묶여 쭉 나열하듯이 앉아 있었고 그들은 하나씩 불려나가서 매를 맞고 들어와 슬피 울고 있는 것을 보았었다.

그 그룹의 젊은 자들이 보였다. 그들은 이전에 내가 보았던 흰 옷 입고 앉아 있는 자들의 그룹이었다.

조금 지나가니 또 다른 그룹이 나오는데 이들은 손이 뒤로 묶여 앉아 있으면서 입으로 열심히 무엇인가를 나르고 있었다.

주님과 나는 이 두 그룹을 지나서 다른 그룹들이 있는 곳으로 갔는데 이 또 한 그룹은 공원 같은 곳에서 사람들이 앉는 좌석들이 있고 그 앞에 대리석 같은 테이블들이 쭉 놓여 있는 곳과 같은 곳인데 흰 옷 입은 사람들이 그 테이블 같은 곳에 누워서 바위를 배 위에 얹고

서는 움직이지 못하고 있는 벌을 받고 있는 것이 보였다.

주님과 나는 또 이 그룹을 지나서 갔다.


그리고 더 들어가니 골짜기로 이어지면서 쇠창살들이 보였는데 오 마이 갓!

이전에 와 보았던 곳이다.

유명한 목사들이 갇혀 있는 곳이다. 그 곳은 쇠창살 안에 한 사람씩 흰 옷 입은 자들이 들어 있었다.

제일 먼저 보인 자가 바로 내가 천국과 지옥간증 제 1집에 기록한 그 목사님인데 주님은 그에게 '그는 내 영광을 훔쳤느니라.' 하셨던 그 목사님이셨다.

그리고 주님이 이 목사님에게 다시 말씀하셨던 것이 생각났다.

'너에 대한 심판은 이미 끝났느니라.'

그는 평생 목회의 일을 하면서 하나님의 영광을 훔친 자였다.

그는 주님으로부터 여러 번 경고함을 받았음에도 불구하고 회개하지 않고 그는 계속 자신이 높아지는 길을 택했다. 그래서 그는 지금 여기 와 있는 것이다.

그는 사람들로부터 자신이 주님보다 더 영광을 받았던 것이다.


주님과 나는 그곳을 지나 또 다른 곳으로 갔다.

하여간 이 성밖에서는 여러 종류의 그룹들이 여러 종류의 다양한 다른 벌들을 받고 있었다.

그 다음에 보인 그룹은 큰 나무 기둥을 어깨에 매고서 힘겹게 끌고 가는 그룹이었다. 나는 그중의 한 명에게 물었다.

'왜 여기에 와 있느냐고?'

그가 말한다. 자기는 평생 거짓말을 하면서 살았다고 한다.

그는 예수를 믿으면서도 별로 양심의 가책을 받지 않고 거짓말을 하고 살았다고 했다. 그래서 자기는 여기 와서 이렇게 벌을 받는다 하였다.

그러므로 이러한 죄를 지은 자들은 성안으로 들어가지 못하고 이렇게 성밖에서 벌을 받으면서 슬피 울며 이를 갈게 되는 것이다.

미리 알려주시고 경고하여 주시는 주님을 찬양합니다!
할렐루야.

주님 감사합니다. 이렇게 다시 한 번 오늘 이런 곳이 있다는 것을 확인시켜 주셔서.
할렐루야.

그러고서는 주님과 나는 다시 천국의 레벨로 올라왔는데 계단을 통하지 않고 그냥 위로 솟아서 올라왔다.
할렐루야.
천국에서는 무엇이든지 가능하다.
걷는 것도 나는 것도.........할렐루야!

# VI. 새 하늘과 새 땅의
## 새 예루살렘 성밖은 어디인가?

**1**

## 먼저 예수님이 하신 말씀을 보도록 하자.

마태복음 24장에는 지혜로운 청지기에 대하여 주님이 이렇게 말씀하고 계신다.

[마 24:45-51]
(45)충성되고 지혜 있는 종이 되어 주인에게 그 집 사람들을 맡아 때를 따라 양식을 나눠 줄 자가 누구뇨 (46)주인이 올 때에 그 종의 이렇게 하는 것을 보면 그 종이 복이 있으리로다 (47)내가 진실로 너희에게 이르노니 주인이 그 모든 소유를 저에게 맡기리라 (48)만일 그 악한 종이 마음에 생각하기를 주인이 더디 오리라 하여 (49)동무들을 때리며 술친구들로 더불어 먹고 마시게 되면 (50)생각지 않은 날 알지 못하는 시간에 그 종의 주인이 이르러 (51)엄히 때리고 외식 하는 자의 받는 율에 처하리니 거기서 슬피 울며 이를 갊이 있으리라

여기서 슬피 울며 이를 가는 장소가 어딜까 하는 것이다.

[마 25:24-30]

(24)한 달란트 받았던 자도 와서 가로되 주여 당신은 굳은 사람이라 심지 않은데서 거두고 헤치지 않은데서 모으는 줄을 내가 알았으므로 (25)두려워하여 나가서 당신의 달란트를 땅에 감추어 두었었나이다 보소서 당신의 것을 받으셨나이다 (26)그 주인이 대답하여 가로되 악하고 게으른 종아 나는 심지 않은 데서 거두고 헤치지 않은 데서 모으는 줄로 네가 알았느냐 (27)그러면 네가 마땅히 내 돈을 취리하는 자들에게나 두었다가 나로 돌아 와서 내 본전과 변리를 받게 할 것이니라 하고 (28)그에게서 그 한 달란트를 빼앗아 열 달란트 가진 자에게 주어라 (29)무릇 있는 자는 받아 족하게 되고 없는 자는 그 있는 것까지 빼앗기리라 (30)이 무익한 종을 바깥 어두운 데로 내어쫓으라 거기서 슬피 울며 이를 갊이 있으리라 하니라

여기서도 30절에 '바깥 어두운데' 라는 말이 나오고 '거기서 슬피 울며 이를 갊이 있으리라' 고 말한다. 여기가 어디일까 하는 것이다.

두 군데 다 성경은 주인과 종의 관계를 말하고 있다.
이 세상에는 두 가지 종류의 종들이 있다.
하나는 하나님의 종들과 다른 하나는 마귀의 종들 딱 두 가지뿐인 것이다.
그러므로 여기서 주인과 종의 관계는 예수님과 그리고 그를 믿는 자들의 관계를 말한다고 할 수 있다.

[마 25:13-30]

(13)그런즉 깨어 있으라 너희는 그 날과 그 시를 알지 못하느니라 (14)또 어떤 사람이 타국에 갈제 그 종들을 불러 자기 소유를 맡김과 같으니 (15)각각 그 재능대로 하나에게는 금 다섯 달란트를, 하나에게는 두 달란트를, 하나에게는 한 달란트를 주고 떠났더니 (16)다섯 달란트 받은 자는 바로 가서 그것으로 장사하여 또 다섯 달란트를 남기고 (17)두 달란트 받은 자도 그같이 하여 또 두 달란트를 남겼으되 (18)한 달란트 받은 자는 가서 땅을 파고 그 주인의 돈을 감추어 두었더니 (19)오랜 후에 그 종들의 주인이 돌아와 저희와 회계할새 (20)다섯 달란트 받았던 자는 다섯 달란트를 더 가지고 와서 가로되 주여 내게 다섯 달란트를 주셨는데 보소서 내가 또 다섯 달란트를 남겼나이다 (21)그 주인이 이르되 잘 하였도다 착하고 충성된 종아 네가 작은 일에 충성하였으매 내가 많은 것으로 네게 맡기리니 네 주인의 즐거움에 참예할지어다 하고 (22)두 달란트 받았던 자도 와서 가로되 주여 내게 두 달란트를 주셨는데 보소서 내가 또 두 달란트를 남겼나이다 (23)그 주인이 이르되 잘 하였도다 착하고 충성된 종아 네가 작은 일에 충성하였으매 내가 많은 것으로 네게 맡기리니 네 주인의 즐거움에 참예할지어다 하고 (24)한 달란트 받았던 자도 와서 가로되 주여 당신은 굳은 사람이라 심지 않은데서 거두고 헤치지 않은데서 모으는 줄을 내가 알았으므로 (25)두려워하여 나가서 당신의 달란트를 땅에 감추어 두었었나이다 보소서 당신의 것을 받으셨나이다 (26)그 주인이 대답하여 가로되 악하고 게으른 종아 나는 심지 않은 데서 거두고 헤치지 않은데서 모으는 줄로 네가 알았느냐 (27)그러면 네가 마땅히 내 돈을 취리하는 자들

에게나 두었다가 나로 돌아 와서 내 본전과 변리를 받게 할 것이니라 하고 (28)그에게서 그 한 달란트를 빼앗아 열 달란트 가진 자에게 주어라 (29)무릇 있는 자는 받아 족하게 되고 없는 자는 그 있는 것까지 빼앗기리라 (30)이 무익한 종을 바깥 어두운 데로 내어쫓으라 거기서 슬피 울며 이를 갊이 있으리라 하니라

즉 마태복음 25장 14절은 그 위의 마태복음 25장 1절 즉 천국은 열 처녀와 같으니 라는 말을 받고 있다. 즉 달란트 비유도 열 처녀 비유와 같이 동등하게 천국에서 일어나는 일을 말하고 있는 것이다.

여기서 천국은 새 하늘과 새 땅으로 봄이 옳다. 왜냐하면 열 처녀 중에서 지혜로운 다섯 처녀는 문안에 그리고 미련한 다섯 처녀는 문밖에 남게 되었으니까 말이다. 이 문밖도 새 땅이다.

그리하여 우리는 주님이 말씀하신 마태복음 25장의 열 처녀 비유를 유심히 볼 필요가 있는 것이다.

[마 25:1-13]
(1)그 때에 천국은 마치 등을 들고 신랑을 맞으러 나간 열 처녀와 같다 하리니

이 1절에서 말하는 천국은 영어로는 'the kingdom of heaven'으로 되어 있고 여기서 kingdom은 그 원어가 '바실레이아' 로서 '왕국' 이라는 뜻이고 여기서 heaven은 그 원어가 '우라노스' 로서 하나님의 처

소라는 말인 것이다. 즉 총체적인 뜻은 하나님이 다스리는 왕국이라는 뜻이다.

(2) 그 중에 다섯은 미련하고 다섯은 슬기 있는지라
(3) 미련한 자들은 등을 가지되 기름을 가지지 아니하고
(4) 슬기 있는 자들은 그릇에 기름을 담아 등과 함께 가져갔더니
(5) 신랑이 더디 오므로 다 졸며 잘새
(6) 밤중에 소리가 나되 보라 신랑이로다 맞으러 나오라 하매
(7) 이에 그 처녀들이 다 일어나 등을 준비할새
(8) 미련한 자들이 슬기 있는 자들에게 이르되 우리 등불이 꺼져가니 너희 기름을 좀 나눠 달라하거늘
(9) 슬기 있는 자들이 대답하여 가로되 우리와 너희의 쓰기에 다 부족할까 하노니 차라리 파는 자들에게 가서 너희 쓸 것을 사라 하니
(10) 저희가 사러 간 동안에 신랑이 오므로 예비하였던 자들은 함께 혼인 잔치에 들어가고 문은 닫힌지라

여기서 10절의 '문'을 원어로 찾아보았더니 '뒤라'라는 단어인데 이 것은 '정문', '입구'라는 뜻이다. 즉 정문이 닫힌 것이다. 그 문은 바로 혼인잔치로 들어가는 정문인 것이다.
천국 안에서 혼인잔치로 들어가는 정문이 있고 여기를 통하여 슬기로운 다섯 처녀는 그 문안으로 들어갔고 그러나 미련한 다섯 처녀는 그 정문이 닫히고 그 정문밖에 남은 것이다.
주님은 마태복음 25장 1절에서 '천국은 이와 같으니라'고 표현하고 계시니까 이 모든 일들이 천국 안에서 일어나는 일이다.

그러므로 천국에는 문안으로 들어가는 자가 있고 문밖에 남는 자가 있다는 것이다. 할렐루야.

(11)그 후에 남은 처녀들이 와서 가로되 주여 주여 우리에게 열어 주소서
(12)대답하여 가로되 진실로 너희에게 이르노니 내가 너희를 알지 못하노라 하였느니라
(13)그런즉 깨어 있으라 너희는 그 날과 그 시를 알지 못하느니라

그런데 주님이 오실 때에 이 게으른 종들이 가는 즉 하나님의 뜻대로 살지 못한 종들이 가는 이 바깥 어두운데 슬피 울며 이를 가는 장소는 어디일까?
그리고 이 미련한 다섯 처녀가 남겨진 장소 문밖은 어디인가 하는 것이다.

이곳은 지옥은 아님이 분명하다.
왜냐하면 주님께서

지옥을 묘사하는 것은 이와 너무 다르기 때문이다.

[막 9:47-49]
(47) 만일 네 눈이 너를 범죄케 하거든 빼어 버리라 한 눈으로 하나님의 나라에 들어가는 것이 두 눈을 가지고 지옥에 던지우는 것보다 나으니라 (48) 거기는 구더기도 죽지 않고 불도 꺼지지 아니하느

니라 (49) 사람마다 불로서 소금 치듯 함을 받으리라

여기서 지옥: hell: 원어 '게엔나' 인데 뜻은 '지옥' '영원한 형벌의 장소' 라는 뜻이다.

즉 동일하신 주님이 한 번은 지옥에 대하여 말씀하고 있고
또 다른 곳에서는 그냥 바깥 어두운데 슬피 울며 이를 가는 장소 즉 문밖을 말씀하고 있다는 것이다.

그러면 문 안은 어떠한 곳인가?

1) 주님과 혼인잔치가 일어나는 곳이다 (열처녀 비유).
2) 하나님의 영광이 해같이 빛나는 곳이다.

[계 21:21-23]
(21) 그 열 두 문은 열 두 진주니 문마다 한 진주요 성 (city)의 길은 맑은 유리 같은 정금이더라 (22)성안에 성전 (temple)을 내가 보지 못하였으니 이는 주 하나님 곧 전능하신 이와 및 어린 양이 그 성전이심이라 (23)그 성은 해나 달의 비췸이 쓸데 없으니 이는 하나님의 영광이 비취고 어린 양이 그 등이 되심이라

그러므로 이 문밖, 즉 바깥 어두운 데가 지옥이냐? 아니다.
왜냐하면 여기서 문은 성에 들어가는 열두 진주문을 말하기 때문이다. 그러므로 문밖은 새 하늘과 새 땅인 것이다.

성경은 우리에게 동일한 것을 반복하여 말씀하고 있는 것을 본다. 즉 예수님은 그의 종들이 자신이 다시 돌아올 때까지 맡겨놓은 일을 잘못하였을 때 바깥 어두운데 즉 문밖에 둔다 하셨다.

그런데 성경에서 사도 바울도 사도 요한도 동일하게 이러한 장소를 말하고 있다는 것이다.

**2**

# 사도 바울은 여기에 대하여 어떻게 말하고 있나 보자

사도 바울은 갈라디아서 5장에서 예수를 믿는 자라도 이런 이런 일을 행하는 자들은 하나님의 나라를 유업으로 받지 못할 것이라고 말한다.

[갈 5:19-21]
(19)육체의 일은 현저하니 곧 음행과 더러운 것과 호색과 (20)우상숭배와 술수와 원수를 맺는 것과 분쟁과 시기와 분냄과 당 짓는 것과 분리함과 이단과 (21)투기와 술 취함과 방탕함과 또 그와 같은

것들이라 전에 너희에게 경계한 것같이 경계하노니 이런 일을 하는 자들은 하나님의 나라를 유업으로 받지 못할 것이요

즉 사도 바울은 예수를 믿는다고 하는 갈라디아 교회 교인들에게 보내는 편지에서 이렇게 말하고 있는 것이다.

그리고 사도 바울이 한 말은 주님이 마태복음에서 한 말씀과 일치를 하고 있다.

[마 7:21]
**나더러 주여 주여 하는 자마다 천국에 다 들어갈 것이 아니요 다만 하늘에 계신 내 아버지의 뜻대로 행하는 자라야 들어가리라**

즉 하나님의 뜻대로 살지 못한 그리스도인들이 하나님의 영광이 해같이 빛나는 성안으로 들어가지 못함을 말하고 즉 미련한 다섯 처녀가 남게 된 그 문밖에 남게 됨을 말하고 있다.

이미 돌아가신 큰 대형 교회 목사님들이 이 성밖에 있었다.
한 분은 얼마 전에 돌아가신 분으로 주님은 그분이 여기 계신 이유는 하나님의 영광을 가로챘기 때문이라 하셨다.
그분은 바깥 어두운데 쇠창살 안에 흰 옷을 입고 앉아 계셨다.
그리고 그는 이렇게 소리치고 있었다.
"내가 왜 여기 있어야 해?"
"너희는 여기 오지마, 주의 종이라 하면서 하나님의 영광을 훔치면

나와 같이 이렇게 돼 제발 여기 오지마"

이곳이 지옥과 다른 점은

첫째, 여기에 있는 자들은 흰 옷을 입고 있다.
그러나 지옥에 있는 자들은 벌거벗고 있다.
둘째, 이 문밖 즉 성밖에 있는 자들은 다 나이가 젊다. 천국에 온 자들
처럼. 그러나 지옥에는 그들이 죽을 때의 나이로 보인다.

셋째, 여기는 천사들이 다스리고 있고 지옥은 마귀의 부하들이 다
스리고 있다.

넷째, 지옥은 천국 레벨에서 한참을 어두운 곳 터널을 통하여 내려
가나 여기는 단지 계단 약 150개 정도 내려가면 있다.

다섯째, 성밖에서 받는 벌은 아주 미약한 벌이나 지옥에서 받는 벌
은 극한 형벌을 받고 있는 것이다.

여기는 새 하늘과 새 땅이지만 이기지 못하는 자들이 가는 곳으로
지옥이 아닌 즉 영원한 불못이 아닌 새 예루살렘 성밖으로 보인다.

이기는 자들은 성안에 하나님의 영광이 해같이 빛나는 성안,
그러나 이기지 못하는 자들은 바깥 어두운데 쫓겨나서 이 성밖에서
슬피 울며 이를 갈게 되는 것이다. 그럼에도 불구하고 여기는 새 하

늘과 새 땅인 것이다.

할렐루야.

성밖이 하나님의 나라 성안과 다른 점은 하나님의 영광이 빛나지 아니하는 것이다.

그리고 생명수와 생명나무가 없다.

그리고 이곳에서는 공통적으로 슬피 울며 다 이를 간다.

그러나 이들은 지은 죄에 따라서 다 다르게 벌을 받고 있다. 다음은 내가 그곳에서 본 다른 벌들을 받고 있는 각기 다른 그룹들이다.

1) 뒤로 손이 묶인 채로 앉아 있다가 하나씩 불려나가 매를 맞는 그룹
2) 쇠창살 안에 들어가 있는 그룹
3) 손이 뒤로 묶여 있으면서 뱀이 상체를 감고 있는 그룹
4) 돌이 배 위에 얹어져 있으면서 누워 있는 그룹
5) 큰 나무기둥을 나르고 있는 그룹
6) 뒤로 손이 묶인 채로 앉아서 입으로 계속 무엇인가를 옮기고 있는 그룹
7) 좁고 좁은 데를 통과하면서 아픔을 느껴야 하는 그룹

그러나 지옥의 형벌들은 벌거벗은 채로 불에 타고, 신체가 절단나고, 창에 찔리고, 사지가 끊겨나가고, 벌레가 죽지 않고 그들을 괴롭히며, 뱀들이 그들을 집어 삼키고 씹어 먹기도 하고, 진흙연못 벌레연못에 잠기기도 하고.... 죽지 않고 죽고 싶어도 안 죽어지며, 몸이 끊겨 나가도 그 잘려진 몸이 다 고통을 느끼는 엄청난 형벌을 받

는 곳이다.

예수를 믿었으나 이들은 다시 이기는 자와 이기지 못하는 자로 나뉘어지는데 오직 이기는 자들만이 천년왕국의 첫째부활에 참여하게 될 것이다 (참조 : 서사라 목사의 천국과 지옥 간증수기 5, '계시록 이해'의 책 요약편, 6. 첫째부활과 천년왕국).

**3**

# 성경에서 왜 이들이 성안으로 못 들어가고 성밖에 있는지를 사도 요한이 계시록에서 말한 곳에서 알 수 있다.

(i) 계시록에서 주님이 일곱 교회에 보내는 편지에서 이기는 자와 이기지 못하는 자를 구분하고 있다.

예를 들어서 계시록 2장 7절을 보면

[계 2:7]
귀 있는 자는 성령이 교회들에게 하시는 말씀을 들을지어다 이기

는 그에게는 내가 하나님의 낙원에 있는 생명나무의 과실을 주어 먹게 하리라

여기서 이기는 자는 첫사랑을 회복하는 자이다. 이런 자들만 낙원에 있는 생명나무의 과실을 주워 먹게 하시겠다는 약속이다. 그렇다면 이기지 못하는 자들은 생명나무의 과실을 먹지 못하게 될 것이다.

이 낙원에 있는 생명나무는 새 하늘과 새 땅에 새 예루살렘성이 하늘에서 내려올 때에 같이 내려온다. 그러하므로 이것을 먹는 자는 성안에 들어가고 못 먹는자 즉 이기지 못하는 자는 성밖에 남게 될 것이다.

또한 계시록 21장에서 이기는 자는 생명수 샘물을 값없이 마시게 된다고 말씀하신다. 그러나 이기지 못하는 자는 이 생명수 샘물을 먹지 못하게 될 것이다.

왜냐하면 성안에만 이 생명수 샘물이 있기 때문이다.

[계 21:6-7]
(6)또 내게 말씀하시되 이루었도다 나는 알파와 오메가요 처음과 나중이라 내가 생명수 샘물로 목 마른 자에게 값없이 주리니 (7)이기는 자는 이것들을 유업으로 얻으리라 나는 저의 하나님이 되고 그는 내 아들이 되리라

(ii) 계시록에서 두 번째로 새 하늘과 새 땅에서 성안과 성밖을 구분하고 있는 곳을 다음에서 볼 수 있다.

[계 22:14-15]

**(14)그 두루마기를 빠는 자들은 복이 있으니 이는 저희가 생명 나무에 나아가며 문들을 통하여 성에 들어갈 권세를 얻으려 함이로다**

여기서 문들을 원어로 보면 '입구'라는 뜻으로 도시에 진입로를 말한다.

그리고 여기 성을 보면 원어로 '폴리스' 라는 말이며 뜻은 'city' 즉 '성' 을 말한다.

즉 도시로 즉 성으로 들어가는 문이 있는 것이다.

이것은 계시록 22장에서 말하는 성은 새 하늘과 새 땅에 하늘에서 내려온 새 예루살렘성이다.

**(15)개들과 술객들과 행음자들과 살인자들과 우상 숭배자들과 및 거짓말을 좋아하며 지어내는 자마다 성밖에 있으리라**

여기서 '성밖' 을 찾아보니 영어로는 'outside' 라는 말이고 원어로는 '엑소' 이며 그 뜻은 '밖에', '문밖' 에 라는 것이다. 즉 여기서 '성밖' 이란 열 처녀중 미련한 다섯 처녀가 남은 '문밖' 과 동일한 장소인 것을 알 수 있다.

그러면 이 성밖은 어디에 있는 성밖인가 하면

[계 21:1-3]

**(1)또 내가 새 하늘과 새 땅을 보니 처음 하늘과 처음 땅이 없어졌고**

바다도 다시 있지 않더라 (2)또 내가 보매 거룩한 성 새 예루살렘이 하나님께로부터 하늘에서 내려오니 그 예비한 것이 신부가 남편을 위하여 단장한 것 같더라 (3)내가 들으니 보좌에서 큰 음성이 나서 가로되 보라 하나님의 장막이 사람들과 함께 있으매 하나님이 저희와 함께 거하시리니 저희는 하나님의 백성이 되고 하나님은 친히 저희와 함께 계셔서

계시록 21장 2절에 나오는 새 하늘과 새 땅에 내려온 새 예루살렘성의 바깥 즉 성밖이라는 사실을 알 수가 있는 것이다.
성경은 계시록 22장 15절에 나오는 개들에 대하여 이사야서에서 다음과 같이 말하고 있다.

[사 56:9-12]
(9)들의 짐승들아 삼림 중의 짐승들아 다 와서 삼키라 (10)그 파숫군들은 소경이요 다 무지하며 벙어리 개라 능히 짖지 못하며 다 꿈꾸는 자요 누운 자요 잠자기를 좋아하는 자니 (11)이 개들은 탐욕이 심하여 족한 줄을 알지 못하는 자요 그들은 몰각한 목자들이라 다 자기 길로 돌이키며 어디 있는 자이든지 자기 이만 도모하며 (12)피차 이르기를 오라 내가 포도주를 가져오리라 우리가 독주를 잔뜩 먹자 내일도 오늘 같이 또 크게 넘치리라 하느니라

즉 성경은 몰각한 목자들을 개들이라 표현하고 있다.
그러므로 하나님께 충실하지 못한 목자들은 다 이곳으로 오는 것이다.

# 4

## 또 성경은 생명책에서
## 이름이 지워지는 경우를 말하고 있다.

이러한 경우는 지옥에 간다.

[계 20:15]
**누구든지 생명책에 기록되지 못한 자는 불못에 던지우더라**

생명책에 이름이 한 번 적히면 그대로 있는 것이 아니라
지워지는 경우가 있다는 것을 성경이 말하고 있다.

왜냐하면 다음의 성경구절들이 그것을 뒷받침하고 있다.

[눅 10:20]
**그러나 귀신들이 너희에게 항복하는 것으로 기뻐하지 말고
너희 이름이 하늘에 기록된 것으로 기뻐하라 하시니라**

[출 32:32-33]
**(32)그러나 합의하시면 이제 그들의 죄를 사하시옵소서 그렇지 않
사오면 원컨대 주의 기록하신 책에서 내 이름을 지워 버려주옵소
서 (33)여호와께서 모세에게 이르시되 누구든지 내게 범죄하면 그
는 내가 내 책에서 지워버리리라**

그러므로 사도 바울은 이것을 알고 다음과 같이 말하고 있다.

[빌 2:12]
그러므로 나의 사랑하는 자들아 너희가 나 있을 때 뿐 아니라 더욱 지금 나 없을 때에도 항상 복종하여 두렵고 떨림으로 너희 구원을 이루라

즉 생명책에 이름이 적혀졌다 할지라도 명백히 지워지는 경우가 있는 것이다.

나는 목사님들이 가는 지옥을 보았다. 이 말은 평생 예수를 믿고 목사를 하였어도 지옥에 와 있더라는 것이다 (참조: 이 지옥편 책의 Part II, 지옥편 제 2부, 90. 주의 종들이 가는 지옥을 보다).

여기에는 네 종류의 죄를 지은 목사님들이 와 있었다.
지옥의 마귀 부하가 나에게 가르쳐준 것이다.

첫째, 교회를 팔아 먹은 자
둘째, 하나님의 돈을 마음대로 자기 것처럼 쓴 자
셋째, 평생 여자와 불륜의 관계를 가진 자
넷째, 주일날 설교를 잘하고 와서 집에 와서는 사모를 구타한 자들이 지옥에 와 있었다.

이들은 분명 예수를 믿고 거듭났음에도 불구하고 이러한 죄를 지음

으로 말미암아 지옥에 와 있는 것이다.

그러면 목사들도 지옥에 와 있으면 평신도들은 어떻겠는가? 마찬가지이다.

나는 주님께 물었다.
"주님 목사님들이 예수를 믿었어도 여기 오나요?"
주님은 대답 대신 나에게 성경 구절을 생각나게 하여 주셨다.

[마 5:22]
나는 너희에게 이르노니 형제에게 노하는 자마다 심판을 받게 되고 형제를 대하여 라가라 하는 자는 공회에 잡히게 되고 미련한 놈이라 하는 자는 지옥 불에 들어가게 되리라

[마 18:8-9]
(8)만일 네 손이나 네 발이 너를 범죄케 하거든 찍어 내버리라 불구자나 절뚝발이로 영생에 들어가는 것이 두 손과 두 발을 가지고 영원한 불에 던지우는 것보다 나으니라 (9)만일 네 눈이 너를 범죄케 하거든 빼어 내버리라 한 눈으로 영생에 들어가는 것이 두 눈을 가지고 지옥 불에 던지우는 것보다 나으니라

즉 이 사람들은 범죄하고도 회개하여 돌이키지 아니하고 계속 동일한 죄를 짓다가 그 영혼을 완전히 마귀에게 팔아먹은 목사들이라는

것을 알 수 있었다.

이러한 경우가 도대체 성경 어디에서 말하고 있는가? 하는 것이다. 그것은 히브리서에 보면 한 번 비췸을 받고 타락한 자는 다시 예수 그리스도를 십자가에 못 박을 수 없다고 했다. 즉 사후의 삶에서 용서함을 받을 수 없는 것이다.

[히 6:4-8]
(4)한번 비췸을 얻고 하늘의 은사를 맛보고 성령에 참예한 바 되고 (5)하나님의 선한 말씀과 내세의 능력을 맛보고 (6)타락한 자들은 다시 새롭게 하여 회개케 할 수 없나니 이는 자기가 하나님의 아들을 다시 십자가에 못박아 현저히 욕을 보임이라 (7)땅이 그 위에 자주 내리는 비를 흡수하여 밭 가는 자들의 쓰기에 합당한 채소를 내면 하나님께 복을 받고 (8)만일 가시와 엉겅퀴를 내면 버림을 당하고 저주함에 가까와 그 마지막은 불사름이 되리라

그러므로 예수를 믿었어도 생명책에 이름이 지워져서 지옥 가는 경우 세 가지를 성경은 말하고 있다.

(i) 히브리서 6장 4절에서 6절에서 말하는 경우이다.

한번 비췸을 받고 구원을 받았었으나 타락하는 경우인 것이다.

[히 6:4-6]

(4)한번 비췸을 얻고 하늘의 은사를 맛보고 성령에 참예한 바 되고 (5)하나님의 선한 말씀과 내세의 능력을 맛보고 (6)타락한 자들은 다시 새롭게 하여 회개케 할 수 없나니 이는 자기가 하나님의 아들을 다시 십자가에 못박아 현저히 욕을 보임이라

여기에는 목사나 평신도나 다 해당된다.

### (ii) 짐승의 표 666표를 받는 경우이다

[계 14: 9-11]

(9) 또 다른 천사 곧 세째가 그 뒤를 따라 큰 음성으로 가로되 만일 누구든지 짐승과 그의 우상에게 경배하고 이마에나 손에 표를 받으면 (10) 그도 하나님의 진노의 포도주를 마시리니 그 진노의 잔에 섞인 것이 없이 부은 포도주라 거룩한 천사들 앞과 어린 양 앞에서 불과 유황으로 고난을 받으리니 (11) 그 고난의 연기가 세세토록 올라가리로다 짐승과 그의 우상에게 경배하고 그 이름의 표를 받는 자는 누구든지 밤낮 쉼을 얻지 못하리라 하더라

### (iii) 성령훼방죄를 짓는 경우이다.

[막 3:28-30]

(28) 내가 진실로 너희에게 이르노니 사람의 모든 죄와 무릇 훼방하는 훼방은 사하심을 얻되 (29) 누구든지 성령을 훼방하는 자는 사하심을 영원히 얻지 못하고 영원한 죄에 처하느니라 하시니 (30) 이는 저희가 말하기를 더러운 귀신이 들렸다 함이러라

주의 종을 욕하고 비난하거나 교회를 깨고 분당시키는 자들이 성령 훼방죄로 지옥에 가 있다. 여기에는 사모들, 같은 주의 종이면서 주의 종들을 비난한 자들, 평신도들, 교회를 분당시킨 장로들이 와 있다.

5. 그러면 누가 성경에서 말하는 하나님의 영광이 해같이 빛나는 새 예루살렘 성안으로 들어가는가?

첫째, 소위 이기는 자들이다. 예수님께서는 일곱 교회에 보내는 편지 속에서 이기는 자들만이 성안에 들어갈 것을 말씀하고 계신다.

[계 2:7]
귀 있는 자는 성령이 교회들에게 하시는 말씀을 들을지어다
이기는 그에게는 내가 하나님의 낙원에 있는 생명나무의 과실을 주어 먹게 하리라

그러면 소위 이 이기는 자들이 누구냐? 도대체 어떤 자들인가 하는 것이다. 얼마만큼 주님을 사랑하는 자들인가 하는 것이다. 그리하여 나는 천상에서 주님께 물었다.

'주님, 누가 이기는 자들입니까?' 하고.

그리하였을 때에 주님이 대답하셨다.

'다니엘, 사드락, 메삭, 아벳느고이니라.' 라고 말이다.

즉 이들은 자기 목숨보다 하나님을 더 사랑한 자들이었다.

할렐루야. 주님은 이들을 이기는 자들이라 하셨다.


[눅 10:27]

대답하여 가로되 네 마음을 다하며 목숨을 다하며 힘을 다하며 뜻을 다하여 주 너의 하나님을 사랑하고 또한 네 이웃을 네 몸과 같이 사랑하라 하였나이다


[막 8:35]

누구든지 제 목숨을 구원코자 하면 잃을 것이요 누구든지 나와 복음을 위하여 제 목숨을 잃으면 구원하리라


두 번째로, 철저히 회개하는 자들이다.


[계 22:14]

그 두루마기를 빠는 자들은 복이 있으니 이는 저희가 생명나무에 나아가며 문들을 통하여 성에 들어갈 권세를 얻으려 함이로다


천상에서 나는 아벨을 만나 물었다.

'아벨, 이 세상 사람들에게 하고 싶은 말 한마디만 해주세요?' 하였을 때에 아벨은 이렇게 말했다.

세상에 가거든 세상 사람들에게 이렇게 전해주세요.

"철저히 회개하면 천국에 들어온다고요."

즉 철저히 회개하면 하나님의 영광이 해같이 빛나는 성안으로 들어간다는 것이다. 계시록 22장 14절에서 말씀하시는 것처럼 말이다. 할렐루야.

세 번째로, 육체의 일을 도모하지 않고 영의 생각을 좇아서 산 자들이다. 이러한 자들이 하나님의 나라를 유업으로 받게 될 것이다.

[롬 8:5-8]

(5) 육신을 좇는 자는 육신의 일을, 영을 좇는 자는 영의 일을 생각하나니 (6) 육신의 생각은 사망이요 영의 생각은 생명과 평안이니라 (7) 육신의 생각은 하나님과 원수가 되나니 이는 하나님의 법에 굴복치 아니할 뿐 아니라 할 수도 없음이라 (8) 육신에 있는 자들은 하나님을 기쁘시게 할 수 없느니라

[갈 5:19-21]

(19)육체의 일은 현저하니 곧 음행과 더러운 것과 호색과 (20)우상숭배와 술수와 원수를 맺는 것과 분쟁과 시기와 분냄과 당 짓는 것과 분리함과 이단과 (21)투기와 술 취함과 방탕함과 또 그와 같은 것들이라 전에 너희에게 경계한 것같이 경계하노니 이런 일을 하는 자들은 하나님의 나라를 유업으로 받지 못할 것이요

그러므로 같은 신앙인이라 할지라도 육체에게 져서 육체대로 사는

자는 하나님의 나라를 유업으로 받지 못할 것이다.

그러나 영으로서 육체를 제압하고 사는 자는 새 하늘과 새 땅의 새 예루살렘 성안으로 들어가게 될 것이다.

즉 하나님의 영광이 해같이 빛나는 하나님의 나라(성안)를 유업으로 받게 될 것이다. 할렐루야.


네 번째로, 하나님의 뜻대로 사는 자들이다.


성경은 다음과 같이 말한다.


[마 7:21]

**나더러 주여 주여 하는 자마다 천국에 다 들어갈 것이 아니요 다만 하늘에 계신 내 아버지의 뜻대로 행하는 자라야 들어가리라**


즉 하나님의 뜻대로 사는 자들만이 천국의 새 예루살렘 성안으로 들어가는 것이다.

주여 주여 하면서 하나님의 뜻대로 살지 못하고 불법을 행한 자들은 다 성밖에 남게 될 것이다.

할렐루야.


다섯 번째로, 하나님의 말씀을 인내로 끝까지 지켜내는 자들인 것이다.


주님은 빌라델비아 교회 교인들에게 이렇게 말씀하신다.

[계 3:10]

**네가 나의 인내의 말씀을 지켰은즉 내가 또한 너를 지키어 시험의
때를 면하게 하리니 이는 장차 온 세상에 임하여 땅에 거하는 자들
을 시험할 때라**

즉 이들에게는 주님께서 열린문을 두었다고 하셨다.
이 열린문의 의미는 첫째는 휴거의 열린문이고 두 번째는 바로 이
성안으로 들어가는 문이 열려 있다고 하셨다 (참조: 서사라 목사의
천국 지옥 간증수기 5, '계시록 이해' 의 책의 13. 빌라델피아 교회에
주님이 열어놓으신 열린 문의 의미).

그러나 이 모든 다섯 가지 경우를 사도 바울은 다음의 한 마디로 표
현하고 있다는 것이다. 그것은 갈라디아서 2장 20절 말씀이다.

[갈 2:20]

**내가 그리스도와 함께 십자가에 못박혔나니 그런즉 이제는 내가 산
것이 아니요 오직 내 안에 그리스도께서 사신 것이라 이제 내가 육
체 가운데 사는 것은 나를 사랑하사 나를 위하여 자기 몸을 버리신
하나님의 아들을 믿는 믿음 안에서 사는 것이라**

즉 우리가 이렇게만 살게 되면 즉 내 안에 예수가 살게 되면 우리는
반드시 이기는 자들이 되어져서 반드시 새 예루살렘 성안에 들어가
게 될 것이다.

그리하여 사도 바울은 이것이 너무 중요하므로 복음을 전하여 거듭 난 자들에게 이렇게 말하고 있다.

내가 너희를 위하여 해산하는 수고를 다시 한다고 했다.

[갈 4:19]
**나의 자녀들아 너희 속에 그리스도의 형상이 이루기까지 다시 너희를 위하여 해산하는 수고를 하노니**

그러므로 우리가 비록 예수를 믿는 것 그것 자체가 우리로 하여금 영원한 불못은 면하게 하였어도 우리 안에 그리스도의 형상을 이루지 못하면 결코 성안으로 들어가지 못할 것이다.

그래서 사도 바울은 또 우리에게 이렇게 말하고 있는 것이다.

[빌 2:12]
**그러므로 나의 사랑하는 자들아 너희가 나 있을 때 뿐 아니라 더욱 지금 나 없을 때에도 항상 복종하여 두렵고 떨림으로 너희 구원을 이루라**

아멘 아멘이다.

우리는 이기는 자로서 성안으로 들어가기 위하여서는 예수를 믿고 나서 결코 자신을 위하여 사는 자가 되어서는 안 되는 것이다.

예수를 믿고 거듭난 이후에는 반드시 하나님과 하나님의 나라를 위하여 사는 자들이 되어야 하고 자신은 성화되어 그 안에 예수님의 형상이 이루어져야 새 하늘과 새 땅의 하나님의 영광이 해같이 빛나는 성안으로 들어가게 될 것이다. 할렐루야.

마지막으로 성경은 이기는 자와 이기지 못하는 자에 대한 말씀으로서 공력심판에 대하여 말씀하고 있다.

[고전 3:11-15]
(11)이 닦아 둔 것 외에 능히 다른 터를 닦아 둘 자가 없으니 이 터는 곧 예수 그리스도라 (12)만일 누구든지 금이나 은이나 보석이나 나무나 풀이나 짚으로 이 터 위에 세우면 (13)각각 공력이 나타날 터인데 그 날이 공력을 밝히리니 이는 불로 나타내고 그 불이 각 사람의 공력이 어떠한 것을 시험할 것임이니라 (14)만일 누구든지 그 위에 세운 공력이 그대로 있으면 상을 받고 (15)누구든지 공력이 불타면 해를 받으리니 그러나 자기는 구원을 얻되 불 가운데서 얻은 것 같으리라

불가운데 구원받는 것과 같은 것이 영원한 불못에서는 구원을 받으나 새 하늘과 새 땅에 새 예루살렘 성안으로는 못 들어가는 것이다. 성밖에 남게 되는 것이다. 그리하여 거기서 슬피 울며 이를 갈게 된다.

성경은 풀무불에서도 슬피 울며 이를 간다고 하는데 거기서도 극심

한 형벌사이사이에 슬피 울며 이를 갈 때도 있게 될 것이다.

[마 13:49-50]
**(49)세상 끝에도 이러하리라 천사들이 와서 의인 중에서 악인을 갈라내어 (50)무 불에 던져 넣으리니 거기서 울며 이를 갊이 있으리라**

여기서 의인과 악인은 알곡과 가라지로서
의인은 생명책에 이름이 있는 자를 말하고 악인은 생명책에 이름이 없는 자를 말한다.
이들도 풀무불에 던져지게 되면 극심한 지옥의 형벌사이사이에 울며 이를 갈 시간도 있으리라.

사람들은 이것을 가지고 예수님이 말씀하신 하나님의 종들이면서도 게으르고 악한 자는 바깥 어두운데 슬피 울며 이를 가는 장소로 가게 되는 것을 지옥이라고 말한다. 아니다.
이 장소는 지옥과는 다르다. 이들 성밖에 있는 자들은 자신들이 천국안 (하나님의 영광이 해같이 빛나는 성안) 에 들어가지 못하여 슬피 울며 이를 가는 것이고 다른 하나는 정말 지옥에서 극한 형벌 속에서 사실 울며 이를 갈 시간조차 없는 시간 속에서 형벌사이사이에 울며 이를 가는 현상이 있음을 말하고 있을 뿐이다. 우리 그리스도인들은 이 두 군데 다 가지 말아야 한다.

# VII. 그러면 마지막으로 계시록 21장 8절과 계시록 22장 15절이 어떻게 다른가? 하는 것이다.

그리고

계시록 21장 6-7절에서 이기는 자는 생명수 샘물을 한없이 먹게 하겠다는 말이 나오고

[계 21:6-8]

(6)또 내게 말씀하시되 이루었도다 나는 알파와 오메가요 처음과 나중이라 내가 생명수 샘물로 목 마른 자에게 값 없이 주리니 (7)이기는 자는 이것들을 유업으로 얻으리라 나는 저의 하나님이 되고 그는 내 아들이 되리라 (8)그러나 두려워하는 자들과 믿지 아니하는 자들과 흉악한 자들과 살인자들과 행음자들과 술객들과 우상 숭배자들과 모든 거짓말하는 자들은 불과 유황으로 타는 못에 참예하리니 이것이 둘째 사망이라

그러므로 이기지 못하는 자들은 두 부류이다.

그러나 계시록 21장 8절에서

두려워하는 자들과 믿지 아니하는 자들은 불못에 던지우더라 하는

말이 나온다.

이들은 지옥에 간다.

그러나 계시록 22장 14절-15절을 보면 비슷한 것 같으나 다른 것이다.

[계 22:14-15]
(14)그 두루마기를 빠는 자들은 복이 있으니 이는 저희가 생명 나무에 나아가며 문들을 통하여 성에 들어갈 권세를 얻으려 함이로다 (15)개들과 술객들과 행음자들과 살인자들과 우상 숭배자들과 및 거짓말을 좋아하며 지어내는 자마다 성밖에 있으리라

왜냐하면 주님은 계시록 21장 8절에서는 분명히 불못이라 말씀하고 계시지만 계시록 22장 15절에서는 분명히 성밖이라고 표현하고 계시기 때문이다.

그러므로 이 성밖이 불못이냐? 아니다. 단지 그것은 새 예루살렘 성밖인 것이다.
왜냐하면 새 하늘과 새 땅에 새 예루살렘성이 내려왔기 때문이다.
할렐루야.

[계 21:1-3]
(1)또 내가 새 하늘과 새 땅을 보니 처음 하늘과 처음 땅이 없어졌고 바다도 다시 있지 않더라 (2)또 내가 보매 거룩한 성 새 예루살렘이

하나님께로부터 하늘에서 내려오니 그 예비한 것이 신부가 남편을 위하여 단장한 것 같더라 (3)내가 들으니 보좌에서 큰 음성이 나서 가로되 보라 하나님의 장막이 사람들과 함께 있으매 하나님이 저희와 함께 거하시리니 저희는 하나님의 백성이 되고 하나님은 친히 저희와 함께 계셔서

그래서 여기서도 주님은 나를 보고 계시록을 이해할 때에 '글자 안에 내용이 다 있다.' 라고 하신 말씀이 맞았다.

계시록 22장 14절을 다시 보면
두루마기를 빠는 자들은 복이 있으니 그들이 성안으로 들어갈 권세를 얻는다 하였다.
즉 문안으로 들어갈 권세를 얻는다 했다. 회개를 함으로써 말이다.

그러므로 이기지 못하는 자들은 두 부류이다.
한 부류는 불못에 던지우는 자들이고
다른 부류는 지옥은 아니나 새 하늘과 새 땅에서 새 예루살렘성밖으로 쫓겨나는 자들인 것이다. 불가운데 구원받는 자들인 것이다.
할렐루야.

그러므로 기록된 글자가 중요하다.
하나는 분명히 '불못'이라고 또 다른 하나는 분명히 '성밖'이라고 말씀하고 있다.

[계 21:8]

그러나 두려워하는 자들과 믿지 아니하는 자들과 흉악한 자들과 살인자들과 행음자들과 술객들과 우상 숭배자들과 모든 거짓말하는 자들은 불과 유황으로 타는 못에 참예하리니 이것이 둘째 사망이라

[계 22:15]

개들과 술객들과 행음자들과 살인자들과 우상 숭배자들과 및 거짓말을 좋아하며 지어내는 자마다 성밖에 있으리라

계시록 21장 8절에서 두려워하는 자들과 믿지 아니하는 자들을 빼면 그 나머지는 계시록 22장 15절의 개들만 빼고는 거짓말하고 음행하고 살인하고 우상숭배하는 자들이라는 항목이 같다.

그런데 왜 하나는 지옥에 떨어지고 하나는 성밖이냐 하는 것이다.

계시록 21장 8절에서 이러한 자들은 분명히 불못에 간다.
왜냐하면 간다고 되어 있기 때문이다. 그러나 계시록 22장 15절에서 분명히 동일한 항목들이지만 이들은 성밖으로 간다라고 되어 있다.

이 차이는 무엇인가 하는 것이다.
우리가 죄를 지어도 양심에 화인을 맞아서 성령이 떠나는 경우가 계시록 21장 8절이라고 본다면 그래서 이런 경우는 히브리서 6장 4-6절 한번 비췸을 받고 타락한 경우에 속하여 지옥으로 떨어지지만 그러나 같은 죄의 항목이더라도 계시록 22장 15절에 성밖으로 쫓겨

나는 자들은 아직 성령이 떠나지 아니한 즉 양심에 화인 맞은 상태
는 아니라는 것이다.

한쪽은 주님이 완전히 버린 경우이고 한쪽은 성령이 아직 그 안에
계신 경우이다.

할렐루야.

[히 6:4-8]

(4)한번 비췸을 얻고 하늘의 은사를 맛보고 성령에 참예한 바 되고
(5)하나님의 선한 말씀과 내세의 능력을 맛보고 (6)타락한 자들은
다시 새롭게 하여 회개케 할 수 없나니 이는 자기가 하나님의 아들
을 다시 십자가에 못박아 현저히 욕을 보임이라 (7)땅이 그 위에 자
주 내리는 비를 흡수하여 밭 가는 자들의 쓰기에 합당한 채소를 내
면 하나님께 복을 받고 (8)만일 가시와 엉겅퀴를 내면 버림을 당하
고 저주함에 가까와 그 마지막은 불사름이 되리라

그래서 천상에서 주님께서 나에게 이렇게 물으셨다.

'계시록이 무엇으로 기록되어 있느냐?'

나는 이렇게 대답했다.

'네 주님, 글자로 기록되어 있습니다.' 라고 했다.

그래서 이 부분이 또한 이해가 가는 것이다. 할렐루야.

그래서 주님이 불못이라 하면 불못이고 성밖이라 하면 성밖인 것이
다. 할렐루야.

그러므로 우리는 다시 사도 바울이 한 말을 생각한다.

[빌 2:5-11]

(5)너희 안에 이 마음을 품으라 곧 그리스도 예수의 마음이니 (6)그는 근본 하나님의 본체시나 하나님과 동등됨을 취할 것으로 여기지 아니하시고 (7)오히려 자기를 비어 종의 형체를 가져 사람들과 같이 되었고 (8)사람의 모양으로 나타나셨으매 자기를 낮추시고 죽기까지 복종하셨으니 곧 십자가에 죽으심이라 (9)이러므로 하나님이 그를 지극히 높여 모든 이름 위에 뛰어난 이름을 주사 (10)하늘에 있는 자들과 땅에 있는 자들과 땅 아래 있는 자들로 모든 무릎을 예수의 이름에 꿇게 하시고 (11)모든 입으로 예수 그리스도를 주라 시인하여 하나님 아버지께 영광을 돌리게 하셨느니라

[빌 2:12]

그러므로 나의 사랑하는 자들아 너희가 나 있을 때 뿐 아니라 더욱 지금 나 없을 때에도 항상 복종하여 두렵고 떨림으로 너희 구원을 이루라

아멘!

그러므로 염려하여 이르기를 무엇을 먹을까 무엇을 마실까 무엇을 입을까 하지 말라 이는 다 이방인들이 구하는 것이라 너희 천부께서 이 모든 것이 너희에게 있어야 할 줄을 아시느니라 너희는 먼저 그의 나라와 그의 의를 구하라 그리하면 이 모든 것을 너희에게 더하시리라 [마 6:31-33]

천국과 지옥 간증 책을 한글로 또 영어로 또한 각국 언어 (현재 일본어, 중국어, 힌두어, 라틴어) 로 번역하여 인쇄되어지고 있고 인쇄된 책들은 그 나라 사람들에게 거의 무료로 공급되고 있으며 계속 저의 여러 책들 (천국과 지옥 간증수기 1, 2, 3, 4, 5) 이 번역되어 여러 나라 말로 인쇄되어져서 그 자체가 복음의 도구가 되고자 합니다. 또한 여러분들의 헌금으로 인도에서 사역하는 교회개척자들과 현지 목회자들의 생활비를 돕는 일을 하고 있으며 또한 아프리카에는 물이 없어 고생하는 이들에게 우물을 파주고 그 옆에 교회를 세우는 일을 하고 있습니다. 이 모든 일들은 물질이 공급되지 아니하면 결코 할 수 없는 일들입니다. 또한 현재 우리는 벨리제라는 나라에는 그 나라 사람들의 지도자양성을 위한 센터를 세우고 있습니다. 그러므로 현시점에서 저희 선교센터는 여러분의 물질적인 후원이 절대적으로 필요한 상태입니다. 할렐루야. 우리는 순종하고 하나님은 역사하신다는 것을 기억하며

---

※ 은혜받으신만큼 성령께서 인도하시는 대로 많은 영혼들이 구원받을 수 있도록 여러분의 정성어린 후원을 부탁드립니다.

# 후 / 원 / 페 / 이 / 지

후원계좌 :

## Paypal Account:
lordslovechristianchurch@yahoo.com

---

은행구좌 (Bank account) :

1. JPMorgan Chase Bank, N.A
   예금주: Lord's Love Christian Church
   구좌번호 (account number): 860768576
   은행고유번호(routing number): 322271627
   SWIFT/BIC Code : CHASUS33

2. Citibank N.A.
   예금주 (Acc. Name): Lord's Love Christian Church
   계좌번호 (Acc#): 207190448
   은행고유번호 (ABA #): 322271724
   SWIFT CODE: CITIUS33

3. 한국, 신한은행
   예금주 : 주님의 사랑교회
   계좌번호 : 140-012-615297

※ 작은 금액은한국 신한은행으로 해도 되지만 큰 금액은 반드시
  미국은행(교회이름으로 되어 있어서 세금면제 혜택을 받습니다)으로
  보내주시면 감사하겠습니다.

---

미국연락처 :

Tel: 213-305-0000
E-mail: sarahseoh@ymail.com
Home page: http://pastorsarah.org

주님이 하셨습니다.
　　　모든 영광을 주님께..

천국과 지옥 간증 수기 6 지옥편

초판인쇄　　2016년 9월 22일
초판발행　　2016년 9월 28일
초판 3쇄　　2019년 11월 05일
초판 6쇄　　2024년 3월 05일

저　　자　　서사라
펴 낸 이　　최성열
펴 낸 곳　　하늘빛출판사
연 락 처　　031-516-1009, 010-2284-3007
출판등록　　제251-2011-38호
주　　소　　경기도 남양주시 진접읍 부평리 734-29
이 메 일　　csr1173@hanmail.net
ISBN　　979-11-87175-01-8
가　　격　　15,000원